权威·前沿·原创

皮书系列为
“十二五”国家重点图书出版规划项目

政治参与蓝皮书

BLUE BOOK OF POLITICAL PARTICIPATION

中国政治参与报告（2015）

ANNUAL REPORT ON POLITICAL PARTICIPATION IN CHINA (2015)

主　编／房　宁
副 主 编／杨海蛟
执行主编／史卫民　周庆智

社会科学文献出版社
SOCIAL SCIENCES ACADEMIC PRESS (CHINA)

图书在版编目（CIP）数据

中国政治参与报告. 2015/房宁主编. —北京：社会科学文献出版社，2015.7
（政治参与蓝皮书）
ISBN 978 - 7 - 5097 - 7799 - 2

Ⅰ. ①中…　Ⅱ. ①房…　Ⅲ. ①公民 - 参与管理 - 研究报告 - 中国 - 2015　Ⅳ. ①D621

中国版本图书馆 CIP 数据核字（2015）第 159074 号

政治参与蓝皮书
中国政治参与报告（2015）

主　　编 / 房　宁
副 主 编 / 杨海蛟
执行主编 / 史卫民　周庆智

出 版 人 / 谢寿光
项目统筹 / 王　绯
责任编辑 / 黄金平

出　　版 / 社会科学文献出版社 · 社会政法分社（010）59367156
　　　　　地址：北京市北三环中路甲 29 号院华龙大厦　邮编：100029
　　　　　网址：www. ssap. com. cn
发　　行 / 市场营销中心（010）59367081　59367090
　　　　　读者服务中心（010）59367028
印　　装 / 北京季蜂印刷有限公司

规　　格 / 开　本：787mm × 1092mm　1/16
　　　　　印　张：27　字　数：453 千字
版　　次 / 2015 年 7 月第 1 版　2015 年 7 月第 1 次印刷
书　　号 / ISBN 978 - 7 - 5097 - 7799 - 2
定　　价 / 108.00 元

皮书序列号 / B - 2011 - 173

政治参与蓝皮书编委会

摘　要

县、乡两级人民代表大会代表的选举，是中国公民能够直接参与的重要选举。为了解中国公民的人大代表选举参与情况，中国社会科学院政治学研究所于2014年进行了全国性的“中国公民的县（区）级人大代表选举参与问卷调查”和“中国公民的乡镇人大代表选举参与问卷调查”，本书反映的就是基于2014年问卷调查的选举参与情况。全书分为上、下两编，上编介绍县级（包括县、不设区的市、市辖区，下同）人大代表选举的参与情况，下编介绍乡镇人大代表选举的参与情况。

按照问卷调查设计的客观参与指标体系评估，以10分的分值为标准，中国公民的县级人大代表选举参与客观状况的总体得分为3.39分，处于较低水平；在主观参与方面，以5分的分值为标准，显示的是“选举参与意愿”（3.19分）和“选举参与效能”（3.07分）的得分处于较高水平，“选举参与满意度”（2.82分）的得分处于中等水平。与县级人大代表选举相关的政治信任（3.92分）、政治沟通（2.98分）、程序公平（2.97分）、结果公平（3.16分）的得分，都达到了中等或较高水平。调查还显示，被试对县级人大代表选举工作给予了较高评价（以5分的分值为标准，综合打分为3.15分），认为县级人大代表选举发挥的最主要作用是提高公民的权利和法治意识、为公民提供政治参与机会和提高公民的民主意识。在县级人大代表选举参与中，因性别、学历等不同产生的群体性差异不太显著，因民族、年龄、政治面貌、户籍、收入、职业、区域、信息来源等不同产生的群体性差异则较为显著。

按照问卷调查设计的客观参与指标体系评估，以10分的分值为标准，中国公民的乡镇人大代表选举参与客观状况的总体得分为3.41分（略高于县级人大代表选举参与），亦处于较低水平；在主观参与方面，以5分的分值为标准，显示的是“选举参与意愿”（3.20分）和“选举参与效能”（3.07分）的得分处于较高水平，“选举参与满意度”（2.86分）的得分处于中等水平

（“选举参与意愿”和“选举参与满意度”的得分略高于县级人大代表选举，“选举参与效能”的得分与县级人大代表选举持平）。与乡镇人大代表选举相关的政治信任（3.88 分）、政治沟通（3.23 分）、程序公平（3.12 分）、结果公平（3.22 分）的得分都达到了较高水平（政治沟通的得分略低于县级人大代表选举，另三项得分均高于县级人大代表选举）。调查还显示，被试对乡镇人大代表选举工作也给予了较高评价（以 5 分的分值为标准，综合打分为 3.15 分，与县级人大代表选举持平），认为乡镇人大代表选举发挥的最主要作用也是提高公民的权利和法治意识、为公民提供政治参与机会和提高公民的民主意识。在乡镇人大代表选举参与中，因性别、户籍、收入、职业、信息来源等不同产生的群体性差异不太显著，因民族、年龄、学历、政治面貌、区域等不同产生的群体性差异则较为显著。

Abstract

The elections of People's Congress Deputies at county and town level, in which Chinese citizens can participate directly, are fairly important. To fully understand the exact situation about the elections, The Institute of Political Science, CASS, have conducted two nationwide survey in 2014, *The Questionnaire on Participation in Elections of People's Congress Deputies at County/District Level*, and *The Questionnaire on Participation in Elections of People's Congress Deputies at Town Level*, which became the base of this book. The whole book includes two parts: Part I analyses elections of People's Congress Deputies at county level, and Part II analyses elections of People's Congress Deputies at town level.

According to the participation objective evaluation index, the total score of Chinese citizens' participation in elections of People's Congress Deputies at county/district level is 3.39 out of 10 points, and it's quite low. In the subjective dimension, willingness to participate in elections (3.19 out of 5) and participation efficiency (3.07 out of 5) are fairly high, and the participation satisfaction is at the medium level (2.82 out of 5). The related political trust (3.92 out of 5), political communication (2.98 out of 5), the procedural fairness (2.97 out of 5), and the result fairness (3.16 out of 5) are fairly high or at the medium level. The survey also indicates, the elections of People's Congress Deputies at county/district level have gotten lots of praise (3.15 out of 5), for its functions such as raising awareness of the rule of law and the rights of citizens, providing citizens with opportunities for political participation and raising citizens' awareness of democracy. As to the elections of People's Congress Deputies at county/district level, the group heterogeneities caused by gender and education background is no significant, but those resulted from ethnic, age, political affiliation, career, region, and information resources are fairly significant.

According to the participation objective evaluation index, the total score of Chinese citizens' participation in elections of People's Congress Deputies at town level is 3.41 out of 10 points, and it's quite low. In the subjective dimension, willingness to participate in elections (3.20 out of 5) and participation efficiency (3.07 out of 5) are fairly high, and the participation satisfaction is at the medium level (2.86 out of 5) and a little bit higher than at county/district level. The related political trust (3.88 out of 5), political communication (3.23 out of 5), the procedural fairness (3.12 out of 5), and the result fairness (3.22 out of 5) are fairly high. The survey also indicates, the elections of People's Congress Deputies at town level have gotten lots of praise (3.15 out of 5, equal to county/district level), for its functions such as raising awareness of the rule of law and the rights of citizens, providing citizens with opportunities for political participation and raising citizens' awareness of democracy. As to the elections of People's Congress Deputies at town level, the group heterogeneities caused by gender, census, income, career, and information resources is no significant, but those resulted from ethnic, age, education background, political affiliation, region are fairly significant.

目 录

𝔹 Ⅰ 总报告（上编）

𝔹 Ⅱ 数据分析篇（上编）

BⅢ 总报告（下编）

BⅣ 数据分析篇（下编）

皮书数据库阅读**使用指南**

CONTENTS

BLUE BOOK

B I General Report (Vol.1)

B II Data Analyses (Vol.1)

总报告（上编）

General Report（Vol. 1）

B.1

中国公民的县级人大代表选举参与

史卫民　郑建君

2014 年 6 月～10 月，中国社会科学院政治学研究所进行了一次全国性的“中国公民的县（区）级人大代表选举参与”问卷调查，本次调查由中国社会科学院调查与数据信息中心和北京美兰德信息公司具体实施。用调查涉及的相关问题，可以对当前中国公民的县（区）级人大代表选举（简称县级人大代表选举）参与情况做总体说明。

一　“中国公民的县（区）级人大代表选举参与”问卷调查被试基本情况

2014 年 6 月～10 月进行的全国性“中国公民的县（区）级人大代表选举参与”问卷调查，在全国抽取了 10 个省份（都会区为北京市和天津市，东北地区为黑龙江省，东部沿海地区为浙江省和山东省，中部地区为湖北省和安徽省，西部地区为陕西省、甘肃省和广西壮族自治区），每个省份以随机抽样的方式发放435份问卷，10个省份共计回收有效问卷4308份。

本次问卷调查按性别、民族、年龄、学历、政治面貌、户籍、职业、收入、获取信息来源等，对被试的群体进行划分，希望了解不同公民群体的县级人大代表选举参与是否存在差异。

在4308份有效数据中，男性被试2116人，占49.12%；女性被试2192人，占50.88%。少数民族被试378人，占8.77%；汉族被试3930人，占91.23%。

本次问卷调查采用三个年龄段对应三个公民群体：18~45岁为青年人，46~60岁为中年人，61岁及以上为老年人。在4308份有效数据中，青年被试（18~45岁）2582人，占59.94%；中年被试（46~60岁）1293人，占30.01%；老年被试（61岁及以上）433人，占10.05%。

本次调查以初中及以下、高中（含中专）、大专及以上（含本科、研究生）三类学历对应三个公民群体，在4308份有效数据中，初中及以下学历被试1530人，占35.52%；高中学历被试1623人，占37.67%；大专及以上学历被试1155人，占26.81%。

本次调查涉及的4308名被试，中共党员被试556人，占12.91%；共青团员被试808人，占18.75%；民主党派和群众被试2944人，占68.34%（民主党派被试由于人数过少，不具有代表性，所以与群众被试合为一类）。

本次调查5名被试的户籍信息缺失，在有户籍信息的4303份数据中，城镇户口被试3205人，占74.48%；农村户口被试1098人，占25.52%。

在本次调查中，项目组将被试的职业分为务农人员、私营企业主（含个体户）、务工人员、专业技术人员、公务员、其他职业六类。在4308份有效数据中，务农人员204人，占4.74%；私营企业主745人，占17.29%；务工人员959人，占22.26%；专业技术人员396人，占9.19%；公务员134人，占3.11%；其他职业1870人，占43.41%。

在本次调查中，项目组参考2013年全国城镇居民人均收入水平（26955元，月均2246元），将被试的月均收入分为三大类：第一类是1500元及以下，对应“低收入”；第二类是1501~3500元，对应“中等收入”；第三类是3501元及以上，对应“高收入”。在4308份有效数据中，低收入（1500元及以下）被试1347人，占31.27%；中等收入（1501~3500元）被试2196人，占50.97%；高收入（3501元及以上）被试765人，占17.76%。

本次调查涉及的五大区域4308名被试，都会区852人，占19.78%；东北地区440人，占10.21%；东部沿海地区856人，占19.87%；中部地区853人，占19.80%；西部地区1307人，占30.34%。

本次调查还区分了被试获取信息的两类主要来源，一类是传统媒介（包括报刊、广播、电视），另一类是新兴媒介（包括互联网，移动信息平台即手机、平板电脑等）。在4308份有效数据中，主要通过传统媒介获取信息的被试2601人，占60.38%；主要通过新兴媒介获取信息的被试1707人，占39.62%。

二　县级人大代表选举参与的客观状况

为能全面反映公民参与县级人大代表选举的情况，问卷调查项目组设计了公民选举参与客观状况评估指标体系，采用5个一级指标和16个二级指标，按照总分10分的标准测量被试的选举参与客观状况，指标构成情况见表1。

表1　县级人大代表选举参与客观状况评估指标体系

一级指标		二级指标	
指标名称	分值	指标名称	分值
选举重要性认知	1.0	(1)参与人大代表选举重要性	0.50
		(2)关心人大代表选举的程度	0.50
权利与途径认知	1.0	(3)选举权认知	0.50
		(4)维权途径认知	0.50
选举内容认知	2.5	(5)人大代表选举方式	0.50
		(6)人大代表选举时间	0.50
		(7)代表名额分配原则	0.50
		(8)了解候选人情况	0.50
		(9)了解当选情况	0.50
选举程序认知	1.5	(10)代表候选人提名方式	0.50
		(11)协商与预选	0.50
		(12)候选人与选民见面活动的内容	0.50
选举参与	4.0	(13)参与提名候选人	0.50
		(14)参与协商、确定候选人	0.50
		(15)参加与候选人见面活动	0.50
		(16)本人参加投票	2.50
合计	10.0		10.00

调查结果显示，全体被试的县级人大代表选举参与客观状况总体得分在0～9.50分之间，均值为3.39，标准差为1.72（见表2）。这样的调查结果显示，中国公民的县级人大代表选举参与客观状况的总体得分处于较低水平。

表2　县级人大代表选举参与客观状况总体描述统计

项目	N	极小值	极大值	均值	标准差
选举参与客观状况总分	4165	0.00	9.50	3.39	1.72
选举重要性认知	4303	0.00	1.00	0.24	0.35
权利与途径认知	4292	0.00	1.00	0.53	0.35
选举内容认知	4225	0.00	2.50	0.84	0.47
选举程序认知	4292	0.00	1.50	0.79	0.43
选举参与	4270	0.00	4.00	0.99	1.34
有效的 N(列表状态)	4165				

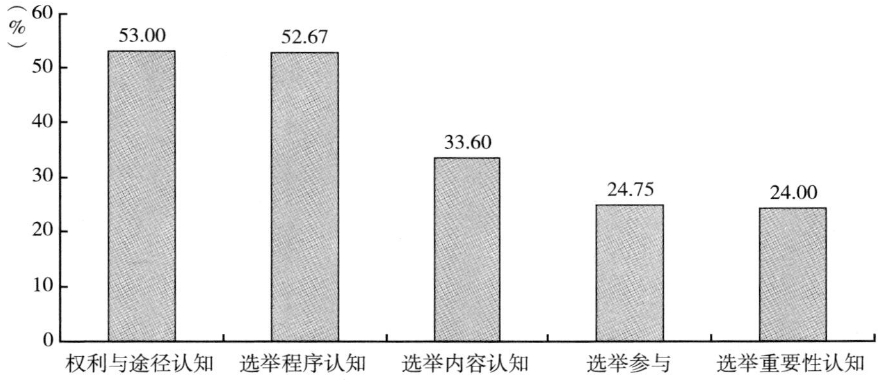

图1　全体被试的县级人大代表选举参与状况五个一级指标得分率比较

从五个一级指标的得分率看（见图1），“权利与途径认知”得分在0～1.00分之间，均值为0.53，标准差为0.35，在五个指标中得分率最高（分值1.00，得分0.53，得分率为53.00%）；“选举程序认知”得分在0～1.50分之间，均值为0.79，标准差为0.43，在五个指标中得分率次高（分值1.50，得分0.79，得分率为52.67%）；“选举内容认知”得分在0～2.50分之间，均值为0.84，标准差为0.47，在五个指标中得分率居中（分值2.50，得分0.84，得分率为33.60%）；“选举参与”得分在0～4.00分之间，均值为0.99，标准差为 1.34，在五个指标中得分率次低（分值 4.00，得分 0.99，得分率为 24.75%）；“选举重要性认知”得分在 0～1.00 分之间，均值为 0.24，标准差为 0.35，在五个指标中得分率最低（分值 1.00，得分 0.24，得分率为 24.00%）。

具体分析五个一级指标之下各二级指标的得分情况（见表 3），可以看出被试在认知和参与层面的不同表现。

表 3　县级人大代表选举参与客观状况二级指标的描述统计

项目	N	极小值	极大值	均值	标准差
(1)参与人大代表选举重要性	4305	0.00	0.50	0.12	0.22
(2)关心人大代表选举的程度	4306	0.00	0.50	0.11	0.21
(3)选举权认知	4295	0.00	0.50	0.34	0.23
(4)维权途径认知	4305	0.00	0.50	0.19	0.24
(5)人大代表选举方式	4307	0.00	0.50	0.34	0.23
(6)人大代表选举时间	4288	0.00	0.50	0.09	0.20
(7)代表名额分配原则	4276	0.00	0.50	0.27	0.25
(8)了解候选人情况	4307	0.00	0.50	0.03	0.12
(9)了解当选情况	4276	0.00	0.50	0.11	0.21
(10)代表候选人提名方式	4302	0.00	0.50	0.26	0.25
(11)协商与预选	4307	0.00	0.50	0.27	0.25
(12)候选人与选民见面活动的内容	4299	0.00	0.50	0.26	0.25
(13)参与提名候选人	4288	0.00	0.50	0.07	0.17
(14)参与协商、确定候选人	4293	0.00	0.50	0.06	0.16
(15)参加与候选人见面活动	4299	0.00	0.50	0.05	0.16
(16)本人参加投票	4308	0.00	2.50	0.81	1.17
有效的 N(列表状态)	4165				

“选举重要性认知”下的两个二级指标（每个指标的分值均为 0.50 分），“参与人大代表选举重要性”（得分在 0～0.50 分之间，均值为 0.12，标准差为 0.22）的得分略高于“关心人大代表选举的程度”（得分在 0～0.50 分之间，均值为 0.11，标准差为 0.21），两个指标的得分率均低于 25%，总体显示出公民对县级人大代表选举不够重视。

“权利与途径认知”下的两个二级指标（每个指标的分值均为0.50分），“选举权认知”（得分在0~0.50分之间，均值为0.34，标准差为0.23）的得分大大高于“维权途径认知”（得分在0~0.50分之间，均值为0.19，标准差为0.24），显示出公民对选举权利的认知水平尽管还有待提高，但是更需要提高的是对各种维护权利途径的正确认识。

“选举内容认知”下的五个二级指标（每个指标的分值均为0.50分），得分最高的是“人大代表选举方式”（得分在0~0.50分之间，均值为0.34，标准差为0.23），第二是“代表名额分配原则”（得分在0~0.50分之间，均值为0.27，标准差为0.25），第三是“了解当选情况”（得分在0~0.50分之间，均值为0.11，标准差为0.21），第四是“人大代表选举时间”（得分在0~0.50分之间，均值为0.09，标准差为0.20），得分最低的是“了解候选人情况”（得分在0~0.50分之间，均值为0.03，标准差为0.12）。这样的得分情况显示，公民对县级人大代表选举制度的认知程度总体上高于对选举情况的了解程度，与选举制度有关的三项指标（人大代表选举方式、代表名额分配原则、人大代表选举时间），两项指标的得分率在50%以上，一项指标的得分率在25%以下；与了解选举情况有关的两项指标（了解当选情况、了解候选人情况）的得分率均在25%以下，尤其凸显的是对候选人情况缺乏了解（得分率仅为6%）。

“选举程序认知”下的三个二级指标（每个指标的分值均为0.50分），“协商与预选”（得分在0~0.50分之间，均值为0.27，标准差为0.25）的得分略高于“代表候选人提名方式”（得分在0~0.50分之间，均值为0.26，标准差为0.25）和“候选人与选民见面活动的内容”（得分在0~0.50分之间，均值为0.26，标准差为0.25），并且三项指标的得分率均在50%以上，显示公民对人大代表选举的具体程序还是较为了解的。

“选举参与”下的四个二级指标（“本人参加投票”的分值为2.50分，另三个指标的分值均为0.50分），得分率最高的是“本人参加投票”（得分在0~2.50分之间，均值为0.81，标准差为1.17，得分率为32.40%），第二是“参与提名候选人”（得分在0~0.50分之间，均值为0.07，标准差为0.17，得分率为14.00%），第三是“参与协商、确定候选人”（得分在0~0.50分之间，均值为0.06，标准差为0.16，得分率为12.00%），得分率最低的是“参加与候选人见面活动”（得分在0～0.50分之间，均值为0.05，标准差为0.16，得分率为10.00%）。尽管四种参与行为的水平都有待提高（四项指标的得分率均在35%以下），但是更应该注意的是，在选举的几种参与行为中，除了投票以外，其他行为都是只有少数人参与。

在总体把握全体被试县级人大代表选举参与客观状况的基础上，我们对调查所涉及的五个一级指标彼此之间的相关关系进行了统计分析，具体结果见表4。

表4　县级人大代表选举参与客观评估系统内各指标之间的相关

指标	项目	选举重要性认知	权利与途径认知	选举内容认知	选举程序认知	选举参与
选举重要性认知	Pearson 相关性	1	-.035*	.169**	-.008	.190**
	显著性(双侧)		.022	.000	.600	.000
	N	4303	4287	4221	4287	4265
权利与途径认知	Pearson 相关性	-.035*	1	.037*	.089**	.001
	显著性(双侧)	.022		.016	.000	.952
	N	4287	4292	4209	4277	4255
选举内容认知	Pearson 相关性	.169**	.037*	1	.049**	.206**
	显著性(双侧)	.000	.016		.001	.000
	N	4221	4209	4225	4211	4197
选举程序认知	Pearson 相关性	-.008	.089**	.049*	1	-.016
	显著性(双侧)	.600	.000	.001		.309
	N	4287	4277	4211	4292	4256
选举参与	Pearson 相关性	.190**	.001	.206**	-.016	1
	显著性(双侧)	.000	.952	.000	.309	
	N	4265	4255	4197	4256	4270

** 在0.01水平（双侧）上显著相关。

* 在0.05水平（双侧）上显著相关。

从表4的数据结果可以看出，在县级人大代表选举的“认知”和“参与”两类行为中，“认知”行为的内在联系较为紧密。聚合成“认知”行为的选举重要性认知、权利与途径认知、选举内容认知、选举程序认知四个指标，除“选举重要性认知”与“选举程序认知”两个指标之间的相关不显著外，其他指标之间的两两相关均达到了显著水平，各指标之间的具体关系表现为：（1）“选举重要性认知”与“权利与途径认知”之间具有显著的负向相关（$r=-0.035$，$p<0.05$），与“选举内容认知”之间具有显著的正向相关（$r=0.169$，$p<0.01$）。（2）“权利与途径认知”与“选举内容认知”之间具有显著的正向相关（$r=0.037$，$p<0.05$），与“选举程序认知”之间具有显著的正向相关（$r=0.089$，$p<0.01$）。（3）“选举内容认知”与“选举程序认知”之间具有显著的正向相关（$r=0.049$，$p<0.05$）。

相比之下，“认知”与“参与”之间的联系（对“认知”而言应属于外在联系）相对而言没有形成全面的联系，“选举参与”与“权利与途径认知”和“选举程序认知”之间的相关均未达到显著水平，只是与“选举重要性认知”（$r=0.190$，$p<0.01$）和“选举内容认知”（$r=0.206$，$p<0.01$）之间具有显著的正向相关。

“认知”是实际参与行为的前提条件或基础，本次调查揭示的一个值得注意的现象是，中国公民对县级人大代表选举重要性的明显忽视（在五个一级指标中得分率最低），对选举中的实际参与行为（在五个一级指标中得分次低）确实有重要的影响（在两个指标正向相关的状态下，均呈现为低于25%的得分率）。

三　县级人大代表选举参与的主观状况

为了解被试个体对县级人大代表选举参与行为的心理状态，问卷调查项目组设计了主观评估体系，采用三个评估指标并设计了10个题目：（1）选举参与满意度（4个题目，反向计分题目2个）；（2）选举参与意愿（3个题目，反向计分题目1个）；（3）选举参与效能（3个题目，反向计分题目1个）。这部分问卷采用李克特5点计分方式，选项“1”代表“非常不符合”，选项“2”代表“比较不符合”，选项“3”代表“不确定”，选项“4”代表“比较符合”，选项“5”代表“非常符合”。

调查结果显示，全体被试的“选举参与满意度”的得分在1.00～5.00分之间，均值为2.82，标准差为0.54；“选举参与意愿”的得分在1.00～5.00分之间，均值为3.19，标准差为0.63；“选举参与效能”的得分在1.00～5.00分之间，均值为3.07，标准差为0.56（见表5和图2）。

表5　县级人大代表选举参与主观状况总体描述统计

项目	N	极小值	极大值	均值	标准差
选举参与满意度	4300	1.00	5.00	2.82	0.54
选举参与意愿	4290	1.00	5.00	3.19	0.63
选举参与效能	4303	1.00	5.00	3.07	0.56
有效的N(列表状态)	4277				

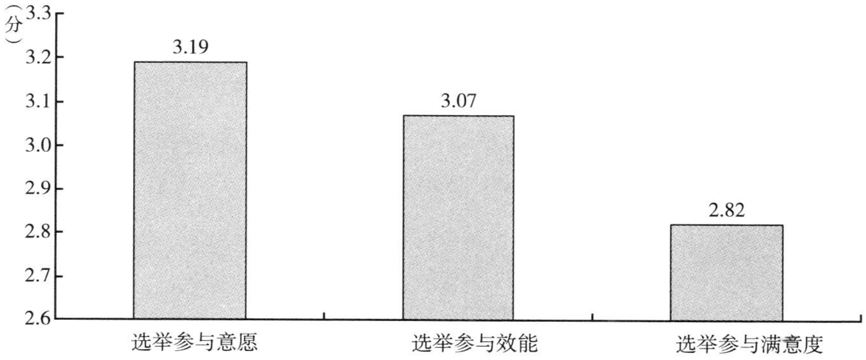

图2　全体被试的县级人大代表选举主观参与状况得分情况

对县级人大代表选举参与主观状况涉及的三个指标之间的相关关系进行统计分析，具体结果见表6。

表6　县级人大代表选举参与主观状况三个指标之间的相关分析结果

		选举参与满意度	选举参与意愿	选举参与效能
选举参与满意度	Pearson 相关性	1	.069 **	.122 **
	显著性(双侧)		.000	.000
	N	4300	4282	4295
选举参与意愿	Pearson 相关性	.069 **	1	.338 **
	显著性(双侧)	.000		.000
	N	4282	4290	4285
选举参与效能	Pearson 相关性	.122 **	.338 **	1
	显著性(双侧)	.000	.000	
	N	4295	4285	4303

** 在0.01水平（双侧）上显著相关。
* 在0.05水平（双侧）上显著相关。

针对县级人大代表选举参与的三个主观状况指标进行相关分析，结果显示，三个指标之间的两两相关均达到了显著水平，选举参与满意度与选举参与意愿之间具有显著的正向相关（$r=0.069$，$p<0.01$），与选举参与效能之间具有显著的正向相关（$r=0.122$，$p<0.01$），选举参与意愿与选举参与效能之间具有显著的正向相关（$r=0.338$，$p<0.01$）。

四　县级人大代表选举参与客观状况与主观状况之间的相关分析

对县级人大代表选举参与主观状况与客观状况之间的相关性进行分析（见表7），结果显示，县级人大代表选举的客观状况总分与主观状况中的三个评价感知指标“选举参与满意度”（$r=0.127$，$p<0.01$）、“选举参与意愿”（$r=0.122$，$p<0.01$）、“选举参与效能”（$r=0.133$，$p<0.01$）之间均具有显著的正向相关，但是客观状况五个一级指标与主观状况三个指标之间，则呈现出一些不同的情况。

（1）“选举重要性认知”与“选举参与满意度”（$r=0.109$，$p<0.01$）、“选举参与意愿”（$r=0.126$，$p<0.01$）、“选举参与效能”（$r=0.120$，$p<0.01$）之间均具有显著的正向相关。

（2）“权利与途径认知”与“选举参与满意度”（$r=-0.043$，$p<0.05$）之间具有显著的负向相关，与“选举参与意愿”（$r=0.024$，$p=0.110$）、“选举参与效能”（$r=0.025$，$p=0.01$）之间的相关没有达到显著水平。

（3）“选举内容认知”与“选举参与满意度”（$r=0.053$，$p<0.01$）、“选举参与意愿”（$r=0.082$，$p<0.01$）、“选举参与效能”（$r=0.084$，$p<0.01$）之间均具有显著的正向相关。

（4）“选举程序认知”与“选举参与满意度”（$r=-0.013$，$p=0.400$）、“选举参与意愿”（$r=0.000$，$p=0.992$）、“选举参与效能”（$r=-0.023$，$p=0.130$）之间的相关均没有达到显著水平。

（5）“选举参与”与“选举参与满意度”（$r=0.132$，$p<0.01$）、“选举参与意愿”（$r=0.088$，$p<0.01$）、“选举参与效能”（$r=0.110$，$p<0.01$）之间均具有显著的正向相关。

表 7　县级人大代表选举参与客观状况与主观状况指标之间的相关分析结果

		选举参与满意度	选举参与意愿	选举参与效能
选举重要性认知	Pearson 相关性	.109**	.126**	.120**
	显著性(双侧)	.000	.000	.000
	N	4295	4285	4298
权利与途径认知	Pearson 相关性	-.043**	.024	.025
	显著性(双侧)	.005	.110	.101
	N	4284	4274	4287
选举内容认知	Pearson 相关性	.053**	.082**	.084**
	显著性(双侧)	.001	.000	.000
	N	4217	4210	4220
选举程序认知	Pearson 相关性	-.013	.000	-.023
	显著性(双侧)	.400	.992	.130
	N	4284	4274	4287
选举参与	Pearson 相关性	.132**	.088**	.110**
	显著性(双侧)	.000	.000	.000
	N	4262	4253	4265
客观状况总分	Pearson 相关性	.127**	.122**	.133**
	显著性(双侧)	.000	.000	.000
	N	4157	4151	4160

** 在 0.01 水平（双侧）上显著相关。

如前所述，反映县级人大代表选举参与客观状况的五个指标中，只有“权利与途径认知”和“选举程序认知”两个指标的得分率高于50%，但是这两个指标对主观层面的正面影响并没有显现出来（或者与主观状况的三个指标相关性不显著，或者具有负向相关关系）。反之，得分率较低的“选举重要性认知”、“选举内容认知”和“选举参与”，都与主观状况的三个指标有密切的关系，在相互正向相关的状态下，无论是对选举重要性和选举内容的认识，还是实际的选举参与行为，不仅会减弱参与意愿和参与效能感，还会大大降低参与满意度。这样的逻辑关系，确实需要引起我们的注意。

五　中国公民对县级人大代表选举的基本看法

“中国公民的县（区）级人大代表选举参与”问卷调查设计了一些选择题和计分题目，用来了解中国公民对县级人大代表选举的基本态度和基本看法，可以根据调查数据，说明全体被试对一些问题的看法。

（一）对县级人大代表选举的综合评价

问卷调查列出了县级人大代表选举工作的7项主要指标，请被试为每项指标的满意度打分：（1）选举组织工作的有效性；（2）选举程序的规范性；（3）选举的公正性；（4）选举信息的透明性；（5）选举的竞争性；（6）选举纠纷处理的及时性；（7）民众参与选举的积极性。

调查结果显示，全体被试对县级人大代表选举工作满意度的综合打分（满分为5分）在1.00～5.00分之间，均值为3.15，标准差为0.75（见表8和图3），显示出被试对县级人大代表选举工作给予了较高评价。在县级人大代表选举的7项具体工作指标中，满意度打分最高的是"选举程序的规范性"（打分在1.00～5.00分之间，均值为3.22，标准差为0.97），第二是"民众参与选举的积极性"（打分在1.00～5.00分之间，均值为3.21，标准差为0.99），第三是"选举纠纷处理的及时性"（打分在1.00～5.00分之间，均值为3.19，标准差为0.98），第四是"选举组织工作的有效性"（打分在1.00～5.00分之间，均值为3.16，标准差为0.93），第五是"选举的竞争性"（打分在1.00～5.00分之间，均值为3.12，标准差为1.01），第六是"选举的公正性"（打分在1.00～5.00分之间，均值为3.08，标准差为1.02），满意度打分最低的是"选举信息的透明性"（打分在1.00～5.00分之间，均值为3.05，标准差为1.06）。

表8　全体被试对县级人大代表选举工作各项指标的满意度打分

项目	*N*	极小值	极大值	均值	标准差
综合打分	4287	1.00	5.00	3.15	0.754
选举组织工作的有效性	4306	1.00	5.00	3.16	0.928
选举程序的规范性	4306	1.00	5.00	3.22	0.968
选举的公正性	4303	1.00	5.00	3.08	1.018
选举信息的透明性	4305	1.00	5.00	3.05	1.059
选举的竞争性	4304	1.00	5.00	3.12	1.007
选举纠纷处理的及时性	4302	1.00	5.00	3.19	0.982
民众参与选举的积极性	4305	1.00	5.00	3.21	0.993
有效的 *N*（列表状态）	4287				

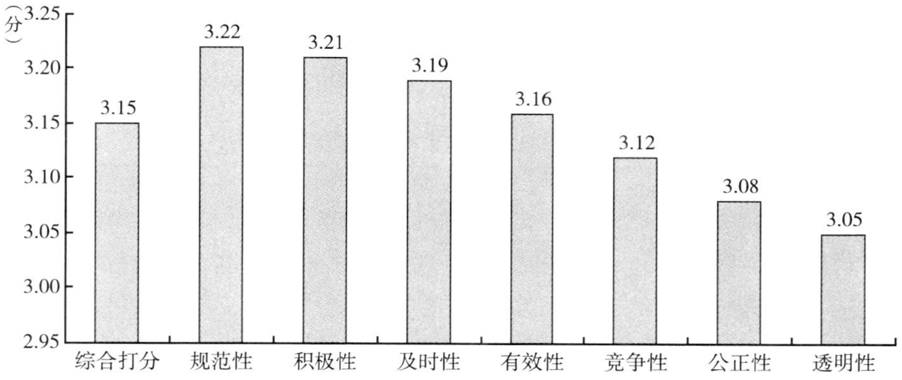

图3　全体被试的县级人大代表选举工作满意度打分情况

（注：图表中选项做了有关简化，以下各图表同。）

县级人大代表选举能起什么作用，调查问卷提供了6个选项，请受访人选择3项并根据选项的重要性排序：（1）提高公民的权利和法治意识；（2）提高公民的民主意识；（3）为公民提供政治参与机会；（4）选出真正代表群众利益的人大代表；（5）监督政府，改进领导作风；（6）民意充分表达。

全体被试对于县级人大代表选举所起的作用，按第一选择由高到低进行排序，排在第一位的是“提高公民的权利和法治意识”（39.94%），排在第二位的是“提高公民的民主意识”（15.66%），排在第三位的是“监督政府，改进领导作风”（12.96%），排在第四位的是“为公民提供政治参与机会”（12.79%），排在第五位的是“选出真正代表群众利益的人大代表”（11.44%），排在末位的是“民意充分表达”（7.21%）。在第二选择中，选择比例排在前两位的是“为公民提供政治参与机会”、“提高公民的民主意识”。在第三选择中，选择比例排在前两位的是“监督政府，改进领导作风”、“民意充分表达”（见表9）。

全体被试的总提及频率（各因素在3个选项中的选择频率）的排序与第一选择略有不同（见图4），在列出的6个选项中，提及频率最高的是“提高公民的权利和法治意识”（21.06%），第二是“为公民提供政治参与机会”（17.80%），第三是“提高公民的民主意识”（17.28%），第四是“监督政府，改进领导作风”（17.18%），第五是“选出真正代表群众利益的人大代表”

（15.22%），提及频率最低的是“民意充分表达”（11.46%，第二至四位排序不同）。

表 9 全体被试对县级人大代表选举所起作用的选择

选项	第一选择		第二选择		第三选择		总提及	
	频率	百分比	频率	百分比	频率	百分比	频率	百分比
提高权利和法治意识	1717	39.94	508	12.22	359	9.42	2584	21.06
提高公民的民主意识	673	15.66	947	22.79	500	13.12	2120	17.28
提供政治参与机会	550	12.79	1037	24.95	596	15.63	2183	17.80
选出真正代表群众利益的代表	492	11.44	696	16.75	679	17.81	1867	15.22
监督政府	557	12.96	690	16.60	860	22.56	2107	17.18
民意充分表达	310	7.21	278	6.69	818	21.46	1406	11.46
合计	4299	100.00	4156	100.00	3812	100.00	12267	100.00

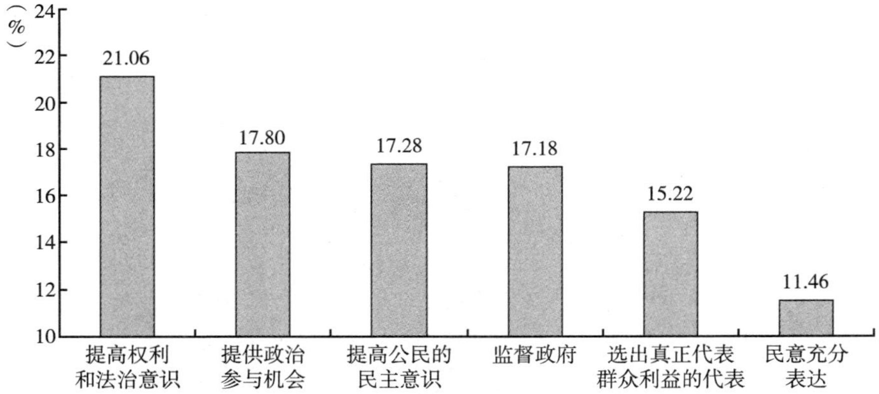

图 4 全体被试对县级人大代表选举所起作用的选择

（二）公民的选举参与行为取向

为了解公民在县级人大代表选举中的不同参与行为取向，问卷调查设计了 7 道题目。

第一道题目希望了解公民参与县级人大代表选举的动机。调查问卷提供了 5 个选项，请受访人选择 1 项：（1）积极行使公民的政治权利；（2）选出能代表自己利益的人；（3）尽人情、给候选人面子；（4）完成领导（单位）交给的任务；（5）重视政治参与的机会。调查结果显示，在做出有效选择的4304名被试中，1805人选择“积极行使公民的政治权利”，占41.94%；1151人选择“选出能代表自己利益的人”，占26.74%；386人选择“尽人情、给候选人面子”，占8.97%；516人选择“完成领导（单位）交给的任务”，占11.99%；446人选择“重视政治参与的机会”，占10.36%（见表10和图5）。也就是说，将参与动机分为权利（第1项）、利益（第2项）、人情（第3项）、任务（第4项）、机会（第5项）五类，全体被试的选择由高到低的排序是权利、利益、任务、机会、人情。

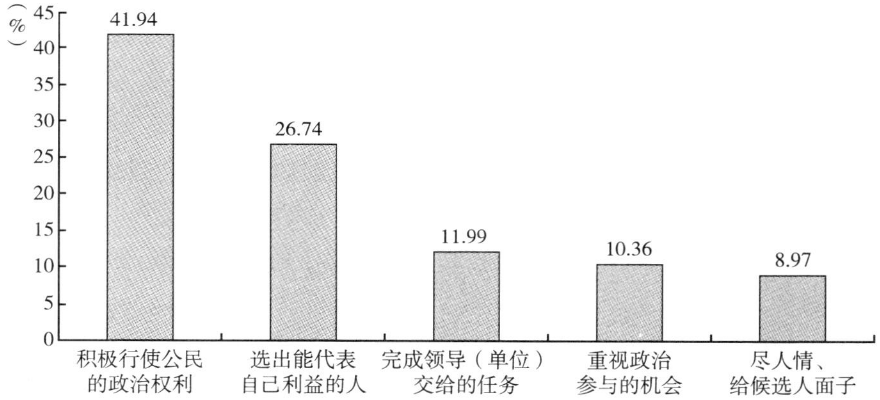

图5　全体被试对参与县级人大代表选举动机的选择

表10　全体被试对参与县级人大代表选举动机的选择

项目	选项	频率	百分比	有效百分比	累积百分比
有效	积极行使公民的政治权利	1805	41.90	41.94	41.94
	选出能代表自己利益的人	1151	26.72	26.74	68.68
	尽人情、给候选人面子	386	8.96	8.97	77.65
	完成领导(单位)交给的任务	516	11.98	11.99	89.64
	重视政治参与的机会	446	10.35	10.36	100.00
	合计	4304	99.91	100.00	
缺失	系统	4	0.09		
总计		4308	100.00		

第二道题目希望了解公民对不同选举行为方式的偏好。调查问卷提供了8个选项，请受访人选择3项并根据选项的重要性排序：（1）了解选举信息；（2）提名候选人；（3）参与确定候选人的协商或预选；（4）积极参加选举的组织、动员工作；（5）参与候选人与选民见面；（6）帮候选人拉票；（7）投票支持候选人；（8）向有关部门申诉选举中出现的问题。

全体被试对于县级人大代表选举中愿意采用的参与方式，按第一选择由高到低进行排序，排在第一位的是“了解选举信息”（50.25%），排在第二位的是“提名候选人”（13.13%），排在第三位的是“投票支持候选人”（10.04%），排在第四位的是“参与确定候选人的协商或预选”（9.39%），排在第五位的是“积极参加选举的组织、动员工作”（6.72%），排在第六位的是“参与候选人与选民见面”（6.04%），排在第七位的是“帮候选人拉票”（2.25%），排在末位的是“向有关部门申诉选举中出现的问题”（2.18%）。在第二选择中，选择比例排在前两位的是“提名候选人”、“参与确定候选人的协商或预选”。在第三选择中，选择比例排在前两位的是“投票支持候选人”、“积极参加选举的组织动员工作”（见表11）。

全体被试的总提及频率（各因素在3个选项中的选择频率）的排序与第一选择略有不同（见图6），在列出的8个选项中，提及频率最高的是“了解选举信息”（24.19%），第二是“提名候选人”（14.74%），第三是“投票支持候选人”（14.53%），第四是“参与确定候选人的协商或预选”（13.56%），第五是“积极参加选举的组织、动员工作”（12.36%），第六是“参与候选人与选民见面”（11.36%），第七是“向有关部门申诉选举中出现的问题”（5.44%），提及频率最低的是“帮候选人拉票”（3.82%，第七和第八位排序不同）。

表11　全体被试对县级人大代表选举中参与方式的选择

选项	第一选择		第二选择		第三选择		总提及	
	频率	百分比	频率	百分比	频率	百分比	频率	百分比
了解选举信息	2162	50.25	430	10.49	333	9.04	2925	24.19
提名候选人	565	13.13	897	21.87	320	8.68	1782	14.74
参与协商或预选	404	9.39	806	19.66	429	11.64	1639	13.56
参加选举组织动员	289	6.72	670	16.34	535	14.52	1494	12.36

续表

选项	第一选择		第二选择		第三选择		总提及	
	频率	百分比	频率	百分比	频率	百分比	频率	百分比
与候选人见面	260	6. 04	610	14. 87	503	13. 65	1373	11. 36
帮候选人拉票	97	2. 25	94	2. 29	271	7. 35	462	3. 82
投票支持候选人	432	10. 04	495	12. 07	829	22. 50	1756	14. 53
申诉选举中的问题	94	2. 18	99	2. 41	465	12. 62	658	5. 44
合计	4303	100. 00	4101	100. 00	3685	100. 00	12089	100. 00

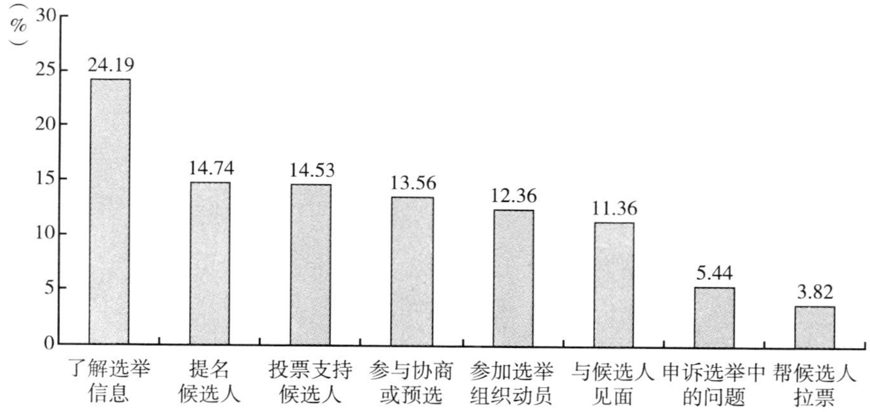

图 6　全体被试对县级人大代表选举中参与方式的选择

第三道题目希望了解公民是否有当选人大代表的愿望。调查问卷提供了 4 个选项，请受访人选择 1 项：（1）我很愿意当人大代表；（2）我想当人大代表，但怕当不上；（3）无所谓；（4）我不愿意当人大代表。调查结果显示，在做出有效选择的 4297 名被试中，1053 人选择“我很愿意当人大代表”，占 24. 51%；884 人选择“我想当人大代表，但怕当不上”，占 20. 57%；1486 人选择“无所谓”，占 34. 58%；874 人选择“我不愿意当人大代表”，占 20. 34%（见表 12 和图 7）。也就是说，仅从意愿上看，有接近 50%（45. 08%）的被试显示想当人大代表的意愿。

表 12　全体被试对个人是否愿意当人大代表的选择

项目	选项	频率	百分比	有效百分比	累积百分比
有效	我很愿意当人大代表	1053	24.44	24.51	24.51
	我想当人大代表，但怕当不上	884	20.52	20.57	45.08
	无所谓	1486	34.49	34.58	79.66
	我不愿意当人大代表	874	20.29	20.34	100.00
	合计	4297	99.74	100.00	
缺失	系统	11	0.26		
总计		4308	100.00		

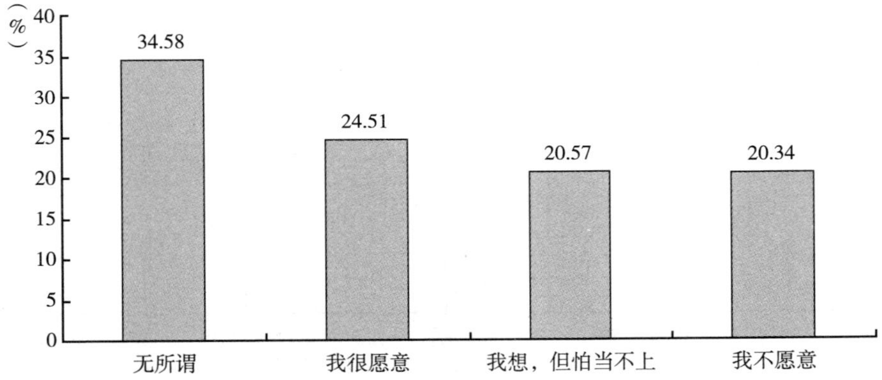

图 7　全体被试对个人是否愿意当人大代表的选择

第四道题目希望了解公民对自我参与选举竞争面临障碍的看法。调查问卷提供了 4 个选项，请受访人选择 1 项：（1）选举中不能被平等对待；（2）选不上影响自己形象；（3）花费过多的精力和财力；（4）得罪组织或领导。调查结果显示，在做出有效选择的 4304 名被试中，1995 人选择“选举中不能被平等对待”，占 46.35%；786 人选择“选不上影响自己形象”，占 18.26%；1027 人选择“花费过多的精力和财力”，占 23.87%；496 人选择“得罪组织或领导”，占 11.52%（见表 13 和图 8）。也就是说，对公民个体而言，选举竞争的最大障碍是担心不能被平等对待。

表 13　全体被试对自我参与选举竞争面临障碍的选择

项目	选项	频率	百分比	有效百分比	累积百分比
有效	选举中不能被平等对待	1995	46. 31	46. 35	46. 35
	选不上影响自己形象	786	18. 25	18. 26	64. 61
	花费过多的精力和财力	1027	23. 84	23. 87	88. 48
	得罪组织或领导	496	11. 51	11. 52	100. 00
	合计	4304	99. 91	100. 00	
缺失	系统	4	0. 09		
总计		4308	100. 00		

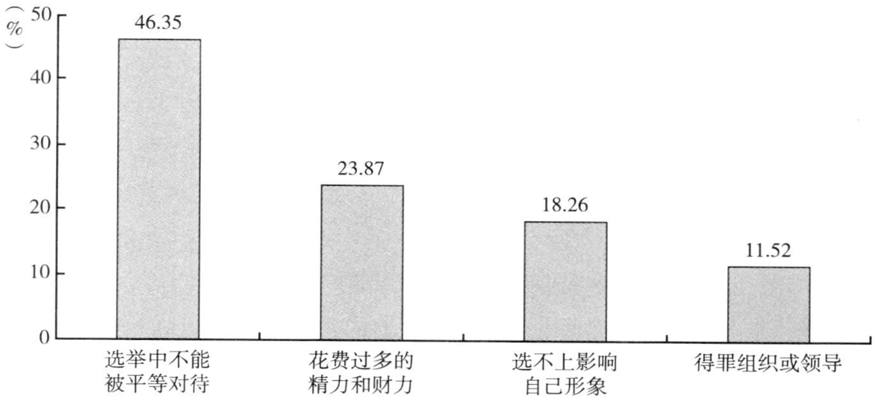

图 8　全体被试对自我参与选举竞争面临障碍的选择

第五道题目希望了解公民对影响自己选举行为的因素的看法。调查问卷提供了 7 个选项，请受访人选择 1 项：（1）单位；（2）政府；（3）亲友；（4）候选人；（5）家族、宗族；（6）基层群众组织；（7）群众口碑。调查结果显示，在做出有效选择的 4305 名被试中，543 人选择“单位”，占 12. 61%；871 人选择“政府”，占 20. 24%；373 人选择“亲友”，占 8. 66%；363 人选择“候选人”，占 8. 43%；111 人选择“家族、宗族”，占 2. 58%；745 人选择“基层群众组织”，占 17. 31%；1299 人选择“群众口碑”，占 30. 17%（见表 14 和图 9）。也就是说，可能影响公民选举行为的七个因素，按照全体被试的选择，由高到低的排序是群众口碑、政府、基层群众组织、单位、亲友、候选人、家族宗族。

表 14　全体被试对影响自己选举行为因素的选择

项目	选项	频率	百分比	有效百分比	累积百分比
有效	单位	543	12.60	12.61	12.61
	政府	871	20.22	20.24	32.85
	亲友	373	8.66	8.66	41.51
	候选人	363	8.43	8.43	49.94
	家族、宗族	111	2.58	2.58	52.52
	基层群众组织	745	17.29	17.31	69.83
	群众口碑	1299	30.15	30.17	100.00
	合计	4305	99.93	100.00	
缺失	系统	3	0.07		
总计		4308	100.00		

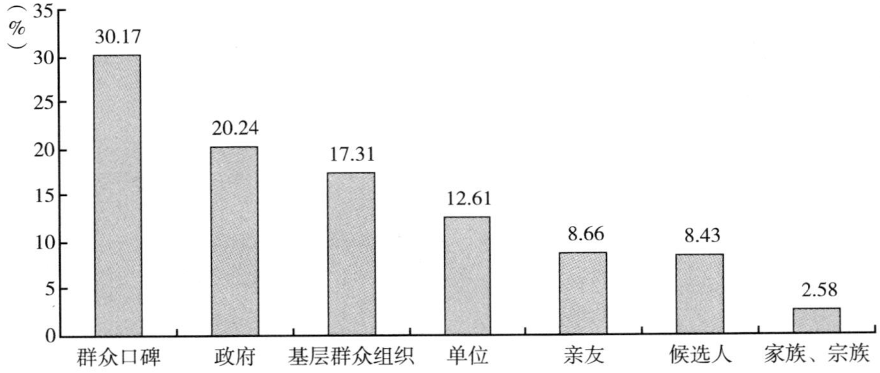

图 9　全体被试对影响自己选举行为因素的选择

第六道题目希望了解在最近一次县级人大代表选举中，被试是如何投票的。调查问卷提供了 5 个选项，请受访人选择 1 项：（1）在选举大会会场投票；（2）在投票站投票；（3）流动票箱投票；（4）委托他人代为投票；（5）我没有去投票。调查结果显示，在作出有效选择的 4308 名被试中，358 人选择“在选举大会会场投票”，占 8.31%；632 人选择“在投票站投票”，占 14.67%；405 人选择“流动票箱投票”，占 9.40%；173 人选择“委托他人代为投票”，占 4.02%；2740 人选择“我没有去投票”，占 63.60%（见表 15 和图 10）。也就是说，除了有近 2/3（63.60%）的被试明确表示没去投票外，四种投票方式由高到低的排序是投票站、流动票箱、选举大会、委托投票。

表 15　全体被试对最近一次县级人大代表选举如何投票的选择

项目	选项	频率	百分比	有效百分比	累积百分比
有效	在选举大会会场投票	358	8.31	8.31	8.31
	在投票站投票	632	14.67	14.67	22.98
	流动票箱投票	405	9.40	9.40	32.38
	委托他人代为投票	173	4.02	4.02	36.40
	我没有去投票	2740	63.60	63.60	100.00
	合计	4308	100.00		
缺失	系统	0	0		
总计		4308	100.00		

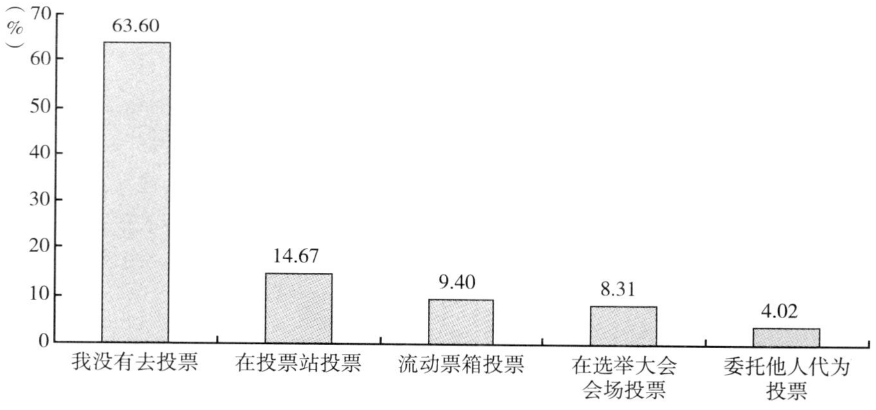

图 10　全体被试对最近一次县级人大代表选举如何投票的选择

第七道题目希望了解公民不去投票的原因。调查问卷提供了 7 个选项，请受访人选择 1 项：（1）太忙，没时间参加选举；（2）外出，没法参加选举；（3）不了解所有候选人，去了也瞎选；（4）我的一票对人大代表选举没有什么作用；（5）候选人中没有我想选的人；（6）我认为这样的选举根本没用；（7）没人通知我参加选举。调查结果显示，在作出有效选择的 2842 名被试中，372 人选择“太忙，没时间参加选举”，占 13.09%；222 人选择“外出，没法参加选举”，占 7.81%；240 人选择“不了解所有候选人，去了也瞎选”，占 8.44%；125 人选择“我的一票对人大代表选举没有什么作用”，占 4.40%；79 人选择“候选人中没有我想选的人”，占 2.78%；139 人选择“我认为这样的选举根本没用”，占

4.89%；1665人选择“没人通知我参加选举”，占58.59%（见表16和图11）。从这样的选择可以看出，强调客观因素影响投票（没通知、外出、太忙）的被试占了近4/5（79.49%），强调主观因素影响投票的1/5被试，对候选人不满意（不了解候选人或没有想选的人）的被试比例（11.22%）略高于持“选举无用”看法（个人选票对选举无用或选举本身无用）的被试比例（9.29%）。

表16　被试对不去投票原因的选择

项目	选项	频率	百分比	有效百分比	累积百分比
有效	太忙，没时间参加选举	372	8.64	13.09	13.09
	外出，没法参加选举	222	5.15	7.81	20.90
	不了解候选人，去了也瞎选	240	5.57	8.44	29.35
	我的一票对人大代表选举没用	125	2.90	4.40	33.74
	候选人中没有我想选的人	79	1.83	2.78	36.52
	我认为这样的选举根本没用	139	3.23	4.89	41.41
	没人通知我参加选举	1665	38.65	58.59	100.00
	合计	2842	65.97	100.00	
缺失	系统	1466	34.03		
总计		4308	100.00		

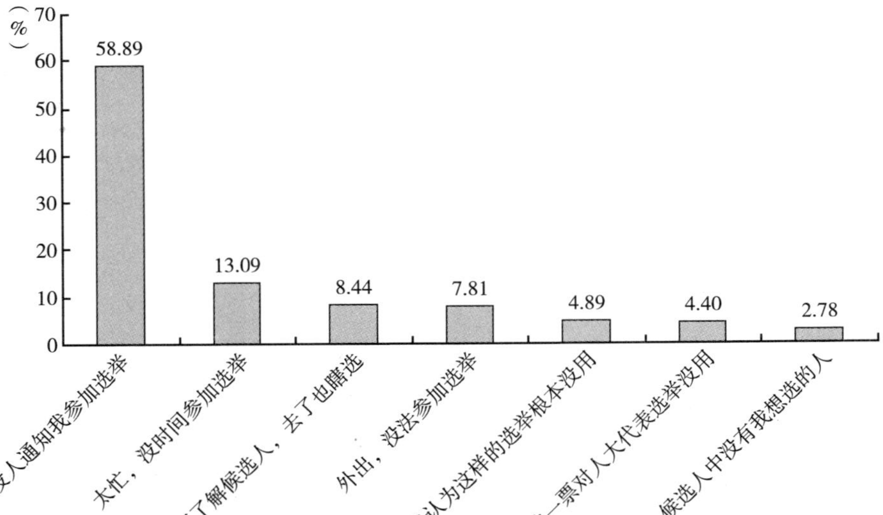

图11　被试对不去投票原因的选择

（三）公民的候选人选择取向

为了解公民在县级人大代表选举中的候选人选择取向，问卷调查设计了9道题目。

第一道题目希望了解公民对县级人大代表候选人应具备条件的看法。调查问卷提供了7个选项，请受访人选择3项并根据选项的重要性排序：（1）遵纪守法、办事公道，廉洁奉公；（2）参政、议政能力较强；（3）在社会上知名度较高；（4）群众熟悉的领导干部；（5）能够代表选区或选民利益；（6）能够代表单位利益；（7）敢于参与选举竞争。

全体被试对于县级人大代表候选人应具备的条件，按第一选择由高到低进行排序，排在第一位的是“遵纪守法、办事公道，廉洁奉公”（67.61%），排在第二位的是“参政、议政能力较强”（10.88%），排在第三位的是“能够代表选区或选民利益”（7.85%），排在第四位的是“在社会上知名度较高”（6.20%），排在第五位的是“群众熟悉的领导干部”（4.21%），排在第六位的是“敢于参与选举竞争”（1.97%），排在末位的是“能够代表单位利益”（1.28%）。在第二选择中，选择比例排在前两位的是“参政、议政能力较强”、“能够代表选区或选民利益”。在第三选择中，选择比例排在前两位的是“能够代表选区或选民利益”、“敢于参与选举竞争”（见表17）。

表17 全体被试对县级人大代表候选人应具备条件的选择

选项	第一选择		第二选择		第三选择		总提及	
	频率	百分比	频率	百分比	频率	百分比	频率	百分比
遵纪守法、办事公道	2910	67.61	472	11.41	262	6.91	3644	29.79
参政、议政能力较强	468	10.88	1226	29.63	519	13.69	2213	18.09
社会知名度高	267	6.20	589	14.23	527	13.90	1383	11.31
群众熟悉的领导干部	181	4.21	617	14.91	489	12.90	1287	10.52
代表选区或选民利益	338	7.85	860	20.78	990	26.11	2188	17.89
代表单位利益	55	1.28	185	4.47	426	11.24	666	5.44
敢于参与选举竞争	85	1.97	189	4.57	578	15.25	852	6.96
合计	4304	100.00	4138	100.00	3791	100.00	12233	100.00

全体被试的总提及频率（各因素在3个选项中的选择频率）的排序与第一选择相同（见图12），在列出的7个选项中，提及频率最高的是“遵纪守

法、办事公道，廉洁奉公”（29.79%），第二是“参政、议政能力较强”（18.09%），第三是“能够代表选区或选民利益”（17.89%），第四是“在社会上知名度较高”（11.31%），第五是“群众熟悉的领导干部”（10.52%），第六是“敢于参与选举竞争”（6.96%），提及频率最低的是“能够代表单位利益”（5.44%）。

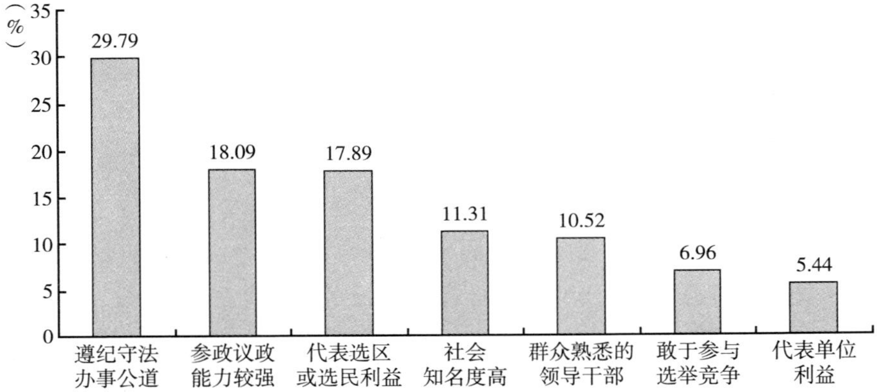

图 12　全体被试对县级人大代表候选人应具备条件的选择

第二道题目希望了解公民在最近一次县级人大代表选举中，是否参与了代表候选人的提名。调查结果显示，在作出有效选择的 4288 名被试中，603 人选择“是”，占 14.06%；3685 人选择“否”，占 85.94%（见表 18）。

表 18　全体被试对最近一次县级人大代表选举是否参与代表候选人提名的选择

项目	选项	频率	百分比	有效百分比	累积百分比
有效	是	603	14.00	14.06	14.06
	否	3685	85.54	85.94	100.00
	合计	4288	99.54	100.00	
缺失	系统	20	0.46		
总计		4308	100.00		

第三道题目希望了解公民在最近一次县级人大代表选举中，是否参加了代表候选人的讨论和协商。调查结果显示，在作出有效选择的4293名被试中，531人选择“是”，占12.37%；3762人选择“否”，占87.63%（见表19）。

表19　全体被试对最近一次县级人大代表选举是否参加代表候选人讨论和协商的选择

项目	选项	频率	百分比	有效百分比	累积百分比
有效	是	531	12.33	12.37	12.37
	否	3762	87.33	87.63	100.00
	合计	4293	99.65	100.00	
缺失	系统	15	0.35		
总计		4308	100.00		

第四道题目希望了解公民对县级人大代表候选人产生过程可能有哪些不满。调查问卷提供了7个选项，请受访人选择3项并根据选项的重要性排序：（1）政党、人民团体提名候选人过多；（2）选民联名推荐的候选人没有竞争力；（3）候选人与选民见面“走过场”；（4）正式候选人确定过程中的“暗箱操作”；（5）人为避免预选；（6）候选人介绍不充分；（7）选民对候选人情况不熟悉。

全体被试对于县级人大代表候选人产生过程可能出现的不满，按第一选择由高到低进行排序，排在第一位的是“候选人与选民见面‘走过场’”（26.09%），排在第二位的是“政党、人民团体提名候选人过多”（26.07%），排在第三位的是“选民联名推荐的候选人没有竞争力”（14.77%），排在第四位的是“正式候选人确定过程中的‘暗箱操作’”（13.30%），排在第五位的是“选民对候选人情况不熟悉”（9.44%），排在第六位的是“人为避免预选”（6.89%），排在末位的是“候选人介绍不充分”（3.44%）。在第二选择中，选择比例排在前两位的是“候选人与选民见面‘走过场’”、“正式候选人确定过程中的‘暗箱操作’”。在第三选择中，选择比例排在前两位的是“选民对候选人情况不熟悉”、“正式候选人确定过程中的‘暗箱操作’”（见表20）。

表 20　全体被试对县级人大代表候选人产生过程中可能出现不满的选择

选项	第一选择		第二选择		第三选择		总提及	
	频率	百分比	频率	百分比	频率	百分比	频率	百分比
组织提名过多	1121	26.07	246	6.00	267	7.24	1634	13.52
选民提名无竞争力	635	14.77	547	13.35	312	8.45	1494	12.36
候选人见面“走过场”	1122	26.09	1020	24.88	518	14.03	2660	22.00
“暗箱操作”确定过程	572	13.30	964	23.52	646	17.50	2182	18.05
人为避免预选	296	6.89	551	13.44	495	13.41	1342	11.10
候选人介绍不充分	148	3.44	329	8.03	527	14.28	1004	8.30
选民不熟悉候选人	406	9.44	442	10.78	926	25.09	1774	14.67
合计	4300	100.00	4099	100.00	3691	100.00	12090	100.00

全体被试的总提及频率（各因素在 3 个选项中的选择频率）的排序与第一选择有较大不同（见图 13），在列出的 7 个选项中，提及频率最高的是“候选人与选民见面‘走过场’”（22.00%），第二是“正式候选人确定过程中的‘暗箱操作’”（18.05%），第三是“选民对候选人情况不熟悉”（14.67%），第四是“政党、人民团体提名候选人过多”（13.52%），第五是“选民联名推荐的候选人没有竞争力”（12.36%），第六是“人为避免预选”（11.10%），提及频率最低的是“候选人介绍不充分”（8.30%，第二至五位排序不同）。

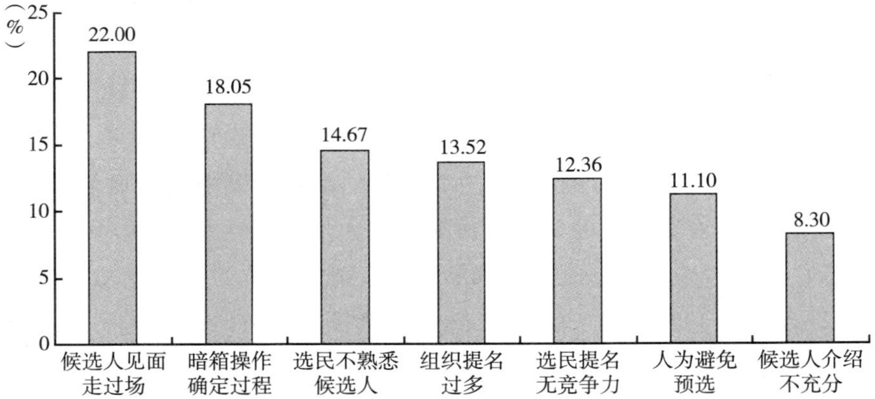

图 13　全体被试对县级人大代表候选人产生过程中可能出现不满的选择

第五道题目希望知道公民主要通过什么方式了解县级人大代表候选人。调查问卷提供了 6 个选项，请受访人选择 3 项并根据选项的重要性排序：（1）选举委员会的书面介绍；（2）候选人与选民见面活动；（3）亲戚朋友介绍；（4）候选人之间的竞争活动；（5）日常生活了解；（6）所在单位或社区的介绍。

全体被试对于了解县级人大代表候选人的方式，按第一选择由高到低进行排序，排在第一位的是“选举委员会的书面介绍”（41.97%），排在第二位的是“候选人与选民见面活动”（14.44%），排在第三位的是“亲戚朋友介绍”（14.40%），排在第四位的是“日常生活了解”（11.02%），排在第五位的是“所在单位或社区的介绍”（10.70%），排在末位的是“候选人之间的竞争活动”（7.47%）。在第二选择中，选择比例排在前两位的是“候选人与选民见面活动”、“亲戚朋友介绍”。在第三选择中，选择比例排在前两位的是“所在单位或社区的介绍”、“日常生活了解”（见表 21）。

表 21　全体被试对了解县级人大代表候选人方式的选择

选项	第一选择		第二选择		第三选择		总提及	
	频率	百分比	频率	百分比	频率	百分比	频率	百分比
选委会的书面介绍	1805	41.97	573	14.41	395	11.44	2773	23.64
候选人与选民见面	621	14.44	930	23.39	484	14.01	2035	17.35
亲戚朋友介绍	619	14.40	708	17.81	392	11.35	1719	14.66
候选人之间的竞争	321	7.47	680	17.10	552	15.99	1553	13.24
日常生活了解	474	11.02	637	16.02	607	17.58	1718	14.65
单位或社区的介绍	460	10.70	448	11.27	1023	29.63	1931	16.46
合计	4300	100.00	3976	100.00	3453	100.00	11729	100.00

全体被试的总提及频率（各因素在 3 个选项中的选择频率）的排序与第一选择略有不同（见图 14），在列出的 6 个选项中，提及频率最高的是“选举委员会的书面介绍”（23.64%），第二是“候选人与选民见面活动”（17.35%），第三是“所在单位或社区的介绍”（16.46%），第四是“亲戚朋友介绍”（14.66%），第五是“日常生活了解”（14.65%），提及频

率最低的是“候选人之间的竞争活动”（13.24%，第三至第五位排序不同）。

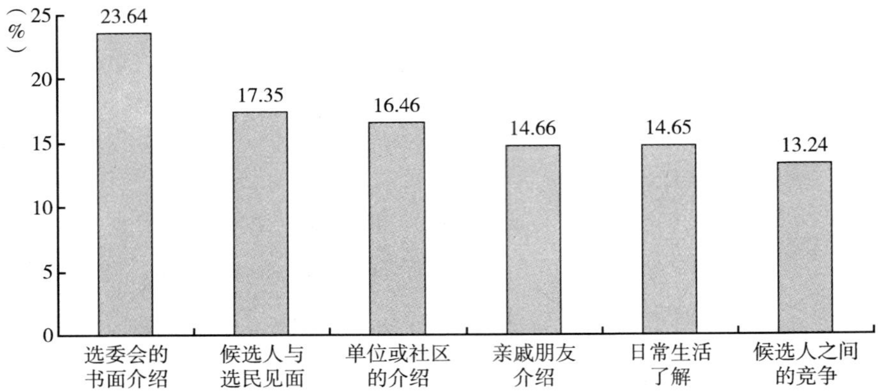

图 14　全体被试对了解县级人大代表候选人方式的选择

第六道题目希望了解在最近一次县级人大代表选举中是如何介绍候选人的。调查问卷提供了8个选项，请受访人选择3项并根据选项的重要性排序：(1) 选民会议介绍；(2) 选民代表会议介绍；(3) 选民小组会议介绍；(4) 候选人走家串户自我介绍；(5) 选举委员会以公告形式介绍；(6) 候选人张贴宣传材料或发放宣传品；(7) 候选人之间公开辩论；(8) 只介绍外来参选的候选人。

全体被试对于最近一次县级人大代表选举中如何介绍候选人，按第一选择由高到低进行排序，排在第一位的是“选民会议介绍”（38.07%），排在第二位的是“选民代表会议介绍”（15.08%），排在第三位的是“选民小组会议介绍”（14.80%），排在第四位的是“选举委员会以公告形式介绍”（12.11%），排在第五位的是“候选人走家串户自我介绍”（6.86%），排在第六位的是“候选人之间公开辩论”（6.62%），排在第七位的是“候选人张贴宣传材料或发放宣传品”（5.60%），排在末位的是“只介绍外来参选的候选人”（0.86%）。在第二选择中，选择比例排在前两位的是“选民代表会议介绍”、“选举委员会以公告形式介绍”。在第三选择中，选择比例排在前两位的是“候选人之间公开辩论”、“候选人张贴宣传材料或发放宣传品”（见表22）。

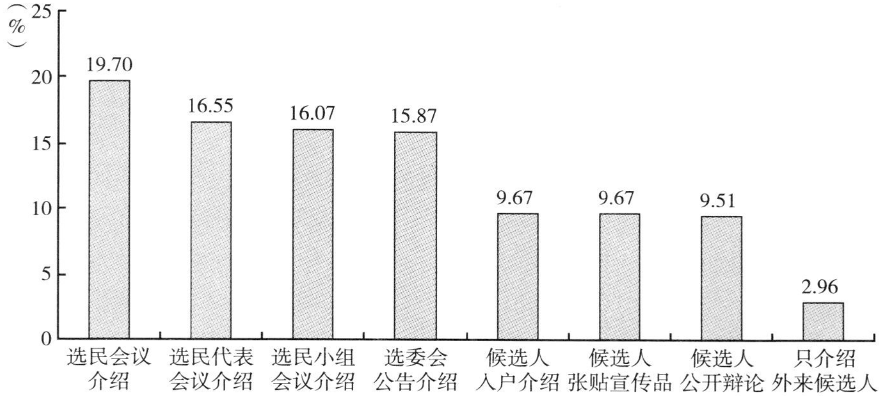

图 15　全体被试对县级人大代表选举中如何介绍候选人的选择

表 22　全体被试对县级人大代表选举中如何介绍候选人的选择

选项	第一选择		第二选择		第三选择		总提及	
	频率	百分比	频率	百分比	频率	百分比	频率	百分比
选民会议介绍	1638	38.07	365	8.98	361	9.94	2364	19.70
选民代表会议介绍	649	15.08	894	21.99	443	12.20	1986	16.55
选民小组会议介绍	637	14.80	776	19.09	515	14.19	1928	16.07
候选人入户介绍	295	6.86	500	12.30	365	10.05	1160	9.67
选委会公告介绍	521	12.11	833	20.49	550	15.15	1904	15.87
候选人张贴宣传品	241	5.60	363	8.93	556	15.31	1160	9.67
候选人公开辩论	285	6.62	279	6.87	577	15.89	1141	9.51
只介绍外来候选人	37	0.86	55	1.35	264	7.27	356	2.96
合计	4303	100.00	4065	100.00	3631	100.00	11999	100.00

全体被试的总提及频率（各因素在3个选项中的选择频率）的排序与第一选择略有不同（见图15），在列出的8个选项中，提及频率最高的是“选民会议介绍”（19.70%），第二是“选民代表会议介绍”（16.55%），第三是“选民小组会议介绍”（16.07%），第四是“选举委员会以公告形式介绍”（15.87%），并列第五的是“候选人走家串户自我介绍”和“候选人张贴宣传材料或发放宣传品”（均为9.67%），第七是“候选人之间公开辩论”（9.51%），提及频率最低的是“只介绍外来参选的候选人”（2.96%，第五至第七位排序不同）。

第七道题目希望了解公民在最近一次县级人大代表选举中，是否参加了代表候选人与选民见面活动。调查结果显示，在作出有效选择的4299名被试中，463人选择“是”，占10.77%；3836人选择“否”，占89.23%（见表23）。

表23　全体被试对最近一次县级人大代表选举是否参加代表候选人与选民见面活动的选择

项目	选项	频率	百分比	有效百分比	累积百分比
有效	是	463	10.75	10.77	10.77
	否	3836	89.04	89.23	100.00
	合计	4299	99.79	100.00	
缺失	系统	9	0.21		
总计		4308	100.00		

第八道题目希望了解在最近一次县级人大代表选举中，被试对候选人的了解程度。调查结果显示，在作出有效选择的4307名被试中，1113人选择“很不了解”，占25.84%；1690人选择“不太了解”，占39.24%；1254人选择“一般”，占29.11%；223人选择“比较了解”，占5.18%；27人选择“很了解”，占0.63%（见表24）。也就是说，明确表示对代表候选人有所了解的被试还不足6%。

表24　全体被试对县级人大代表候选人了解程度的选择

项目	选项	频率	百分比	有效百分比	累积百分比
有效	很不了解	1113	25.83	25.84	25.84
	不太了解	1690	39.23	39.24	65.08
	一般	1254	29.11	29.11	94.19
	比较了解	223	5.18	5.18	99.37
	很了解	27	0.63	0.63	100.00
	合计	4307	99.98	100.00	
缺失	系统	1	0.02		
总计		4308	100.00		

第九道题目希望了解公民针对县级人大代表候选人的投票取向。调查问卷提供了6个选项，请受访人选择3项并根据选项的重要性排序：（1）根据事先对候选人的了解作出选择；（2）根据当时的了解作出选择；（3）先选择本单位的候选人，再考虑其他人；（4）先问问其他人选谁，再作决定；（5）优先

考虑妇女、少数民族候选人；（6）优先考虑领导干部候选人。

全体被试对于县级人大代表候选人的投票取向，按第一选择由高到低进行排序，排在第一位的是“根据事先对候选人的了解作出选择”（49.77%），排在第二位的是“根据当时的了解作出选择”（20.24%），排在第三位的是“先选择本单位的候选人，再考虑其他人”（12.67%），排在第四位的是“先问问其他人选谁，再作决定”（8.66%），排在第五位的是“优先考虑领导干部候选人”（4.77%），排在末位的是“优先考虑妇女、少数民族候选人”（3.89%）。在第二选择中，选择比例排在前两位的“根据当时的了解作出选择”、“先选择本单位的候选人，再考虑其他人”。在第三选择中，选择比例排在前两位的是“先问问其他人选谁，再作决定”、“优先考虑领导干部候选人”（见表25）。

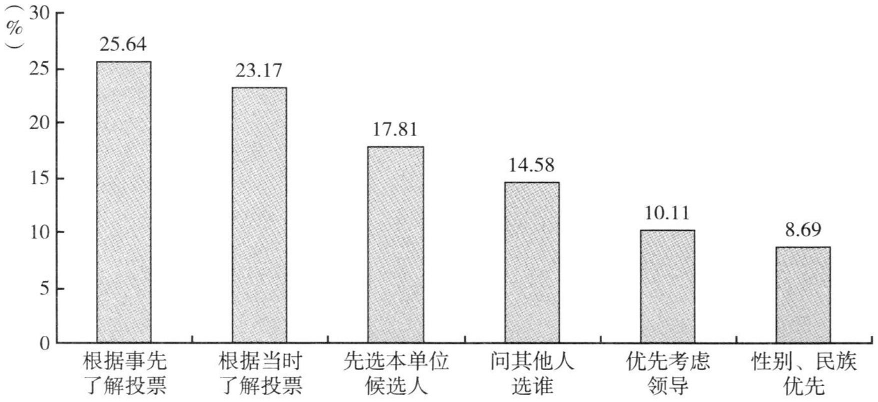

图16　全体被试对县级人大代表候选人的投票取向

表25　全体被试对县级人大代表候选人的投票取向

选项	第一选择		第二选择		第三选择		总提及	
	频率	百分比	频率	百分比	频率	百分比	频率	百分比
根据事先了解投票	2137	49.77	558	14.00	327	9.33	3022	25.64
根据当时了解投票	869	20.24	1339	33.60	523	14.91	2731	23.17
先选本单位候选人	544	12.67	938	23.54	617	17.59	2099	17.81
问其他人选谁	372	8.66	579	14.53	768	21.90	1719	14.58
性别、民族优先	167	3.89	352	8.83	505	14.40	1024	8.69
优先考虑领导	205	4.77	219	5.50	767	21.87	1191	10.11
合计	4294	100.00	3985	100.00	3507	100.00	11786	100.00

全体被试的总提及频率（各因素在3个选项中的选择频率）的排序与第一选择相同（见图16），在列出的6个选项中，提及频率最高的是“根据事先对候选人的了解作出选择”（25.64%），第二是“根据当时的了解作出选择”（23.17%），第三是“先选择本单位的候选人，再考虑其他人”（17.81%），第四是“先问问其他人选谁，再作决定”（14.58%），第五是“优先考虑领导干部候选人”（10.11%），提及频率最低的是“优先考虑妇女、少数民族候选人”（8.69%）。

（四）对预选和破坏选举的看法

问卷调查专门设计了4道题目，以了解公民如何看待预选和破坏选举的行为。

第一道题目询问被试在最近一次县级人大代表选举中，所在选区是否进行了预选。调查结果显示，在作出有效选择的4280名被试中，1001人选择“是”，占23.39%；3279人选择“否”，占76.61%（见表26）。从这样的调查结果可以看出，预选显然还没有成为选举中普遍采纳的程序。

表26　全体被试对最近一次县级人大代表选举所在选区是否预选的选择

项目	选项	频率	百分比	有效百分比	累积百分比
有效	是	1001	23.24	23.39	23.39
	否	3279	76.11	76.61	100.00
	合计	4280	99.35	100.00	
缺失	系统	28	0.65		
总计		4308	100.00		

第二道题目询问被试，如果采用预选方式确定正式候选人，最好采用什么样的预选方法。调查问卷提供了4个选项，请受访人选择1项：（1）选民大会预选；（2）选民小组会预选；（3）选民代表会预选；（4）选民以流动票箱方式预选。调查结果显示，在作出有效选择的4305名被试中，1282人选择“选民大会预选”，占29.78%；776人选择“选民小组会预选”，占

18.03%；825 人选择“选民代表会预选”，占 19.16%；1422 人选择“选民以流动票箱方式预选”，占 33.03%（见表 27）。也就是说，近 2/3 的被试（62.81%）倾向于全体选民能够参加的预选（选民大会预选和选民以流动票箱方式预选）。

表 27 全体被试对采用何种预选方法的选择

项目	选项	频率	百分比	有效百分比	累积百分比
有效	选民大会预选	1282	29.76	29.78	29.78
	选民小组会预选	776	18.01	18.03	47.80
	选民代表会预选	825	19.15	19.16	66.97
	选民以流动票箱方式预选	1422	33.01	33.03	100.00
	合计	4305	99.93	100.00	
缺失	系统	3	0.07		
总计		4308	100.00		

第三道题目询问被试，哪些行为最容易破坏县级人大代表选举。调查问卷提供了 9 个选项，请受访人选择 3 项并根据选项的重要性排序：（1）贿选；（2）妨害选民行使选举权；（3）伪造选票；（4）虚报选票；（5）计票作弊；（6）对代表候选人进行人身攻击；（7）滥用委托投票；（8）对流动票箱监管不严；（9）对控告、检举违法的人打击、报复。

全体被试对于容易破坏县级人大代表选举的行为，按第一选择由高到低进行排序，排在第一位的是“贿选”（44.34%），排在第二位的是“伪造选票”（13.37%），排在第三位的是“妨害选民行使选举权”（12.19%），排在第四位的是“虚报选票”（11.01%），排在第五位的是“计票作弊”（5.83%），排在第六位的是“滥用委托投票”（4.99%），排在第七位的是“对流动票箱监管不严”（2.93%），排在第八位的是“对控告、检举违法的人打击、报复”（2.76%），排在末位的是“对代表候选人进行人身攻击”（2.58%）。在第二选择中，选择比例排在前两位的“伪造选票”、“妨害选民行使选举权”。在第三选择中，选择比例排在前两位的是“虚报选票”和“计票作弊”（见表 28）。

表 28　全体被试对最容易破坏县级人大代表选举行为的选择

选项	第一选择		第二选择		第三选择		总提及	
	频率	百分比	频率	百分比	频率	百分比	频率	百分比
贿选	1910	44.34	351	8.38	275	7.09	2536	20.49
妨害行使选举权	525	12.19	698	16.67	289	7.45	1512	12.22
伪造选票	576	13.37	999	23.86	435	11.21	2010	16.24
虚报选票	474	11.01	620	14.81	668	17.22	1762	14.24
计票作弊	251	5.83	660	15.76	600	15.46	1511	12.21
对候选人人身攻击	111	2.58	151	3.61	276	7.11	538	4.35
滥用委托投票	215	4.99	412	9.84	548	14.12	1175	9.50
流动票箱监管不严	126	2.93	149	3.56	486	12.53	761	6.15
打击、报复举报人	119	2.76	147	3.51	303	7.81	569	4.60
合计	4307	100.00	4187	100.00	3880	100.00	12374	100.00

全体被试的总提及频率（各因素在3个选项中的选择频率）的排序与第一选择略有不同，在列出的9个选项中，提及频率最高的是“贿选”（20.49%），第二是“伪造选票”（16.24%），第三是“虚报选票”（14.24%），第四是“妨害选民行使选举权”（12.22%），第五是“计票作弊”（12.21%），第六是“滥用委托投票”（9.50%），第七是“对流动票箱监管不严”（6.15%），第八是“对控告、检举违法的人打击、报复”（4.60%），提及频率最低的是“对代表候选人进行人身攻击”（4.35%，第三、第四位排序不同）。

第四道题目询问被试，如果在县级人大代表选举中出现了破坏选举行为，个人倾向于采用什么行动。调查问卷提供了8个选项，请受访人选择3项并根据选项的重要性排序：（1）自己出面制止；（2）向选举委员会举报；（3）向党组织反映情况；（4）向各级人大反映情况；（5）向各级人民政府反映情况；（6）向新闻媒体反映情况；（7）在互联网上发布消息；（8）只参与私下议论，不采取实际行动。

全体被试对于破坏选举的行为所采取的行动，按第一选择由高到低进行排序，排在第一位的是“向选举委员会举报”（31.08%），排在第二位的是“只参与私下议论，不采取实际行动”（15.46%），排在第三位的是“自己出面制止”（14.37%），排在第四位的是“向党组织反映情况”（13.91%），排在第五位的是“在互联网上发布消息”（8.03%），排在第六位的是“向各级人民政府反映情况”（6.96%），排在第七位的是“向各级人大反映情况”（5.29%），排在末位的是“向新闻媒体反映情况”（4.90%）。在第二选择中，选择比例排在前两位的是“向党组织反映情况”、“向选举委员会举报”。在第三选择中，选择比例排在前两位的是“向各级人民政府反映情况”、“向新闻媒体反映情况”（见表29）。

表29　全体被试对破坏选举行为所采取行动的选择

选项	第一选择		第二选择		第三选择		总提及	
	频率	百分比	频率	百分比	频率	百分比	频率	百分比
自己出面制止	619	14.37	185	4.86	130	3.83	934	8.12
向选举委员会举报	1339	31.08	633	16.62	425	12.52	2397	20.82
向党组织反映情况	599	13.91	845	22.18	377	11.11	1821	15.82
向人大反映情况	228	5.29	630	16.54	525	15.47	1383	12.01
向政府反映情况	300	6.96	580	15.23	561	16.53	1441	12.52
向媒体反映情况	211	4.90	403	10.58	554	16.32	1168	10.15
互联网上发布消息	346	8.03	381	10.00	443	13.05	1170	10.16
不采取实际行动	666	15.46	152	3.99	379	11.17	1197	10.40
合计	4308	100.00	3809	100.00	3394	100.00	11511	100.00

全体被试的总提及频率（各因素在3个选项中的选择频率）的排序与第一选择有较大不同，在列出的8个选项中，提及频率最高的是“向选举委员会举报”（20.82%），第二是“向党组织反映情况”（15.82%），第三是“向各级人民政府反映情况”（12.52%），第四是“向各级人大反映情况”（12.01%），第五是“只参与私下议论，不采取实际行动”（10.40%），第六是“在互联网上发布消息”（10.16%），第七是“向新闻媒体反映情况”（10.15%），提及频率最低的是“自己出面制止”（8.12%，第二至第八位排序不同）。

（五）公民与县级人大代表的关系

公民是否了解县级人大代表的工作，是否与人大代表经常接触，问卷用两道题目进行了调查。

第一道题目询问被试是否了解县级人大代表在人民代表大会上的表现。调查结果显示，在作出有效选择的4306名被试中，999人选择“很不了解”，占23.20%；1738人选择“不太了解”，占40.36%；1136人选择“一般”，占26.38%；392人选择“比较了解”，占9.11%；41人选择“很了解”，占0.95%（见表30）。也就是说，明确表示对代表在人代会上的表现有所了解的被试占10%左右。

表30　全体被试对是否了解县级人大代表在人代会上的表现的选择

项目	选项	频率	百分比	有效百分比	累积百分比
有效	很不了解	999	23.19	23.20	23.20
	不太了解	1738	40.34	40.36	63.56
	一般	1136	26.37	26.38	89.94
	比较了解	392	9.10	9.11	99.05
	很了解	41	0.95	0.95	100.00
	合计	4306	99.95	100.00	
缺失	系统	2	0.05		
总计		4308	100.00		

第二道题目询问被试是否经常与本选区当选的人大代表经常接触。调查结果显示，在作出有效选择的4304名被试中，1862人选择“极少”，占43.26%；1236人选择“较少”，占28.72%；948人选择“一般”，占22.03%；220人选择“较多”，占5.11%；38人选择“很多”，占0.88%（见表31）。也就是说，明确表示较多或很多接触人大代表的被试占6%左右。

表31　全体被试对是否经常接触本选区当选代表的选择

项目	选项	频率	百分比	有效百分比	累积百分比
有效	极少	1862	43.22	43.26	43.26
	较少	1236	28.69	28.72	71.98
	一般	948	22.01	22.03	94.01
	较多	220	5.11	5.11	99.12
	很多	38	0.88	0.88	100.00
	合计	4304	99.91	100.00	
缺失	系统	4	0.09		
总计		4308	100.00		

六 信任、沟通等对选举行为的影响

“中国公民的县（区）级人大代表选举参与”问卷调查设计了4道打分题（包括22个选项），分别测试全体表示的政治信任、政治沟通、程序公平、结果公平的得分。调查结果显示，全体被试的“政治信任”打分在1.00～6.00分之间，均值为3.92，标准差为0.99；全体被试的“政治沟通”打分在1.00～5.00分之间，均值为2.98，标准差为0.54；全体被试的“程序公平”打分在1.00～5.00分之间，均值为2.97，标准差为0.82；全体被试的“结果公平”打分在1.00～5.00分之间，均值为3.16，标准差为0.82（见表32）。

表32 全体被试的政治信任等打分

项目	N	极小值	极大值	均值	标准差
政治信任	4307	1.00	6.00	3.9184	0.99102
政治沟通	4303	1.00	5.00	2.9783	0.54436
程序公平	4294	1.00	5.00	2.9680	0.82323
结果公平	4296	1.00	5.00	3.1628	0.82061

对政治信任与县级人大代表选举参与客观状况之间的相关性进行分析（见表33，下同），结果显示，政治信任与客观状况总分具有显著的正向相关（$r=0.115$，$p<0.01$），但是在客观状况的五个维度上，政治信任只与“选举重要性认知”（$r=0.099$，$p<0.01$）、“选举内容认知”（$r=0.067$，$p<0.01$）、“选举参与”（$r=0.096$，$p<0.01$）三个指标之间具有显著的正向相关，与“权利与途径认知”和“选举程序认知”之间的相关则未达到显著水平。

对政治沟通与县级人大代表选举参与客观状况之间的相关性进行分析，结果显示，政治沟通与客观状况总分具有显著的正向相关（$r=0.075$，$p<0.01$），但是在客观状况的五个维度上，政治沟通只与“选举重要性认知”（$r=0.107$，$p<0.01$）、“选举内容认知”（$r=0.073$，$p<0.01$）、“选举参与”（$r=0.079$，$p<0.01$）三个指标之间具有显著的正向相关，与“权利与途径认知”之间具有显著的负向相关（$r=-0.112$，$p<0.01$），与“选举程序认知”之间的相关未达到显著水平。

对程序公平与县级人大代表选举参与客观状况之间的相关性进行分析，结果显示，程序公平与客观状况总分具有显著的正向相关（$r=0.113$，$p<0.01$），但是在客观状况的五个维度上，程序公平只与“选举重要性认知”（$r=0.120$，$p<0.01$）、“选举内容认知”（$r=0.070$，$p<0.01$）、“选举参与”（$r=0.115$，$p<0.01$）三个指标之间具有显著的正向相关，与“权利与途径认知”之间具有显著的负向相关($r=-0.110$，$p<0.01$)，与“选举程序认知”之间的相关未达到显著水平。

对结果公平与县级人大代表选举参与客观状况之间的相关性进行分析，结果显示，结果公平与客观状况总分具有显著的正向相关（$r=0.073$，$p<0.01$），并且在客观状况的五个维度上，结果公平与“选举重要性认知”（$r=0.062$，$p<0.01$）、“选举内容认知”（$r=0.048$，$p<0.05$）、“选举程序认知”（$r=0.054$，$p<0.01$）、“选举参与”（$r=0.055$，$p<0.01$）四个指标之间具有显著的正向相关，与“权利与途径认知”之间具有显著的负向相关（$r=-0.038$，$p<0.05$）。

表 33　政治信任等因素与县级人大代表选举参与客观状况各指标之间的相关

		政治信任	政治沟通	程序公平	结果公平
选举重要性认知	Pearson 相关性	.099**	.107**	.120**	.062**
	显著性(双侧)	.000	.000	.000	.000
	N	4302	4298	4289	4291
权利与途径认知	Pearson 相关性	.007	-.112**	-.110**	-.038*
	显著性(双侧)	.650	.000	.000	.013
	N	4291	4287	4279	4280
选举内容认知	Pearson 相关性	.067**	.073**	.070**	.048**
	显著性(双侧)	.000	.000	.000	.002
	N	4224	4220	4211	4213
选举程序认知	Pearson 相关性	.004	-.012	.003	.054**
	显著性(双侧)	.772	.422	.822	.000
	N	4291	4287	4278	4280
选举参与	Pearson 相关性	.096**	.079**	.115**	.055**
	显著性(双侧)	.000	.000	.000	.000
	N	4269	4265	4256	4258
客观状况总分	Pearson 相关性	.115**	.075**	.113**	.073**
	显著性(双侧)	.000	.000	.000	.000
	N	4164	4160	4152	4153

** 在 .01 水平（双侧）上显著相关。
* 在 0.05 水平（双侧）上显著相关。

对政治信任等因素与县级人大代表选举参与主观状况各指标之间的相关性进行分析（见表34），可以得出以下结果：（1）“政治信任”与“选举参与满意度”（$r=0.231$，$p<0.01$）、“选举参与意愿”（$r=0.301$，$p<0.01$）、“选举参与效能”（$r=0.224$，$p<0.01$）之间均具有显著的正向相关。（2）“政治沟通”与“选举参与满意度”（$r=0.350$，$p<0.01$）、“选举参与意愿”（$r=0.091$，$p<0.01$）、“选举参与效能”（$r=0.150$，$p<0.01$）之间均具有显著的正向相关。（3）“程序公平”与“选举参与满意度”（$r=0.290$，$p<0.01$）、“选举参与意愿”（$r=0.099$，$p<0.01$）、“选举参与效能”（$r=0.197$，$p<0.01$）之间均具有显著的正向相关。（4）“结果公平”与“选举参与满意度”（$r=0.183$，$p<0.01$）、“选举参与意愿”（$r=0.095$，$p<0.01$）、“选举参与效能”（$r=0.150$，$p<0.01$）之间均具有显著的正向相关。

表34　政治信任等因素与县级人大代表选举参与主观状况各指标之间的相关

		政治信任	政治沟通	程序公平	结果公平
选举参与满意度	Pearson 相关性	.231**	.350**	.290**	.183**
	显著性（双侧）	.000	.000	.000	.000
	N	4299	4295	4286	4289
选举参与意愿	Pearson 相关性	.301**	.091**	.099**	.095**
	显著性（双侧）	.000	.000	.000	.000
	N	4289	4285	4276	4278
选举参与效能	Pearson 相关性	.224**	.150**	.197**	.150**
	显著性（双侧）	.000	.000	.000	.000
	N	4302	4298	4289	4291

** 在0.01水平（双侧）上显著相关。

问卷调查还希望了解中国公民认为哪一种民主对中国的发展最为重要，并特别设计了5个选项，请受访人选择1项：（1）基层群众的自治（基层民主）；（2）选举各级人大代表（选举民主）；（3）公众广泛参与政策讨论（政策民主）；（4）；政府与群众协商解决问题（协商民主）；（5）中国共产党推进党内的民主（党内民主）。调查结果显示，在作出有效选择的4296名被试中，1200人选择“基层群众的自治（基层民主）”，占27.93%；1126人选择“选举各级人大代表（选举民主）”，占26.21%；842人选择“公众广泛参与政策讨论（政策民主）”，占19.60%；945人选择“政府与群众协商解决问题（协商民主）”，占19.67%；283人选择“中国共产党推进党内的民主（党内民主）”，占6.59%（见表35和图17）。按照这样的选择，不同民主对发展的重要性由高到低的排序是基层民主、选举民主、协商民主、政策民主、党内民主。

表35　全体被试对哪种民主对中国发展最重要的选择

项目	选项	频率	百分比	有效百分比	累积百分比
有效	基层群众的自治(基层民主)	1200	27.85	27.93	27.93
	选举各级人大代表(选举民主)	1126	26.14	26.21	54.14
	公众广泛参与政策讨论(政策民主)	842	19.55	19.60	73.74
	政府与群众协商解决问题(协商民主)	845	19.61	19.67	93.41
	中国共产党推进党内的民主(党内民主)	283	6.57	6.59	100.00
	合计	4296	99.72	100.00	
缺失	系统	12	0.28		
总　计		4308	100.00		

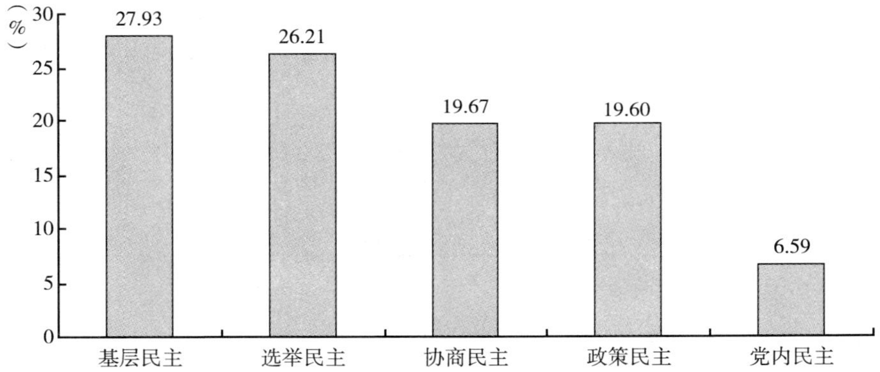

图17　全体被试对哪种民主对中国发展最重要的选择

数据分析篇（上编）

Data Analyses（Vol. 1）

B.2

不同性别公民的县级人大代表选举参与比较

史卫民　王艳

“中国公民的县（区）级人大代表选举参与”问卷调查涉及的4308名被试中，男性被试2116人，占49.12%；女性被试2192人，占50.88%。根据问卷调查的数据，可以比较不同性别被试的县级人大代表选举参与状况。

一　不同性别被试的县级人大代表选举参与客观状况

调查结果显示，男性被试的县级人大代表选举参与客观状况的总体得分在0～9.50分之间，均值为3.45，标准差为1.73。具体到县级人大代表选举参与客观状况的五个维度，男性被试的“选举重要性认知”得分在0～1.00分之间，均值为0.25，标准差为0.35；“权利与途径认知”得分在0～1.00分之间，均值为0.54，标准差为0.35；“选举内容认知”得分在0～2.50分之间，均值为0.85，标准差为0.46；“选举程序认知”得分在0～1.50分之间，均值为0.79，标准差为0.43；“选举参与”得分在0～4.00分之间，均值为1.02，标准差为1.35。

女性被试的县级人大代表选举参与客观状况的总体得分在0～9.50分之间，均值为3.33，标准差为1.71。具体到县级人大代表选举参与客观状况的五个维度，女性被试的“选举重要性认知”得分在0～1.00分之间，均值为0.22，标准差为0.34；“权利与途径认知”得分在0～1.00分之间，均值为0.53，标准差为0.36；“选举内容认知”得分在0～2.50分之间，均值为0.83，标准差为0.47；“选举程序认知”得分在0～1.50分之间，均值为0.78，标准差为0.43；“选举参与”得分在0～4.00分之间，均值为0.97，标准差为1.33（见表1和图1）。

表1　不同性别被试县级人大代表选举客观状况得分的描述统计结果

项目		N	均值	标准差	标准误	均值的95%置信区间		极小值	极大值
						下限	上限		
客观状况总分	男性	2043	3.4488	1.73267	.03833	3.3737	3.5240	.00	9.50
	女性	2122	3.3303	1.70592	.03703	3.2577	3.4030	.00	9.50
	总数	4165	3.3885	1.71991	.02665	3.3362	3.4407	.00	9.50
选举重要性认知	男性	2114	.2528	.35421	.00770	.2377	.2679	.00	1.00
	女性	2189	.2197	.33722	.00721	.2056	.2339	.00	1.00
	总数	4303	.2360	.34603	.00527	.2257	.2463	.00	1.00
权利与途径认知	男性	2110	.5353	.34678	.00755	.5205	.5501	.00	1.00
	女性	2182	.5275	.35725	.00765	.5125	.5425	.00	1.00
	总数	4292	.5313	.35212	.00537	.5208	.5419	.00	1.00
选举内容认知	男性	2070	.8524	.46437	.01021	.8324	.8724	.00	2.50
	女性	2155	.8336	.46767	.01007	.8139	.8534	.00	2.50
	总数	4225	.8428	.46610	.00717	.8288	.8569	.00	2.50
选举程序认知	男性	2110	.7924	.42619	.00928	.7742	.8106	.00	1.50
	女性	2182	.7832	.42555	.00911	.7654	.8011	.00	1.50
	总数	4292	.7877	.42584	.00650	.7750	.8005	.00	1.50
选举参与	男性	2095	1.0162	1.35100	.02952	.9583	1.0741	.00	4.00
	女性	2175	.9660	1.33024	.02852	.9100	1.0219	.00	4.00
	总数	4270	.9906	1.34054	.02051	.9504	1.0309	.00	4.00

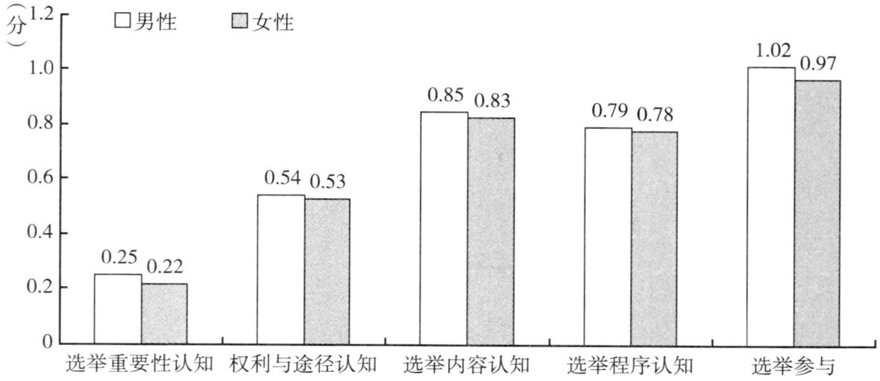

图 1　不同性别被试的县级人大代表选举参与客观状况五个一级指标得分比较

对不同性别被试县级人大代表选举参与客观状况各指标的差异性进行方差分析（见表 2），可以发现不同性别被试的客观状况总分差异显著，$F=4.946$，$p<0.05$，男性被试（$M=3.45$，$SD=1.73$）的得分显著高于女性被试（$M=3.33$，$SD=1.71$）；在“选举重要性认知”方面，不同性别被试的得分差异显著，$F=9.863$，$p<0.05$，男性被试（$M=0.25$，$SD=0.25$）的得分显著高于女性被试（$M=0.22$，$SD=0.34$）；在“权利与途径认知”（$F=0.528$，$p=0.468$）、“选举内容认知”（$F=1.713$，$p=0.191$）、“选举程序认知”（$F=0.500$，$p=0.480$）和“选举参与”（$F=1.500$，$p=0.221$）方面，不同性别被试的得分差异均未达到显著性。

表 2　不同性别被试县级人大代表选举参与客观状况得分的方差分析结果

项目		平方和	*df*	均方	*F*	显著性
客观状况总分	组间	14.616	1	14.616	4.946	.026
	组内	12302.830	4163	2.955		
	总数	12317.447	4164			
选举重要性认知	组间	1.178	1	1.178	9.863	.002
	组内	513.915	4301	.119		
	总数	515.094	4302			
权利与途径认知	组间	.065	1	.065	.528	.468
	组内	531.970	4290	.124		
	总数	532.035	4291			

续表

项目		平方和	df	均方	F	显著性
选举内容认知	组间	.372	1	.372	1.713	.191
	组内	917.274	4223	.217		
	总数	917.646	4224			
选举程序认知	组间	.091	1	.091	.500	.480
	组内	778.045	4290	.181		
	总数	778.135	4291			
选举参与	组间	2.695	1	2.695	1.500	.221
	组内	7668.931	4268	1.797		
	总数	7671.625	4269			

二　不同性别被试的县级人大代表选举参与主观状况

调查结果显示，男性被试的“选举参与满意度”的得分在1.00～4.75分之间，均值为2.81，标准差为0.54；“选举参与意愿”的得分在1.00～5.00分之间，均值为3.18，标准差为0.63；“选举参与效能”的得分在1.00～5.00分之间，均值为3.06，标准差为0.56。女性被试的“选举参与满意度”的得分在1.00～5.00分之间，均值为2.83，标准差为0.54；“选举参与意愿”的得分在1.00～5.00分之间，均值为3.20，标准差为0.64；“选举参与效能”的得分在1.00～5.00分之间，均值为3.07，标准差为0.55（见表3和图2）。

表3　不同性别被试县级人大代表选举参与主观状况得分的描述统计结果

项目		N	均值	标准差	标准误	均值的95%置信区间		极小值	极大值
						下限	上限		
选举参与满意度	男性	2113	2.8114	.54027	.01175	2.7884	2.8345	1.00	4.75
	女性	2187	2.8270	.53600	.01146	2.8046	2.8495	1.00	5.00
	总数	4300	2.8194	.53809	.00821	2.8033	2.8354	1.00	5.00
选举参与意愿	男性	2107	3.1754	.62792	.01368	3.1486	3.2023	1.00	5.00
	女性	2183	3.2005	.63559	.01360	3.1738	3.2272	1.00	5.00
	总数	4290	3.1882	.63189	.00965	3.1693	3.2071	1.00	5.00
选举参与效能	男性	2114	3.0640	.56394	.01227	3.0400	3.0881	1.00	5.00
	女性	2189	3.0682	.54748	.01170	3.0453	3.0912	1.00	5.00
	总数	4303	3.0662	.55557	.00847	3.0496	3.0828	1.00	5.00

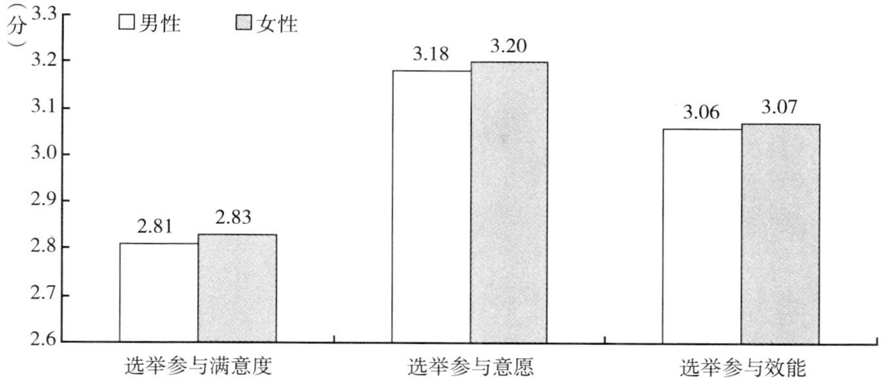

图 2　不同性别被试的县级人大代表选举参与主观状况得分比较

对不同性别被试县级人大代表选举参与主观状况各指标的差异性进行方差分析（见表 4），可以发现在“选举参与满意度”（$F=0.908$，$p=0.341$）、“选举参与意愿”（$F=1.684$，$p=0.194$）和“选举参与效能”（$F=0.062$，$p=0.804$）三个方面，不同性别被试的得分差异均未达到显著性。

表 4　不同性别被试县级人大代表选举参与主观状况得分的方差分析结果

项目		平方和	*df*	均方	*F*	显著性
选举参与满意度	组间	.263	1	.263	.908	.341
	组内	1244.488	4298	.290		
	总数	1244.751	4299			
选举参与意愿	组间	.672	1	.672	1.684	.194
	组内	1711.840	4288	.399		
	总数	1712.513	4289			
选举参与效能	组间	.019	1	.019	.062	.804
	组内	1327.815	4301	.309		
	总数	1327.834	4302			

三　不同性别被试对县级人大代表选举工作的评价

“中国公民的县（区）级人大代表选举参与”问卷调查请被试根据最近一

次县级人大代表选举情况，为选举工作的满意度打分。调查结果显示，男性被试对选举工作满意度的综合打分在1.00～5.00分之间，均值为3.12，标准差为0.75；女性被试对选举工作满意度的综合打分在1.00～5.00分之间，均值为3.18，标准差为0.76（见表5和图3）。

表5　不同性别被试的县级人大代表选举工作满意度打分的描述统计结果

项目		N	均值	标准差	标准误	均值的95%置信区间		极小值	极大值
						下限	下限		
综合打分	男性	2105	3.12	.750	.01635	3.08	3.15	1.00	5.00
	女性	2182	3.18	.757	.01620	3.15	3.21	1.00	5.00
	总数	4287	3.15	.754	.01152	3.13	3.17	1.00	5.00
选举组织工作的有效性	男性	2115	3.12	.955	.021	3.08	3.16	1.00	5.00
	女性	2191	3.20	.900	.019	3.16	3.23	1.00	5.00
	总数	4306	3.16	.928	.014	3.13	3.19	1.00	5.00
选举程序的规范性	男性	2115	3.18	.976	.021	3.14	3.22	1.00	5.00
	女性	2191	3.25	.959	.020	3.21	3.29	1.00	5.00
	总数	4306	3.22	.968	.015	3.19	3.24	1.00	5.00
选举的公正性	男性	2114	3.03	1.024	.022	2.99	3.08	1.00	5.00
	女性	2189	3.13	1.010	.022	3.09	3.18	1.00	5.00
	总数	4303	3.08	1.018	.016	3.05	3.11	1.00	5.00
选举信息的透明性	男性	2115	3.03	1.059	.023	2.99	3.08	1.00	5.00
	女性	2190	3.06	1.058	.023	3.02	3.11	1.00	5.00
	总数	4305	3.05	1.059	.016	3.02	3.08	1.00	5.00
选举的竞争性	男性	2114	3.06	1.006	.022	3.02	3.10	1.00	5.00
	女性	2190	3.17	1.005	.021	3.13	3.21	1.00	5.00
	总数	4304	3.12	1.007	.015	3.09	3.15	1.00	5.00
选举纠纷处理的及时性	男性	2113	3.17	.975	.021	3.13	3.21	1.00	5.00
	女性	2189	3.21	.989	.021	3.17	3.25	1.00	5.00
	总数	4302	3.19	.982	.015	3.16	3.22	1.00	5.00
民众参与选举的积极性	男性	2115	3.20	.997	.022	3.15	3.24	1.00	5.00
	女性	2190	3.22	.989	.021	3.18	3.26	1.00	5.00
	总数	4305	3.21	.993	.015	3.18	3.24	1.00	5.00

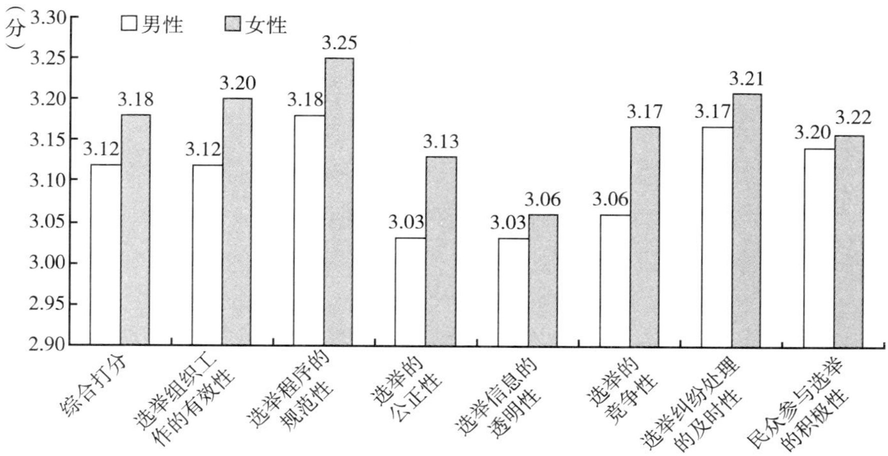

图3　不同性别被试的县级人大代表选举工作满意度打分比较

对不同性别被试的县级人大代表选举工作满意度打分的差异性进行方差分析（见表6），可以发现不同性别被试对县级人大代表选举工作的综合打分差异显著，$F=7.574$，$p<0.05$，男性被试（$M=3.12$，$SD=0.75$）的打分显著低于女性被试（$M=3.18$，$SD=0.76$）。对于各项具体选举工作的评价也有一定的差异性，在“选举组织工作的有效性”方面，不同性别被试的打分差异显著，$F=6.728$，$p<0.05$，男性被试（$M=3.12$，$SD=0.96$）的打分显著低于女性被试（$M=3.20$，$SD=0.90$）；在“选举程序的规范性”方面，不同性别被试的打分差异显著，$F=6.008$，$p<0.05$，男性被试（$M=3.18$，$SD=0.98$）的打分显著低于女性被试（$M=3.25$，$SD=0.96$）；在“选举的公正性”方面，不同性别被试的打分差异显著，$F=10.753$，$p<0.05$，男性被试（$M=3.03$，$SD=1.02$）的打分显著低于女性被试（$M=3.13$，$SD=1.01$）；在“选举的竞争性”方面，不同性别被试的打分差异显著，$F=12.922$，$p<0.001$，男性被试（$M=3.06$，$SD=1.01$）的打分显著低于女性被试（$M=3.17$，$SD=1.01$）；在“选举信息的透明性”（$F=0.883$，$p=0.348$）、“选举纠纷处理的及时性”（$F=1.522$，$p=0.217$）和“民众参与选举的积极性”（$F=0.828$，$p=0.363$）方面，不同性别被试的打分差异则未达到显著性。

表 6　不同性别被试的县级人大代表选举工作满意度打分方差分析结果

项目		平方和	*df*	均方	*F*	显著性
综合打分	组间	4.300	1	4.300	7.574	.006
	组内	2432.589	4285	.568		
	总数	2436.889	4286			
选举组织工作的有效性	组间	5.786	1	5.786	6.728	.010
	组内	3701.647	4304	.860		
	总数	3707.433	4305			
选举程序的规范性	组间	5.626	1	5.626	6.008	.014
	组内	4030.378	4304	.936		
	总数	4036.004	4305			
选举的公正性	组间	11.120	1	11.120	10.753	.001
	组内	4447.594	4301	1.034		
	总数	4458.714	4302			
选举信息的透明性	组间	.989	1	.989	.883	.348
	组内	4823.273	4303	1.121		
	总数	4824.262	4304			
选举的竞争性	组间	13.066	1	13.066	12.922	.000
	组内	4349.916	4302	1.011		
	总数	4362.981	4303			
选举纠纷处理的及时性	组间	1.467	1	1.467	1.522	.217
	组内	4146.705	4300	.964		
	总数	4148.172	4301			
民众参与选举的积极性	组间	.816	1	.816	.828	.363
	组内	4240.774	4303	.986		
	总数	4241.590	4304			

四　不同性别被试对政治信任和政治沟通等的评价

“中国公民的县（区）级人大代表选举参与”问卷调查涉及了被试对政治信任、政治沟通、程序公平和结果公平的看法，可以比较不同性别被试在相关看法上是否有重大差别。

男性被试对政治信任的打分在 1.00 ~ 6.00 分之间，均值为 3.90，标准差为 0.98；女性被试对政治信任的打分在 1.00 ~ 6.00 分之间，均值为 3.94，标准差为1.00。

男性被试对政治沟通的打分在1.00~5.00分之间，均值为2.96，标准差为0.55；女性被试对政治沟通的打分在1.00~5.00分之间，均值为2.99，标准差为0.54。

男性被试对程序公平的打分在1.00~5.00分之间，均值为2.94，标准差为0.84；女性被试对程序公平的打分在1.00~5.00分之间，均值为2.99，标准差为0.80。

男性被试对结果公平的打分在1.00~5.00分之间，均值为3.18，标准差为0.82；女性被试对结果公平的打分在1.00~5.00分之间，均值为3.15，标准差为0.82（见表7和图4）。

表7　不同性别被试对政治信任、政治沟通等打分的描述统计结果

项目		N	均值	标准差	标准误	均值的95%置信区间		极小值	极大值
						下限	上限		
政治信任	男性	2115	3.9005	.97947	.02130	3.8588	3.9423	1.00	6.00
	女性	2192	3.9357	1.00196	.02140	3.8937	3.9776	1.00	6.00
	总数	4307	3.9184	.99102	.01510	3.8888	3.9480	1.00	6.00
政治沟通	男性	2113	2.9623	.55229	.01201	2.9388	2.9859	1.00	5.00
	女性	2190	2.9937	.53628	.01146	2.9712	3.0162	1.00	5.00
	总数	4303	2.9783	.54436	.00830	2.9620	2.9946	1.00	5.00
程序公平	男性	2109	2.9429	.84224	.01834	2.9069	2.9788	1.00	5.00
	女性	2185	2.9922	.80390	.01720	2.9585	3.0259	1.00	5.00
	总数	4294	2.9680	.82323	.01256	2.9433	2.9926	1.00	5.00
结果公平	男性	2109	3.1751	.81632	.01778	3.1403	3.2100	1.00	5.00
	女性	2187	3.1509	.82475	.01764	3.1163	3.1855	1.00	5.00
	总数	4296	3.1628	.82061	.01252	3.1382	3.1873	1.00	5.00

对不同性别被试的政治信任等打分的差异性进行方差分析（见表8），可以发现在“程序公平”方面，不同性别被试的打分差异显著，$F=3.860$，$p<0.05$，男性被试（$M=2.94$，$SD=0.84$）的打分显著低于女性被试（$M=2.99$，$SD=0.80$）；在“政治信任”（$F=1.355$，$p=0.245$）、“政治沟通”（$F=3.573$，$p=0.059$）和“结果公平”（$F=0.936$，$p=0.333$）方面，不同性别被试之间的打分差异均未达到显著性。

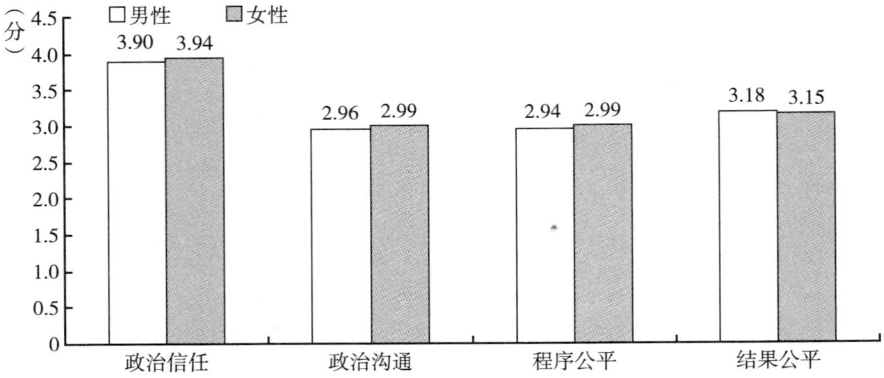

图 4　不同性别被试对政治信任、政治沟通等打分的比较

表 8　不同性别被试对政治信任、政治沟通等打分的方差分析结果

项目		平方和	*df*	均方	*F*	显著性
政治信任	组间	1.330	1	1.330	1.355	.245
	组内	4227.720	4305	.982		
	总数	4229.050	4306			
政治沟通	组间	1.058	1	1.058	3.573	.059
	组内	1273.754	4301	.296		
	总数	1274.813	4302			
程序公平	组间	2.614	1	2.614	3.860	.050
	组内	2906.788	4292	.677		
	总数	2909.403	4293			
结果公平	组间	.630	1	.630	.936	.333
	组内	2891.638	4294	.673		
	总数	2892.269	4295			

从问卷调查的情况看，在县级人大代表选举参与中存在一定的性别差异，主要表现是男性被试的客观状况水平总体高于女性被试（尤其是男性被试更重视选举的重要性），但是女性被试对于选举工作的总体满意度高于男性被试；在选举参与的主观层面，以及与选举有关的政治信任、政治沟通和结果公平等方面，则没有表现出总体性的性别差异。

B.3 少数民族与汉族公民的县级人大代表选举参与比较

史卫民　周庆智

“中国公民的县（区）级人大代表选举参与”问卷调查涉及的4308名被试中，少数民族被试378人，占8.77%；汉族被试3930人，占91.23%。根据问卷调查的数据，可以比较少数民族与汉族被试的县级人大代表选举参与状况。

一　少数民族与汉族被试的县级人大代表选举参与客观状况

调查结果显示，少数民族被试的县级人大代表选举参与客观状况的总体得分在0～9.50分之间，均值为3.74，标准差为1.79。具体到县级人大代表选举参与客观状况的五个维度，少数民族被试的“选举重要性认知”得分在0～1.00分之间，均值为0.29，标准差为0.37；“权利与途径认知”得分在0～1.00分之间，均值为0.47，标准差为0.36；“选举内容认知”得分在0～2.50分之间，均值为0.91，标准差为0.49；“选举程序认知”得分在0～1.50分之间，均值为0.91，标准差为0.43；“选举参与”得分在0～4.00分之间，均值为1.17，标准差为1.42。

汉族被试的县级人大代表选举参与客观状况的总体得分在0～9.50分之间，均值为3.35，标准差为1.71。具体到县级人大代表选举参与客观状况的五个维度，汉族被试的“选举重要性认知”得分在0～1.00分之间，均值为0.23，标准差为0.34；“权利与途径认知”得分在0～1.00分之间，均值为0.54，标准差为0.35；“选举内容认知”得分在0～2.50分之间，均值为0.84，标准差为0.46；“选举程序认知”得分在0～1.50分之间，均值为

0.78，标准差为0.42；“选举参与”得分在0～4.00分之间，均值为0.97，标准差为1.33（见表1和图1）。

表1　少数民族与汉族被试的县级人大代表选举参与客观状况得分的描述统计结果

项目		N	均值	标准差	标准误	均值的95%置信区间		极小值	极大值
						下限	上限		
客观状况总分	汉族	3796	3.3542	1.70943	.02775	3.2998	3.4086	.00	9.50
	少数民族	369	3.7412	1.78880	.09312	3.5581	3.9243	.00	9.50
	总数	4165	3.3885	1.71991	.02665	3.3362	3.4407	.00	9.50
选举重要性认知	汉族	3926	.2312	.34400	.00549	.2204	.2419	.00	1.00
	少数民族	377	.2865	.36306	.01870	.2497	.3232	.00	1.00
	总数	4303	.2360	.34603	.00527	.2257	.2463	.00	1.00
权利与途径认知	汉族	3914	.5372	.35055	.00560	.5262	.5482	.00	1.00
	少数民族	378	.4709	.36301	.01867	.4342	.5076	.00	1.00
	总数	4292	.5313	.35212	.00537	.5208	.5419	.00	1.00
选举内容认知	汉族	3852	.8359	.46364	.00747	.8213	.8506	.00	2.50
	少数民族	373	.9142	.48570	.02515	.8648	.9637	.00	2.50
	总数	4225	.8428	.46610	.00717	.8288	.8569	.00	2.50
选举程序认知	汉族	3916	.7757	.42320	.00676	.7624	.7889	.00	1.50
	少数民族	376	.9136	.43341	.02235	.8696	.9575	.00	1.50
	总数	4292	.7877	.42584	.00650	.7750	.8005	.00	1.50
选举参与	汉族	3895	.9738	1.33190	.02134	.9320	1.0157	.00	4.00
	少数民族	375	1.1653	1.41728	.07319	1.0214	1.3092	.00	4.00
	总数	4270	.9906	1.34054	.02051	.9504	1.0309	.00	4.00

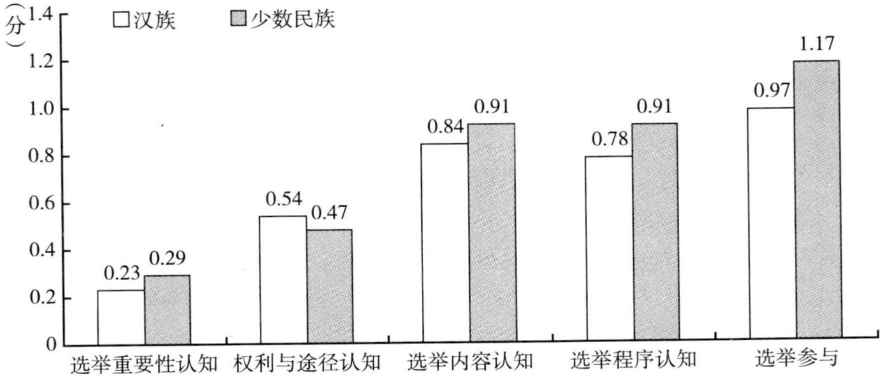

图1　少数民族与汉族被试的县级人大代表选举参与客观状况五个一级指标得分比较

对少数民族和汉族被试的县级人大代表参与客观状况各指标的差异性进行方差分析（见表2），可以发现少数民族与汉族被试的客观状况总分差异显著，$F=17.094$，$p<0.001$，少数民族被试（$M=3.74$，$SD=1.79$）的得分显著高于汉族被试（$M=3.35$，$SD=1.71$）。比较选举参与客观状况的五个一级指标得分，在“选举重要性认知”方面，少数民族与汉族被试之间的得分差异显著，$F=8.808$，$p<0.05$，少数民族被试（$M=0.29$，$SD=0.36$）的得分显著高于汉族被试（$M=0.23$，$SD=0.34$）；在“权利与途径认知”方面，少数民族与汉族被试之间的得分差异显著，$F=12.243$，$p<0.001$，少数民族被试（$M=0.47$，$SD=0.36$）的得分显著低于汉族被试（$M=0.54$，$SD=0.35$）；在“选举内容认知”方面，少数民族与汉族被试之间的得分差异显著，$F=9.612$，$p<0.05$，少数民族被试（$M=0.91$，$SD=0.49$）的得分显著高于汉族被试（$M=0.84$，$SD=0.46$）；在“选举程序认知”方面，少数民族与汉族被试之间的得分差异

表2　少数民族与汉族被试的县级人大代表选举参与客观状况得分的方差分析结果

项目		平方和	*df*	均方	*F*	显著性
客观状况总分	组间	50.370	1	50.370	17.094	.000
	组内	12267.077	4163	2.947		
	总数	12317.447	4164			
选举重要性认知	组间	1.053	1	1.053	8.808	.003
	组内	514.041	4301	.120		
	总数	515.094	4302			
权利与途径认知	组间	1.514	1	1.514	12.243	.000
	组内	530.521	4290	.124		
	总数	532.035	4291			
选举内容认知	组间	2.084	1	2.084	9.612	.002
	组内	915.562	4223	.217		
	总数	917.646	4224			
选举程序认知	组间	6.524	1	6.524	36.271	.000
	组内	771.612	4290	.180		
	总数	778.135	4291			
选举参与	组间	12.547	1	12.547	6.992	.008
	组内	7659.078	4268	1.795		
	总数	7671.625	4269			

显著，$F=36.271$，$p<0.001$，少数民族被试（$M=0.91$，$SD=0.43$）的得分显著高于汉族被试（$M=0.78$，$SD=0.42$）；在“选举参与”方面，少数民族与汉族被试之间的得分差异显著，$F=6.992$，$p<0.05$，少数民族被试（$M=1.17$，$SD=1.42$）的得分显著高于汉族被试（$M=0.97$，$SD=1.33$）。

二　少数民族与汉族被试的县级人大代表选举参与主观状况

调查结果显示，少数民族被试的“选举参与满意度”的得分在1.00～4.00分之间，均值为2.85，标准差为0.49；“选举参与意愿”的得分在1.00～5.00分之间，均值为3.28，标准差为0.67；“选举参与效能”的得分在1.00～4.67分之间，均值为3.03，标准差为0.60。汉族被试的“选举参与满意度”的得分在1.00～5.00分之间，均值为2.82，标准差为0.54；“选举参与意愿”的得分在1.00～5.00分之间，均值为3.18，标准差为0.63；“选举参与效能”的得分在1.00～5.00分之间，均值为3.07，标准差为0.55（见表3和图2）。

表3　少数民族与汉族被试县级人大代表选举参与主观状况得分的描述统计

项目		N	均值	标准差	标准误	均值的95%置信区间		极小值	极大值
						下限	上限		
选举参与满意度	汉族	3923	2.8167	.54234	.00866	2.7997	2.8336	1.00	5.00
	少数民族	377	2.8475	.49156	.02532	2.7977	2.8973	1.00	4.00
	总数	4300	2.8194	.53809	.00821	2.8033	2.8354	1.00	5.00
选举参与意愿	汉族	3914	3.1794	.62727	.01003	3.1597	3.1990	1.00	5.00
	少数民族	376	3.2801	.67207	.03466	3.2120	3.3483	1.33	5.00
	总数	4290	3.1882	.63189	.00965	3.1693	3.2071	1.00	5.00
选举参与效能	汉族	3926	3.0700	.55137	.00880	3.0527	3.0872	1.00	5.00
	少数民族	377	3.0265	.59688	.03074	2.9661	3.0870	1.33	4.67
	总数	4303	3.0662	.55557	.00847	3.0496	3.0828	1.00	5.00

对少数民族与汉族被试的县级人大代表选举参与主观状况各指标的差异性进行方差分析（见表4），可以发现在“选举参与意愿”方面，少数民族与汉族被试之间的得分差异显著，$F=8.743$，$p<0.05$，少数民族被试（$M=3.28$，

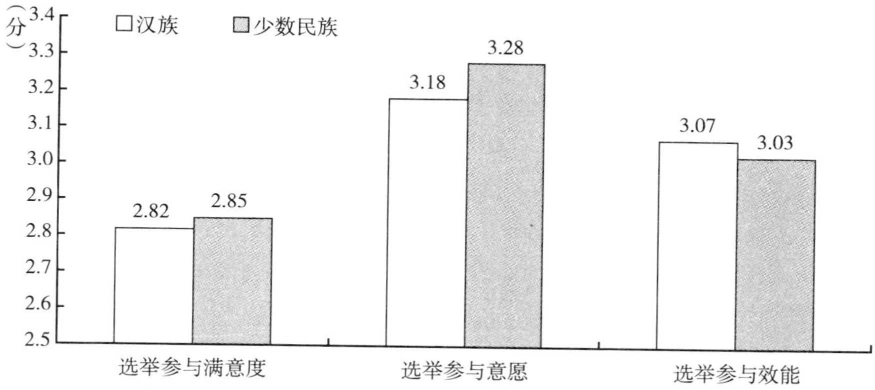

图 2　少数民族与汉族被试的县级人大代表选举参与主观状况得分比较

SD＝0.67）的得分显著高于汉族被试（*M*＝3.18，*SD*＝0.63）；在“选举参与满意度”（*F*＝1.129，*p*＝0.288）和“选举参与效能”（*F*＝2.103，*p*＝0.147）两个方面，少数民族与汉族被试之间的得分差异未达到显著性水平。

表 4　少数民族与汉族被试县级人大代表选举参与主观状况得分的方差分析结果

项目		平方和	*df*	均方	*F*	显著性
选举参与满意度	组间	.327	1	.327	1.129	.288
	组内	1244.424	4298	.290		
	总数	1244.751	4299			
选举参与意愿	组间	3.485	1	3.485	8.743	.003
	组内	1709.028	4288	.399		
	总数	1712.513	4289			
选举参与效能	组间	.649	1	.649	2.103	.147
	组内	1327.185	4301	.309		
	总数	1327.834	4302			

三　少数民族与汉族被试对县级人大代表选举工作的评价

“中国公民的县（区）级人大代表选举参与”问卷调查请被试根据最近一

次县级人大代表选举情况，为选举工作的满意度打分。调查结果显示，少数民族被试对选举工作满意度的综合打分在1.00～5.00分之间，均值为3.21，标准差为0.69；汉族被试对选举工作满意度的综合打分在1.00～5.00分之间，均值为3.14，标准差为0.76（见表5和图3）。

表5　少数民族与汉族被试的县级人大代表选举工作满意度打分的描述统计结果

项目		*N*	均值	标准差	标准误	均值的95%置信区间		极小值	极大值
						下限	上限		
综合打分	汉族	3912	3.1425	.75983	.01215	3.1186	3.1663	1.00	5.00
	少数民族	375	3.2053	.68902	.03558	3.1354	3.2753	1.86	5.00
	总数	4287	3.1480	.75404	.01152	3.1254	3.1705	1.00	5.00
选举组织工作的有效性	汉族	3929	3.15	.926	.015	3.12	3.18	1.00	5.00
	少数民族	377	3.31	.934	.048	3.21	3.40	1.00	5.00
	总数	4306	3.16	.928	.014	3.13	3.19	1.00	5.00
选举程序的规范性	汉族	3928	3.20	.972	.016	3.17	3.23	1.00	5.00
	少数民族	378	3.42	.901	.046	3.33	3.51	1.00	5.00
	总数	4306	3.22	.968	.015	3.19	3.24	1.00	5.00
选举的公正性	汉族	3926	3.08	1.021	.016	3.05	3.11	1.00	5.00
	少数民族	377	3.11	.992	.051	3.01	3.21	2.00	5.00
	总数	4303	3.08	1.018	.016	3.05	3.11	1.00	5.00
选举信息的透明性	汉族	3927	3.06	1.062	.017	3.02	3.09	1.00	5.00
	少数民族	378	2.99	1.020	.052	2.89	3.10	1.00	5.00
	总数	4305	3.05	1.059	.016	3.02	3.08	1.00	5.00
选举的竞争性	汉族	3926	3.12	1.013	.016	3.09	3.15	1.00	5.00
	少数民族	378	3.10	.943	.048	3.01	3.20	1.00	5.00
	总数	4304	3.12	1.007	.015	3.09	3.15	1.00	5.00
选举纠纷处理的及时性	汉族	3924	3.18	.984	.016	3.15	3.22	1.00	5.00
	少数民族	378	3.26	.965	.050	3.16	3.36	1.00	5.00
	总数	4302	3.19	.982	.015	3.16	3.22	1.00	5.00
民众参与选举的积极性	汉族	3928	3.21	.998	.016	3.18	3.24	1.00	5.00
	少数民族	377	3.22	.941	.048	3.12	3.32	1.00	5.00
	总数	4305	3.21	.993	.015	3.18	3.24	1.00	5.00

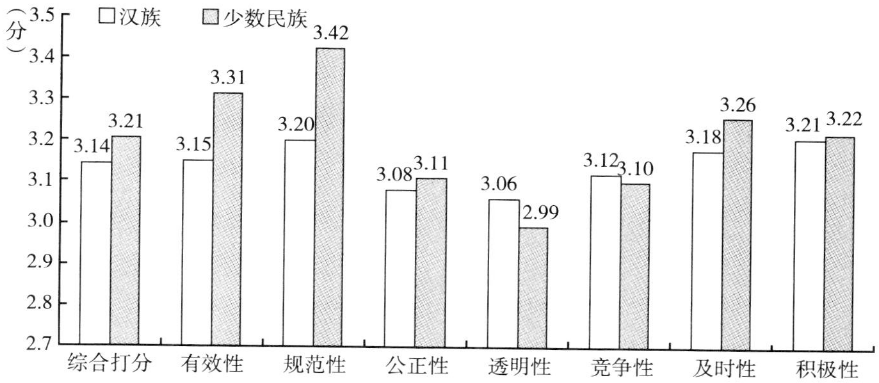

图3　少数民族与汉族被试的县级人大代表选举工作满意度打分比较

对少数民族与汉族被试的县级人大代表选举工作满意度打分的差异性进行方差分析（见表6），可以发现少数民族与汉族被试对县级人大代表选举工作的综合打分差异未达到显著水平（$F=2.380$，$p=0.123$）。对于各项具体选举工作的评价则有一定的差异性，在“选举组织工作的有效性”方面，少数民族与汉族被试之间的打分差异显著，$F=10.454$，$p<0.05$，少数民族被试（$M=3.31$，$SD=0.93$）的打分显著高于汉族被试（$M=3.15$，$SD=0.93$）；在“选举程序的规范性”方面，少数民族与汉族被试之间的打分差异显著，$F=18.673$，$p<0.001$，少数民族被试（$M=3.42$，$SD=0.90$）的打分显著高于汉族被试（$M=3.20$，$SD=0.97$）；在“选举的公正性”（$F=0.363$，$p=0.547$）、“选举的竞争性”（$F=0.079$，$p=0.778$）、“选举信息的透明性”（$F=1.128$，$p=0.288$）、“选举纠纷处理的及时性”（$F=2.218$，$p=0.145$）和“民众参与选举的积极性”（$F=0.045$，$p=0.831$）等方面，少数民族与汉族被试之间的打分差异都未达到显著性。

表6　少数民族与汉族被试的县级人大代表选举工作满意度打分方差分析结果

项目		平方和	*df*	均方	*F*	显著性
综合打分	组间	1.353	1	1.353	2.380	.123
	组内	2435.536	4285	.568		
	总数	2436.889	4286			
选举组织工作的有效性	组间	8.983	1	8.983	10.454	.001
	组内	3698.450	4304	.859		
	总数	3707.433	4305			

续表

项目		平方和	df	均方	F	显著性
选举程序的规范性	组间	17.435	1	17.435	18.673	.000
	组内	4018.569	4304	.934		
	总数	4036.004	4305			
选举的公正性	组间	.376	1	.376	.363	.547
	组内	4458.338	4301	1.037		
	总数	4458.714	4302			
选举信息的透明性	组间	1.264	1	1.264	1.128	.288
	组内	4822.998	4303	1.121		
	总数	4824.262	4304			
选举的竞争性	组间	.080	1	.080	.079	.778
	组内	4362.901	4302	1.014		
	总数	4362.981	4303			
选举纠纷处理的及时性	组间	2.052	1	2.052	2.128	.145
	组内	4146.120	4300	.964		
	总数	4148.172	4301			
民众参与选举的积极性	组间	.045	1	.045	.045	.831
	组内	4241.546	4303	.986		
	总数	4241.590	4304			

四　少数民族与汉族被试对政治信任和政治沟通等的评价

“中国公民的县（区）级人大代表选举参与”问卷调查还涉及了被试对政治信任、政治沟通、程序公平和结果公平的看法，可以比较少数民族与汉族被试在相关看法上是否有重大差别。

少数民族被试对政治信任的打分在1.00～6.00分之间，均值为3.81，标准差为1.01；汉族被试对政治信任的打分在1.00～6.00分之间，均值为3.93，标准差为0.99。

少数民族被试对政治沟通的打分在1.00～4.20分之间，均值为3.00，标准差为0.58；汉族被试对政治沟通的打分在1.00～5.00分之间，均值为2.98，标准差为0.54。

少数民族被试对程序公平的打分在1.00～5.00分之间，均值为3.02，标准差为0.74；汉族被试对程序公平的打分在1.00～5.00分之间，均值为2.96，标准差为0.83。

少数民族被试对结果公平的打分在1.00～5.00分之间，均值为3.27，标准差为0.75；汉族被试对结果公平的打分在1.00～5.00分之间，均值为3.15，标准差为0.83（见表7和图4）。

表7　少数民族与汉族被试对政治信任、政治沟通等打分的描述统计结果

项目		N	均值	标准差	标准误	均值的95%置信区间		极小值	极大值
						下限	上限		
政治信任	汉族	3930	3.9292	.98825	.01576	3.8983	3.9601	1.00	6.00
	少数民族	377	3.8058	1.01398	.05222	3.7032	3.9085	1.00	6.00
	总数	4307	3.9184	.99102	.01510	3.8888	3.9480	1.00	6.00
政治沟通	汉族	3926	2.9760	.54043	.00863	2.9591	2.9929	1.00	5.00
	少数民族	377	3.0021	.58400	.03008	2.9430	3.0613	1.00	4.20
	总数	4303	2.9783	.54436	.00830	2.9620	2.9946	1.00	5.00
程序公平	汉族	3918	2.9633	.83058	.01327	2.9373	2.9893	1.00	5.00
	少数民族	376	3.0164	.74164	.03825	2.9412	3.0916	1.00	5.00
	总数	4294	2.9680	.82323	.01256	2.9433	2.9926	1.00	5.00
结果公平	汉族	3919	3.1528	.82671	.01321	3.1269	3.1787	1.00	5.00
	少数民族	377	3.2666	.74746	.03850	3.1909	3.3423	1.00	5.00
	总数	4296	3.1628	.82061	.01252	3.1382	3.1873	1.00	5.00

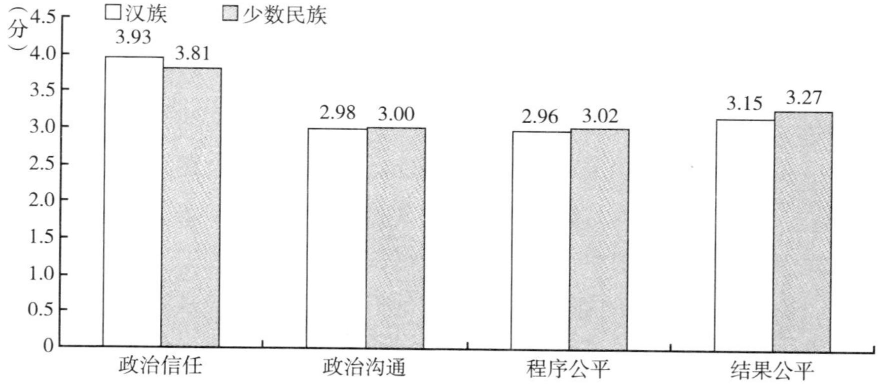

图4　少数民族与汉族被试对政治信任、政治沟通等打分的比较

对少数民族与汉族被试的政治信任等打分的差异性进行方差分析（见表8），可以发现在“政治信任”方面，少数民族与汉族被试之间的打分差异显著，$F=5.337$，$p<0.05$，少数民族被试（$M=3.80$，$SD=1.01$）的打分显著低于汉族被试（$M=3.93$，$SD=0.99$）；在“结果公平”方面，少数民族与汉族被试之间的打分差异显著，$F=6.620$，$p<0.05$，少数民族被试（$M=3.27$，$SD=0.75$）的打分显著高于汉族被试（$M=3.15$，$SD=0.83$）；在“政治沟通”（$F=0.792$，$p=0.374$）和“程序公平”（$F=1.426$，$p=0.233$）方面，少数民族与汉族被试之间的打分差异未达到显著性。

表8　少数民族与汉族被试对政治信任、政治沟通等打分的方差分析结果

项目		平方和	*df*	均方	*F*	显著性
政治信任	组间	5.236	1	5.236	5.337	.021
	组内	4223.814	4305	.981		
	总数	4229.050	4306			
政治沟通	组间	.235	1	.235	.792	.374
	组内	1274.578	4301	.296		
	总数	1274.813	4302			
程序公平	组间	.966	1	.966	1.426	.233
	组内	2908.436	4292	.678		
	总数	2909.403	4293			
结果公平	组间	4.452	1	4.452	6.620	.010
	组内	2887.817	4294	.673		
	总数	2892.269	4295			

从问卷调查的情况看，在县级人大代表选举参与中，少数民族与汉族被试之间存在一定的差异性，主要表现是少数民族被试选举参与的客观状况水平总体高于汉族被试，并且在主观层面明显表现出更强的参与意愿。尽管对于选举工作的总体评价少数民族与汉族被试不存在明显的差异，但是少数民族被试对选举组织工作有效性和选举程序规范性的评价明显高于汉族被试。尤其需要注意的是，少数民族对政治信任的评价明显低于汉族被试，但是对结果公平的评价明显高于汉族被试，这确实应该成为进一步关注和需要探讨的问题。

B.4 不同年龄公民的县级人大代表选举参与比较

史卫民　曲　甜

“中国公民的县（区）级人大代表选举参与”问卷调查采用三个年龄段对应三个公民群体：18～45 岁为青年人，46～60 岁为中年人，61 岁及以上为老年人。在4308 份有效数据中，青年被试（18～45 岁）2582 人，占 59.94%；中年被试（46～60 岁）1293 人，占 30.01%；老年被试（61 岁及以上）433 人，占 10.05%。根据问卷调查的数据，可以比较不同年龄被试的县级人大代表选举参与状况。

一　不同年龄被试的县级人大代表选举参与客观状况

调查结果显示，青年被试的县级人大代表选举参与客观状况的总体得分在0～9.00分之间，均值为3.23，标准差为1.64。具体到县级人大代表选举参与客观状况的五个维度，青年被试的“选举重要性认知”得分在0～1.00 分之间，均值为0.19，标准差为0.32；“权利与途径认知”得分在0～1.00 分之间，均值为0.54，标准差为0.36；“选举内容认知”得分在0～2.50 分之间，均值为0.82，标准差为0.45；“选举程序认知”得分在0～1.50 分之间，均值为0.79，标准差为0.42；“选举参与”得分在0～4.00 分之间，均值为0.89，标准差为1.30。

中年被试的县级人大代表选举参与客观状况的总体得分在0～9.50 分之间，均值为3.52，标准差为1.76。具体到县级人大代表选举参与客观状况的五个维度，中年被试的“选举重要性认知”得分在0～1.00 分之间，均值为0.28，标准差为0.37；“权利与途径认知”得分在0～1.00 分之间，均值为0.52，标准差为0.35；“选举内容认知”得分在0～2.50 分之间，均值为0.86，标准差为0.48；“选举程序认知”得分在0～1.50 分之间，均值为0.78，标准差为0.43；

“选举参与”得分在0~4.00分之间，均值为1.08，标准差为1.38。

老年被试的县级人大代表选举参与客观状况的总体得分在0.50~9.50分之间，均值为3.93，标准差为1.89。具体到县级人大代表选举参与客观状况的五个维度，老年被试的“选举重要性认知”得分在0~1.00分之间，均值为0.38，标准差为0.40；“权利与途径认知”得分在0~1.00分之间，均值为0.53，标准差为0.33；“选举内容认知”得分在0~2.50分之间，均值为0.89，标准差为0.50；“选举程序认知”得分在0~1.50分之间，均值为0.78，标准差为0.43；“选举参与”得分在0~4.00分之间，均值为1.35，标准差为1.42（见表1和图1）。

表1　不同年龄被试的县级人大代表选举参与客观状况得分的描述统计结果

项目		N	均值	标准差	标准误	均值的95%置信区间		极小值	极大值
						下限	上限		
客观状况总分	青年	2495	3.2335	1.64487	.03293	3.1689	3.2980	.00	9.00
	中年	1258	3.5199	1.76211	.04968	3.4224	3.6173	.00	9.50
	老年	412	3.9260	1.88862	.09305	3.7431	4.1089	.50	9.50
	总数	4165	3.3885	1.71991	.02665	3.3362	3.4407	.00	9.50
选举重要性认知	青年	2580	.1919	.31569	.00622	.1797	.2040	.00	1.00
	中年	1291	.2750	.36714	.01022	.2549	.2950	.00	1.00
	老年	432	.3831	.39676	.01909	.3456	.4206	.00	1.00
	总数	4303	.2360	.34603	.00527	.2257	.2463	.00	1.00
权利与途径认知	青年	2573	.5367	.35535	.00701	.5230	.5505	.00	1.00
	中年	1290	.5213	.35195	.00980	.5021	.5405	.00	1.00
	老年	429	.5291	.33274	.01606	.4976	.5607	.00	1.00
	总数	4292	.5313	.35212	.00537	.5208	.5419	.00	1.00
选举内容认知	青年	2531	.8238	.45397	.00902	.8061	.8415	.00	2.50
	中年	1276	.8640	.47664	.01334	.8379	.8902	.00	2.50
	老年	418	.8935	.49943	.02443	.8455	.9416	.00	2.50
	总数	4225	.8428	.46610	.00717	.8288	.8569	.00	2.50
选举程序认知	青年	2571	.7923	.42449	.00837	.7759	.8087	.00	1.50
	中年	1288	.7814	.42570	.01186	.7582	.8047	.00	1.50
	老年	433	.7794	.43485	.02090	.7384	.8205	.00	1.50
	总数	4292	.7877	.42584	.00650	.7750	.8005	.00	1.50
选举参与	青年	2559	.8855	1.29540	.02561	.8353	.9357	.00	4.00
	中年	1281	1.0812	1.37516	.03842	1.0058	1.1566	.00	4.00
	老年	430	1.3465	1.42027	.06849	1.2119	1.4811	.00	4.00
	总数	4270	.9906	1.34054	.02051	.9504	1.0309	.00	4.00

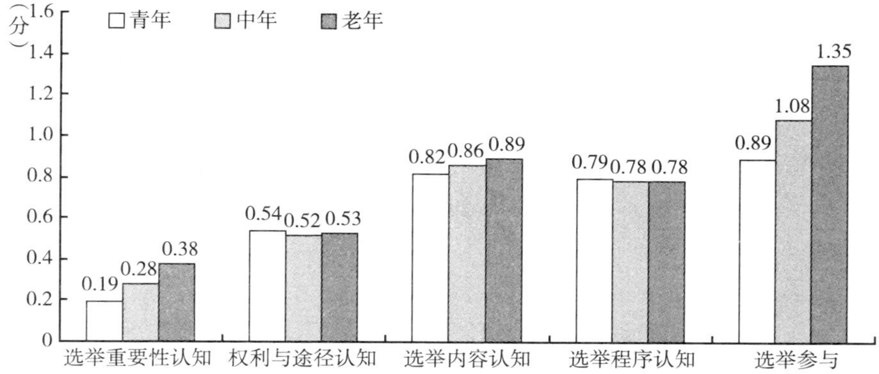

图 1　不同年龄被试的县级人大代表选举参与客观状况五个一级指标得分比较

对不同年龄被试的县级人大代表选举参与客观状况的差异进行检验（见表 2 和表 3），方差分析的结果显示，不同年龄被试的选举参与客观状况总分之间差异显著，$F=34.469$，$p<0.001$，青年被试（$M=3.23$，$SD=1.64$）的得分显著低于中年被试（$M=3.52$，$SD=1.72$）和老年被试（$M=3.93$，$SD=1.89$），中年被试的得分显著低于老年被试。具体到县级人大代表选举参与客观状况的五个维度，在“选举重要性认知”方面，不同年龄被试的得分差异显著，$F=70.421$，$p<0.001$，青年被试（$M=0.19$，$SD=0.32$）的得分显著低于中年被试（$M=0.28$，$SD=0.37$）和老年被试（$M=0.38$，$SD=0.40$），中年被试的得分显著低于老年被试。在“选举内容认知”方面，不同年龄被试的得分差异显著，$F=5.920$，$p<0.05$，青年被试（$M=0.82$，$SD=0.45$）的得分显著低于中年被试（$M=0.86$，$SD=0.48$）和老年被试（$M=0.89$，$SD=0.50$），中年被试和老年被试之间的得分差异不显著。在“选举参与”方面，不同年龄被试的得分差异显著，$F=26.251$，$p<0.001$，青年被试（$M=0.89$，$SD=1.30$）的得分显著低于中年被试（$M=1.08$，$SD=1.38$）和老年被试（$M=1.35$，$SD=1.42$），中年被试的得分显著低于老年被试。在“权利与途径认知”（$F=0.832$，$p=0.435$）和“选举程序认知”（$F=0.370$，$p=0.691$）两个维度上，青年被试、中年被试和老年被试之间的得分差异不显著。

表2　不同年龄被试的县级人大代表选举参与客观状况得分的方差分析结果

项目		平方和	*df*	均方	*F*	显著性
客观状况总分	组间	200.696	2	100.348	34.469	.000
	组内	12116.751	4162	2.911		
	总数	12317.447	4164			
选举重要性认知	组间	16.336	2	8.168	70.421	.000
	组内	498.758	4300	.116		
	总数	515.094	4302			
权利与途径认知	组间	.206	2	.103	.832	.435
	组内	531.829	4289	.124		
	总数	532.035	4291			
选举内容认知	组间	2.566	2	1.283	5.920	.003
	组内	915.080	4222	.217		
	总数	917.646	4224			
选举程序认知	组间	.134	2	.067	.370	.691
	组内	778.001	4289	.181		
	总数	778.135	4291			
选举参与	组间	93.247	2	46.623	26.251	.000
	组内	7578.378	4267	1.776		
	总数	7671.625	4269			

表3　不同年龄被试的县级人大代表选举参与客观状况得分的多重比较

因变量	(I)年龄段	(J)年龄段	均值差(I-J)	标准误	显著性	95%置信区间	
						下限	上限
客观状况总分	青年	中年	-.28641*	.05900	.000	-.4021	-.1707
		老年	-.69250*	.09074	.000	-.8704	-.5146
	中年	青年	.28641*	.05900	.000	.1707	.4021
		老年	-.40610*	.09685	.000	-.5960	-.2162
	老年	青年	.69250*	.09074	.000	.5146	.8704
		中年	.40610*	.09685	.000	.2162	.5960
选举重要性认知	青年	中年	-.08312*	.01161	.000	-.1059	-.0604
		老年	-.19124*	.01770	.000	-.2260	-.1565
	中年	青年	.08312*	.01161	.000	.0604	.1059
		老年	-.10812*	.01893	.000	-.1452	-.0710
	老年	青年	.19124*	.01770	.000	.1565	.2260
		中年	.10812*	.01893	.000	.0710	.1452

续表

因变量	(I)年龄段	(J)年龄段	均值差(I-J)	标准误	显著性	95%置信区间	
						下限	上限
权利与途径认知	青年	中年	.01541	.01201	.200	-.0081	.0390
		老年	.00759	.01836	.679	-.0284	.0436
	中年	青年	-.01541	.01201	.200	-.0390	.0081
		老年	-.00782	.01963	.690	-.0463	.0307
	老年	青年	-.00759	.01836	.679	-.0436	.0284
		中年	.00782	.01963	.690	-.0307	.0463
选举内容认知	青年	中年	-.04024*	.01598	.012	-.0716	-.0089
		老年	-.06976*	.02458	.005	-.1179	-.0216
	中年	青年	.04024*	.01598	.012	.0089	.0716
		老年	-.02951	.02624	.261	-.0810	.0219
	老年	青年	.06976*	.02458	.005	.0216	.1179
		中年	.02951	.02624	.261	-.0219	.0810
选举程序认知	青年	中年	.01085	.01454	.455	-.0176	.0394
		老年	.01285	.02212	.561	-.0305	.0562
	中年	青年	-.01085	.01454	.455	-.0394	.0176
		老年	.00200	.02366	.933	-.0444	.0484
	老年	青年	-.01285	.02212	.561	-.0562	.0305
		中年	-.00200	.02366	.933	-.0484	.0444
选举参与	青年	中年	-.19568*	.04561	.000	-.2851	-.1063
		老年	-.46101*	.06946	.000	-.5972	-.3248
	中年	青年	.19568*	.04561	.000	.1063	.2851
		老年	-.26533*	.07428	.000	-.4109	-.1197
	老年	青年	.46101*	.06946	.000	.3248	.5972
		中年	.26533*	.07428	.000	.1197	.4109

* 均值差的显著性水平为 0.05。

二 不同年龄被试的县级人大代表选举参与主观状况

调查结果显示，青年被试的“选举参与满意度”得分在 1.00 ~ 4.75 分之间，均值为2.80，标准差为0.53；“选举参与意愿”得分在1.00～5.00分之间，均值为3.18，标准差为0.64；“选举参与效能”得分在1.00～5.00分之间，均值为3.06，标准差为0.56。

中年被试的“选举参与满意度”得分在1.00～4.75分之间，均值为2.82，标准差为0.55；“选举参与意愿”得分在1.00～5.00分之间，均值为3.18，标准差为0.63；“选举参与效能”得分在1.00～5.00分之间，均值为3.05，标准差为0.56。

老年被试“选举参与满意度”得分在1.00～5.00分之间，均值为2.91，标准差为0.55；“选举参与意愿”得分在1.33～5.00分之间，均值为3.24，标准差为0.60；“选举参与效能”得分在1.67～5.00分之间，均值为3.15，标准差为0.53（见表4和图2）。

表4　不同年龄被试的县级人大代表选举参与主观状况得分的描述统计结果

项目		N	均值	标准差	标准误	均值的95%置信区间		极小值	极大值
						下限	上限		
选举参与满意度	青年	2578	2.8049	.53114	.01046	2.7844	2.8254	1.00	4.75
	中年	1291	2.8170	.54583	.01519	2.7872	2.8468	1.00	4.75
	老年	431	2.9130	.54796	.02639	2.8611	2.9649	1.00	5.00
	总数	4300	2.8194	.53809	.00821	2.8033	2.8354	1.00	5.00
选举参与意愿	青年	2571	3.1825	.63732	.01257	3.1579	3.2072	1.00	5.00
	中年	1288	3.1832	.63175	.01760	3.1487	3.2178	1.00	5.00
	老年	431	3.2367	.59818	.02881	3.1800	3.2933	1.33	5.00
	总数	4290	3.1882	.63189	.00965	3.1693	3.2071	1.00	5.00
选举参与效能	青年	2578	3.0596	.55650	.01096	3.0381	3.0811	1.00	5.00
	中年	1292	3.0526	.56139	.01562	3.0220	3.0833	1.00	5.00
	老年	433	3.1455	.52668	.02531	3.0957	3.1952	1.67	5.00
	总数	4303	3.0662	.55557	.00847	3.0496	3.0828	1.00	5.00

对不同年龄被试的县级人大代表选举参与主观状况各指标的差异性进行方差分析（见表5和表6），可以发现不同年龄被试的“选举参与意愿”（$F=1.410$，$p=0.244$）得分差异不显著；在“选举参与满意度”方面，不同年龄

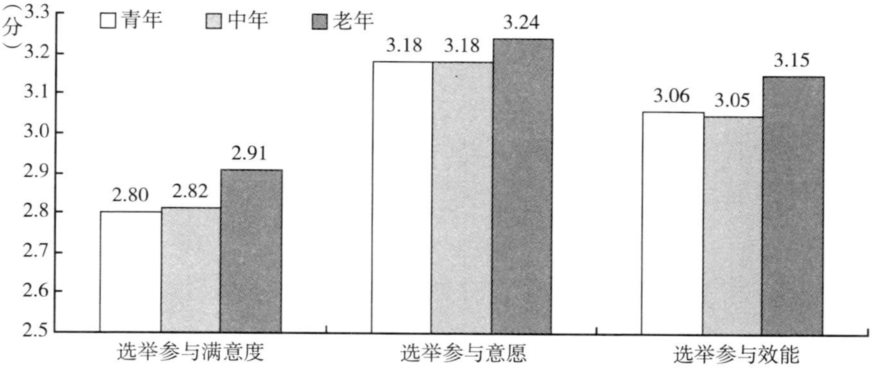

图 2　不同年龄被试的县级人大代表选举参与主观状况得分比较

被试的得分差异显著，$F=7.493$，$p<0.05$，老年被试（$M=2.91$，$SD=0.55$）的得分显著高于中年被试（$M=2.82$，$SD=0.55$）和青年被试（$M=2.80$，$SD=0.53$），中年被试与青年被试之间的得分差异不显著；在“选举参与效能”方面，不同年龄被试的得分差异显著，$F=4.987$，$p<0.05$，老年被试（$M=3.15$，$SD=0.53$）的得分显著高于中年被试（$M=3.05$，$SD=0.56$）和青年被试（$M=3.06$，$SD=0.56$），中年被试与青年被试之间的得分差异不显著。

表 5　不同年龄被试的县级人大代表选举参与主观状况得分的方差分析结果

项目		平方和	*df*	均方	*F*	显著性
选举参与满意度	组间	4. 326	2	2. 163	7. 493	. 001
	组内	1240. 425	4297	. 289		
	总数	1244. 751	4299			
选举参与意愿	组间	1. 126	2	. 563	1. 410	. 244
	组内	1711. 387	4287	. 399		
	总数	1712. 513	4289			
选举参与效能	组间	3. 073	2	1. 536	4. 987	. 007
	组内	1324. 762	4300	. 308		
	总数	1327. 834	4302			

表6　不同年龄被试的县级人大代表选举参与主观状况得分的多重比较

因变量	(I)年龄段	(J)年龄段	均值差(I-J)	标准误	显著性	95%置信区间	
						下限	上限
选举参与满意度	青年	中年	-.01211	.01832	.508	-.0480	.0238
		老年	-.10811*	.02796	.000	-.1629	-.0533
	中年	青年	.01211	.01832	.508	-.0238	.0480
		老年	-.09599*	.02989	.001	-.1546	-.0374
	老年	青年	.10811*	.02796	.000	.0533	.1629
		中年	.09599*	.02989	.001	.0374	.1546
选举参与意愿	青年	中年	-.00068	.02157	.975	-.0430	.0416
		老年	-.05411	.03289	.100	-.1186	.0104
	中年	青年	.00068	.02157	.975	-.0416	.0430
		老年	-.05343	.03516	.129	-.1224	.0155
	老年	青年	.05411	.03289	.100	-.0104	.1186
		中年	.05343	.03516	.129	-.0155	.1224
选举参与效能	青年	中年	.00698	.01892	.712	-.0301	.0441
		老年	-.08589*	.02883	.003	-.1424	-.0294
	中年	青年	-.00698	.01892	.712	-.0441	.0301
		老年	-.09286*	.03082	.003	-.1533	-.0324
	老年	青年	.08589*	.02883	.003	.0294	.1424
		中年	.09286*	.03082	.003	.0324	.1533

* 均值差的显著性水平为0.05。

三　不同年龄被试对县级人大代表选举工作的评价

“中国公民的县（区）级人大代表选举参与”问卷调查请被试根据最近一次县级人大代表选举情况，为选举工作的满意度打分。调查结果显示，青年被试对选举工作满意度的综合打分在1.00～5.00分之间，均值为3.12，标准差为0.76；中年被试对选举工作满意度的综合打分在1.00～5.00分之间，均值为3.16，标准差为0.75；老年被试对选举工作满意度的综合打分在1.00～5.00分之间，均值为3.26，标准差为0.73（见表7和图3）。

表 7　不同年龄被试的县级人大代表选举工作满意度打分的描述统计结果

项目		*N*	均值	标准差	标准误	均值的 95% 置信区间		极小值	极大值
						下限	上限		
综合打分	青年	2570	3.12	.760	.015	3.09	3.15	1.00	5.00
	中年	1288	3.16	.745	.021	3.12	3.30	1.00	5.00
	老年	429	3.26	.734	.035	3.19	3.33	1.00	5.00
	总数	4287	3.15	.754	.012	3.13	3.17	1.00	5.00
选举组织工作的有效性	青年	2581	3.13	.931	.018	3.10	3.17	1.00	5.00
	中年	1292	3.17	.926	.026	3.12	3.22	1.00	5.00
	老年	433	3.31	.906	.044	3.23	3.40	1.00	5.00
	总数	4306	3.16	.928	.014	3.13	3.19	1.00	5.00
选举程序的规范性	青年	2580	3.17	.969	.019	3.14	3.21	1.00	5.00
	中年	1293	3.26	.968	.027	3.21	3.31	1.00	5.00
	老年	433	3.33	.951	.046	3.25	3.42	1.00	5.00
	总数	4306	3.22	.968	.015	3.19	3.24	1.00	5.00
选举的公正性	青年	2579	3.07	1.023	.020	3.03	3.11	1.00	5.00
	中年	1292	3.09	1.014	.028	3.03	3.15	1.00	5.00
	老年	432	3.17	.998	.048	3.08	3.27	1.00	5.00
	总数	4303	3.08	1.018	.016	3.05	3.11	1.00	5.00
选举信息的透明性	青年	2580	3.00	1.060	.021	2.96	3.04	1.00	5.00
	中年	1292	3.09	1.057	.029	3.04	3.15	1.00	5.00
	老年	433	3.19	1.038	.050	3.10	3.29	1.00	5.00
	总数	4305	3.05	1.059	.016	3.02	3.08	1.00	5.00
选举的竞争性	青年	2579	3.11	1.019	.020	3.07	3.15	1.00	5.00
	中年	1293	3.08	.991	.028	3.03	3.14	1.00	5.00
	老年	432	3.24	.974	.047	3.15	3.33	1.00	5.00
	总数	4304	3.12	1.007	.015	3.09	3.15	1.00	5.00
选举纠纷处理的及时性	青年	2579	3.17	.974	.019	3.13	3.21	1.00	5.00
	中年	1292	3.20	1.001	.028	3.15	3.26	1.00	5.00
	老年	431	3.29	.966	.047	3.20	3.39	1.00	5.00
	总数	4302	3.19	.982	.015	3.16	3.22	1.00	5.00
民众参与选举的积极性	青年	2581	3.19	1.013	.020	3.15	3.23	1.00	5.00
	中年	1291	3.21	.956	.027	3.15	3.26	1.00	5.00
	老年	433	3.32	.972	.047	3.23	3.41	1.00	5.00
	总数	4305	3.21	.993	.015	3.18	3.24	1.00	5.00

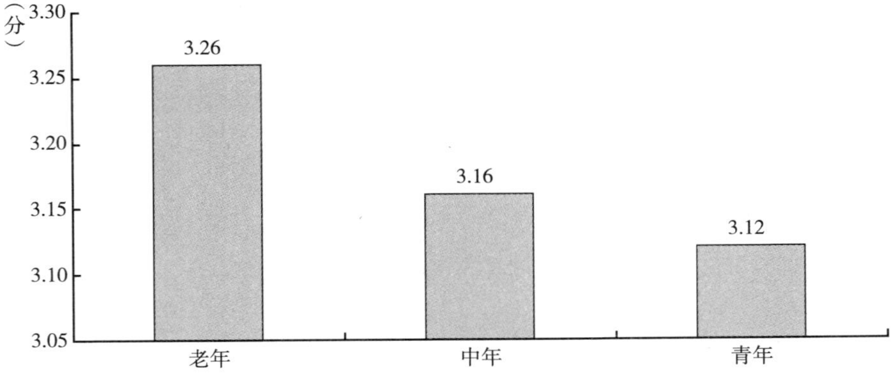

图 3　不同年龄被试的县级人大代表选举工作满意度综合打分比较

对不同年龄被试的县级人大代表选举工作满意度打分的差异性进行方差分析（见表 8、表 9），可以发现不同年龄被试对县级人大代表选举工作的综合打分差异显著，$F=6.631$，$p<0.05$，老年被试（$M=3.26$，$SD=0.73$）的打分显著高于中年被试（$M=3.16$，$SD=0.74$）和青年被试（$M=3.12$，$SD=0.76$），中年被试与青年被试之间的打分差异不显著。对于各项具体选举工作的评价也有一定的差异性，在“选举组织工作的有效性”方面，不同年龄被试的打分差异显著，$F=6.999$，$p<0.05$，老年被试（$M=3.31$，$SD=0.91$）的打分显著高于中年被试（$M=3.17$，$SD=0.93$）和青年被试（$M=3.13$，$SD=0.93$），中年被试与青年被试之间的打分差异不显著。在“选举程序的规范性”方面，不同年龄被试的打分差异显著，$F=7.123$，$p<0.05$，青年被试（$M=3.17$，$SD=0.97$）的打分显著低于中年被试（$M=3.26$，$SD=0.97$）和老年被试（$M=3.33$，$SD=0.95$），中年被试和老年被试之间的打分差异不显著。在“选举信息的透明性”方面，不同年龄被试的打分差异显著，$F=7.656$，$p<0.001$，青年被试（$M=3.00$，$SD=1.06$）的打分显著低于中年被试（$M=3.09$，$SD=1.06$）和老年被试（$M=3.19$，$SD=1.04$），中年被试和老年被试之间的打分差异不显著。在“选举的竞争性”方面，不同年龄被试的打分差异显著，$F=3.971$，$p<0.05$，老年被试（$M=3.24$，$SD=0.97$）的打分显著高于中年被试（$M=3.08$，$SD=0.99$）和青年被试（$M=3.11$，$SD=1.02$），中年被试与青年被试之间的打分差异不显著。在“选举纠纷处理的及

时性”方面，不同年龄被试的打分差异显著，$F=3.095$，$p<0.05$，老年被试（$M=3.29$，$SD=0.97$）的打分显著高于青年被试（$M=3.17$，$SD=0.97$），中年被试（$M=3.20$，$SD=1.00$）与老年被试、青年被试之间的打分差异不显著。在“民众参与选举的积极性”方面，不同年龄被试的打分差异显著，$F=3.101$，$p<0.05$，老年被试（$M=3.32$，$SD=0.97$）的打分显著高于中年被试（$M=3.21$，$SD=0.96$）和青年被试（$M=3.19$，$SD=1.01$），中年被试与青年被试之间的打分差异不显著。在“选举的公正性”（$F=2.000$，$p=0.136$）方面，不同年龄被试的打分差异未达到显著性。

表 8　不同年龄被试的县级人大代表选举工作满意度打分的方差分析结果

项目		平方和	*df*	均方	*F*	显著性
综合打分	组间	7.521	2	3.760	6.631	.001
	组内	2429.368	4284	.567		
	总数	2436.889	4286			
选举组织工作的有效性	组间	12.022	2	6.011	6.999	.001
	组内	3695.411	4303	.859		
	总数	3707.433	4305			
选举程序的规范性	组间	13.319	2	6.659	7.123	.001
	组内	4022.685	4303	.935		
	总数	4036.004	4305			
选举的公正性	组间	4.143	2	2.071	2.000	.136
	组内	4454.571	4300	1.036		
	总数	4458.714	4302			
选举信息的透明性	组间	17.110	2	8.555	7.656	.000
	组内	4807.153	4302	1.117		
	总数	4824.262	4304			
选举的竞争性	组间	8.042	2	4.021	3.971	.019
	组内	4354.939	4301	1.013		
	总数	4362.981	4303			
选举纠纷处理的及时性	组间	5.964	2	2.982	3.095	.045
	组内	4142.208	4299	.964		
	总数	4148.172	4301			
民众参与选举的积极性	组间	6.107	2	3.053	3.101	.045
	组内	4235.483	4302	.985		
	总数	4241.590	4304			

表9　不同年龄被试的县级人大代表选举工作满意度打分的多重比较

因变量	(I)年龄段	(J)年龄段	均值差(I-J)	标准误	显著性	95%置信区间	
						下限	上限
综合打分	青年	中年	-.036	.026	.165	-.09	.015
		老年	-.141*	.039	.000	-.22	-.06
	中年	青年	.036	.026	.165	-.02	.09
		老年	-.105*	.042	.012	-.19	-.02
	老年	青年	.141*	.039	.000	.06	.22
		中年	.105*	.042	.012	.02	.19
选举组织工作的有效性	青年	中年	-.034	.032	.289	-.10	.03
		老年	-.180*	.048	.000	-.27	-.09
	中年	青年	.034	.032	.289	-.03	.10
		老年	-.146*	.051	.005	-.25	-.05
	老年	青年	.180*	.048	.000	.09	.27
		中年	.146*	.051	.005	.05	.25
选举程序的规范性	青年	中年	-.087*	.033	.009	-.15	-.02
		老年	-.162*	.050	.001	-.26	-.06
	中年	青年	.087*	.033	.009	.02	.15
		老年	-.075	.054	.162	-.18	.03
	老年	青年	.162*	.050	.001	.06	.26
		中年	.075	.054	.162	-.03	.18
选举的公正性	青年	中年	-.023	.035	.499	-.09	.04
		老年	-.105*	.053	.047	-.21	.00
	中年	青年	.023	.035	.499	-.04	.09
		老年	-.082	.057	.150	-.19	.03
	老年	青年	.105*	.053	.047	.00	.21
		中年	.082	.057	.150	-.03	.19
选举信息的透明性	青年	中年	-.091*	.036	.012	-.16	-.02
		老年	-.191*	.055	.001	-.30	-.08
	中年	青年	.091*	.036	.012	.02	.16
		老年	-.100	.059	.090	-.21	.02
	老年	青年	.191*	.055	.001	.08	.30
		中年	.100	.059	.090	-.02	.21
选举的竞争性	青年	中年	.029	.034	.405	-.04	.10
		老年	-.128*	.052	.015	-.23	-.03
	中年	青年	-.029	.034	.405	-.10	.04
		老年	-.156*	.056	.005	-.27	-.05
	老年	青年	.128*	.052	.015	.03	.23
		中年	.156*	.056	.005	.05	.27

续表

因变量	(I)年龄段	(J)年龄段	均值差(I-J)	标准误	显著性	95%置信区间	
						下限	上限
选举纠纷处理的及时性	青年	中年	-.032	.033	.342	-.10	.03
		老年	-.125*	.051	.014	-.23	-.03
	中年	青年	.032	.033	.342	-.03	.10
		老年	-.093	.055	.087	-.20	.01
	老年	青年	.125*	.051	.014	.03	.23
		中年	.093	.055	.087	-.01	.20
民众参与选举的积极性	青年	中年	-.013	.034	.699	-.08	.05
		老年	-.128*	.052	.013	-.23	-.03
	中年	青年	.013	.034	.699	-.05	.08
		老年	-.115*	.055	.037	-.22	-.01
	老年	青年	.128*	.052	.013	.03	.23
		中年	.115*	.055	.037	.01	.22

*均值差的显著性水平为0.05。

四　不同年龄被试对政治信任和政治沟通等的评价

“中国公民的县（区）级人大代表选举参与”问卷调查还涉及了被试对政治信任、政治沟通、程序公平和结果公平的看法，可以比较不同年龄被试在相关看法上是否有重大差别。

在“政治信任”方面，青年被试的打分在1.00~6.00分之间，均值为3.91，标准差为1.00；中年被试的打分在1.00~6.00分之间，均值为3.89，标准差为0.99；老年被试的打分在1.00~6.00分之间，均值为4.05，标准差为0.96。

在“政治沟通”方面，青年被试的打分在1.00~5.00分之间，均值为2.97，标准差为0.55；中年被试的打分在1.00~5.00分之间，均值为2.97，标准差为0.54；老年被试的打分在1.00~4.60分之间，均值为3.07，标准差为0.51。

在“程序公平”方面，青年被试的打分在1.00~5.00分之间，均值为2.95，标准差为0.83；中年被试的打分在1.00~5.00分之间，均值为2.96，标准差为0.82；老年被试的打分在1.00~5.00分之间，均值为3.10，标准差为0.81。

在“结果公平”方面，青年被试的打分在1.00~5.00分之间，均值为

3.17，标准差为0.82；中年被试的打分在1.00～5.00分之间，均值为3.12，标准差为0.82；老年被试的打分在1.00～5.00分之间，均值为3.26，标准差为0.80（见表10和图4）。

表10　不同年龄被试对政治信任、政治沟通等打分的描述统计结果

项目		N	均值	标准差	标准误	均值的95%置信区间		极小值	极大值
						下限	上限		
政治信任	青年	2582	3.9096	.99676	.01962	3.8711	3.9481	1.00	6.00
	中年	1292	3.8904	.98795	.02749	3.8365	3.9443	1.00	6.00
	老年	433	4.0545	.95674	.04598	3.9641	4.1449	1.00	6.00
	总数	4307	3.9184	.99102	.01510	3.8888	3.9480	1.00	6.00
政治沟通	青年	2578	2.9665	.55123	.01086	2.9452	2.9878	1.00	5.00
	中年	1292	2.9697	.53813	.01497	2.9403	2.9990	1.00	5.00
	老年	433	3.0744	.51254	.02463	3.0260	3.1228	1.00	4.60
	总数	4303	2.9783	.54436	.00830	2.9620	2.9946	1.00	5.00
程序公平	青年	2572	2.9511	.82626	.01629	2.9192	2.9831	1.00	5.00
	中年	1289	2.9585	.81736	.02277	2.9138	3.0032	1.00	5.00
	老年	433	3.0962	.81325	.03908	3.0194	3.1730	1.00	5.00
	总数	4294	2.9680	.82323	.01256	2.9433	2.9926	1.00	5.00
结果公平	青年	2574	3.1701	.82217	.01621	3.1383	3.2019	1.00	5.00
	中年	1290	3.1171	.82416	.02295	3.0720	3.1621	1.00	5.00
	老年	432	3.2558	.79277	.03814	3.1808	3.3308	1.00	5.00
	总数	4296	3.1628	.82061	.01252	3.1382	3.1873	1.00	5.00

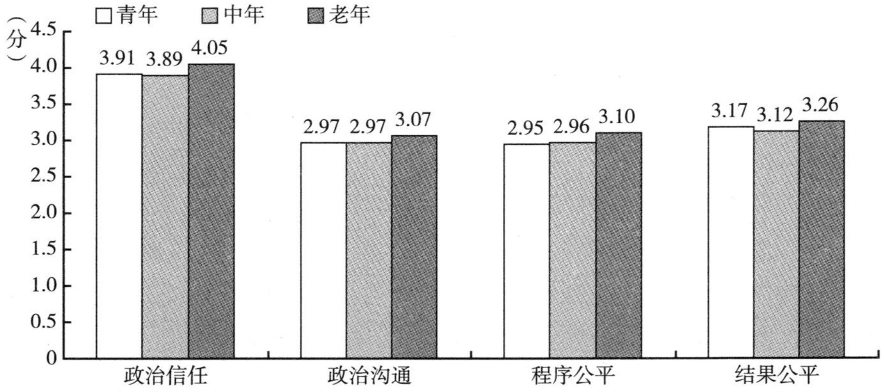

图4　不同年龄被试对政治信任、政治沟通等打分的比较

对不同年龄被试的政治信任等打分的差异性进行方差分析（见表 11、表 12），可以发现在“政治信任”方面，不同年龄被试的打分差异显著，$F = 4.709$，$p < 0.05$，老年被试（$M = 4.05$，$SD = 0.96$）的打分显著高于中年被试（$M = 3.89$，$SD = 0.99$）和青年被试（$M = 3.91$，$SD = 1.00$），中年被试与青年被试之间的打分差异不显著。在“政治沟通”方面，不同年龄被试的打分差异显著，$F = 7.535$，$p < 0.05$，老年被试（$M = 3.07$，$SD = 0.51$）的打分显著高于中年被试（$M = 2.97$，$SD = 0.54$）和青年被试（$M = 2.97$，$SD = 0.55$），中年被试与青年被试之间的打分差异不显著。在“程序公平”方面，不同年龄被试的打分差异显著，$F = 5.891$，$p < 0.05$，老年被试（$M = 3.10$，$SD = 0.81$）的打分显著高于中年被试（$M = 2.96$，$SD = 0.82$）和青年被试（$M = 2.95$，$SD = 0.83$），中年被试与青年被试之间的打分差异不显著。在“结果公平”方面，不同年龄被试的打分差异显著，$F = 4.889$，$p < 0.05$，老年被试（$M = 3.26$，$SD = 0.79$）的打分显著高于中年被试（$M = 3.12$，$SD = 0.82$）和青年被试（$M = 3.17$，$SD = 0.82$），中年被试与青年被试之间的打分差异不显著。

表 11　不同年龄被试对政治信任、政治沟通等打分的方差分析结果

项目		平方和	*df*	均方	*F*	显著性
政治信任	组间	9.233	2	4.617	4.709	.009
	组内	4219.817	4304	.980		
	总数	4229.050	4306			
政治沟通	组间	4.452	2	2.226	7.535	.001
	组内	1270.360	4300	.295		
	总数	1274.813	4302			
程序公平	组间	7.967	2	3.984	5.891	.003
	组内	2901.436	4291	.676		
	总数	2909.403	4293			
结果公平	组间	6.572	2	3.286	4.889	.008
	组内	2885.697	4293	.672		
	总数	2892.269	4295			

表 12　不同年龄被试对政治信任、政治沟通等打分的多重比较

因变量	(I)年龄段	(J)年龄段	均值差(I-J)	标准误	显著性	95%置信区间	
						下限	上限
政治信任	青年	中年	.01920	.03374	.569	-.0470	.0854
		老年	-.14490*	.05142	.005	-.2457	-.0441
	中年	青年	-.01920	.03374	.569	-.0854	.0470
		老年	-.16410*	.05498	.003	-.2719	-.0563
	老年	青年	.14490*	.05142	.005	.0441	.2457
		中年	.16410*	.05498	.003	.0563	.2719
政治沟通	青年	中年	-.00317	.01853	.864	-.0395	.0331
		老年	-.10788*	.02823	.000	-.1632	-.0525
	中年	青年	.00317	.01853	.864	-.0331	.0395
		老年	-.10471*	.03018	.001	-.1639	-.0455
	老年	青年	.10788*	.02823	.000	.0525	.1632
		中年	.10471*	.03018	.001	.0455	.1639
程序公平	青年	中年	-.00735	.02806	.793	-.0624	.0477
		老年	-.14509*	.04271	.001	-.2288	-.0613
	中年	青年	.00735	.02806	.793	-.0477	.0624
		老年	-.13773*	.04567	.003	-.2273	-.0482
	老年	青年	.14509*	.04271	.001	.0613	.2288
		中年	.13773*	.04567	.003	.0482	.2273
结果公平	青年	中年	.05304	.02797	.058	-.0018	.1079
		老年	-.08569*	.04263	.044	-.1693	-.0021
	中年	青年	-.05304	.02797	.058	-.1079	.0018
		老年	-.13873*	.04557	.002	-.2281	-.0494
	老年	青年	.08569*	.04263	.044	.0021	.1693
		中年	.13873*	.04557	.002	.0494	.2281

* 均值差的显著性水平为 0.05。

从问卷调查的情况看，在县级人大代表选举参与中存在明显的年龄差异，主要表现是年龄越大，选举参与的客观状况水平越高（老年被试的客观状况水平高于中年被试和青年被试，中年被试的客观状况水平高于青年被试），并且老年被试的参与满意度和效能感都明显高于中年被试和青年被试。老年被试对选举工作的评价也明显高于中年被试和青年被试，并且在政治信任、政治沟通、程序公平和结果公平等方面，都明显高于中年被试和青年被试的评价，中年被试和青年被试在这些方面的评价则没有表现出明显的差异。

B.5

不同学历公民的县级人大代表选举参与比较

郑建君　史卫民

“中国公民的县（区）级人大代表选举参与”问卷调查采用三类学历对应三个公民群体：初中及以下为低学历，高中（含中专）为中等学历，大专及以上（含本科、研究生）为高学历。在4308份有效数据中，初中及以下学历被试1530人，占35.52%；高中学历被试1623人，占37.67%；大专及以上学历被试1155人，占26.81%。根据问卷调查的数据，可以比较不同学历被试的县级人大代表选举参与状况。

一　不同学历被试的县级人大代表选举参与客观状况

调查结果显示，初中及以下学历被试的县级人大代表选举参与客观状况的总体得分在0～9.00分之间，均值为3.24，标准差为1.67。具体到县级人大代表选举参与客观状况的五个维度，初中及以下学历被试的“选举重要性认知”得分在0～1.00分之间，均值为0.25，标准差为0.36；“权利与途径认知”得分在0～1.00分之间，均值为0.48，标准差为0.35；“选举内容认知”得分在0～2.50分之间，均值为0.81，标准差为0.46；“选举程序认知”得分在0～1.50分之间，均值为0.78，标准差为0.43；“选举参与”得分在0～4.00分之间，均值为0.92，标准差为1.31。

高中学历被试的县级人大代表选举参与客观状况的总体得分在0～9.00分之间，均值为3.42，标准差为1.75。具体到县级人大代表选举参与客观状况的五个维度，高中学历被试的“选举重要性认知”得分在0～1.00分之间，均值为0.23，标准差为0.34；“权利与途径认知”得分在0～1.00分之间，均值为0.53，标准差为0.35；“选举内容认知”得分在0～2.50分之间，均值为0.83，标准差为0.47；“选举程序认知”得分在0～1.50分之间，均值为0.78，标准差为0.43；“选举参与”得分在0～4.00分之间，均值为1.05，标准差为1.36。

大专及以上学历被试的县级人大代表选举参与客观状况的总体得分在0.50～9.50分之间，均值为3.54，标准差为1.72。具体到县级人大代表选举参与客观状况的五个维度，大专及以上学历被试的“选举重要性认知”得分在0～1.00分之间，均值为0.22，标准差为0.33；“权利与途径认知”得分在0～1.00分之间，均值为0.60，标准差为0.35；“选举内容认知”得分在0～2.50分之间，均值为0.90，标准差为0.48；“选举程序认知”得分在0～1.50分之间，均值为0.82，标准差为0.42；“选举参与”得分在0～4.00分之间，均值为1.01，标准差为1.35（见表1和图1）。

表1　不同学历被试的县级人大代表选举参与客观状况得分的描述统计结果

项目		N	均值	标准差	标准误	均值的95%置信区间		极小值	极大值
						下限	上限		
客观状况总分	初中	1484	3.2416	1.67357	.04344	3.1564	3.3268	.00	9.00
	高中	1569	3.4203	1.75146	.04422	3.3336	3.5071	.00	9.00
	大专	1112	3.5396	1.72209	.05164	3.4382	3.6409	.50	9.50
	总数	4165	3.3885	1.71991	.02665	3.3362	3.4407	.00	9.50
选举重要性认知	初中	1527	.2528	.35832	.00917	.2348	.2708	.00	1.00
	高中	1621	.2341	.34463	.00856	.2173	.2509	.00	1.00
	大专	1155	.2165	.33028	.00972	.1974	.2355	.00	1.00
	总数	4303	.2360	.34603	.00527	.2257	.2463	.00	1.00
权利与途径认知	初中	1523	.4842	.34828	.00892	.4667	.5017	.00	1.00
	高中	1618	.5284	.35230	.00876	.5113	.5456	.00	1.00
	大专	1151	.5977	.34673	.01022	.5777	.6178	.00	1.00
	总数	4292	.5313	.35212	.00537	.5208	.5419	.00	1.00
选举内容认知	初中	1505	.8113	.45649	.01177	.7882	.8344	.00	2.50
	高中	1596	.8340	.46542	.01165	.8111	.8568	.00	2.50
	大专	1124	.8977	.47533	.01418	.8699	.9255	.00	2.50
	总数	4225	.8428	.46610	.00717	.8288	.8569	.00	2.50

续表

项目		N	均值	标准差	标准误	均值的95%置信区间		极小值	极大值
						下限	上限		
选举程序认知	初中	1524	.7762	.42778	.01096	.7548	.7977	.00	1.50
	高中	1617	.7774	.42787	.01064	.7565	.7982	.00	1.50
	大专	1151	.8175	.41930	.01236	.7933	.8418	.00	1.50
	总数	4292	.7877	.42584	.00650	.7750	.8005	.00	1.50
选举参与	初中	1519	.9164	1.30883	.03358	.8505	.9823	.00	4.00
	高中	1606	1.0458	1.35892	.03391	.9793	1.1123	.00	4.00
	大专	1145	1.0118	1.35280	.03998	.9334	1.0902	.00	4.00
	总数	4270	.9906	1.34054	.02051	.9504	1.0309	.00	4.00

（注：表中初中表示初中及以下学历，大专表示大专及以上学历。以下各图、表同。）

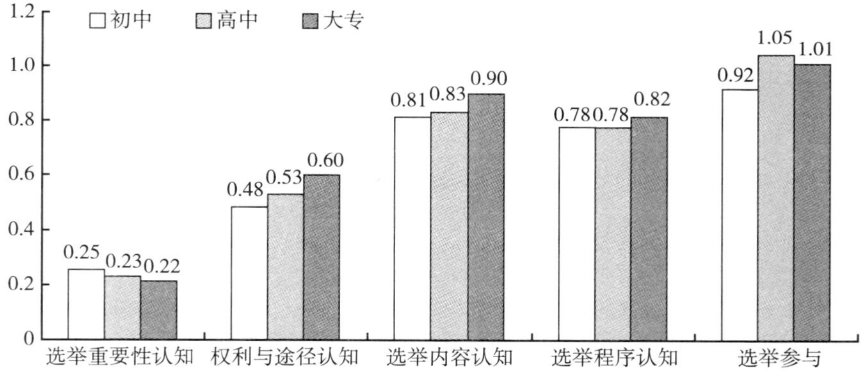

图1　不同学历被试的县级人大代表选举参与客观状况五个一级指标得分比较

对不同学历被试的县级人大代表选举参与客观状况的差异进行检验（见表2、表3），方差分析的结果显示，不同学历被试的选举参与客观状况总分之间差异显著，$F=10.016$，$p<0.001$，初中及以下学历被试（$M=3.24$，$SD=1.67$）的得分显著低于高中学历被试（$M=3.42$，$SD=1.75$）和大专及以上学历被试（$M=3.54$，$SD=1.42$），高中学历被试与大专及以上学历被试之间的得分差异不显著。在“选举重要性认知”上，不同学历被试的得分差异显著，$F=3.668$，$p<0.05$，初中及以下学历被试（$M=0.25$，$SD=0.36$）的得分显著高于大专及

以上学历被试（$M=0.22$，$SD=0.33$），高中学历被试（$M=0.23$，$SD=0.34$）与大专学历被试之间以及初中及以下学历被试与高中学历被试之间的得分差异均不显著。在“权利与途径认知”上，不同学历被试的得分差异显著，$F=34.680$，$p<0.001$，大专及以上学历被试（$M=0.60$，$SD=0.35$）的得分显著高于高中学历被试（$M=0.53$，$SD=0.35$）和初中及以下学历被试（$M=0.48$，$SD=0.35$），高中学历被试的得分显著高于初中及以下学历被试。在“选举内容认知”上，不同学历被试的得分差异显著，$F=11.576$，$p<0.001$，大专及以上学历被试（$M=0.90$，$SD=0.48$）的得分显著高于高中学历被试（$M=0.83$，$SD=0.47$）和初中及以下学历被试（$M=0.81$，$SD=0.46$），高中学历被试与初中及以下学历被试之间的得分差异不显著。在“选举程序认知”上，不同学历被试的得分差异显著，$F=3.860$，$p<0.05$，大专及以上学历被试（$M=0.82$，$SD=0.42$）的得分显著高于高中学历被试（$M=0.78$，$SD=0.43$）和初中及以下学历被试（$M=0.78$，$SD=0.43$），高中学历被试与初中及以下学历被试之间的得分差异不显著。在“选举参与”上，不同学历被试的得分差异显著，$F=3.835$，$p<0.05$，高中学历被试（$M=1.05$，$SD=1.36$）的得分显著高于初中及以下学历被试（$M=0.92$,$SD=1.31$），大专及以上学历被试（$M=1.01$，$SD=1.35$）与高中学历被试、初中及以下学历被试之间的得分差异均不显著。

表 2　不同学历被试的县级人大代表选举参与客观状况得分的方差分析结果

项目		平方和	*df*	均方	*F*	显著性
客观状况总分	组间	59.002	2	29.501	10.016	.000
	组内	12258.445	4162	2.945		
	总数	12317.447	4164			
选举重要性认知	组间	.877	2	.439	3.668	.026
	组内	514.217	4300	.120		
	总数	515.094	4302			
权利与途径认知	组间	8.467	2	4.233	34.680	.000
	组内	523.568	4289	.122		
	总数	532.035	4291			
选举内容认知	组间	5.005	2	2.502	11.576	.000
	组内	912.641	4222	.216		
	总数	917.646	4224			

续表

项目		平方和	df	均方	F	显著性
选举程序认知	组间	1.398	2	.699	3.860	.021
	组内	776.737	4289	.181		
	总数	778.135	4291			
选举参与	组间	13.766	2	6.883	3.835	.022
	组内	7657.859	4267	1.795		
	总数	7671.625	4269			

表3　不同学历被试的县级人大代表选举参与客观状况得分的多重比较

因变量	(I)学历	(J)学历	均值差(I-J)	标准误	显著性	95%置信区间	
						下限	上限
客观状况总分	初中	高中	-.17875*	.06214	.004	-.3006	-.0569
		大专	-.29799*	.06807	.000	-.4314	-.1645
	高中	初中	.17875*	.06214	.004	.0569	.3006
		大专	-.11924	.06727	.076	-.2511	.0127
	大专	初中	.29799*	.06807	.000	.1645	.4314
		高中	.11924	.06727	.076	-.0127	.2511
选举重要性认知	初中	高中	.01867	.01233	.130	-.0055	.0428
		大专	.03633*	.01349	.007	.0099	.0628
	高中	初中	-.01867	.01233	.130	-.0428	.0055
		大专	.01766	.01332	.185	-.0084	.0438
	大专	初中	-.03633*	.01349	.007	-.0628	-.0099
		高中	-.01766	.01332	.185	-.0438	.0084
权利与途径认知	初中	高中	-.04419*	.01247	.000	-.0686	-.0197
		大专	-.11350*	.01365	.000	-.1403	-.0867
	高中	初中	.04419*	.01247	.000	.0197	.0686
		大专	-.06931*	.01347	.000	-.0957	-.0429
	大专	初中	.11350*	.01365	.000	.0867	.1403
		高中	.06931*	.01347	.000	.0429	.0957
选举内容认知	初中	高中	-.02266	.01671	.175	-.0554	.0101
		大专	-.08639*	.01833	.000	-.1223	-.0505
	高中	初中	.02266	.01671	.175	-.0101	.0554
		大专	-.06373*	.01810	.000	-.0992	-.0282
	大专	初中	.08639*	.01833	.000	.0505	.1223
		高中	.06373*	.01810	.000	.0282	.0992

续表

因变量	(I)学历	(J)学历	均值差(I-J)	标准误	显著性	95%置信区间	
						下限	上限
选举程序认知	初中	高中	-.00112	.01519	.941	-.0309	.0287
		大专	-.04130*	.01662	.013	-.0739	-.0087
	高中	初中	.00112	.01519	.941	-.0287	.0309
		大专	-.04018*	.01641	.014	-.0724	-.0080
	大专	初中	.04130*	.01662	.013	.0087	.0739
		高中	.04018*	.01641	.014	.0080	.0724
选举参与	初中	高中	-.12937*	.04795	.007	-.2234	-.0354
		大专	-.09540	.05243	.069	-.1982	.0074
	高中	初中	.12937*	.04795	.007	.0354	.2234
		大专	.03398	.05182	.512	-.0676	.1356
	大专	初中	.09540	.05243	.069	-.0074	.1982
		高中	-.03398	.05182	.512	-.1356	.0676

* 均值差的显著性水平为0.05。

二 不同学历被试的县级人大代表选举参与主观状况

调查结果显示，初中及以下学历被试的“选举参与满意度”得分在1.00~5.00分之间，均值为2.83，标准差为0.54；“选举参与意愿”得分在1.00~5.00分之间，均值为3.16，标准差为0.59；“选举参与效能”得分在1.00~5.00分之间，均值为3.06，标准差为0.54。

高中学历被试的“选举参与满意度”得分在1.00~4.75分之间，均值为2.82，标准差为0.53；“选举参与意愿”得分在1.00~5.00分之间，均值为3.19，标准差为0.63；“选举参与效能”得分在1.00~5.00分之间，均值为3.08，标准差为0.55。

大专及以上学历被试的“选举参与满意度”得分在1.00~4.75分之间，均值为2.80，标准差为0.55；“选举参与意愿”得分在1.00~5.00分之间，均值为3.22，标准差为0.68；“选举参与效能”得分在1.33~5.00分之间，均值为3.06，标准差为0.59（见表4和图2）。

表 4　不同学历被试的县级人大代表选举参与主观状况得分的描述统计结果

项目		N	均值	标准差	标准误	均值的 95% 置信区间		极小值	极大值
						下限	上限		
选举参与满意度	初中	1527	2.8307	.53795	.01377	2.8037	2.8577	1.00	5.00
	高中	1619	2.8244	.52739	.01311	2.7987	2.8501	1.00	4.75
	大专	1154	2.7972	.55277	.01627	2.7653	2.8292	1.00	4.75
	总数	4300	2.8194	.53809	.00821	2.8033	2.8354	1.00	5.00
选举参与意愿	初中	1524	3.1623	.59255	.01518	3.1325	3.1921	1.00	5.00
	高中	1615	3.1870	.62969	.01567	3.1563	3.2177	1.00	5.00
	大专	1151	3.2242	.68225	.02011	3.1847	3.2636	1.00	5.00
	总数	4290	3.1882	.63189	.00965	3.1693	3.2071	1.00	5.00
选举参与效能	初中	1530	3.0556	.53931	.01379	3.0285	3.0826	1.00	5.00
	高中	1621	3.0802	.54886	.01363	3.0535	3.1069	1.00	5.00
	大专	1152	3.0605	.58549	.01725	3.0266	3.0943	1.33	5.00
	总数	4303	3.0662	.55557	.00847	3.0496	3.0828	1.00	5.00

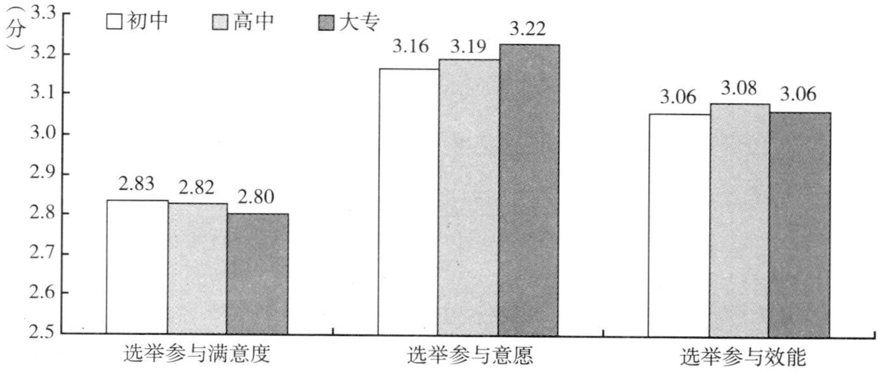

图 2　不同学历被试的县级人大代表选举参与主观状况得分比较

对不同学历被试的县级人大代表选举参与主观状况各指标的差异性进行方差分析（见表 5、表 6），可以发现不同学历被试之间的“选举参与满意度”（$F=1.388$，$p=0.250$）和“选举参与效能”（$F=0.856$，$p=0.425$）得分差异不显著；只是在“选举参与意愿”上，不同学历被试的得分差异显著，$F=3.150$，$p<0.05$，大专及以上学历被试（$M=3.22$，$SD=0.68$）的得分显著高于初中及以下学历被试（$M=3.16$，$SD=0.59$），高中学历被试（$M=3.19$，

$SD=0.63$）与大专及以上学历被试、初中及以下学历被试之间的得分差异均不显著。

表 5　不同学历被试的县级人大代表选举参与主观状况得分的方差分析结果

项目		平方和	*df*	均方	*F*	显著性
选举参与满意度	组间	.804	2	.402	1.388	.250
	组内	1243.947	4297	.289		
	总数	1244.751	4299			
选举参与意愿	组间	2.513	2	1.257	3.150	.043
	组内	1710.000	4287	.399		
	总数	1712.513	4289			
选举参与效能	组间	.529	2	.264	.856	.425
	组内	1327.306	4300	.309		
	总数	1327.834	4302			

表 6　不同学历被试的县级人大代表选举参与主观状况得分的多重比较

因变量	(I)学历	(J)学历	均值差(I-J)	标准误	显著性	95%置信区间	
						下限	上限
选举参与满意度	初中	高中	.00629	.01919	.743	-.0313	.0439
		大专	.03349	.02099	.111	-.0077	.0746
	高中	初中	-.00629	.01919	.743	-.0439	.0313
		大专	.02720	.02073	.189	-.0134	.0678
	大专	初中	-.03349	.02099	.111	-.0746	.0077
		高中	-.02720	.02073	.189	-.0678	.0134
选举参与意愿	初中	高中	-.02470	.02255	.273	-.0689	.0195
		大专	-.06186*	.02466	.012	-.1102	-.0135
	高中	初中	.02470	.02255	.273	-.0195	.0689
		大专	-.03716	.02436	.127	-.0849	.0106
	大专	初中	.06186*	.02466	.012	.0135	.1102
		高中	.03716	.02436	.127	-.0106	.0849
选举参与效能	初中	高中	-.02464	.01980	.213	-.0635	.0142
		大专	-.00492	.02167	.820	-.0474	.0376
	高中	初中	.02464	.01980	.213	-.0142	.0635
		大专	.01972	.02141	.357	-.0223	.0617
	大专	初中	.00492	.02167	.820	-.0376	.0474
		高中	-.01972	.02141	.357	-.0617	.0223

* 均值差的显著性水平为 0.05。

三　不同学历被试对县级人大代表选举工作的评价

“中国公民的县（区）级人大代表选举参与”问卷调查请被试根据最近一次县级人大代表选举情况，为选举工作的满意度打分。调查结果显示，初中及以下学历被试对选举工作满意度的综合打分在 1.00 ~ 5.00 分之间，均值为 3.14，标准差为 0.72；高中学历被试对选举工作满意度的综合打分在 1.00 ~ 5.00 分之间，均值为 3.16，标准差为 0.75；大专及以上学历被试对选举工作满意度的综合打分在 1.00 ~ 5.00 分之间，均值为 3.13，标准差为 0.81（见表 7 和图 3）。

表 7　不同学历被试的县级人大代表选举工作满意度打分的描述统计结果

项目		N	均值	标准差	标准误	均值的 95% 置信区间		极小值	极大值
						下限	上限		
综合打分	初中	1517	3.14	.722	.019	3.10	3.18	1.00	5.00
	高中	1618	3.16	.745	.019	3.13	3.20	1.00	5.00
	大专	1152	3.13	.806	.023	3.09	3.18	1.00	5.00
	总数	4287	3.15	.754	.012	3.13	3.17	1.00	5.00
选举组织工作的有效性	初中	1530	3.17	.919	.023	3.12	3.21	1.00	5.00
	高中	1621	3.16	.909	.023	3.12	3.20	1.00	5.00
	大专	1155	3.15	.967	.028	3.10	3.21	1.00	5.00
	总数	4306	3.16	.928	.014	3.13	3.19	1.00	5.00
选举程序的规范性	初中	1528	3.22	.957	.024	3.17	3.27	1.00	5.00
	高中	1623	3.23	.960	.024	3.18	3.28	1.00	5.00
	大专	1155	3.19	.994	.029	3.13	3.25	1.00	5.00
	总数	4306	3.22	.968	.015	3.19	3.24	1.00	5.00
选举的公正性	初中	1526	3.06	1.005	.026	3.01	3.11	1.00	5.00
	高中	1623	3.10	1.022	.025	3.05	3.15	1.00	5.00
	大专	1154	3.08	1.030	.030	3.03	3.14	1.00	5.00
	总数	4303	3.08	1.018	.016	3.05	3.11	1.00	5.00
选举信息的透明性	初中	1529	3.05	1.043	.027	3.00	3.10	1.00	5.00
	高中	1622	3.06	1.061	.026	3.01	3.11	1.00	5.00
	大专	1154	3.04	1.077	.032	2.98	3.10	1.00	5.00
	总数	4305	3.05	1.059	.016	3.02	3.08	1.00	5.00

续表

项目		N	均值	标准差	标准误	均值的95%置信区间		极小值	极大值
						下限	上限		
选举的竞争性	初中	1529	3.10	.983	.025	3.05	3.15	1.00	5.00
	高中	1621	3.12	.994	.025	3.08	3.17	1.00	5.00
	大专	1154	3.12	1.055	.031	3.06	3.19	1.00	5.00
	总数	4304	3.12	1.007	.015	3.09	3.15	1.00	5.00
选举纠纷处理的及时性	初中	1524	3.17	.983	.025	3.12	3.21	1.00	5.00
	高中	1623	3.23	.983	.024	3.18	3.27	1.00	5.00
	大专	1155	3.18	.980	.029	3.12	3.23	1.00	5.00
	总数	4302	3.19	.982	.015	3.16	3.22	1.00	5.00
民众参与选举的积极性	初中	1528	3.21	.985	.025	3.16	3.26	1.00	5.00
	高中	1622	3.25	.957	.024	3.21	3.30	1.00	5.00
	大专	1155	3.15	1.048	.031	3.09	3.21	1.00	5.00
	总数	4305	3.21	.993	.015	3.18	3.24	1.00	5.00

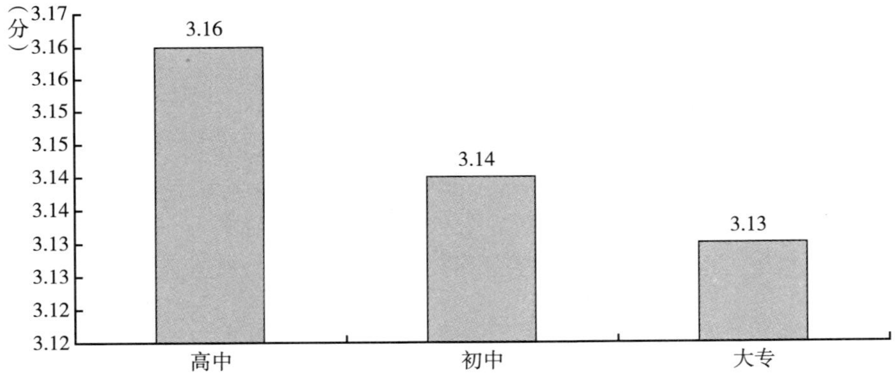

图3　不同学历被试的县级人大代表选举工作满意度综合打分比较

对不同学历被试的县级人大代表选举工作满意度打分的差异性进行方差分析（见表8、表9），可以发现不同学历被试对县级人大代表选举工作的满意度综合打分（$F=0.672$，$p=0.511$）之间的差异性不显著。对于各项具体选举工作的评价，只是在“民众参与选举的积极性”方面，不同学历被试的打分差异显著，$F=3.956$，$p<0.05$，大专及以上学历

被试（$M=3.15$，$SD=1.05$）的打分显著低于高中学历被试（$M=3.25$，$SD=0.96$），与初中及以下学历被试（$M=3.21$，$SD=0.99$）之间的打分差异不显著，初中及以下学历被试与高中学历被试之间的打分差异不显著；另6项具体选举工作的打分，不同学历被试之间的差异均不显著。

表8　不同学历被试的县级人大代表选举工作满意度打分的方差分析结果

项目		平方和	*df*	均方	*F*	显著性
综合打分	组间	.765	2	.382	.672	.511
	组内	2436.124	4284	.569		
	总数	2436.889	4286			
选举组织工作的有效性	组间	.151	2	.076	.088	.916
	组内	3707.282	4303	.862		
	总数	3707.433	4305			
选举程序的规范性	组间	.926	2	.463	.494	.610
	组内	4035.078	4303	.938		
	总数	4036.004	4305			
选举的公正性	组间	1.181	2	.590	.569	.566
	组内	4457.533	4300	1.037		
	总数	4458.714	4302			
选举信息的透明性	组间	.240	2	.120	.107	.898
	组内	4824.022	4302	1.121		
	总数	4824.262	4304			
选举的竞争性	组间	.449	2	.225	.222	.801
	组内	4362.532	4301	1.014		
	总数	4362.981	4303			
选举纠纷处理的及时性	组间	3.214	2	1.607	1.667	.189
	组内	4144.958	4299	.964		
	总数	4148.172	4301			
民众参与选举的积极性	组间	7.787	2	3.894	3.956	.019
	组内	4233.803	4302	.984		
	总数	4241.590	4304			

表 9　不同学历被试的县级人大代表选举工作满意度打分的多重比较

因变量	(I)学历	(J)学历	均值差(I－J)	标准误	显著性	95%置信区间	
						下限	上限
综合打分	初中	高中	－.024	.027	.383	－.08	.03
		大专	.008	.029	.793	－.05	.07
	高中	初中	.024	.027	.383	－.03	.08
		大专	.031	.029	.283	－.03	.09
	大专	初中	－.008	.029	.793	－.07	.05
		高中	－.031	.029	.283	－.09	.03
选举组织工作的有效性	初中	高中	.006	.033	.850	－.06	.07
		大专	.015	.036	.675	－.06	.09
	高中	初中	－.006	.033	.850	－.07	.06
		大专	.009	.036	.804	－.06	.08
	大专	初中	－.015	.036	.675	－.09	.06
		高中	－.009	.036	.804	－.08	.06
选举程序的规范性	初中	高中	－.009	.035	.787	－.08	.06
		大专	.027	.038	.474	－.05	.10
	高中	初中	.009	.035	.787	－.06	.08
		大专	.036	.037	.329	－.04	.11
	大专	初中	－.027	.038	.474	－.10	.05
		高中	－.036	.037	.329	－.11	.04
选举的公正性	初中	高中	－.039	.036	.286	－.11	.03
		大专	－.021	.040	.591	－.10	.06
	高中	初中	.039	.036	.286	－.03	.11
		大专	.017	.039	.658	－.06	.09
	大专	初中	.021	.040	.591	－.06	.10
		高中	－.017	.039	.658	－.09	.06
选举信息的透明性	初中	高中	－.005	.038	.894	－.08	.07
		大专	.014	.041	.743	－.07	.09
	高中	初中	.005	.038	.894	－.07	.08
		大专	.019	.041	.648	－.06	.10
	大专	初中	－.014	.041	.743	－.09	.07
		高中	－.019	.041	.648	－.10	.06
选举的竞争性	初中	高中	－.021	.036	.553	－.09	.05
		大专	－.021	.039	.585	－.10	.06
	高中	初中	.021	.036	.553	－.05	.09
		大专	.000	.039	.997	－.08	.08

续表

因变量	(I)学历	(J)学历	均值差(I-J)	标准误	显著性	95%置信区间	
						下限	上限
选举的竞争性	大专	初中	.021	.039	.585	-.06	.10
		高中	.000	.039	.997	-.08	.08
选举纠纷处理的及时性	初中	高中	-.061	.035	.083	-.13	.01
		大专	-.012	.038	.751	-.09	.06
	高中	初中	.061	.035	.083	-.01	.13
		大专	.049	.038	.198	-.03	.12
	大专	初中	.012	.038	.751	-.06	.09
		高中	-.049	.038	.198	-.12	.03
民众参与选举的积极性	初中	高中	-.045	.035	.201	-.11	.02
		大专	.062	.039	.108	-.01	.14
	高中	初中	.045	.035	.201	-.02	.11
		大专	.107*	.038	.005	.03	.18
	大专	初中	-.062	.039	.108	-.14	.01
		高中	-.107*	.038	.005	-.18	-.03

*均值差的显著性水平为0.05。

四 不同学历被试对政治信任和政治沟通等的评价

“中国公民的县（区）级人大代表选举参与”问卷调查还涉及了被试对政治信任、政治沟通、程序公平和结果公平的看法，可以比较不同学历被试在相关看法上是否有重大差别。

在“政治信任”方面，初中及以下学历被试的打分在1.00～6.00分之间，均值为3.87，标准差为0.98；高中学历被试的打分在1.00～6.00分之间，均值为3.97，标准差为0.96；大专及以上学历被试的打分在1.00～6.00分之间，均值为3.92，标准差为1.05。

在“政治沟通”方面，初中及以下学历被试的打分在1.00～4.60分之间，均值为3.01，标准差为0.52；高中学历被试的打分在1.00～5.00分之间，均值为2.98，标准差为0.53；大专及以上学历被试的打分在1.00～5.00分之间，均值为2.94，标准差为0.59。

在“程序公平”方面，初中及以下学历被试的打分在1.00~5.00分之间，均值为3.05，标准差为0.78；高中学历被试的打分在1.00~5.00分之间，均值为2.97，标准差为0.82；大专及以上学历被试的打分在1.00~5.00分之间，均值为2.87，标准差为0.87。

在“结果公平”方面，初中及以下学历被试的打分在1.00~5.00分之间，均值为3.20，标准差为0.77；高中学历被试的打分在1.00~5.00分之间，均值为3.17，标准差为0.81；大专及以上学历被试的打分在1.00~5.00分之间，均值为3.11，标准差为0.89（见表10和图4）。

表10　不同学历被试对政治信任、政治沟通等打分的描述统计结果

项目		*N*	均值	标准差	标准误	均值的95%置信区间		极小值	极大值
						下限	上限		
政治信任	初中	1530	3.8669	.98276	.02512	3.8176	3.9162	1.00	6.00
	高中	1622	3.9655	.95613	.02374	3.9189	4.0120	1.00	6.00
	大专	1155	3.9205	1.04606	.03078	3.8601	3.9809	1.00	6.00
	总数	4307	3.9184	.99102	.01510	3.8888	3.9480	1.00	6.00
政治沟通	初中	1528	3.0109	.52091	.01333	2.9847	3.0370	1.00	4.60
	高中	1620	2.9751	.53347	.01325	2.9491	3.0011	1.00	5.00
	大专	1155	2.9397	.58606	.01724	2.9059	2.9736	1.00	5.00
	总数	4303	2.9783	.54436	.00830	2.9620	2.9946	1.00	5.00
程序公平	初中	1526	3.0471	.78364	.02006	3.0077	3.0864	1.00	5.00
	高中	1617	2.9659	.81920	.02037	2.9259	3.0058	1.00	5.00
	大专	1151	2.8661	.86825	.02559	2.8158	2.9163	1.00	5.00
	总数	4294	2.9680	.82323	.01256	2.9433	2.9926	1.00	5.00
结果公平	初中	1526	3.1966	.77319	.01979	3.1578	3.2354	1.00	5.00
	高中	1618	3.1676	.80754	.02008	3.1282	3.2070	1.00	5.00
	大专	1152	3.1113	.89465	.02636	3.0595	3.1630	1.00	5.00
	总数	4296	3.1628	.82061	.01252	3.1382	3.1873	1.00	5.00

对不同学历被试的政治信任等打分的差异性进行方差分析（见表11、表12），可以发现在“政治信任”方面，不同学历被试的打分差异显著，$F=3.901$，$p<0.05$，初中及以下学历被试（$M=3.87$，$SD=0.98$）的打分显著低于高中学历被试（$M=3.97$，$SD=0.96$），与大专及以上学历被试（$M=3.92$，$SD=1.05$）之间的打分差异不显著，大专及以上学历被试与高中学历被试之

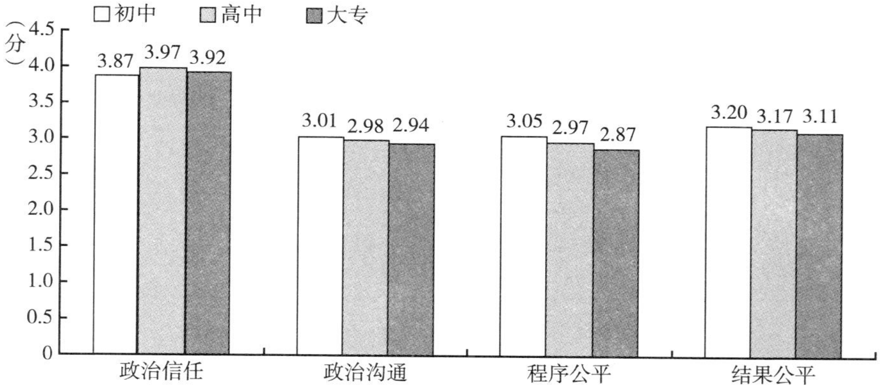

图 4　不同学历被试对政治信任、政治沟通等打分的比较

间的打分差异不显著。在“政治沟通”方面，不同学历被试的打分差异显著，$F=5.673$，$p<0.05$，初中及以下学历被试（$M=3.01$，$SD=0.52$）的打分显著高于大专及以上学历被试（$M=2.94$，$SD=0.59$），与高中学历被试（$M=2.98$，$SD=0.53$）之间的打分差异不显著，大专及以上学历被试与高中学历被试之间的打分差异不显著。在“程序公平”方面，不同学历被试的打分差异显著，$F=15.980$，$p<0.001$，初中及以下学历被试（$M=3.05$，$SD=0.78$）的打分显著高于高中学历被试（$M=2.97$，$SD=0.82$）和大专及以上学历被试（$M=2.87$，$SD=0.87$），高中学历被试的打分显著高于大专及以上学历被试。在“结果公平”方面，不同学历被试的打分差异显著，$F=3.598$，$p<0.05$，初中及以下学历被试（$M=3.20$，$SD=0.77$）的打分显著高于大专及以上学历被试（$M=3.11$，$SD=0.89$），与高中学历被试（$M=3.17$，$SD=0.81$）之间的打分差异不显著，大专及以上学历被试与高中学历被试之间的打分差异不显著。

表 11　不同学历被试对政治信任、政治沟通等打分的方差分析结果

项目		平方和	*df*	均方	*F*	显著性
政治信任	组间	7.653	2	3.827	3.901	.020
	组内	4221.397	4304	.981		
	总数	4229.050	4306			
政治沟通	组间	3.355	2	1.677	5.673	.003
	组内	1271.458	4300	.296		
	总数	1274.813	4302			

续表

项目		平方和	*df*	均方	*F*	显著性
程序公平	组间	21.510	2	10.755	15.980	.000
	组内	2887.893	4291	.673		
	总数	2909.403	4293			
结果公平	组间	4.840	2	2.420	3.598	.027
	组内	2887.428	4293	.673		
	总数	2892.269	4295			

表 12　不同学历被试对政治信任、政治沟通等打分的多重比较

因变量	(I)学历	(J)学历	均值差(I－J)	标准误	显著性	95%置信区间	
						下限	上限
政治信任	初中	高中	-.09855*	.03530	.005	-.1677	-.0294
		大专	-.05359	.03860	.165	-.1293	.0221
	高中	初中	.09855*	.03530	.005	.0294	.1677
		大专	.04496	.03813	.238	-.0298	.1197
	大专	初中	.05359	.03860	.165	-.0221	.1293
		高中	-.04496	.03813	.238	-.1197	.0298
政治沟通	初中	高中	.03580	.01939	.065	-.0022	.0738
		大专	.07112*	.02120	.001	.0296	.1127
	高中	初中	-.03580	.01939	.065	-.0738	.0022
		大专	.03532	.02094	.092	-.0057	.0764
	大专	初中	-.07112*	.02120	.001	-.1127	-.0296
		高中	-.03532	.02094	.092	-.0764	.0057
程序公平	初中	高中	.08119*	.02928	.006	.0238	.1386
		大专	.18101*	.03203	.000	.1182	.2438
	高中	初中	-.08119*	.02928	.006	-.1386	-.0238
		大专	.09982*	.03164	.002	.0378	.1619
	大专	初中	-.18101*	.03203	.000	-.2438	-.1182
		高中	-.09982*	.03164	.002	-.1619	-.0378
结果公平	初中	高中	.02900	.02927	.322	-.0284	.0864
		大专	.08534*	.03201	.008	.0226	.1481
	高中	初中	-.02900	.02927	.322	-.0864	.0284
		大专	.05634	.03162	.075	-.0056	.1183
	大专	初中	-.08534*	.03201	.008	-.1481	-.0226
		高中	-.05634	.03162	.075	-.1183	.0056

从问卷调查的情况看，在县级人大代表选举参与中，不同学历公民的差异主要表现在客观状况方面，初中及以下学历被试的选举参与客观状况水平总体低于高中学历和大专及以上学历被试。高中学历被试与大专及以上学历被试的选举参与客观状况总分之间的差异性尽管未达到显著水平，但是大专及以上学历被试对权利与途径、选举内容和选举程序的认知水平显著高于高中学历被试，实际选举参与水平显著低于高中学历被试，则是需要注意的现象。

B.6

不同政治面貌公民的县级人大代表选举参与比较

史卫民　田小红

"中国公民的县（区）级人大代表选举参与"问卷调查涉及的4308名被试中，中共党员被试（中共党员被试在本章的表格中均标注为"党员"）556人，占12.91%；共青团员被试（共青团员被试在本章的表格中均标注为"团员"）808人，占18.75%；民主党派和群众被试2944人，占68.34%（民主党派被试由于人数过少，不具有代表性，所以与群众被试合为一类，在本章的表格中均标注为"群众"）。根据问卷调查的数据，可以比较不同政治面貌被试的县级人大代表选举参与状况。

一　不同政治面貌被试的县级人大代表选举参与客观状况

调查结果显示，中共党员被试的县级人大代表选举参与客观状况的总体得分在0.50～9.50分之间，均值为4.14，标准差为1.97。具体到县级人大代表选举参与客观状况的五个维度，中共党员被试的"选举重要性认知"得分在0～1.00分之间，均值为0.37，标准差为0.40；"权利与途径认知"得分在0～1.00分之间，均值为0.58，标准差为0.34；"选举内容认知"得分在0～2.50分之间，均值为0.95，标准差为0.52；"选举程序认知"得分在0～1.50分之间，均值为0.83，标准差为0.43；"选举参与"得分在0～4.00分之间，均值为1.44，标准差为1.47。

共青团员被试的县级人大代表选举参与客观状况的总体得分在0.50～8.50分之间，均值为3.05，标准差为1.50。具体到县级人大代表选举参与客观状况的五个维度，共青团员被试的“选举重要性认知”得分在0~1.00分之间，均值为0.16，标准差为0.30；“权利与途径认知”得分在0~1.00分之间，均值为0.55，标准差为0.36；“选举内容认知”得分在0~2.00分之间，均值为0.83，标准差为0.44；“选举程序认知”得分在0~1.50分之间，均值为0.81，标准差为0.43；“选举参与”得分在0~4.00分之间，均值为0.70，标准差为1.18。

群众被试的县级人大代表选举参与客观状况的总体得分在0~9.00分之间，均值为3.34，标准差为1.69。具体到县级人大代表选举参与客观状况的五个维度，群众被试的“选举重要性认知”得分在0~1.00分之间，均值为0.23，标准差为0.34；“权利与途径认知”得分在0~1.00分之间，均值为0.52，标准差为0.35；“选举内容认知”得分在0~2.50分之间，均值为0.83，标准差为0.46；“选举程序认知”得分在0~1.50分之间，均值为0.77，标准差为0.42；“选举参与”得分在0~4.00分之间，均值为0.99，标准差为1.33（见表1和图1）。

表1　不同政治面貌被试的县级人大代表选举参与客观状况得分的描述统计结果

项目		N	均值	标准差	标准误	均值的95%置信区间		极小值	极大值
						下限	上限		
客观状况总分	党员	528	4.1449	1.97117	.08578	3.9764	4.3134	.50	9.50
	团员	776	3.0509	1.49913	.05382	2.9453	3.1565	.50	8.50
	群众	2861	3.3404	1.68611	.03152	3.2786	3.4023	.00	9.00
	总数	4165	3.3885	1.71991	.02665	3.3362	3.4407	.00	9.50
选举重要性认知	党员	555	.3667	.39886	.01693	.3334	.3999	.00	1.00
	团员	808	.1609	.29679	.01044	.1404	.1814	.00	1.00
	群众	2940	.2320	.34102	.00629	.2196	.2443	.00	1.00
	总数	4303	.2360	.34603	.00527	.2257	.2463	.00	1.00
权利与途径认知	党员	555	.5802	.34169	.01450	.5517	.6087	.00	1.00
	团员	807	.5514	.36370	.01280	.5263	.5766	.00	1.00
	群众	2930	.5166	.34983	.00646	.5039	.5292	.00	1.00
	总数	4292	.5313	.35212	.00537	.5208	.5419	.00	1.00
选举内容认知	党员	537	.9516	.51965	.02242	.9075	.9956	.00	2.50
	团员	787	.8335	.43859	.01563	.8029	.8642	.00	2.00
	群众	2901	.8252	.46028	.00855	.8085	.8420	.00	2.50
	总数	4225	.8428	.46610	.00717	.8288	.8569	.00	2.50

续表

项目		N	均值	标准差	标准误	均值的95%置信区间		极小值	极大值
						下限	上限		
选举程序认知	党员	555	.8261	.42903	.01821	.7904	.8619	.00	1.50
	团员	803	.8144	.42645	.01505	.7849	.8440	.00	1.50
	群众	2934	.7732	.42441	.00784	.7578	.7885	.00	1.50
	总数	4292	.7877	.42584	.00650	.7750	.8005	.00	1.50
选举参与	党员	547	1.4360	1.47337	.06300	1.3123	1.5598	.00	4.00
	团员	799	.6952	1.18101	.04178	.6132	.7773	.00	4.00
	群众	2924	.9880	1.33316	.02465	.9397	1.0364	.00	4.00
	总数	4270	.9906	1.34054	.02051	.9504	1.0309	.00	4.00

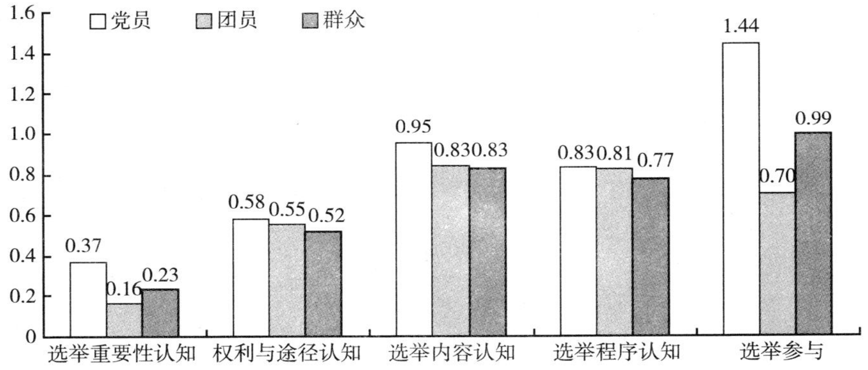

图1　不同政治面貌被试的县级人大代表选举参与客观状况五个一级指标得分比较

对不同政治面貌被试的县级人大代表选举参与客观状况的差异进行检验（见表2、表3），方差分析的结果显示，不同政治面貌被试的选举参与客观状况总分之间差异显著，$F = 69.329$，$p < 0.001$，中共党员被试（$M = 4.14$，$SD = 1.97$）的得分显著高于共青团员被试（$M = 3.05$，$SD = 1.50$）和群众被试（$M = 3.34$，$SD = 1.69$），群众被试的得分显著高于共青团员被试。具体到县级人大代表选举参与客观状况的五个维度，在“选举重要性认知”上，不同政治面貌被试的得分差异显著，$F = 60.430$，$p < 0.001$，中共党员被试（$M = 0.37$，$SD = 0.40$）的得分显著高于共青团员被试（$M = 0.16$，$SD = 0.30$）和群众被试（$M = 0.23$，$SD = 0.34$），群众被试的得分显著高于共青团员被试。

权威·前沿·原创

社会科学文献出版社

皮书系列

2015年

盘点年度资讯　预测时代前程

社会科学文献出版社 学术传播中心 编制

社会科学文献出版社
SOCIAL SCIENCES ACADEMIC PRESS (CHINA)

社会科学文献出版社成立于1985年，是直属于中国社会科学院的人文社会科学专业学术出版机构。

成立以来，特别是1998年实施第二次创业以来，依托于中国社会科学院丰厚的学术出版和专家学者两大资源，坚持“创社科经典，出传世文献”的出版理念和“权威、前沿、原创”的产品定位，社科文献立足内涵式发展道路，从战略层面推动学术出版五大能力建设，逐步走上了智库产品与专业学术成果系列化、规模化、数字化、国际化、市场化发展的经营道路。

先后策划出版了著名的图书品牌和学术品牌“皮书”系列、“列国志”、“社科文献精品译库”、“全球化译丛”、“全面深化改革研究书系”、“近世中国”、“甲骨文”、“中国史话”等一大批既有学术影响又有市场价值的系列图书，形成了较强的学术出版能力和资源整合能力。2014年社科文献出版社发稿5.5亿字，出版图书1500余种，承印发行中国社科院院属期刊71种，在多项指标上都实现了较大幅度的增长。

凭借着雄厚的出版资源整合能力，社科文献出版社长期以来一直致力于从内容资源和数字平台两个方面实现传统出版的再造，并先后推出了皮书数据库、列国志数据库、中国田野调查数据库等一系列数字产品。数字出版已经初步形成了产品设计、内容开发、编辑标引、产品运营、技术支持、营销推广等全流程体系。

在国内原创著作、国外名家经典著作大量出版，数字出版突飞猛进的同时，社科文献出版社从构建国际话语体系的角度推动学术出版国际化。先后与斯普林格、荷兰博睿、牛津、剑桥等十余家国际出版机构合作面向海外推出了“皮书系列”“改革开放30年研究书系”“中国梦与中国发展道路研究丛书”“全面深化改革研究书系”等一系列在世界范围内引起强烈反响的作品；并持续致力于中国学术出版走出去，组织学者和编辑参加国际书展，筹办国际性学术研讨会，向世界展示中国学者的学术水平和研究成果。

此外，社科文献出版社充分利用网络媒体平台，积极与中央和地方各类媒体合作，并联合大型书店、学术书店、机场书店、网络书店、图书馆，逐步构建起了强大的学术图书内容传播平台。学术图书的媒体曝光率居全国之首，图书馆藏率居于全国出版机构前十位。

上述诸多成绩的取得，有赖于一支以年轻的博士、硕士为主体，一批从中国社科院刚退出科研一线的各学科专家为支撑的300多位高素质的编辑、出版和营销队伍，为我们实现学术立社，以学术品位、学术价值来实现经济效益和社会效益这样一个目标的共同努力。

作为已经开启第三次创业梦想的人文社会科学学术出版机构，2015年的社会科学文献出版社将迎来她30周岁的生日，“三十而立”再出发，我们将以改革发展为动力，以学术资源建设为中心，以构建智慧型出版社为主线，以社庆三十周年系列活动为重要载体，以“整合、专业、分类、协同、持续”为各项工作指导原则，全力推进出版社数字化转型，坚定不移地走专业化、数字化、国际化发展道路，全面提升出版社核心竞争力，为实现“社科文献梦”奠定坚实基础。

社长致辞

我们是图书出版者，更是人文社会科学内容资源供应商；

我们背靠中国社会科学院，面向中国与世界人文社会科学界，坚持为人文社会科学的繁荣与发展服务；

我们精心打造权威信息资源整合平台，坚持为中国经济与社会的繁荣与发展提供决策咨询服务；

我们以读者定位自身，立志让爱书人读到好书，让求知者获得知识；

我们精心编辑、设计每一本好书以形成品牌张力，以优秀的品牌形象服务读者，开拓市场；

我们始终坚持“创社科经典，出传世文献”的经营理念，坚持“权威、前沿、原创”的产品特色；

我们“以人为本”，提倡阳光下创业，员工与企业共享发展之成果；

我们立足于现实，认真对待我们的优势、劣势，我们更着眼于未来，以不断的学习与创新适应不断变化的世界，以不断的努力提升自己的实力；

我们愿与社会各界友好合作，共享人文社会科学发展之成果，共同推动中国学术出版乃至内容产业的繁荣与发展。

社会科学文献出版社社长
中国社会学会秘书长

2015 年 1 月

皮书起源

“皮书”起源于十七、十八世纪的英国，主要指官方或社会组织正式发表的重要文件或报告，多以“白皮书”命名。在中国，“皮书”这一概念被社会广泛接受，并被成功运作、发展成为一种全新的出版形态，则源于中国社会科学院社会科学文献出版社。

皮书定义

皮书是对中国与世界发展状况和热点问题进行年度监测，以专业的角度、专家的视野和实证研究方法，针对某一领域或区域现状与发展态势展开分析和预测，具备权威性、前沿性、原创性、实证性、时效性等特点的连续性公开出版物，由一系列权威研究报告组成。皮书系列是社会科学文献出版社编辑出版的蓝皮书、绿皮书、黄皮书等的统称。

皮书作者

皮书系列的作者以中国社会科学院、著名高校、地方社会科学院的研究人员为主，多为国内一流研究机构的权威专家学者，他们的看法和观点代表了学界对中国与世界的现实和未来最高水平的解读与分析。

皮书荣誉

皮书系列已成为社会科学文献出版社的著名图书品牌和中国社会科学院的知名学术品牌。2011 年，皮书系列正式列入“十二五”国家重点出版规划项目；2012~2014 年，重点皮书列入中国社会科学院承担的国家哲学社会科学创新工程项目；2015 年，41 种院外皮书使用“中国社会科学院创新工程学术出版项目”标识。

经　济　类

经济类皮书涵盖宏观经济、城市经济、大区域经济，
提供权威、前沿的分析与预测

经济蓝皮书

2015 年中国经济形势分析与预测

李　扬 / 主编　　2014 年 12 月出版　　定价 :69.00 元

◆　本书为总理基金项目，由著名经济学家李扬领衔，联合中国社会科学院、国务院发展中心等数十家科研机构、国家部委和高等院校的专家共同撰写，系统分析了 2014 年的中国经济形势并预测 2015 年我国经济运行情况，2015 年中国经济仍将保持平稳较快增长，预计增速 7% 左右。

城市竞争力蓝皮书

中国城市竞争力报告 No.13

倪鹏飞 / 主编　　2015 年 5 月出版　　定价 :89.00 元

◆　本书由中国社会科学院城市与竞争力研究中心主任倪鹏飞主持编写，以“巨手：托起城市中国新版图”为主题，分别从市场、产业、要素、交通一体化角度论证了东中一体化程度不断加深。建议：中国经济分区应该由四分区调整为二分区；按照“一团五线”的发展格局对中国的城市体系做出重大调整。

西部蓝皮书

中国西部发展报告（2015）

姚慧琴　徐璋勇 / 主编　　2015 年 7 月出版　　估价 :89.00 元

◆　本书由西北大学中国西部经济发展研究中心主编，汇集了源自西部本土以及国内研究西部问题的权威专家的第一手资料，对国家实施西部大开发战略进行年度动态跟踪，并对 2015 年西部经济、社会发展态势进行预测和展望。

中部蓝皮书

中国中部地区发展报告（2015）

喻新安 / 主编　　2015 年 7 月出版　　估价 :69.00 元

◆　本书敏锐地抓住当前中部地区经济发展中的热点、难点问题，紧密地结合国家和中部经济社会发展的重大战略转变，对中部地区经济发展的各个领域进行了深入、全面的分析研究，并提出了具有理论研究价值和可操作性强的政策建议。

世界经济黄皮书

2015 年世界经济形势分析与预测

王洛林　张宇燕 / 主编　　2015 年 1 月出版　　定价 :69.00 元

◆　本书为中国社会科学院创新工程学术出版资助项目，由中国社会科学院世界经济与政治研究所的研创团队撰写。该书认为，2014 年，世界经济维持了上年度的缓慢复苏，同时经济增长格局分化显著。预计 2015 年全球经济增速按购买力平价计算的增长率为 3.3%，按市场汇率计算的增长率为 2.8%。

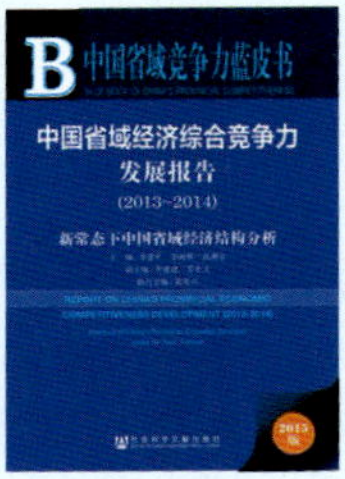

中国省域竞争力蓝皮书

中国省域经济综合竞争力发展报告（2013~2014）

李建平　李闽榕　高燕京 / 主编　　2015 年 2 月出版　定价 :198.00 元

◆　本书充分运用数理分析、空间分析、规范分析与实证分析相结合、定性分析与定量分析相结合的方法，建立起比较科学完善、符合中国国情的省域经济综合竞争力指标评价体系及数学模型，对 2012~2013 年中国内地 31 个省、市、区的经济综合竞争力进行全面、深入、科学的总体评价与比较分析。

城市蓝皮书

中国城市发展报告 No.8

潘家华 魏后凯 / 主编　2015 年 9 月出版　　估价 :69.00 元

◆　本书由中国社会科学院城市发展与环境研究中心编著，从中国城市的科学发展、城市环境可持续发展、城市经济集约发展、城市社会协调发展、城市基础设施与用地管理、城市管理体制改革以及中国城市科学发展实践等多角度、全方位地立体展示了中国城市的发展状况，并对中国城市的未来发展提出了建议。

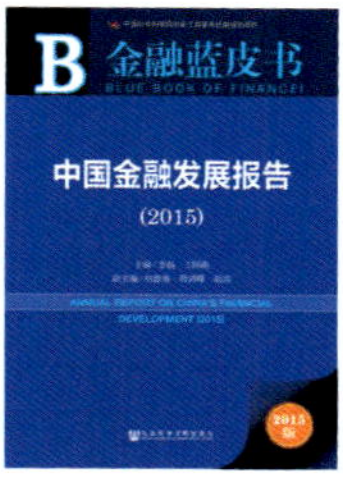

金融蓝皮书

中国金融发展报告（2015）

李　扬　王国刚 / 主编　2014 年 12 月出版　定价 :75.00 元

◆　由中国社会科学院金融研究所组织编写的《中国金融发展报告（2015）》，概括和分析了 2014 年中国金融发展和运行中的各方面情况，研讨和评论了 2014 年发生的主要金融事件。本书由业内专家和青年精英联合编著，有利于读者了解掌握 2014 年中国的金融状况，把握 2015 年中国金融的走势。

低碳发展蓝皮书

中国低碳发展报告（2015）

齐　晔 / 主编　2015 年 7 月出版　估价 :89.00 元

◆　本书对中国低碳发展的政策、行动和绩效进行科学、系统、全面的分析。重点是通过归纳中国低碳发展的绩效，评估与低碳发展相关的政策和措施，分析政策效应的制度背景和作用机制，为进一步的政策制定、优化和实施提供支持。

经济信息绿皮书

中国与世界经济发展报告（2015）

杜　平 / 主编　2014 年 12 月出版　定价 :79.00 元

◆　本书是由国家信息中心组织专家队伍精心研究编撰的年度经济分析预测报告，书中指出，2014 年，我国经济增速有所放慢，但仍处于合理运行区间。主要新兴国家经济总体仍显疲软。2015 年应防止经济下行和财政金融风险相互强化，促进经济向新常态平稳过渡。

低碳经济蓝皮书

中国低碳经济发展报告（2015）

薛进军　赵忠秀 / 主编　2015 年 6 月出版　定价 :85.00 元

◆　本书汇集来自世界各国的专家学者、政府官员，探讨世界金融危机后国际经济的现状，提出“绿色化”为经济转型期国家的可持续发展提供了重要范本，并将成为解决气候系统保护与经济发展矛盾的重要突破口，也将是中国引领“一带一路”沿线国家实现绿色发展的重要抓手。

社会政法类

社会政法类皮书聚焦社会发展领域的热点、难点问题，
提供权威、原创的资讯与视点

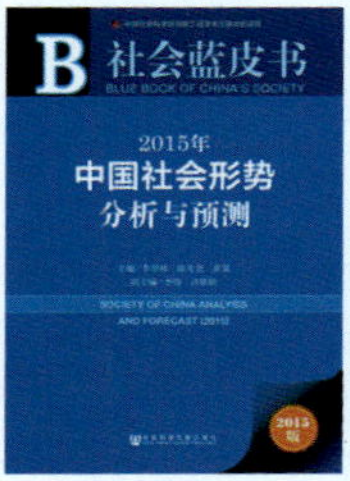

社会蓝皮书

2015 年中国社会形势分析与预测

李培林　陈光金　张　翼 / 主编　2014 年 12 月出版　定价 :69.00 元

◆　本书由中国社会科学院社会学研究所组织研究机构专家、高校学者和政府研究人员撰写，聚焦当下社会热点，指出 2014 年我国社会存在城乡居民人均收入增速放缓、大学生毕业就业压力加大、社会老龄化加速、住房价格继续飙升、环境群体性事件多发等问题。

法治蓝皮书

中国法治发展报告 No.13（2015）

李　林　田　禾 / 主编　　2015 年 3 月出版　　定价 :105.00 元

◆　本年度法治蓝皮书回顾总结了 2014 年度中国法治取得的成效及存在的问题，并对 2015 年中国法治发展形势进行预测、展望，还从立法、人权保障、行政审批制度改革、反价格垄断执法、教育法治、政府信息公开等方面研讨了中国法治发展的相关问题。

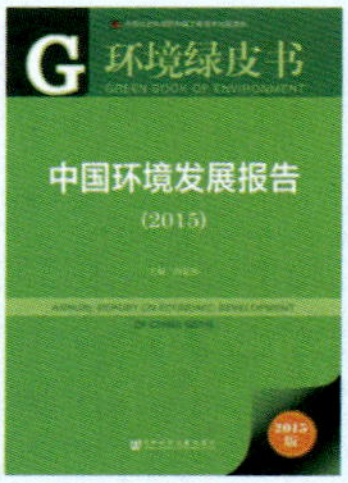

环境绿皮书

中国环境发展报告（2015）

刘鉴强 / 主编　　2015 年 7 月出版　　估价 :79.00 元

◆　本书由民间环保组织“自然之友”组织编写，由特别关注、生态保护、宜居城市、可持续消费以及政策与治理等版块构成，以公共利益的视角记录、审视和思考中国环境状况，呈现 2014 年中国环境与可持续发展领域的全局态势，用深刻的思考、科学的数据分析 2014 年的环境热点事件。

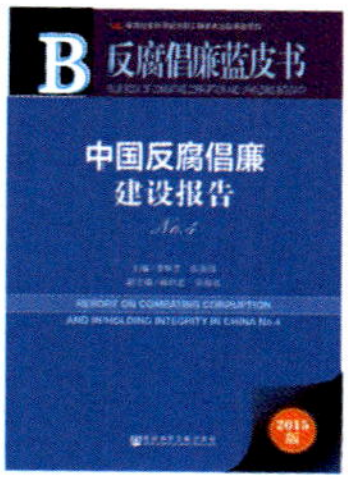

反腐倡廉蓝皮书

中国反腐倡廉建设报告 No.4

李秋芳　张英伟 / 主编　2014 年 12 月出版　　定价 :79.00 元

◆　本书继续坚持"建设"主题，既描摹出反腐败斗争的感性特点，又揭示出反腐政治格局深刻变化的根本动因。指出当前症结在于权力与资本"隐蔽勾连"、"官场积弊"消解"吏治改革"效力、部分公职人员基本价值观迷乱、封建主义与资本主义思想依然影响深重。提出应以科学思维把握反腐治标与治本问题，建构"不需腐"的合理合法薪酬保障机制。

女性生活蓝皮书

中国女性生活状况报告 No.9（2015）

韩湘景 / 主编　2015 年 4 月出版　定价 :79.00 元

◆　本书由中国妇女杂志社、华坤女性生活调查中心和华坤女性消费指导中心组织编写，通过调查获得的大量调查数据，真实展现当年中国城市女性的生活状况、消费状况及对今后的预期。

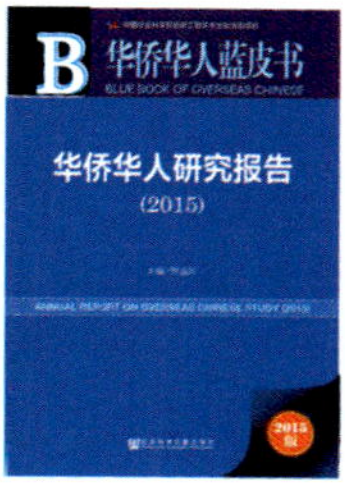

华侨华人蓝皮书

华侨华人研究报告 (2015)

贾益民 / 主编　2015 年 12 月出版　估价 :118.00 元

◆　本书为中国社会科学院创新工程学术出版资助项目，是华侨大学向世界提供最新涉侨动态、理论研究和政策建议的平台。主要介绍了相关国家华侨华人的规模、分布、结构、发展趋势，以及全球涉侨生存安全环境和华文教育情况等。

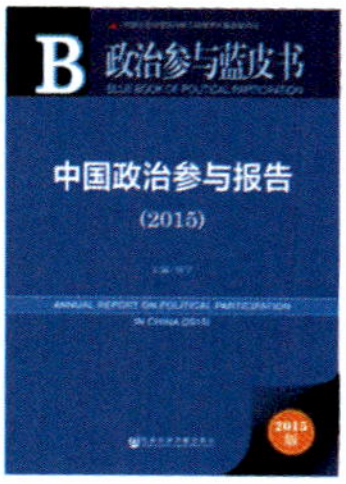

政治参与蓝皮书

中国政治参与报告（2015）

房　宁 / 主编　2015 年 7 月出版　估价 :105.00 元

◆　本书作者均来自中国社会科学院政治学研究所，聚焦中国基层群众自治的参与情况介绍了城镇居民的社区建设与居民自治参与和农村居民的村民自治与农村社区建设参与情况。其优势是其指标评估体系的建构和问卷调查的设计专业，数据量丰富，统计结论科学严谨。

行业报告类

行业报告类皮书立足重点行业、新兴行业领域，
提供及时、前瞻的数据与信息

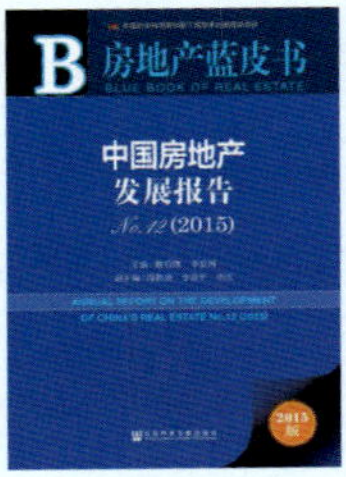

房地产蓝皮书

中国房地产发展报告 No.12（2015）

魏后凯　李景国 / 主编　　2015 年 5 月出版　　定价 :79.00 元

◆　本年度房地产蓝皮书指出，2014 年中国房地产市场出现了较大幅度的回调，商品房销售明显遇冷，库存居高不下。展望 2015 年，房价保持低速增长的可能性较大，但区域分化将十分明显，人口聚集能力强的一线城市和部分热点二线城市房价有回暖、房价上涨趋势，而人口聚集能力差、库存大的部分二线城市或三四线城市房价会延续下跌（回调）态势。

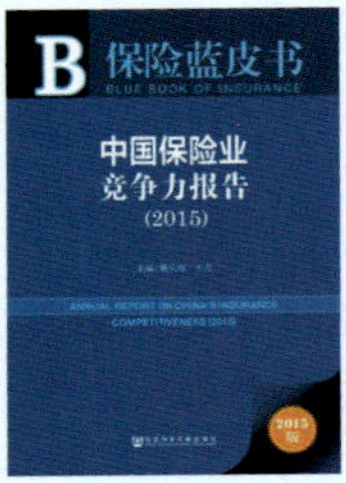

保险蓝皮书

中国保险业竞争力报告（2015）

姚庆海　王　力 / 主编　2015 年 12 出版　　估价 :98.00 元

◆　本皮书主要为监管机构、保险行业和保险学界提供保险市场一年来发展的总体评价，外在因素对保险业竞争力发展的影响研究；国家监管政策、市场主体经营创新及职能发挥、理论界最新研究成果等综述和评论。

企业社会责任蓝皮书

中国企业社会责任研究报告（2015）

黄群慧　彭华岗　钟宏武　张　蒽 / 编著
2015 年 11 月出版　估价 :69.00 元

◆　本书系中国社会科学院经济学部企业社会责任研究中心组织编写的《企业社会责任蓝皮书》2015 年分册。该书在对企业社会责任进行宏观总体研究的基础上，根据 2014 年企业社会责任及相关背景进行了创新研究，在全国企业中观层面对企业健全社会责任管理体系提供了弥足珍贵的丰富信息。

投资蓝皮书

中国投资发展报告（2015）

谢　平 / 主编　　2015 年 4 月出版　　定价 :128.00 元

◆　2014 年，适应新常态发展的宏观经济政策逐步成型和出台，成为保持经济平稳增长、促进经济活力增强、结构不断优化升级的有力保障。2015 年，应重点关注先进制造业、TMT 产业、大健康产业、大文化产业及非金融全新产业的投资机会，适应新常态下的产业发展变化，在投资布局中争取主动。

住房绿皮书

中国住房发展报告（2014~2015）

倪鹏飞 / 主编　　2014 年 12 月出版　　定价 :79.00 元

◆　本年度住房绿皮书指出，中国住房市场从 2014 年第一季度开始进入调整状态，2014 年第三季度进入全面调整期。2015 年的住房市场走势：整体延续衰退，一、二线城市 2015 年下半年、三四线城市 2016 年下半年复苏。

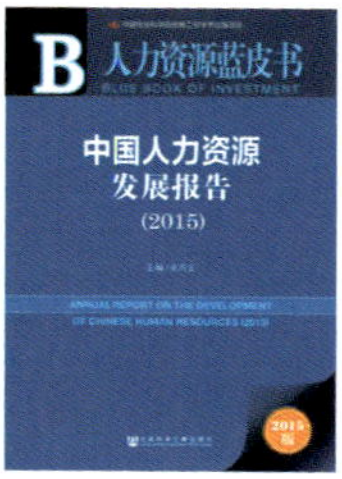

人力资源蓝皮书

中国人力资源发展报告（2015）

余兴安 / 主编　　2015 年 9 月出版　　估价 :79.00 元

◆　本书是在人力资源和社会保障部部领导的支持下，由中国人事科学研究院汇集我国人力资源开发权威研究机构的诸多专家学者的研究成果编写而成。作为关于人力资源的蓝皮书，本书通过充分利用有关研究成果，更广泛、更深入地展示近年来我国人力资源开发重点领域的研究成果。

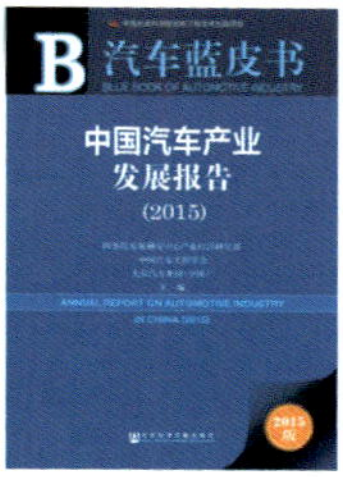

汽车蓝皮书

中国汽车产业发展报告（2015）

国务院发展研究中心产业经济研究部　中国汽车工程学会
大众汽车集团（中国）/ 主编　2015 年 8 月出版　　估价 :128.00 元

◆　本书由国务院发展研究中心产业经济研究部、中国汽车工程学会、大众汽车集团（中国）联合主编，是关于中国汽车产业发展的研究性年度报告，介绍并分析了本年度中国汽车产业发展的形势。

国别与地区类

国别与地区类皮书关注全球重点国家与地区，
提供全面、独特的解读与研究

亚太蓝皮书

亚太地区发展报告（2015）

李向阳 / 主编　　2015 年 1 月出版　　定价 :59.00 元

◆　本年度的专题是“一带一路”，书中对“一带一路”战略的经济基础、“一带一路”与区域合作等进行了阐述。除对亚太地区 2014 年的整体变动情况进行深入分析外，还在此基础上提出了对于 2015 年亚太地区各个方面发展情况的预测。

日本蓝皮书

日本研究报告（2015）

李　薇 / 主编　　2015 年 4 月出版　　定价 :69.00 元

◆　本书由中华日本学会、中国社会科学院日本研究所合作推出，是以中国社会科学院日本研究所的研究人员为主完成的研究成果。对 2014 年日本的政治、外交、经济、社会文化作了回顾、分析，并对 2015 年形势进行展望。

德国蓝皮书

德国发展报告（2015）

郑春荣　伍慧萍 / 主编　2015 年 5 月出版　定价 :69.00 元

◆　本报告由同济大学德国研究所组织编撰，由该领域的专家学者对德国的政治、经济、社会文化、外交等方面的形势发展情况，进行全面的阐述与分析。德国作为欧洲大陆第一强国，与中国各方面日渐紧密的合作关系，值得国内各界深切关注。

国际形势黄皮书

全球政治与安全报告（2015）

李慎明　张宇燕 / 主编　2015 年 1 月出版　定价 :69.00 元

◆　本书对中、俄、美三国之间的合作与冲突进行了深度分析，揭示了影响中美、俄美及中俄关系的主要因素及变化趋势。重点关注了乌克兰危机、克里米亚问题、苏格兰公投、西非埃博拉疫情以及西亚北非局势等国际焦点问题。

拉美黄皮书

拉丁美洲和加勒比发展报告（2014~2015）

吴白乙 / 主编　2015 年 5 月出版　定价 :89.00 元

◆　本书是中国社会科学院拉丁美洲研究所的第 14 份关于拉丁美洲和加勒比地区发展形势状况的年度报告。 本书对 2014 年拉丁美洲和加勒比地区诸国的政治、经济、社会、外交等方面的发展情况做了系统介绍，对该地区相关国家的热点及焦点问题进行了总结和分析，并在此基础上对该地区各国 2015 年的发展前景做出预测。

美国蓝皮书

美国研究报告（2015）

郑秉文　黄　平 / 主编　2015 年 6 月出版　定价 :89.00 元

◆　本书是由中国社会科学院美国所主持完成的研究成果，重点讲述了美国的“再平衡”战略，另外回顾了美国 2014 年的经济、政治形势与外交战略，对 2014 年以来美国内政外交发生的重大事件以及重要政策进行了较为全面的回顾和梳理。

大湄公河次区域蓝皮书

大湄公河次区域合作发展报告（2015）

刘　稚 / 主编　2015 年 9 月出版　估价 :79.00 元

◆　云南大学大湄公河次区域研究中心深入追踪分析该区域发展动向，以把握全面，突出重点为宗旨，系统介绍和研究大湄公河次区域合作的年度热点和重点问题，展望次区域合作的发展趋势，并对新形势下我国推进次区域合作深入发展提出相关对策建议。

地方发展类

地方发展类皮书关注大陆各省份、经济区域，
提供科学、多元的预判与咨政信息

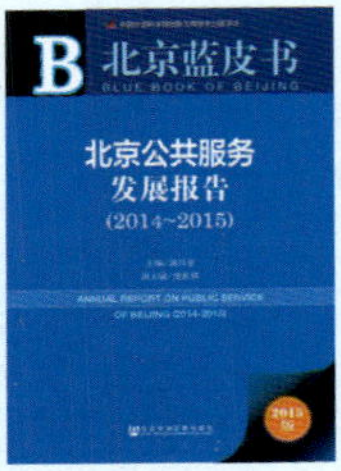

北京蓝皮书

北京公共服务发展报告（2014~ 2015）

施昌奎 / 主编　　2015 年 1 月出版　定价：69.00 元

◆　本书是由北京市政府职能部门的领导、首都著名高校的教授、知名研究机构的专家共同完成的关于北京市公共服务发展与创新的研究成果。本年度主题为“北京公共服务均衡化发展和市场化改革”，内容涉及了北京市公共服务发展的方方面面，既有对北京各个城区的综合性描述，也有对局部、细部、具体问题的分析。

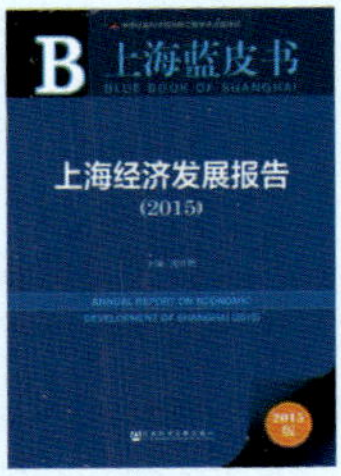

上海蓝皮书

上海经济发展报告（2015）

沈开艳 / 主编　　2015 年 1 月出版　定价 :69.00 元

◆　本书系上海社会科学院系列之一，本年度将“建设具有全球影响力的科技创新中心”作为主题，对 2015 年上海经济增长与发展趋势的进行了预测，把握了上海经济发展的脉搏和学术研究的前沿。

广州蓝皮书

广州经济发展报告（2015）

李江涛　朱名宏 / 主编　　2015 年 7 月出版　估价 :69.00 元

◆　本书是由广州市社会科学院主持编写的“广州蓝皮书”系列之一，本报告对广州 2014 年宏观经济运行情况作了深入分析，对 2015 年宏观经济走势进行了合理预测，并在此基础上提出了相应的政策建议。

文化传媒类

文化传媒类皮书透视文化领域、文化产业，
探索文化大繁荣、大发展的路径

新媒体蓝皮书

中国新媒体发展报告 No.6（2015）

唐绪军 / 主编　　2015 年 7 月出版　　定价 :79.00 元

◆　本书深入探讨了中国网络信息安全、媒体融合状况、微信谣言问题、微博发展态势、互联网金融、移动舆论场舆情、传统媒体转型、新媒体产业发展、网络助政、网络舆论监督、大数据、数据新闻、数字版权等热门问题，展望了中国新媒体的未来发展趋势。

舆情蓝皮书

中国社会舆情与危机管理报告（2015）

谢耘耕 / 主编　　2015 年 8 月出版　　估价 :98.00 元

◆　本书由上海交通大学舆情研究实验室和危机管理研究中心主编，已被列入教育部人文社会科学研究报告培育项目。本书以新媒体环境下的中国社会为立足点，对 2014 年中国社会舆情、分类舆情等进行了深入系统的研究，并预测了 2015 年社会舆情走势。

文化蓝皮书

中国文化产业发展报告（2015）

张晓明　王家新　章建刚 / 主编　　2015 年 7 月出版　　估价 :79.00 元

◆　本书由中国社会科学院文化研究中心编写。从 2012 年开始，中国社会科学院文化研究中心设立了国内首个文化产业的研究类专项资金——“文化产业重大课题研究计划”，开始在全国范围内组织多学科专家学者对我国文化产业发展重大战略问题进行联合攻关研究。本书集中反映了该计划的研究成果。

经济类

G20国家创新竞争力黄皮书
二十国集团(G20)国家创新竞争力发展报告(2015)
著(编)者:黄茂兴 李闽榕 李建平 赵新力
2015年9月出版 / 估价:128.00元

产业蓝皮书
中国产业竞争力报告(2015)
著(编)者:张其仔 2015年7月出版 / 估价:79.00元

长三角蓝皮书
2015年全面深化改革中的长三角
著(编)者:张伟斌 2015年10月出版 / 估价:69.00元

城乡一体化蓝皮书
中国城乡一体化发展报告(2015)
著(编)者:付崇兰 汝信 2015年12月出版 / 估价:79.00元

城市创新蓝皮书
中国城市创新报告(2015)
著(编)者:周天勇 旷建伟 2015年8月出版 / 估价:69.00元

城市竞争力蓝皮书
中国城市竞争力报告(2015)
著(编)者:倪鹏飞 2015年5月出版 / 定价:89.00元

城市蓝皮书
中国城市发展报告NO.8
著(编)者:潘家华 魏后凯 2015年9月出版 / 估价:69.00元

城市群蓝皮书
中国城市群发展指数报告(2015)
著(编)者:刘新静 刘士林 2015年10月出版 / 估价:59.00元

城乡统筹蓝皮书
中国城乡统筹发展报告(2015)
著(编)者:潘晨光 程志强 2015年7月出版 / 估价:59.00元

城镇化蓝皮书
中国新型城镇化健康发展报告(2015)
著(编)者:张占斌 2015年7月出版 / 估价:79.00元

低碳发展蓝皮书
中国低碳发展报告(2015)
著(编)者:齐晔 2015年7月出版 / 估价:89.00元

低碳经济蓝皮书
中国低碳经济发展报告(2015)
著(编)者:薛进军 赵忠秀 2015年6月出版 / 定价:85.00元

东北蓝皮书
中国东北地区发展报告(2015)
著(编)者:马克 黄文艺 2015年8月出版 / 估价:79.00元

发展和改革蓝皮书
中国经济发展和体制改革报告(2015)
著(编)者:邹东涛 2015年11月出版 / 估价:98.00元

工业化蓝皮书
中国工业化进程报告(2015)
著(编)者:黄群慧 吕铁 李晓华 2015年11月出版 / 估价:89.00元

国际城市蓝皮书
国际城市发展报告(2015)
著(编)者:屠启宇 2015年1月出版 / 定价:79.00元

国家创新蓝皮书
中国创新发展报告(2015)
著(编)者:陈劲 2015年7月出版 / 估价:59.00元

环境竞争力绿皮书
中国省域环境竞争力发展报告(2015)
著(编)者:李建平 李闽榕 王金南
2015年12月出版 / 估价:198.00元

金融蓝皮书
中国金融发展报告(2015)
著(编)者:李扬 王国刚 2014年12月出版 / 定价:75.00元

金融信息服务蓝皮书
金融信息服务发展报告(2015)
著(编)者:鲁广锦 殷剑峰 林义相
2015年7月出版 / 估价:89.00元

经济蓝皮书
2015年中国经济形势分析与预测
著(编)者:李扬 2014年12月出版 / 定价:69.00元

经济蓝皮书·春季号
2015年中国经济前景分析
著(编)者:李扬 2015年5月出版 / 定价:79.00元

经济蓝皮书·夏季号
中国经济增长报告(2015)
著(编)者:李扬 2015年7月出版 / 估价:69.00元

经济信息绿皮书
中国与世界经济发展报告(2015)
著(编)者:杜平 2014年12月出版 / 定价:79.00元

就业蓝皮书
2015年中国大学生就业报告
著(编)者:麦可思研究院 2015年7月出版 / 估价:98.00元

就业蓝皮书
2015年中国高职高专生就业报告
著(编)者:麦可思研究院 2015年6月出版 / 定价:98.00元

就业蓝皮书
2015年中国本科生就业报告
著(编)者:麦可思研究院 2015年6月出版 / 定价:98.00元

临空经济蓝皮书
中国临空经济发展报告(2015)
著(编)者:连玉明 2015年9月出版 / 估价:79.00元

民营经济蓝皮书
中国民营经济发展报告(2015)
著(编)者:王钦敏 2015年12月出版 / 估价:79.00元

农村绿皮书
中国农村经济形势分析与预测(2014~2015)
著(编)者:中国社会科学院农村发展研究所
国家统计局农村社会经济调查司
2015年4月出版 / 定价:69.00元

农业应对气候变化蓝皮书
气候变化对中国农业影响评估报告（2015）
著(编)者:矫梅燕　2015年8月出版 / 估价:98.00元

企业公民蓝皮书
中国企业公民报告（2015）
著(编)者:邹东涛　2015年12月出版 / 估价:79.00元

气候变化绿皮书
应对气候变化报告（2015）
著(编)者:王伟光 郑国光　2015年10月出版 / 估价:79.00元

区域蓝皮书
中国区域经济发展报告（2014~2015）
著(编)者:梁昊光　2015年5月出版 / 定价:79.00元

全球环境竞争力绿皮书
全球环境竞争力报告（2015）
著(编)者:李建建 李闽榕 李建平 王金南
2015年12月出版 / 估价:198.00元

人口与劳动绿皮书
中国人口与劳动问题报告No.15
著(编)者:蔡昉　2015年1月出版 / 定价:59.00元

商务中心区蓝皮书
中国商务中心区发展报告（2015）
著(编)者:中国商务区联盟
中国社会科学院城市发展与环境研究所
2015年10月出版 / 估价:69.00元

商务中心区蓝皮书
中国商务中心区发展报告No.1（2014）
著(编)者:魏后凯 李国红　2015年1月出版 / 定价:89.00元

世界经济黄皮书
2015年世界经济形势分析与预测
著(编)者:王洛林 张宇燕　2015年1月出版 / 定价:69.00元

世界旅游城市绿皮书
世界旅游城市发展报告（2015）
著(编)者:鲁勇 周正宇 宋宇　2015年7月出版 / 估价:88.00元

西北蓝皮书
中国西北发展报告（2015）
著(编)者:赵宗福 孙发平 苏海红 鲁顺元 段庆林
2014年12月出版 / 定价:79.00元

西部蓝皮书
中国西部发展报告（2015）
著(编)者:姚慧琴 徐璋勇　2015年7月出版 / 估价:89.00元

新型城镇化蓝皮书
新型城镇化发展报告（2015）
著(编)者:李伟　2015年10月出版 / 估价:89.00元

新兴经济体蓝皮书
金砖国家发展报告（2015）
著(编)者:林跃勤 周文　2015年7月出版 / 估价:79.00元

中部竞争力蓝皮书
中国中部经济社会竞争力报告（2015）
著(编)者:教育部人文社会科学重点研究基地
南昌大学中国中部经济社会发展研究中心
2015年9月出版 / 估价:79.00元

中部蓝皮书
中国中部地区发展报告（2015）
著(编)者:喻新安　2015年7月出版 / 估价:69.00元

中国省域竞争力蓝皮书
中国省域经济综合竞争力发展报告（2013~2014）
著(编)者:李建平 李闽榕 高燕京
2015年2月出版 / 定价:198.00元

中三角蓝皮书
长江中游城市群发展报告（2015）
著(编)者:秦尊文　2015年10月出版 / 估价:69.00元

中小城市绿皮书
中国中小城市发展报告（2015）
著(编)者:中国城市经济学会中小城市经济发展委员会
《中国中小城市发展报告》编纂委员会
中小城市发展战略研究院
2015年10月出版 / 估价:98.00元

中原蓝皮书
中原经济区发展报告（2015）
著(编)者:李英杰　2015年7月出版 / 估价:88.00元

社会政法类

北京蓝皮书
中国社区发展报告（2015）
著(编)者:于燕燕　2015年7月出版 / 估价:69.00元

殡葬绿皮书
中国殡葬事业发展报告（2014~2015）
著(编)者:李伯森　2015年4月出版 / 定价:158.00元

城市管理蓝皮书
中国城市管理报告（2015）
著(编)者:谭维克 刘林　2015年12月出版 / 估价:158.00元

城市生活质量蓝皮书
中国城市生活质量报告（2015）
著(编)者:中国经济实验研究院　2015年7月出版 / 估价:59.00元

城市政府能力蓝皮书
中国城市政府公共服务能力评估报告（2015）
著(编)者:何艳玲　2015年7月出版 / 估价:59.00元

创新蓝皮书
创新型国家建设报告（2015）
著(编)者:詹正茂　2015年7月出版 / 估价:69.00元

慈善蓝皮书
中国慈善发展报告（2015）
著(编)者:杨团　2015年6月出版 / 定价:79.00元

地方法治蓝皮书
中国地方法治发展报告No.1（2014）
著(编)者:李林　田禾　2015年1月出版 / 定价:98.00元

法治蓝皮书
中国法治发展报告No.13（2015）
著(编)者:李林 田禾　2015年3月出版 / 定价:105.00元

反腐倡廉蓝皮书
中国反腐倡廉建设报告No.4
著(编)者:李秋芳　张英伟　2014年12月出版 / 定价:79.00元

非传统安全蓝皮书
中国非传统安全研究报告（2014~2015）
著(编)者:余潇枫 魏志江　2015年5月出版 / 定价:79.00元

妇女发展蓝皮书
中国妇女发展报告（2015）
著(编)者:王金玲　2015年9月出版 / 估价:148.00元

妇女教育蓝皮书
中国妇女教育发展报告（2015）
著(编)者:张李玺　2015年7月出版 / 估价:78.00元

妇女绿皮书
中国性别平等与妇女发展报告（2015）
著(编)者:谭琳　2015年12月出版 / 估价:99.00元

公共服务蓝皮书
中国城市基本公共服务力评价（2015）
著(编)者:钟君 吴正杲　2015年12月出版 / 估价:79.00元

公共服务满意度蓝皮书
中国城市公共服务评价报告（2015）
著(编)者:胡伟　2015年12月出版 / 估价:69.00元

公共外交蓝皮书
中国公共外交发展报告（2015）
著(编)者:赵启正 雷蔚真　2015年4月出版 / 定价:89.00元

公民科学素质蓝皮书
中国公民科学素质报告（2015）
著(编)者:李群 许佳军　2015年7月出版 / 估价:79.00元

公益蓝皮书
中国公益发展报告（2015）
著(编)者:朱健刚　2015年7月出版 / 估价:78.00元

管理蓝皮书
中国管理发展报告（2015）
著(编)者:张晓东　2015年9月出版 / 估价:98.00元

国际人才蓝皮书
中国国际移民报告（2015）
著(编)者:王辉耀　2015年2月出版 / 定价:79.00元

国际人才蓝皮书
中国海归发展报告（2015）
著(编)者:王辉耀 苗绿　2015年7月出版 / 估价:69.00元

国际人才蓝皮书
中国留学发展报告（2015）
著(编)者:王辉耀 苗绿　2015年9月出版 / 估价:69.00元

国家安全蓝皮书
中国国家安全研究报告（2015）
著(编)者:刘慧　2015年7月出版 / 估价:98.00元

行政改革蓝皮书
中国行政体制改革报告（2014~2015）
著(编)者:魏礼群　2015年4月出版 / 定价:98.00元

华侨华人蓝皮书
华侨华人研究报告（2015）
著(编)者:贾益民　2015年12月出版 / 估价:118.00元

环境绿皮书
中国环境发展报告（2015）
著(编)者:刘鉴强　2015年7月出版 / 估价:79.00元

基金会蓝皮书
中国基金会发展报告（2015）
著(编)者:刘忠祥　2016年6月出版 / 估价:69.00元

基金会绿皮书
中国基金会发展独立研究报告（2015）
著(编)者:基金会中心网　2015年8月出版 / 估价:88.00元

基金会透明度蓝皮书
中国基金会透明度发展研究报告（2015）
著(编)者:基金会中心网 清华大学廉政与治理研究中心
2015年9月出版 / 估价:78.00元

教师蓝皮书
中国中小学教师发展报告（2014）
著(编)者:曾晓东 鱼霞　2015年6月出版 / 定价:69.00元

教育蓝皮书
中国教育发展报告（2015）
著(编)者:杨东平　2015年5月出版 / 定价:79.00元

科普蓝皮书
中国科普基础设施发展报告（2015）
著(编)者:任福君　2015年7月出版 / 估价:59.00元

劳动保障蓝皮书
中国劳动保障发展报告（2015）
著(编)者:刘燕斌　2015年7月出版 / 估价:89.00元

老龄蓝皮书
中国老年宜居环境发展报告(2015)
著(编)者:吴玉韶　2015年9月出版 / 估价:79.00元

连片特困区蓝皮书
中国连片特困区发展报告（2014~2015）
著(编)者:游俊　冷志明　丁建军 2015年3月出版 / 定价:98.00元

民间组织蓝皮书
中国民间组织报告(2015)
著(编)者:潘晨光　黄晓勇　2015年8月出版 / 估价:69.00元

民调蓝皮书
中国民生调查报告（2015）
著(编)者:谢耘耕　2015年7月出版 / 估价:128.00元

民族发展蓝皮书
中国民族发展报告（2015）
著(编)者:郝时远 王延中 王希恩
2015年4月出版 / 定价:98.00元

女性生活蓝皮书
中国女性生活状况报告No.9（2015）
著(编)者:韩湘景 2015年4月出版 / 定价:79.00元

企业公众透明度蓝皮书
中国企业公众透明度报告(2014~2015)No.1
著(编)者:黄速建 王晓光 肖红军
2015年1月出版 / 定价:98.00元

企业国际化蓝皮书
中国企业国际化报告(2015)
著(编)者:王辉耀 2015年10月出版 / 估价:79.00元

汽车社会蓝皮书
中国汽车社会发展报告（2015）
著(编)者:王俊秀 2015年7月出版 / 估价:59.00元

青年蓝皮书
中国青年发展报告No.3
著(编)者:廉思 2015年7月出版 / 估价:59.00元

区域人才蓝皮书
中国区域人才竞争力报告（2015）
著(编)者:桂昭明 王辉耀 2015年7月出版 / 估价:69.00元

群众体育蓝皮书
中国群众体育发展报告（2015）
著(编)者:刘国永 杨桦 2015年8月出版 / 估价:69.00元

人才蓝皮书
中国人才发展报告（2015）
著(编)者:潘晨光 2015年8月出版 / 估价:85.00元

人权蓝皮书
中国人权事业发展报告（2015）
著(编)者:中国人权研究会 2015年8月出版 / 估价:99.00元

森林碳汇绿皮书
中国森林碳汇评估发展报告（2015）
著(编)者:闫文德 胡文臻 2015年9月出版 / 估价:79.00元

社会保障绿皮书
中国社会保障发展报告（2015）No.7
著(编)者:王延中 2015年4月出版 / 定价:89.00元

社会工作蓝皮书
中国社会工作发展报告（2015）
著(编)者:民政部社会工作研究中心
2015年8月出版 / 估价:79.00元

社会管理蓝皮书
中国社会管理创新报告（2015）
著(编)者:连玉明 2015年9月出版 / 估价:89.00元

社会蓝皮书
2015年中国社会形势分析与预测
著(编)者:李培林 陈光金 张 翼
2014年12月出版 / 定价:69.00元

社会体制蓝皮书
中国社会体制改革报告No.3（2015）
著(编)者:龚维斌 2015年4月出版 / 定价:79.00元

社会心态蓝皮书
中国社会心态研究报告（2015）
著(编)者:王俊秀 杨宜音 2015年10月出版 / 估价:69.00元

社会组织蓝皮书
中国社会组织评估发展报告（2015）
著(编)者:徐家良 廖鸿 2015年12月出版 / 估价:69.00元

生态城市绿皮书
中国生态城市建设发展报告（2015）
著(编)者:刘举科 孙伟平 胡文臻 2015年7月出版 / 估价:98.00元

生态文明绿皮书
中国省域生态文明建设评价报告（ECI 2015）
著(编)者:严耕 2015年9月出版 / 估价:85.00元

世界社会主义黄皮书
世界社会主义跟踪研究报告（2014~2015）
著(编)者:李慎明 2015年4月出版 / 定价:258.00元

水与发展蓝皮书
中国水风险评估报告（2015）
著(编)者:王浩 2015年9月出版 / 估价:69.00元

土地整治蓝皮书
中国土地整治发展研究报告No.2
著(编)者:国土资源部土地整治中心 2015年5月出版 / 定价:89.00元

网络空间安全蓝皮书
中国网络空间安全发展报告（2015）
著(编)者:惠志斌 唐涛 2015年4月出版 / 定价:79.00元

危机管理蓝皮书
中国危机管理报告（2015）
著(编)者:文学国 2015年8月出版 / 估价:89.00元

协会商会蓝皮书
中国行业协会商会发展报告（2014）
著(编)者:景朝阳 李勇 2015年4月出版 / 定价:99.00元

形象危机应对蓝皮书
形象危机应对研究报告（2015）
著(编)者:唐钧 2015年7月出版 / 估价:149.00元

医改蓝皮书
中国医药卫生体制改革报告（2015～2016）
著(编)者:文学国 房志武 2015年12月出版 / 估价:79.00元

医疗卫生绿皮书
中国医疗卫生发展报告（2015）
著(编)者:申宝忠 韩玉珍 2015年7月出版 / 估价:75.00元

应急管理蓝皮书
中国应急管理报告（2015）
著(编)者:宋英华 2015年10月出版 / 估价:69.00元

政治参与蓝皮书
中国政治参与报告（2015）
著(编)者:房宁 2015年7月出版 / 估价:105.00元

政治发展蓝皮书
中国政治发展报告（2015）
著(编)者:房宁 杨海蛟　2015年7月出版 / 估价:88.00元

中国农村妇女发展蓝皮书
流动女性城市融入发展报告（2015）
著(编)者:谢丽华　2015年11月出版 / 估价:69.00元

宗教蓝皮书
中国宗教报告（2015）
著(编)者:金泽 邱永辉　2016年5月出版 / 估价:59.00元

行业报告类

保险蓝皮书
中国保险业竞争力报告（2015）
著(编)者:项俊波　2015年12月出版 / 估价:98.00元

彩票蓝皮书
中国彩票发展报告（2015）
著(编)者:益彩基金　2015年4月出版 / 定价:98.00元

餐饮产业蓝皮书
中国餐饮产业发展报告（2015）
著(编)者:邢颖　2015年4月出版 / 定价:69.00元

测绘地理信息蓝皮书
智慧中国地理空间智能体系研究报告（2015）
著(编)者:库热西·买合苏提　2015年12月出版 / 估价:98.00元

茶业蓝皮书
中国茶产业发展报告（2015）
著(编)者:杨江帆 李闽榕　2015年10月出版 / 估价:78.00元

产权市场蓝皮书
中国产权市场发展报告（2015）
著(编)者:曹和平　2015年12月出版 / 估价:79.00元

电子政务蓝皮书
中国电子政务发展报告（2015）
著(编)者:洪毅 杜平　2015年11月出版 / 估价:79.00元

杜仲产业绿皮书
中国杜仲橡胶资源与产业发展报告（2014~2015）
著(编)者:杜红岩 胡文臻 俞锐
2015年1月出版 / 定价:85.00元

房地产蓝皮书
中国房地产发展报告No.12（2015）
著(编)者:魏后凯 李景国　2015年5月出版 / 定价:79.00元

服务外包蓝皮书
中国服务外包产业发展报告（2015）
著(编)者:王晓红 刘德军　2015年7月出版 / 估价:89.00元

工业和信息化蓝皮书
移动互联网产业发展报告（2014~2015）
著(编)者:洪京一　2015年4月出版 / 定价:79.00元

工业和信息化蓝皮书
世界网络安全发展报告（2014~2015）
著(编)者:洪京一　2015年4月出版 / 定价:69.00元

工业和信息化蓝皮书
世界制造业发展报告（2014~2015）
著(编)者:洪京一　2015年4月出版 / 定价:69.00元

工业和信息化蓝皮书
世界信息化发展报告（2014~2015）
著(编)者:洪京一　2015年4月出版 / 定价:69.00元

工业和信息化蓝皮书
世界信息技术产业发展报告（2014~2015）
著(编)者:洪京一　2015年4月出版 / 定价:79.00元

工业设计蓝皮书
中国工业设计发展报告（2015）
著(编)者:王晓红 于炜 张立群　2015年9月出版 / 估价:138.00元

互联网金融蓝皮书
中国互联网金融发展报告（2015）
著(编)者:芮晓武 刘烈宏　2015年8月出版 / 估价:79.00元

会展蓝皮书
中外会展业动态评估年度报告（2015）
著(编)者:张敏　2015年1月出版 / 估价:78.00元

金融监管蓝皮书
中国金融监管报告（2015）
著(编)者:胡滨　2015年4月出版 / 定价:89.00元

金融蓝皮书
中国商业银行竞争力报告（2015）
著(编)者:王松奇　2015年12月出版 / 估价:69.00元

客车蓝皮书
中国客车产业发展报告（2014~2015）
著(编)者:姚蔚　2015年2月出版 / 定价:85.00元

老龄蓝皮书
中国老龄产业发展报告（2015）
著(编)者:吴玉韶 党俊武　2015年9月出版 / 估价:79.00元

流通蓝皮书
中国商业发展报告（2015）
著(编)者:荆林波　2015年7月出版 / 估价:89.00元

旅游安全蓝皮书
中国旅游安全报告（2015）
著(编)者:郑向敏 谢朝武　2015年5月出版 / 定价:128.00元

旅游景区蓝皮书
中国旅游景区发展报告（2015）
著(编)者:黄安民　2015年7月出版 / 估价:79.00元

旅游绿皮书
2014~2015年中国旅游发展分析与预测
著(编)者:宋瑞　2015年1月出版 / 定价:98.00元

煤炭蓝皮书
中国煤炭工业发展报告（2015）
著(编)者:岳福斌　2015年12月出版 / 估价:79.00元

民营医院蓝皮书
中国民营医院发展报告（2015）
著(编)者:庄一强　2015年10月出版 / 估价:75.00元

闽商蓝皮书
闽商发展报告（2015）
著(编)者:王日根 李闽榕　2015年12月出版 / 估价:69.00元

能源蓝皮书
中国能源发展报告（2015）
著(编)者:崔民选 王军生　2015年8月出版 / 估价:79.00元

农产品流通蓝皮书
中国农产品流通产业发展报告（2015）
著(编)者:贾敬敦 张东科 张玉玺 孔令羽 张鹏毅
2015年9月出版 / 估价:89.00元

企业蓝皮书
中国企业竞争力报告（2015）
著(编)者:金碚　2015年11月出版 / 估价:89.00元

企业社会责任蓝皮书
中国企业社会责任研究报告（2015）
著(编)者:黄群慧　彭华岗　钟宏武　张蒽
2015年11月出版 / 估价:69.00元

汽车安全蓝皮书
中国汽车安全发展报告（2015）
著(编)者:中国汽车技术研究中心
2015年7月出版 / 估价:79.00元

汽车工业蓝皮书
中国汽车工业发展年度报告（2015）
著(编)者:中国汽车工业协会 中国汽车技术研究中心
丰田汽车（中国）投资有限公司
2015年4月出版 / 定价:128.00元

汽车蓝皮书
中国汽车产业发展报告（2015）
著(编)者:国务院发展研究中心产业经济研究部
中国汽车工程学会 大众汽车集团（中国）
2015年7月出版 / 估价:128.00元

清洁能源蓝皮书
国际清洁能源发展报告（2015）
著(编)者:国际清洁能源论坛（澳门）
2015年9月出版 / 估价:89.00元

人力资源蓝皮书
中国人力资源发展报告（2015）
著(编)者:余兴安　2015年9月出版 / 估价:79.00元

融资租赁蓝皮书
中国融资租赁业发展报告（2014~2015）
著(编)者:李光荣　王力　2015年1月出版 / 定价:89.00元

软件和信息服务业蓝皮书
中国软件和信息服务业发展报告（2015）
著(编)者:陈新河　洪京一　2015年12月出版 / 估价:198.00元

上市公司蓝皮书
上市公司质量评价报告（2015）
著(编)者:张跃文 王力　2015年10月出版 / 估价:118.00元

设计产业蓝皮书
中国设计产业发展报告（2014~2015）
著(编)者:陈冬亮　梁昊光　2015年3月出版 / 定价:89.00元

食品药品蓝皮书
食品药品安全与监管政策研究报告（2015）
著(编)者:唐民皓　2015年7月出版 / 估价:69.00元

世界能源蓝皮书
世界能源发展报告（2015）
著(编)者:黄晓勇　2015年6月出版 / 定价:99.00元

碳市场蓝皮书
中国碳市场报告（2015）
著(编)者:低碳发展国际合作联盟
2015年11月出版 / 估价:69.00元

体育蓝皮书
中国体育产业发展报告（2015）
著(编)者:阮伟 钟秉枢　2015年7月出版 / 估价:69.00元

体育蓝皮书
长三角地区体育产业发展报告（2014~2015）
著(编)者:张林　2015年4月出版 / 定价:79.00元

投资蓝皮书
中国投资发展报告（2015）
著(编)者:谢平　2015年4月出版 / 定价:128.00元

物联网蓝皮书
中国物联网发展报告（2015）
著(编)者:黄桂田　2015年7月出版 / 估价:59.00元

西部工业蓝皮书
中国西部工业发展报告（2015）
著(编)者:方行明 甘犁 刘方健 姜凌 等
2015年9月出版 / 估价:79.00元

西部金融蓝皮书
中国西部金融发展报告（2015）
著(编)者:李忠民　2015年8月出版 / 估价:75.00元

新能源汽车蓝皮书
中国新能源汽车产业发展报告（2015）
著(编)者:中国汽车技术研究中心
日产（中国）投资有限公司 东风汽车有限公司
2015年8月出版 / 估价:69.00元

信托市场蓝皮书
中国信托业市场报告（2014~2015）
著(编)者:用益信托工作室　2015年2月出版 / 定价:198.00元

信息产业蓝皮书
世界软件和信息技术产业发展报告（2015）
著(编)者:洪京一　2015年8月出版 / 估价:79.00元

信息化蓝皮书
中国信息化形势分析与预测（2015）
著(编)者:周宏仁　2015年8月出版 / 估价:98.00元

信用蓝皮书
中国信用发展报告（2014~2015）
著(编)者:章政　田侃　2015年4月出版 / 定价:99.00元

休闲绿皮书
2015年中国休闲发展报告
著(编)者:刘德谦　2015年7月出版 / 估价:59.00元

医药蓝皮书
中国中医药产业园战略发展报告（2015）
著(编)者:裴长洪　房书亭　吴篠心　2015年7月出版 / 估价:89.00元

邮轮绿皮书
中国邮轮产业发展报告（2015）
著(编)者:汪泓　2015年9月出版 / 估价:79.00元

中国上市公司蓝皮书
中国上市公司发展报告（2015）
著(编)者:许雄斌　张平　2015年9月出版 / 估价:98.00元

中国总部经济蓝皮书
中国总部经济发展报告（2015）
著(编)者:赵弘　2015年7月出版 / 估价:79.00元

住房绿皮书
中国住房发展报告（2014~2015）
著(编)者:倪鹏飞　2014年12月出版 / 定价:79.00元

资本市场蓝皮书
中国场外交易市场发展报告（2015）
著(编)者:高峦　2015年8月出版 / 估价:79.00元

资产管理蓝皮书
中国资产管理行业发展报告（2015）
著(编)者:智信资产管理研究院　2015年6月出版 / 定价:89.00元

文化传媒类

传媒竞争力蓝皮书
中国传媒国际竞争力研究报告（2015）
著(编)者:李本乾　2015年9月出版 / 估价:88.00元

传媒蓝皮书
中国传媒产业发展报告（2015）
著(编)者:崔保国　2015年5月出版 / 定价:98.00元

传媒投资蓝皮书
中国传媒投资发展报告（2015）
著(编)者:张向东　2015年7月出版 / 估价:89.00元

动漫蓝皮书
中国动漫产业发展报告（2015）
著(编)者:卢斌　郑玉明　牛兴侦　2015年7月出版 / 估价:79.00元

非物质文化遗产蓝皮书
中国非物质文化遗产发展报告（2015）
著(编)者:陈平　2015年5月出版 / 定价:98.00元

广电蓝皮书
中国广播电影电视发展报告（2015）
著(编)者:杨明品　2015年7月出版 / 估价:98.00元

广告主蓝皮书
中国广告主营销传播趋势报告（2015）
著(编)者:黄升民　2015年7月出版 / 估价:148.00元

国际传播蓝皮书
中国国际传播发展报告（2015）
著(编)者:胡正荣　李继东　姬德强
2015年7月出版 / 估价:89.00元

国家形象蓝皮书
2015年国家形象研究报告
著(编)者:张昆　2015年7月出版 / 估价:79.00元

纪录片蓝皮书
中国纪录片发展报告（2015）
著(编)者:何苏六　2015年9月出版 / 估价:79.00元

科学传播蓝皮书
中国科学传播报告（2015）
著(编)者:詹正茂　2015年7月出版 / 估价:69.00元

两岸文化蓝皮书
两岸文化产业合作发展报告（2015）
著(编)者:胡惠林　李保宗　2015年7月出版 / 估价:79.00元

媒介与女性蓝皮书
中国媒介与女性发展报告（2015）
著(编)者:刘利群　2015年8月出版 / 估价:69.00元

全球传媒蓝皮书
全球传媒发展报告（2015）
著(编)者:胡正荣　2015年12月出版 / 估价:79.00元

少数民族非遗蓝皮书
中国少数民族非物质文化遗产发展报告（2015）
著(编)者:肖远平　柴立　2015年6月出版 / 定价:128.00元

世界文化发展蓝皮书
世界文化发展报告（2015）
著(编)者:张庆宗　高乐田　郭熙煌
2015年7月出版 / 估价:89.00元

视听新媒体蓝皮书
中国视听新媒体发展报告（2015）
著(编)者:袁同楠　2015年7月出版 / 定价:98.00元

文化创新蓝皮书
中国文化创新报告（2015）
著(编)者:于平　傅才武　2015年7月出版 / 估价:79.00元

文化建设蓝皮书
中国文化发展报告（2015）
著(编)者:江畅　孙伟平　戴茂堂
2016年4月出版 / 估价:138.00元

文化科技蓝皮书
文化科技创新发展报告（2015）
著(编)者:于平　李凤亮　2015年10月出版 / 估价:89.00元

文化蓝皮书
中国文化产业供需协调检测报告（2015）
著(编)者:王亚南　2015年2月出版 / 定价:79.00元

文化蓝皮书
中国文化消费需求景气评价报告（2015）
著(编)者:王亚南　2015年2月出版 / 定价:79.00元

文化蓝皮书
中国文化产业发展报告（2015）
著(编)者:张晓明　王家新　章建刚
2015年7月出版 / 估价:79.00元

文化蓝皮书
中国公共文化投入增长测评报告(2015)
著(编)者:王亚南　2014年12月出版 / 定价:79.00元

文化蓝皮书
中国文化政策发展报告（2015）
著(编)者:傅才武　宋文玉　燕东升
2015年9月出版 / 估价:98.00元

文化品牌蓝皮书
中国文化品牌发展报告（2015）
著(编)者:欧阳友权　2015年4月出版 / 定价:89.00元

文化遗产蓝皮书
中国文化遗产事业发展报告（2015）
著(编)者:刘世锦　2015年12月出版 / 估价:89.00元

文学蓝皮书
中国文情报告（2014~2015）
著(编)者:白烨　2015年5月出版 / 定价:49.00元

新媒体蓝皮书
中国新媒体发展报告No.6（2015）
著(编)者:唐绪军　2015年7月出版 / 定价:79.00元

新媒体社会责任蓝皮书
中国新媒体社会责任研究报告（2015）
著(编)者:钟瑛　2015年10月出版 / 估价:79.00元

移动互联网蓝皮书
中国移动互联网发展报告（2015）
著(编)者:官建文　2015年6月出版 / 定价:79.00元

舆情蓝皮书
中国社会舆情与危机管理报告（2015）
著(编)者:谢耘耕　2015年8月出版 / 估价:98.00元

地方发展类

安徽经济蓝皮书
芜湖创新型城市发展报告（2015）
著(编)者:杨少华　王开玉　2015年7月出版 / 估价:69.00元

安徽蓝皮书
安徽社会发展报告（2015）
著(编)者:程桦　2015年4月出版 / 定价:89.00元

安徽社会建设蓝皮书
安徽社会建设分析报告（2015）
著(编)者:黄家海　王开玉　蔡宪　2015年7月出版 / 估价:69.00元

澳门蓝皮书
澳门经济社会发展报告（2014~2015）
著(编)者:吴志良　郝雨凡　2015年5月出版 / 定价:79.00元

北京蓝皮书
北京公共服务发展报告（2014~2015）
著(编)者:施昌奎　2015年1月出版 / 定价:69.00元

北京蓝皮书
北京经济发展报告（2014~2015）
著(编)者:杨松　2015年6月出版 / 定价:79.00元

北京蓝皮书
北京社会治理发展报告（2014~2015）
著(编)者:殷星辰　2015年6月出版 / 定价:79.00元

北京蓝皮书
北京文化发展报告（2014~2015）
著(编)者:李建盛　2015年5月出版 / 定价:79.00元

北京蓝皮书
北京社会发展报告（2015）
著(编)者:缪青　2015年7月出版 / 估价:79.00元

北京蓝皮书
北京社区发展报告（2015）
著(编)者:于燕燕　2015年1月出版 / 定价:79.00元

北京旅游绿皮书
北京旅游发展报告（2015）
著(编)者:北京旅游学会　2015年7月出版 / 估价:88.00元

北京律师蓝皮书
北京律师发展报告（2015）
著(编)者:王隽　2015年12月出版 / 估价:75.00元

北京人才蓝皮书
北京人才发展报告（2015）
著(编)者:于淼　2015年7月出版 / 估价:89.00元

北京社会心态蓝皮书
北京社会心态分析报告（2015）
著(编)者:北京社会心理研究所　2015年7月出版 / 估价:69.00元

北京社会组织管理蓝皮书
北京社会组织发展与管理（2015）
著(编)者:黄江松　2015年4月出版 / 定价:78.00元

北京养老产业蓝皮书
北京养老产业发展报告（2015）
著(编)者:周明明　冯喜良　2015年4月出版 / 定价:69.00元

滨海金融蓝皮书
滨海新区金融发展报告（2015）
著(编)者:王爱俭 张锐钢　2015年9月出版 / 估价:79.00元

城乡一体化蓝皮书
中国城乡一体化发展报告（北京卷）（2014~2015）
著(编)者:张宝秀 黄序　2015年5月出版 / 定价:79.00元

创意城市蓝皮书
北京文化创意产业发展报告（2015）
著(编)者:张京成　2015年11月出版 / 估价:65.00元

创意城市蓝皮书
无锡文化创意产业发展报告（2015）
著(编)者:谭军 张鸣年　2015年10月出版 / 估价:75.00元

创意城市蓝皮书
武汉市文化创意产业发展报告（2015）
著(编)者:袁堃 黄永林　2015年11月出版 / 估价:85.00元

创意城市蓝皮书
重庆创意产业发展报告（2015）
著(编)者:程宇宁　2015年7月出版 / 估价:89.00元

创意城市蓝皮书
青岛文化创意产业发展报告（2015）
著(编)者:马达 张丹妮　2015年7月出版 / 估价:79.00元

福建妇女发展蓝皮书
福建省妇女发展报告（2015）
著(编)者:刘群英　2015年10月出版 / 估价:58.00元

甘肃蓝皮书
甘肃舆情分析与预测（2015）
著(编)者:陈双梅　郝树声　2015年1月出版 / 定价:79.00元

甘肃蓝皮书
甘肃文化发展分析与预测（2015）
著(编)者:安文华　周小华　2015年1月出版 / 定价:79.00元

甘肃蓝皮书
甘肃社会发展分析与预测（2015）
著(编)者:安文华　包晓霞　2015年1月出版 / 定价:79.00元

甘肃蓝皮书
甘肃经济发展分析与预测（2015）
著(编)者:朱智文 罗哲　2015年1月出版 / 定价:79.00元

甘肃蓝皮书
甘肃县域经济综合竞争力评价（2015）
著(编)者:刘进军　2015年7月出版 / 估价:69.00元

甘肃蓝皮书
甘肃县域社会发展评价报告（2015）
著(编)者:刘进军　柳民　王建兵　2015年1月出版 / 定价:79.00元

广东蓝皮书
广东省电子商务发展报告（2015）
著(编)者:程晓　2015年12月出版 / 估价:69.00元

广东蓝皮书
广东社会工作发展报告（2015）
著(编)者:罗观翠　2015年7月出版 / 估价:89.00元

广东社会建设蓝皮书
广东省社会建设发展报告（2015）
著(编)者:广东省社会工作委员会　2015年10月出版 / 估价:89.00元

广东外经贸蓝皮书
广东对外经济贸易发展研究报告（2014~2015）
著(编)者:陈万灵　2015年5月出版 / 定价:89.00元

广西北部湾经济区蓝皮书
广西北部湾经济区开放开发报告（2015）
著(编)者:广西北部湾经济区规划建设管理委员会办公室
广西社会科学院广西北部湾发展研究院
2015年8月出版 / 估价:79.00元

广州蓝皮书
广州社会保障发展报告（2015）
著(编)者:蔡国萱　2015年7月出版 / 估价:65.00元

广州蓝皮书
2015年中国广州社会形势分析与预测
著(编)者:张强 陈怡霓 杨秦　2015年6月出版 / 定价:79.00元

广州蓝皮书
广州经济发展报告（2015）
著(编)者:李江涛 朱名宏　2015年7月出版 / 估价:69.00元

广州蓝皮书
广州商贸业发展报告（2015）
著(编)者:李江涛 王旭东 荀振英　2015年7月出版 / 估价:69.00元

广州蓝皮书
2015年中国广州经济形势分析与预测
著(编)者:庾建设 沈奎 谢博能
2015年6月出版 / 定价:79.00元

广州蓝皮书
中国广州文化发展报告（2015）
著(编)者:徐俊忠 陆志强 顾涧清
2015年7月出版 / 估价:69.00元

广州蓝皮书
广州农村发展报告（2015）
著(编)者:李江涛 汤锦华　2015年8月出版 / 估价:69.00元

广州蓝皮书
中国广州城市建设与管理发展报告（2015）
著(编)者:董皞 冼伟雄　2015年7月出版 / 估价:69.00元

广州蓝皮书
中国广州科技和信息化发展报告（2015）
著(编)者:邹采荣 马正勇 冯元
2015年7月出版 / 估价:79.00元

广州蓝皮书
广州创新型城市发展报告（2015）
著(编)者:李江涛 2015年7月出版 / 估价:69.00元

广州蓝皮书
广州文化创意产业发展报告（2015）
著(编)者:甘新 2015年8月出版 / 估价:79.00元

广州蓝皮书
广州志愿服务发展报告（2015）
著(编)者:魏国华 张强 2015年9月出版 / 估价:69.00元

广州蓝皮书
广州城市国际化发展报告（2015）
著(编)者:朱名宏 2015年9月出版 / 估价:59.00元

广州蓝皮书
广州汽车产业发展报告（2015）
著(编)者:李江涛 杨再高 2015年9月出版 / 估价:69.00元

贵州房地产蓝皮书
贵州房地产发展报告（2015）
著(编)者:武廷方 2015年6月出版 / 定价:89.00元

贵州蓝皮书
贵州人才发展报告（2015）
著(编)者:于杰 吴大华 2015年7月出版 / 估价:69.00元

贵州蓝皮书
贵安新区发展报告（2014）
著(编)者:马长青 吴大华 2015年4月出版 / 定价:69.00元

贵州蓝皮书
贵州社会发展报告（2015）
著(编)者:王兴骥 2015年5月出版 / 定价:79.00元

贵州蓝皮书
贵州法治发展报告（2015）
著(编)者:吴大华 2015年5月出版 / 定价:79.00元

贵州蓝皮书
贵州国有企业社会责任发展报告（2015）
著(编)者:郭丽 2015年10月出版 / 估价:79.00元

海淀蓝皮书
海淀区文化和科技融合发展报告（2015）
著(编)者:孟景伟 陈名杰 2015年7月出版 / 估价:75.00元

海峡西岸蓝皮书
海峡西岸经济区发展报告（2015）
著(编)者:黄端 2015年9月出版 / 估价:65.00元

杭州都市圈蓝皮书
杭州都市圈发展报告（2015）
著(编)者:董祖德 沈翔 2015年7月出版 / 估价:89.00元

杭州蓝皮书
杭州妇女发展报告（2015）
著(编)者:魏颖 2015年4月出版 / 定价:79.00元

河北经济蓝皮书
河北省经济发展报告（2015）
著(编)者:马树强 金浩 刘兵 张贵 2015年3月出版 / 定价:89.00元

河北蓝皮书
河北经济社会发展报告（2015）
著(编)者:周文夫 2015年1月出版 / 定价:79.00元

河北食品药品安全蓝皮书
河北食品药品安全研究报告（2015）
著(编)者:丁锦霞 2015年6月出版 / 定价:79.00元

河南经济蓝皮书
2015年河南经济形势分析与预测
著(编)者:胡五岳 2015年2月出版 / 定价:69.00元

河南蓝皮书
河南城市发展报告（2015）
著(编)者:谷建全 王建国 2015年3月出版 / 定价:79.00元

河南蓝皮书
2015年河南社会形势分析与预测
著(编)者:刘道兴 牛苏林 2015年4月出版 / 定价:69.00元

河南蓝皮书
河南工业发展报告（2015）
著(编)者:龚绍东 赵西三 2015年1月出版 / 定价:79.00元

河南蓝皮书
河南文化发展报告（2015）
著(编)者:卫绍生 2015年3月出版 / 定价:79.00元

河南蓝皮书
河南经济发展报告（2015）
著(编)者:喻新安 2014年12月出版 / 定价:79.00元

河南蓝皮书
河南法治发展报告（2015）
著(编)者:丁同民 闫德民 2015年7月出版 / 估价:69.00元

河南蓝皮书
河南金融发展报告（2015）
著(编)者:喻新安 谷建全 2015年6月出版 / 定价:69.00元

河南蓝皮书
河南农业农村发展报告（2015）
著(编)者:吴海峰 2015年4月出版 / 定价:69.00元

河南商务蓝皮书
河南商务发展报告（2015）
著(编)者:焦锦淼 穆荣国 2015年4月出版 / 定价:88.00元

黑龙江产业蓝皮书
黑龙江产业发展报告（2015）
著(编)者:于渤 2015年9月出版 / 估价:79.00元

黑龙江蓝皮书
黑龙江经济发展报告（2015）
著(编)者:曲伟 2015年1月出版 / 定价:79.00元

黑龙江蓝皮书
黑龙江社会发展报告（2015）
著(编)者:张新颖 2015年1月出版 / 定价:79.00元

湖北文化蓝皮书
湖北文化发展报告（2015）
著(编)者:江畅 吴成国 2015年7月出版 / 估价:89.00元

湖南城市蓝皮书
区域城市群整合
著(编)者:童中贤 韩未名 2015年12月出版 / 估价:79.00元

湖南蓝皮书
2015年湖南电子政务发展报告
著(编)者:梁志峰 2015年5月出版 / 定价:98.00元

湖南蓝皮书
2015年湖南社会发展报告
著(编)者:梁志峰 2015年5月出版 / 定价:98.00元

湖南蓝皮书
2015年湖南产业发展报告
著(编)者:梁志峰 2015年5月出版 / 定价:98.00元

湖南蓝皮书
2015年湖南经济展望
著(编)者:梁志峰 2015年5月出版 / 定价:128.00元

湖南蓝皮书
2015年湖南县域经济社会发展报告
著(编)者:梁志峰 2015年5月出版 / 定价:98.00元

湖南蓝皮书
2015年湖南两型社会与生态文明发展报告
著(编)者:梁志峰 2015年5月出版 / 定价:98.00元

湖南县域绿皮书
湖南县域发展报告No.2
著(编)者:朱有志 2015年7月出版 / 估价:69.00元

沪港蓝皮书
沪港发展报告（2014~2015）
著(编)者:尤安山 2015年4月出版 / 定价:89.00元

吉林蓝皮书
2015年吉林经济社会形势分析与预测
著(编)者:马克 2015年2月出版 / 定价:89.00元

济源蓝皮书
济源经济社会发展报告（2015）
著(编)者:喻新安 2015年4月出版 / 定价:69.00元

健康城市蓝皮书
北京健康城市建设研究报告（2015）
著(编)者:王鸿春 2015年4月出版 / 定价:79.00元

江苏法治蓝皮书
江苏法治发展报告（2015）
著(编)者:李力 龚廷泰 2015年9月出版 / 估价:98.00元

京津冀蓝皮书
京津冀发展报告（2015）
著(编)者:文魁 祝尔娟 2015年4月出版 / 定价:89.00元

经济特区蓝皮书
中国经济特区发展报告（2015）
著(编)者:陶一桃 2015年7月出版 / 估价:89.00元

辽宁蓝皮书
2015年辽宁经济社会形势分析与预测
著(编)者:曹晓峰 张晶 梁启东 2014年12月出版 / 定价:79.00元

南京蓝皮书
南京文化发展报告（2015）
著(编)者:南京文化产业研究中心 2015年12月出版 / 估价:79.00元

内蒙古蓝皮书
内蒙古反腐倡廉建设报告（2015）
著(编)者:张志华 无极 2015年12月出版 / 估价:69.00元

浦东新区蓝皮书
上海浦东经济发展报告（2015）
著(编)者:沈开艳 陆沪根 2015年1月出版 / 定价:69.00元

青海蓝皮书
2015年青海经济社会形势分析与预测
著(编)者:赵宗福 2014年12月出版 / 定价:69.00元

人口与健康蓝皮书
深圳人口与健康发展报告（2015）
著(编)者:曾序春 2015年12月出版 / 估价:89.00元

山东蓝皮书
山东社会形势分析与预测（2015）
著(编)者:张华 唐洲雁 2015年7月出版 / 估价:89.00元

山东蓝皮书
山东经济形势分析与预测（2015）
著(编)者:张华 唐洲雁 2015年7月出版 / 估价:89.00元

山东蓝皮书
山东文化发展报告（2015）
著(编)者:张华 唐洲雁 2015年7月出版 / 估价:98.00元

山西蓝皮书
山西资源型经济转型发展报告（2015）
著(编)者:李志强 2015年5月出版 / 定价:89.00元

陕西蓝皮书
陕西经济发展报告（2015）
著(编)者:任宗哲 白宽犁 裴成荣 2015年1月出版 / 定价:69.00元

陕西蓝皮书
陕西社会发展报告（2015）
著(编)者:任宗哲 白宽犁 牛昉 2015年1月出版 / 定价:69.00元

陕西蓝皮书
陕西文化发展报告（2015）
著(编)者:任宗哲 白宽犁 王长寿 2015年1月出版 / 定价:65.00元

陕西蓝皮书
丝绸之路经济带发展报告（2015）
著(编)者:任宗哲 石英 白宽犁
2015年8月出版 / 估价:79.00元

上海蓝皮书
上海文学发展报告（2015）
著(编)者:陈圣来 2015年1月出版 / 定价:69.00元

上海蓝皮书
上海文化发展报告（2015）
著(编)者:荣跃明 2015年1月出版 / 定价:74.00元

上海蓝皮书
上海资源环境发展报告（2015）
著(编)者:周冯琦 汤庆合 任文伟
2015年1月出版 / 定价:69.00元

上海蓝皮书
上海社会发展报告（2015）
著(编)者:杨雄 周海旺 2015年1月出版 / 定价:69.00元

上海蓝皮书
上海经济发展报告（2015）
著(编)者:沈开艳 2015年1月出版 / 定价:69.00元

上海蓝皮书
上海传媒发展报告（2015）
著(编)者:强荧 焦雨虹 2015年1月出版 / 定价:69.00元

上海蓝皮书
上海法治发展报告（2015）
著(编)者:叶青 2015年5月出版 / 定价:69.00元

上饶蓝皮书
上饶发展报告（2015）
著(编)者:朱寅健 2015年7月出版 / 估价:128.00元

社会建设蓝皮书
2015年北京社会建设分析报告
著(编)者:宋贵伦 冯虹 2015年7月出版 / 估价:79.00元

深圳蓝皮书
深圳劳动关系发展报告（2015）
著(编)者:汤庭芬 2015年7月出版 / 估价:75.00元

深圳蓝皮书
深圳经济发展报告（2015）
著(编)者:张骁儒 2015年7月出版 / 估价:79.00元

深圳蓝皮书
深圳社会发展报告（2015）
著(编)者:叶民辉 张骁儒 2015年7月出版 / 估价:89.00元

深圳蓝皮书
深圳法治发展报告（2015）
著(编)者:张骁儒 2015年5月出版 / 定价:69.00元

四川蓝皮书
四川文化产业发展报告（2015）
著(编)者:侯水平 2015年4月出版 / 定价:79.00元

四川蓝皮书
四川企业社会责任研究报告（2014~2015）
著(编)者:侯水平 盛毅 2015年4月出版 / 定价:79.00元

四川蓝皮书
四川法治发展报告（2015）
著(编)者:郑泰安 2015年1月出版 / 定价:69.00元

四川蓝皮书
四川生态建设报告（2015）
著(编)者:李晟之 2015年4月出版 / 定价:79.00元

四川蓝皮书
四川城镇化发展报告（2015）
著(编)者:侯水平 范秋美 2015年4月出版 / 定价:79.00元

四川蓝皮书
四川社会发展报告（2015）
著(编)者:郭晓鸣 2015年4月出版 / 定价:79.00元

四川蓝皮书
2015年四川经济发展形势分析与预测
著(编)者:杨钢 2015年1月出版 / 定价:89.00元

四川法治蓝皮书
四川依法治省年度报告No.1（2015）
著(编)者:李林 杨天宗 田禾 2015年3月出版 / 定价:108.00元

天津金融蓝皮书
天津金融发展报告（2015）
著(编)者:王爱俭 杜强 2015年9月出版 / 估价:89.00元

温州蓝皮书
2015年温州经济社会形势分析与预测
著(编)者:潘忠强 王春光 金浩 2015年4月出版 / 定价:69.00元

扬州蓝皮书
扬州经济社会发展报告（2015）
著(编)者:丁纯 2015年12月出版 / 估价:89.00元

长株潭城市群蓝皮书
长株潭城市群发展报告（2015）
著(编)者:张萍 2015年7月出版 / 估价:69.00元

郑州蓝皮书
2015年郑州文化发展报告
著(编)者:王哲 2015年9月出版 / 估价:65.00元

中医文化蓝皮书
北京中医药文化传播发展报告（2015）
著(编)者:毛嘉陵 2015年5月出版 / 定价:79.00元

珠三角流通蓝皮书
珠三角商圈发展研究报告（2015）
著(编)者:林至颖 王先庆 2015年7月出版 / 估价:98.00元

国别与地区类

阿拉伯黄皮书
阿拉伯发展报告（2015）
著(编)者:马晓霖 2015年7月出版 / 估价:79.00元

北部湾蓝皮书
泛北部湾合作发展报告（2015）
著(编)者:吕余生 2015年8月出版 / 估价:69.00元

大湄公河次区域蓝皮书
大湄公河次区域合作发展报告（2015）
著(编)者:刘稚 2015年9月出版 / 估价:79.00元

大洋洲蓝皮书
大洋洲发展报告（2015）
著(编)者:喻常森 2015年8月出版 / 估价:89.00元

德国蓝皮书
德国发展报告（2015）
著(编)者:郑春荣 伍慧萍 2015年5月出版 / 定价:69.00元

东北亚黄皮书
东北亚地区政治与安全（2015）
著(编)者:黄凤志 刘清才 张慧智
2015年7月出版 / 估价:69.00元

东盟黄皮书
东盟发展报告（2015）
著(编)者:崔晓麟 2015年7月出版 / 估价:75.00元

东南亚蓝皮书
东南亚地区发展报告（2015）
著(编)者:王勤 2015年7月出版 / 估价:79.00元

俄罗斯黄皮书
俄罗斯发展报告（2015）
著(编)者:李永全 2015年7月出版 / 估价:79.00元

非洲黄皮书
非洲发展报告（2015）
著(编)者:张宏明 2015年7月出版 / 估价:79.00元

国际形势黄皮书
全球政治与安全报告（2015）
著(编)者:李慎明 张宇燕 2015年1月出版 / 定价:69.00元

韩国蓝皮书
韩国发展报告（2015）
著(编)者:刘宝全 牛林杰 2015年8月出版 / 估价:79.00元

加拿大蓝皮书
加拿大发展报告（2015）
著(编)者:仲伟合 2015年4月出版 / 定价:89.00元

拉美黄皮书
拉丁美洲和加勒比发展报告（2014~2015）
著(编)者:吴白乙 2015年5月出版 / 定价:89.00元

美国蓝皮书
美国研究报告（2015）
著(编)者:郑秉文 黄平 2015年6月出版 / 定价:89.00元

缅甸蓝皮书
缅甸国情报告（2015）
著(编)者:李晨阳 2015年8月出版 / 估价:79.00元

欧洲蓝皮书
欧洲发展报告（2015）
著(编)者:周弘 2015年7月出版 / 估价:89.00元

葡语国家蓝皮书
葡语国家发展报告（2015）
著(编)者:对外经济贸易大学区域国别研究所 葡语国家研究中心
2015年7月出版 / 估价:89.00元

葡语国家蓝皮书
中国与葡语国家关系发展报告·巴西（2014）
著(编)者:澳门科技大学 2015年7月出版 / 估价:89.00元

日本经济蓝皮书
日本经济与中日经贸关系研究报告（2015）
著(编)者:王洛林 张季风 2015年5月出版 / 定价:79.00元

日本蓝皮书
日本研究报告（2015）
著(编)者:李薇 2015年4月出版 / 定价:69.00元

上海合作组织黄皮书
上海合作组织发展报告（2015）
著(编)者:李进峰 吴宏伟 李伟
2015年9月出版 / 估价:89.00元

世界创新竞争力黄皮书
世界创新竞争力发展报告（2015）
著(编)者:李闽榕 李建平 赵新力
2015年12月出版 / 估价:148.00元

土耳其蓝皮书
土耳其发展报告（2015）
著(编)者:郭长刚 刘义 2015年7月出版 / 估价:89.00元

图们江区域合作蓝皮书
图们江区域合作发展报告（2015）
著(编)者:李铁 2015年4月出版 / 定价:98.00元

亚太蓝皮书
亚太地区发展报告（2015）
著(编)者:李向阳 2015年1月出版 / 定价:59.00元

印度蓝皮书
印度国情报告（2015）
著(编)者:吕昭义 2015年7月出版 / 估价:89.00元

印度洋地区蓝皮书
印度洋地区发展报告（2015）
著(编)者:汪戎 2015年5月出版 / 定价:89.00元

中东黄皮书
中东发展报告（2015）
著(编)者:杨光 2015年11月出版 / 估价:89.00元

中欧关系蓝皮书
中欧关系研究报告（2015）
著(编)者:周弘 2015年12月出版 / 估价:98.00元

中亚黄皮书
中亚国家发展报告（2015）
著(编)者:孙力 吴宏伟 2015年9月出版 / 估价:89.00元

皮书大事记
（2014）

☆　2014年10月，中国社会科学院2014年度皮书纳入创新工程学术出版资助名单正式公布，相关资助措施进一步落实。

☆　2014年8月，由中国社会科学院主办，贵州省社会科学院、社会科学文献出版社承办的“第十五次全国皮书年会（2014）”在贵州贵阳隆重召开。

☆　2014年8月，第二批淘汰的27种皮书名单公布。

☆　2014年7月，第五届优秀皮书奖评审会在京召开。本届优秀皮书奖首次同时评选优秀皮书和优秀皮书报告。

☆　2014年7月，第三届皮书学术评审委员会于北京成立。

☆　2014年6月，社会科学文献出版社与北京报刊发行局签订合同，将部分重点皮书纳入邮政发行系统。

☆　2014年6月，《中国社会科学院皮书管理办法》正式颁布实施。

☆　2014年4月，出台《社会科学文献出版社关于加强皮书编审工作的有关规定》《社会科学文献出版社皮书责任编辑管理规定》《社会科学文献出版社关于皮书准入与退出的若干规定》。

☆　2014年1月，首批淘汰的44种皮书名单公布。

☆　2014年1月，“2013(第七届)全国新闻出版业网站年会”在北京举办，中国皮书网被评为“最具商业价值网站”。

☆　2014年1月,社会科学文献出版社在原皮书评价研究中心的基础上成立了皮书研究院。

在“权利与途径认知”上，不同政治面貌被试的得分差异显著，$F = 9.271$，$p < 0.001$，群众被试（$M = 0.52$，$SD = 0.35$）的得分显著低于共青团员被试（$M = 0.55$，$SD = 0.36$）和中共党员被试（$M = 0.58$，$SD = 0.34$），中共党员被试与共青团员被试之间的得分差异不显著。在“选举内容认知”上，不同政治面貌被试的得分差异显著，$F = 16.969$，$p < 0.001$，中共党员被试（$M = 0.95$，$SD = 0.52$）的得分显著高于共青团员被试（$M = 0.83$，$SD = 0.44$）和群众被试（$M = 0.83$，$SD = 0.46$），群众被试与共青团员被试之间的得分差异不显著。在“选举程序认知”上，不同政治面貌被试的得分差异显著，$F = 5.561$，$p < 0.05$，群众被试（$M = 0.77$，$SD = 0.42$）的得分显著低于共青团员被试（$M = 0.81$，$SD = 0.43$）和中共党员被试（$M = 0.83$，$SD = 0.43$），中共党员被试与共青团员被试之间的得分差异不显著。在“选举参与”上，不同政治面貌被试的得分差异显著，$F = 50.749$，$p < 0.001$，中共党员被试（$M = 1.44$，$SD = 1.47$）的得分显著高于共青团员被试（$M = 0.70$，$SD = 1.18$）和群众被试（$M = 0.99$，$SD = 1.33$），群众被试的得分显著高于共青团员被试。

表 2　不同政治面貌被试的县级人大代表选举参与客观状况得分的方差分析结果

项目		平方和	*df*	均方	*F*	显著性
客观状况总分	组间	397.130	2	198.565	69.329	.000
	组内	11920.317	4162	2.864		
	总数	12317.447	4164			
选举重要性认知	组间	14.082	2	7.041	60.430	.000
	组内	501.012	4300	.117		
	总数	515.094	4302			
权利与途径认知	组间	2.290	2	1.145	9.271	.000
	组内	529.745	4289	.124		
	总数	532.035	4291			
选举内容认知	组间	7.317	2	3.659	16.969	.000
	组内	910.329	4222	.216		
	总数	917.646	4224			
选举程序认知	组间	2.013	2	1.006	5.561	.004
	组内	776.123	4289	.181		
	总数	778.135	4291			
选举参与	组间	178.242	2	89.121	50.749	.000
	组内	7493.383	4267	1.756		
	总数	7671.625	4269			

表 3　不同政治面貌被试的县级人大代表选举参与客观状况得分的多重比较

因变量	(I)政治面貌	(J)政治面貌	均值差(I－J)	标准误	显著性	95%置信区间	
						下限	上限
客观状况总分	党员	团员	1.09398*	.09547	.000	.9068	1.2812
		群众	.80445*	.08016	.000	.6473	.9616
	团员	党员	－1.09398*	.09547	.000	－1.2812	－.9068
		群众	－.28954*	.06850	.000	－.4238	－.1552
	群众	党员	－.80445*	.08016	.000	－.9616	－.6473
		团员	.28954*	.06850	.000	.1552	.4238
选举重要性认知	党员	团员	.20578*	.01882	.000	.1689	.2427
		群众	.13469*	.01580	.000	.1037	.1657
	团员	党员	－.20578*	.01882	.000	－.2427	－.1689
		群众	－.07108*	.01356	.000	－.0977	－.0445
	群众	党员	－.13469*	.01580	.000	－.1657	－.1037
		团员	.07108*	.01356	.000	.0445	.0977
权利与途径认知	党员	团员	.02876	.01938	.138	－.0092	.0668
		群众	.06363*	.01627	.000	.0317	.0955
	团员	党员	－.02876	.01938	.138	－.0668	.0092
		群众	.03487*	.01397	.013	.0075	.0623
	群众	党员	－.06363*	.01627	.000	－.0955	－.0317
		团员	－.03487*	.01397	.013	－.0623	－.0075
选举内容认知	党员	团员	.11804*	.02599	.000	.0671	.1690
		群众	.12635*	.02181	.000	.0836	.1691
	团员	党员	－.11804*	.02599	.000	－.1690	－.0671
		群众	.00831	.01866	.656	－.0283	.0449
	群众	党员	－.12635*	.02181	.000	－.1691	－.0836
		团员	－.00831	.01866	.656	－.0449	.0283
选举程序认知	党员	团员	.01168	.02348	.619	－.0344	.0577
		群众	.05295*	.01969	.007	.0143	.0916
	团员	党员	－.01168	.02348	.619	－.0577	.0344
		群众	.04127*	.01694	.015	.0081	.0745
	群众	党员	－.05295*	.01969	.007	－.0916	－.0143
		团员	－.04127*	.01694	.015	－.0745	－.0081
选举参与	党员	团员	.74077*	.07354	.000	.5966	.8850
		群众	.44798*	.06173	.000	.3270	.5690
	团员	党员	－.74077*	.07354	.000	－.8850	－.5966
		群众	－.29279*	.05290	.000	－.3965	－.1891
	群众	党员	－.44798*	.06173	.000	－.5690	－.3270
		团员	.29279*	.05290	.000	.1891	.3965

* 均值差的显著性水平为 0.05。

二　不同政治面貌被试的县级人大代表选举参与主观状况

调查结果显示，中共党员被试的“选举参与满意度”得分在1.00～4.75分之间，均值为2.87，标准差为0.54；“选举参与意愿”得分在1.00～5.00分之间，均值为3.29，标准差为0.66；“选举参与效能”得分在1.00～5.00分之间，均值为3.14，标准差为0.58。

共青团员被试的“选举参与满意度”得分在1.00～4.50分之间，均值为2.81，标准差为0.54；“选举参与意愿”的得分在1.33～5.00分之间，均值为3.18，标准差为0.66；“选举参与效能”得分在1.33～5.00分之间，均值为3.10，标准差为0.56。

群众被试的“选举参与满意度”得分在1.00～5.00分之间，均值为2.81，标准差为0.54；“选举参与意愿”得分在1.00～5.00分之间，均值为3.17，标准差为0.62；“选举参与效能”得分在1.00～5.00分之间，均值为3.04，标准差为0.55（见表4和图2）。

表4　不同政治面貌被试的县级人大代表选举参与主观状况得分的描述统计结果

项目		*N*	均值	标准差	标准误	均值的95%置信区间		极小值	极大值
						下限	上限		
选举参与满意度	党员	556	2.8710	.54015	.02291	2.8260	2.9159	1.00	4.75
	团员	807	2.8135	.53975	.01900	2.7762	2.8508	1.00	4.50
	群众	2937	2.8112	.53689	.00991	2.7918	2.8306	1.00	5.00
	总数	4300	2.8194	.53809	.00821	2.8033	2.8354	1.00	5.00
选举参与意愿	党员	552	3.2905	.65567	.02791	3.2356	3.3453	1.00	5.00
	团员	807	3.1817	.65919	.02320	3.1362	3.2273	1.33	5.00
	群众	2931	3.1707	.61791	.01141	3.1483	3.1931	1.00	5.00
	总数	4290	3.1882	.63189	.00965	3.1693	3.2071	1.00	5.00
选举参与效能	党员	555	3.1393	.57822	.02454	3.0911	3.1876	1.00	5.00
	团员	806	3.1026	.56487	.01990	3.0635	3.1416	1.33	5.00
	群众	2942	3.0424	.54702	.01009	3.0226	3.0621	1.00	5.00
	总数	4303	3.0662	.55557	.00847	3.0496	3.0828	1.00	5.00

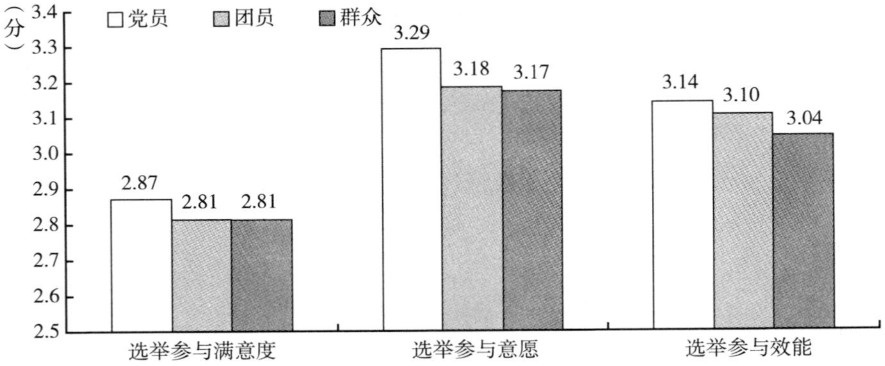

图 2　不同政治面貌被试的县级人大代表选举参与主观状况得分比较

对不同政治面貌被试的县级人大代表选举参与主观状况各指标的差异性进行方差分析（见表5、表6），可以发现不同政治面貌被试的“选举参与满意度”（$F=2.944$，$p=0.053$）得分差异不显著；在“选举参与意愿”上，不同政治面貌被试的得分差异显著，$F=8.423$，$p<0.001$，中共党员被试（$M=3.29$，$SD=0.66$）的得分显著高于共青团员被试（$M=3.18$，$SD=0.66$）和群众被试（$M=3.17$，$SD=0.62$），共青团员被试与群众被试之间的得分差异不显著；在“选举参与效能”上，不同政治面貌被试的得分差异显著，$F=9.277$，$p<0.001$，群众被试（$M=3.04$，$SD=0.55$）的得分显著低于共青团员被试（$M=3.10$，$SD=0.56$）和中共党员被试（$M=3.14$，$SD=0.58$），中共党员被试与共青团员被试之间的得分差异不显著。

表 5　不同政治面貌被试的县级人大代表选举参与主观状况得分的方差分析结果

项目		平方和	*df*	均方	*F*	显著性
选举参与满意度	组间	1.703	2	.852	2.944	.053
	组内	1243.048	4297	.289		
	总数	1244.751	4299			
选举参与意愿	组间	6.703	2	3.352	8.423	.000
	组内	1705.810	4287	.398		
	总数	1712.513	4289			
选举参与效能	组间	5.705	2	2.852	9.277	.000
	组内	1322.130	4300	.307		
	总数	1327.834	4302			

表6　不同政治面貌被试的县级人大代表选举参与主观状况得分的多重比较

因变量	(I)政治面貌	(J)政治面貌	均值差(I-J)	标准误	显著性	95%置信区间	
						下限	上限
选举参与满意度	党员	团员	.05745	.02964	.053	-.0007	.1156
		群众	.05975*	.02488	.016	.0110	.1085
	团员	党员	-.05745	.02964	.053	-.1156	.0007
		群众	.00230	.02138	.914	-.0396	.0442
	群众	党员	-.05975*	.02488	.016	-.1085	-.0110
		团员	-.00230	.02138	.914	-.0442	.0396
选举参与意愿	党员	团员	.10872*	.03484	.002	.0404	.1770
		群众	.11975*	.02927	.000	.0624	.1771
	团员	党员	-.10872*	.03484	.002	-.1770	-.0404
		群众	.01104	.02508	.660	-.0381	.0602
	群众	党员	-.11975*	.02927	.000	-.1771	-.0624
		团员	-.01104	.02508	.660	-.0602	.0381
选举参与效能	党员	团员	.03678	.03059	.229	-.0232	.0967
		群众	.09696*	.02566	.000	.0467	.1473
	团员	党员	-.03678	.03059	.229	-.0967	.0232
		群众	.06019*	.02205	.006	.0170	.1034
	群众	党员	-.09696*	.02566	.000	-.1473	-.0467
		团员	-.06019*	.02205	.006	-.1034	-.0170

*均值差的显著性水平为0.05。

三　不同政治面貌被试对县级人大代表选举工作的评价

“中国公民的县（区）级人大代表选举参与”问卷调查请被试根据最近一次县级人大代表选举情况，为选举工作的满意度打分。调查结果显示，中共党员被试对选举工作满意度的综合打分在1.00～5.00分之间，均值为3.29，标准差为0.81；共青团员被试对选举工作满意度的综合打分在1.29～5.00分之间，均值为3.15，标准差为0.76；群众被试对选举工作满意度的综合打分在1.00～5.00分之间，均值为3.12，标准差为0.74（见表7和图3）。

表7　不同政治面貌被试的县级人大代表选举工作满意度打分的描述统计结果

项目		N	均值	标准差	标准误	均值的95%置信区间		极小值	极大值
						下限	上限		
综合打分	党员	553	3.29	.807	.034	3.22	3.36	1.00	5.00
	团员	802	3.15	.762	.027	3.09	3.20	1.29	5.00
	群众	2932	3.12	.739	.014	3.10	3.15	1.00	5.00
	总数	4287	3.15	.754	.012	3.13	3.17	1.00	5.00
选举组织工作的有效性	党员	556	3.32	.959	.041	3.24	3.40	1.00	5.00
	团员	807	3.14	.912	.032	3.07	3.20	1.00	5.00
	群众	2943	3.14	.924	.017	3.10	3.17	1.00	5.00
	总数	4306	3.16	.928	.014	3.13	3.19	1.00	5.00
选举程序的规范性	党员	556	3.36	.958	.041	3.28	3.44	1.00	5.00
	团员	808	3.16	.980	.034	3.09	3.22	1.00	5.00
	群众	2942	3.20	.965	.018	3.17	3.24	1.00	5.00
	总数	4306	3.22	.968	.015	3.19	3.24	1.00	5.00
选举的公正性	党员	556	3.23	1.036	.044	3.15	3.32	1.00	5.00
	团员	807	3.10	1.039	.037	3.03	3.17	1.00	5.00
	群众	2940	3.05	1.006	.019	3.01	3.09	1.00	5.00
	总数	4303	3.08	1.018	.016	3.05	3.11	1.00	5.00
选举信息的透明性	党员	554	3.24	1.069	.045	3.15	3.33	1.00	5.00
	团员	808	3.04	1.070	.038	2.97	3.12	1.00	5.00
	群众	2943	3.02	1.050	.019	2.98	3.05	1.00	5.00
	总数	4305	3.05	1.059	.016	3.02	3.08	1.00	5.00
选举的竞争性	党员	556	3.19	1.019	.043	3.10	3.27	1.00	5.00
	团员	805	3.19	1.023	.036	3.12	3.26	1.00	5.00
	群众	2943	3.08	.999	.018	3.05	3.12	1.00	5.00
	总数	4304	3.12	1.007	.015	3.09	3.15	1.00	5.00
选举纠纷处理的及时性	党员	555	3.33	.989	.042	3.24	3.41	1.00	5.00
	团员	808	3.19	1.007	.035	3.12	3.26	1.00	5.00
	群众	2939	3.17	.972	.018	3.13	3.20	1.00	5.00
	总数	4302	3.19	.982	.015	3.16	3.22	1.00	5.00
民众参与选举的积极性	党员	555	3.33	1.023	.043	3.25	3.42	1.00	5.00
	团员	807	3.18	.998	.035	3.11	3.25	1.00	5.00
	群众	2943	3.19	.984	.018	3.16	3.23	1.00	5.00
	总数	4305	3.21	.993	.015	3.18	3.24	1.00	5.00

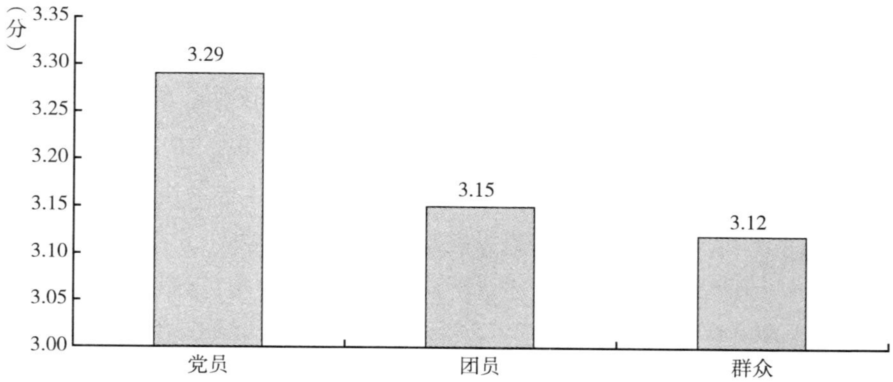

图3　不同政治面貌被试的县级人大代表选举工作满意度综合打分比较

对不同政治面貌被试的县级人大代表选举工作满意度打分的差异性进行方差分析（见表8、表9），可以发现不同政治面貌被试的县级人大代表选举工作满意度综合打分差异显著，$F = 11.246$，$p < 0.001$，中共党员被试（$M = 3.29$，$SD = 0.81$）的打分显著高于共青团员被试（$M = 3.15$，$SD = 0.76$）和群众被试（$M = 3.12$，$SD = 0.74$），共青团员被试与群众被试之间的打分差异不显著。对于各项具体选举工作的评价也有一定的差异性，在“选举组织工作的有效性”方面，不同政治面貌被试的打分差异显著，$F = 9.090$，$p < 0.001$，中共党员被试（$M = 3.32$，$SD = 0.96$）的打分显著高于共青团员被试（$M = 3.14$，$SD = 0.91$）和群众被试（$M = 3.14$，$SD = 0.92$），共青团员被试与群众被试之间的打分差异不显著；在“选举程序的规范性”方面，不同政治面貌被试的打分差异显著，$F = 7.741$，$p < 0.001$，中共党员被试（$M = 3.36$，$SD = 0.96$）的打分显著高于共青团员被试（$M = 3.16$，$SD = 0.98$）和群众被试（$M = 3.20$，$SD = 0.97$），共青团员被试与群众被试之间的打分差异不显著；在“选举的公正性”方面，不同政治面貌被试的打分差异显著，$F = 7.644$，$p < 0.001$，中共党员被试（$M = 3.23$，$SD = 1.04$）的打分显著高于共青团员被试（$M = 3.10$，$SD = 1.04$）和群众被试（$M = 3.05$，$SD = 1.01$），共青团员被试与群众被试之间的打分差异不显著；在“选举信息的透明性”方面，不同政治面貌被试的打分差异显著，$F = 10.689$，$p < 0.001$，中共党员被试（$M = 3.24$，$SD = 1.07$）的打分显著高于共青团员被试（$M = 3.04$，$SD = 1.07$）和

群众被试（$M=3.02$，$SD=1.05$），共青团员被试与群众被试之间的打分差异不显著；在“选举的竞争性”方面，不同政治面貌被试的打分差异显著，$F=5.275$，$p<0.05$，群众被试（$M=3.08$，$SD=1.00$）的打分显著低于共青团员被试（$M=3.19$，$SD=1.02$）和中共党员被试（$M=3.19$，$SD=1.02$），共青团员被试与中共党员被试之间的打分差异不显著；在“选举纠纷处理的及时性”方面，不同政治面貌被试的打分差异显著，$F=6.103$，$p<0.05$，中共党员被试（$M=3.33$，$SD=0.99$）的打分显著高于共青团员被试（$M=3.19$，$SD=1.01$）和群众被试（$M=3.17$，$SD=0.97$），共青团员被试与群众被试之间的打分差异不显著；在“民众参与选举的积极性”方面，不同政治面貌被试的打分差异显著，$F=4.991$，$p<0.05$，中共党员被试（$M=3.33$，$SD=1.02$）的打分显著高于共青团员被试（$M=3.18$，$SD=1.00$）和群众被试（$M=3.19$，$SD=0.99$），共青团员被试与群众被试之间的打分差异不显著。

表8　不同政治面貌被试的县级人大代表选举工作满意度打分的方差分析结果

项目		平方和	*df*	均方	*F*	显著性
综合打分	组间	12.727	2	6.364	11.246	.000
	组内	2424.161	4284	.566		
	总数	2436.889	4286			
选举组织工作的有效性	组间	15.598	2	7.799	9.090	.000
	组内	3691.835	4303	.858		
	总数	3707.433	4305			
选举程序的规范性	组间	14.470	2	7.235	7.741	.000
	组内	4021.534	4303	.935		
	总数	4036.004	4305			
选举的公正性	组间	15.796	2	7.898	7.644	.000
	组内	4442.918	4300	1.033		
	总数	4458.714	4302			
选举信息的透明性	组间	23.855	2	11.928	10.689	.000
	组内	4800.407	4302	1.116		
	总数	4824.262	4304			
选举的竞争性	组间	10.675	2	5.338	5.275	.005
	组内	4352.306	4301	1.012		
	总数	4362.981	4303			

续表

项目		平方和	*df*	均方	*F*	显著性
选举纠纷处理的及时性	组间	11.745	2	5.873	6.103	.002
	组内	4136.427	4299	.962		
	总数	4148.172	4301			
民众参与选举的积极性	组间	9.819	2	4.910	4.991	.007
	组内	4231.771	4302	.984		
	总数	4241.590	4304			

表9　不同政治面貌被试的县级人大代表选举工作满意度打分的多重比较

因变量	(I)政治面貌	(J)政治面貌	均值差(I-J)	标准误	显著性	95%置信区间	
						下限	上限
综合打分	党员	团员	.179*	.051	.000	.08	.28
		群众	.180*	.043	.000	.10	.26
	团员	党员	-.179*	.051	.000	-.28	-.08
		群众	.001	.037	.987	-.07	.07
	群众	党员	-.180*	.043	.000	-.26	-.10
		团员	-.001	.037	.987	-.07	.07
选举组织工作的有效性	党员	团员	.202*	.053	.000	.10	.31
		群众	.153*	.045	.001	.07	.24
	团员	党员	-.202*	.053	.000	-.31	-.10
		群众	-.049	.038	.202	-.12	.03
	群众	党员	-.153*	.045	.001	-.24	-.07
		团员	.049	.038	.202	-.03	.12
选举程序的规范性	党员	团员	.135*	.056	.016	.02	.24
		群众	.182*	.047	.000	.09	.27
	团员	党员	-.135*	.056	.016	-.24	-.02
		群众	.048	.040	.237	-.03	.13
	群众	党员	-.182*	.047	.000	-.27	-.09
		团员	-.048	.040	.237	-.13	.03
选举的公正性	党员	团员	.200*	.058	.001	.09	.31
		群众	.226*	.049	.000	.13	.32
	团员	党员	-.200*	.058	.001	-.31	-.09
		群众	.026	.042	.534	-.06	.11
	群众	党员	-.226*	.049	.000	-.32	-.13
		团员	-.026	.042	.534	-.11	.06

续表

因变量	(I)政治面貌	(J)政治面貌	均值差(I-J)	标准误	显著性	95%置信区间	
						下限	上限
选举信息的透明性	党员	团员	.141*	.042	.001	.06	.22
		群众	.165*	.035	.000	.10	.23
	团员	党员	-.141*	.042	.001	-.22	-.06
		群众	.024	.030	.425	-.03	.08
	群众	党员	-.165*	.035	.000	-.23	-.10
		团员	-.024	.030	.425	-.08	.03
选举的竞争性	党员	团员	-.005	.055	.921	-.11	.10
		群众	.104*	.047	.026	.01	.19
	团员	党员	.005	.055	.921	-.10	.11
		群众	.109*	.040	.006	.03	.19
	群众	党员	-.104*	.047	.026	-.19	-.01
		团员	-.109*	.040	.006	-.19	-.03
选举纠纷处理的及时性	党员	团员	.140*	.054	.009	.03	.25
		群众	.158*	.045	.000	.07	.25
	团员	党员	-.140*	.054	.009	-.25	-.03
		群众	.018	.039	.646	-.06	.09
	群众	党员	-.158*	.045	.000	-.25	-.07
		团员	-.018	.039	.646	-.09	.06
民众参与选举的积极性	党员	团员	.151*	.055	.006	.04	.26
		群众	.139*	.046	.002	.05	.23
	团员	党员	-.151*	.055	.006	-.26	-.04
		群众	-.012	.039	.763	-.09	.07
	群众	党员	-.139*	.046	.002	-.23	-.05
		团员	.012	.039	.763	-.07	.09

四 不同政治面貌被试对政治信任和政治沟通等的评价

“中国公民的县（区）级人大代表选举参与”问卷调查还涉及了被试对政治信任、政治沟通、程序公平和结果公平的看法，可以比较不同政治面貌被试在相关看法上是否有重大差别。

在“政治信任”方面，中共党员被试的打分在1.00~6.00分之间，均值为4.10，标准差为1.05；共青团员被试的打分在1.00~6.00分之间，均值为

3.93，标准差为1.00；群众被试的打分在1.00～6.00分之间，均值为3.88，标准差为0.97。

在“政治沟通”方面，中共党员被试的打分在1.00～5.00分之间，均值为3.02，标准差为0.58；共青团员被试的打分在1.00～4.80分之间，均值为2.96，标准差为0.55；群众被试的打分在1.00～5.00分之间，均值为2.98，标准差为0.54。

在“程序公平”方面，中共党员被试的打分在1.00～5.00分之间，均值为2.94，标准差为0.91；共青团员被试的打分在1.00～5.00分之间，均值为3.03，标准差为0.81；群众被试的打分在1.00～5.00分之间，均值为2.95，标准差为0.81。

在“结果公平”方面，中共党员被试的打分在1.00～5.00分之间，均值为3.14，标准差为0.94；共青团员被试的打分在1.00～5.00分之间，均值为3.22，标准差为0.78；群众被试的打分在1.00～5.00分之间，均值为3.16，标准差为0.81（见表10和图4）。

表10　不同政治面貌被试对政治信任、政治沟通等打分的描述统计结果

项目		N	均值	标准差	标准误	均值的95%置信区间		极小值	极大值
						下限	上限		
政治信任	党员	556	4.1000	1.04718	.04441	4.0128	4.1872	1.00	6.00
	团员	808	3.9265	1.00052	.03520	3.8574	3.9956	1.00	6.00
	群众	2943	3.8819	.97388	.01795	3.8467	3.9171	1.00	6.00
	总数	4307	3.9184	.99102	.01510	3.8888	3.9480	1.00	6.00
政治沟通	党员	556	3.0162	.58036	.02461	2.9678	3.0645	1.00	5.00
	团员	808	2.9584	.55136	.01940	2.9203	2.9965	1.00	4.80
	群众	2939	2.9766	.53516	.00987	2.9572	2.9959	1.00	5.00
	总数	4303	2.9783	.54436	.00830	2.9620	2.9946	1.00	5.00
程序公平	党员	554	2.9416	.90630	.03851	2.8660	3.0173	1.00	5.00
	团员	808	3.0332	.81153	.02855	2.9772	3.0892	1.00	5.00
	群众	2932	2.9550	.80923	.01494	2.9257	2.9843	1.00	5.00
	总数	4294	2.9680	.82323	.01256	2.9433	2.9926	1.00	5.00
结果公平	党员	555	3.1354	.94373	.04006	3.0567	3.2141	1.00	5.00
	团员	804	3.2158	.78003	.02751	3.1618	3.2698	1.00	5.00
	群众	2937	3.1534	.80600	.01487	3.1243	3.1826	1.00	5.00
	总数	4296	3.1628	.82061	.01252	3.1382	3.1873	1.00	5.00

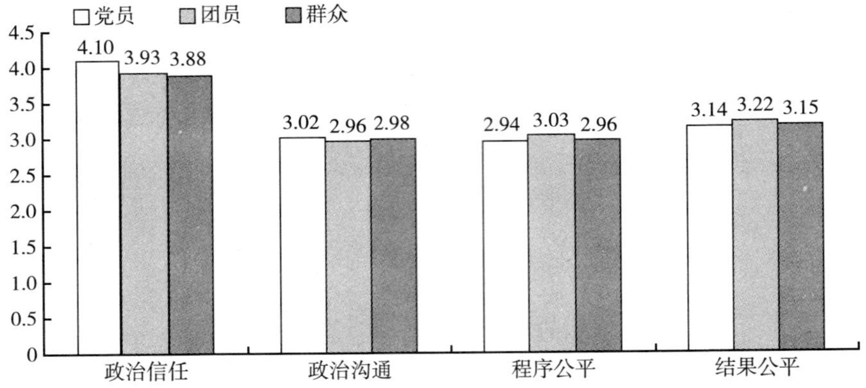

图4　不同政治面貌被试对政治信任、政治沟通等打分的比较

对不同政治面貌被试的政治信任等打分的差异性进行方差分析（见表11、表12），可以发现在“政治信任”方面，不同政治面貌被试的打分差异显著，$F=11.414$，$p<0.001$，中共党员被试（$M=4.10$，$SD=1.05$）的打分显著高于共青团员被试（$M=3.93$，$SD=1.00$）和群众被试（$M=3.88$，$SD=0.97$），共青团员被试与群众被试之间的打分差异不显著。在“程序公平”方面，不同政治面貌被试的打分差异显著，$F=3.189$，$p<0.05$，共青团员被试（$M=3.03$，$SD=0.81$）的打分显著高于中共党员被试（$M=2.94$，$SD=0.91$）和群众被试（$M=2.96$，$SD=0.81$），中共党员被试与群众被试之间的打分差异不显著。在“政治沟通”（$F=1.901$，$p=0.150$）和“结果公平”（$F=2.177$，$p=0.113$）方面，不同政治面貌被试之间的打分差异均未达到显著水平。

表11　不同政治面貌被试对政治信任、政治沟通等打分的方差分析结果

项目		平方和	*df*	均方	*F*	显著性
政治信任	组间	22.312	2	11.156	11.414	.000
	组内	4206.738	4304	.977		
	总数	4229.050	4306			
政治沟通	组间	1.126	2	.563	1.901	.150
	组内	1273.687	4300	.296		
	总数	1274.813	4302			

续表

项目		平方和	df	均方	F	显著性
程序公平	组间	4.318	2	2.159	3.189	.041
	组内	2905.085	4291	.677		
	总数	2909.403	4293			
结果公平	组间	2.931	2	1.465	2.177	.113
	组内	2889.338	4293	.673		
	总数	2892.269	4295			

表 12　不同政治面貌被试对政治信任、政治沟通等打分的多重比较

因变量	(I)政治面貌	(J)政治面貌	均值差(I-J)	标准误	显著性	95%置信区间	
						下限	上限
政治信任	党员	团员	.17351*	.05448	.001	.0667	.2803
		群众	.21811*	.04572	.000	.1285	.3077
	团员	党员	-.17351*	.05448	.001	-.2803	-.0667
		群众	.04460	.03927	.256	-.0324	.1216
	群众	党员	-.21811*	.04572	.000	-.3077	-.1285
		团员	-.04460	.03927	.256	-.1216	.0324
政治沟通	党员	团员	.05777	.02999	.054	-.0010	.1166
		群众	.03960	.02517	.116	-.0097	.0889
	团员	党员	-.05777	.02999	.054	-.1166	.0010
		群众	-.01817	.02162	.401	-.0606	.0242
	群众	党员	-.03960	.02517	.116	-.0889	.0097
		团员	.01817	.02162	.401	-.0242	.0606
程序公平	党员	团员	-.09157*	.04539	.044	-.1806	-.0026
		群众	-.01334	.03812	.726	-.0881	.0614
	团员	党员	.09157*	.04539	.044	.0026	.1806
		群众	.07823*	.03269	.017	.0141	.1423
	群众	党员	.01334	.03812	.726	-.0614	.0881
		团员	-.07823*	.03269	.017	-.1423	-.0141
结果公平	党员	团员	-.08036	.04527	.076	-.1691	.0084
		群众	-.01801	.03797	.635	-.0925	.0564
	团员	党员	.08036	.04527	.076	-.0084	.1691
		群众	.06235	.03265	.056	-.0017	.1264
	群众	党员	.01801	.03797	.635	-.0564	.0925
		团员	-.06235	.03265	.056	-.1264	.0017

*均值差的显著性水平为 0.05。

从问卷调查的情况看，不同政治面貌被试在县级人大代表选举参与中存在着较明显的差异，中共党员被试不仅在客观层面表现出明显高于共青团员被试和群众被试的参与水平，在主观层面上也表现出较高的参与意愿和参与效能感，并且对县级人大代表选举工作的评价以及对政治信任的评价，也明显高于共青团员被试和群众被试。群众被试的选举参与客观状况水平明显高于共青团员被试，但是共青团员被试的选举参与效能感明显高于群众被试，并且明显表现出了对程序公平更为重视。

B.7 不同户籍公民的县级人大代表选举参与比较

史卫民　李国强

在“中国公民的县（区）级人大代表选举参与”问卷调查中，有5名被试的户籍信息缺失，在有户籍信息的4303份数据中，城镇户口被试3205人，占74.48%；农村户口被试1098人，占25.52%。根据问卷调查的数据，可以比较不同户籍被试的县级人大代表选举参与状况。

一　不同户籍被试的县级人大代表选举参与客观状况

调查结果显示，城镇户口被试的县级人大代表选举参与客观状况的总体得分在0~9.50分之间，均值为3.43，标准差为1.74。具体到县级人大代表选举参与客观状况的五个维度，城镇户口被试的“选举重要性认知”得分在0~1.00分之间，均值为0.24，标准差为0.35；“权利与途径认知”得分在0~1.00分之间，均值为0.54，标准差为0.35；“选举内容认知”得分在0~2.50分之间，均值为0.85，标准差为0.48；“选举程序认知”得分在0~1.50分之间，均值为0.79，标准差为0.43；“选举参与”得分在0~4.00分之间，均值为1.01，标准差为1.35。

农村户口被试的县级人大代表选举参与客观状况的总体得分在0~8.50分之间，均值为3.28，标准差为1.66。具体到县级人大代表选举参与客观状况的五个维度，农村户口被试的“选举重要性认知”得分在0~1.00分之间，均值为0.23，标准差为0.35；“权利与途径认知”得分在0~1.00分之间，均值为0.52，标准差为0.35；“选举内容认知”得分在0~2.50分之间，均值为0.81，标准差为0.43；“选举程序认知”得分在0~1.50分之间，均值为

0.78，标准差为0.42；“选举参与”得分在0～4.00分之间，均值为0.93，标准差为1.32（见表1和图1）。

表1　不同户籍被试的县级人大代表选举客观状况得分的描述统计结果

项目		N	均值	标准差	标准误	均值的95%置信区间		极小值	极大值
						下限	上限		
客观状况总分	城镇	3094	3.4253	1.73776	.03124	3.3641	3.4866	.00	9.50
	农村	1066	3.2795	1.66268	.05092	3.1796	3.3795	.00	8.50
	总数	4160	3.3880	1.71981	.02666	3.3357	3.4403	.00	9.50
选举重要性认知	城镇	3202	.2372	.34618	.00612	.2252	.2492	.00	1.00
	农村	1096	.2331	.34613	.01046	.2126	.2536	.00	1.00
	总数	4298	.2362	.34613	.00528	.2258	.2465	.00	1.00
权利与途径认知	城镇	3191	.5357	.35141	.00622	.5235	.5479	.00	1.00
	农村	1096	.5192	.35384	.01069	.4982	.5401	.00	1.00
	总数	4287	.5315	.35207	.00538	.5209	.5420	.00	1.00
选举内容认知	城镇	3140	.8522	.47707	.00851	.8355	.8689	.00	2.50
	农村	1080	.8148	.43103	.01312	.7891	.8406	.00	2.50
	总数	4220	.8427	.46596	.00717	.8286	.8567	.00	2.50
选举程序认知	城镇	3192	.7904	.42662	.00755	.7756	.8052	.00	1.50
	农村	1095	.7804	.42427	.01282	.7552	.8055	.00	1.50
	总数	4287	.7878	.42600	.00651	.7751	.8006	.00	1.50
选举参与	城镇	3176	1.0115	1.34870	.02393	.9646	1.0584	.00	4.00
	农村	1089	.9270	1.31537	.03986	.8488	1.0052	.00	4.00
	总数	4265	.9899	1.34062	.02053	.9497	1.0302	.00	4.00

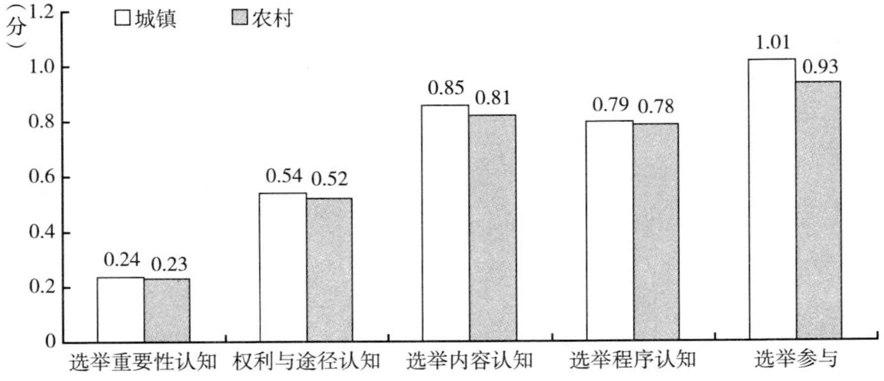

图1　不同户籍被试的县级人大代表选举参与客观状况五个一级指标得分比较

对不同户籍被试的县级人大代表选举参与客观状况各指标的差异性进行方差分析（见表2），可以发现不同户籍被试的客观状况总分差异显著，$F = 5.704$，$p < 0.05$，城镇户口被试（$M = 3.43$，$SD = 1.74$）的得分显著高于农村户口被试（$M = 3.28$，$SD = 1.66$）；在“选举内容认知”方面，不同户籍被试的得分差异显著，$F = 5.186$，$p < 0.05$，城镇户口被试（$M = 0.85$，$SD = 0.48$）的得分显著高于农村户口被试（$M = 0.81$，$SD = 0.43$）；在“选举重要性认知”（$F = 0.113$，$p = 0.737$）、“权利与途径认知”（$F = 1.806$，$p = 0.179$）、“选举程序认知”（$F = 0.454$，$p = 0.501$）、“选举参与”（$F = 3.223$，$p = 0.073$）等方面，不同户籍被试之间的得分差异均未达到显著性。

表2　不同户籍被试的县级人大代表选举参与客观状况得分的方差分析结果

项目		平方和	*df*	均方	*F*	显著性
客观状况总分	组间	16.851	1	16.851	5.704	.017
	组内	12284.448	4158	2.954		
	总数	12301.299	4159			
选举重要性认知	组间	.014	1	.014	.113	.737
	组内	514.788	4296	.120		
	总数	514.801	4297			
权利与途径认知	组间	.224	1	.224	1.806	.179
	组内	531.025	4285	.124		
	总数	531.249	4286			
选举内容认知	组间	1.125	1	1.125	5.186	.023
	组内	914.897	4218	.217		
	总数	916.022	4219			
选举程序认知	组间	.082	1	.082	.454	.501
	组内	777.715	4285	.181		
	总数	777.797	4286			
选举参与	组间	5.790	1	5.790	3.223	.073
	组内	7657.777	4263	1.796		
	总数	7663.566	4264			

二　不同户籍被试的县级人大代表选举参与主观状况

调查结果显示，城镇户口被试的“选举参与满意度”的得分在1.00～4.75

分之间，均值为2.81，标准差为0.55；“选举参与意愿”的得分在1.00~5.00分之间，均值为3.20，标准差为0.64；“选举参与效能”的得分在1.00~5.00分之间，均值为3.07，标准差为0.56。农村户口被试的“选举参与满意度”的得分在1.00~5.00分之间，均值为2.84，标准差为0.51；“选举参与意愿”的得分在1.00~5.00分之间，均值为3.17，标准差为0.61；“选举参与效能”的得分在1.00~5.00分之间，均值为3.07，标准差为0.55（见表3和图2）。

表3　不同户籍被试的县级人大代表选举参与主观状况得分的描述统计结果

项目		N	均值	标准差	标准误	均值的95%置信区间		极小值	极大值
						下限	上限		
选举参与满意度	城镇	3199	2.8107	.54572	.00965	2.7918	2.8296	1.00	4.75
	农村	1097	2.8443	.51471	.01554	2.8139	2.8748	1.00	5.00
	总数	4296	2.8193	.53811	.00821	2.8032	2.8354	1.00	5.00
选举参与意愿	城镇	3193	3.1952	.63923	.01131	3.1730	3.2174	1.00	5.00
	农村	1092	3.1685	.60810	.01840	3.1324	3.2046	1.00	5.00
	总数	4285	3.1884	.63148	.00965	3.1695	3.2073	1.00	5.00
选举参与效能	城镇	3201	3.0661	.55930	.00989	3.0467	3.0855	1.00	5.00
	农村	1097	3.0659	.54576	.01648	3.0336	3.0983	1.00	5.00
	总数	4298	3.0661	.55581	.00848	3.0495	3.0827	1.00	5.00

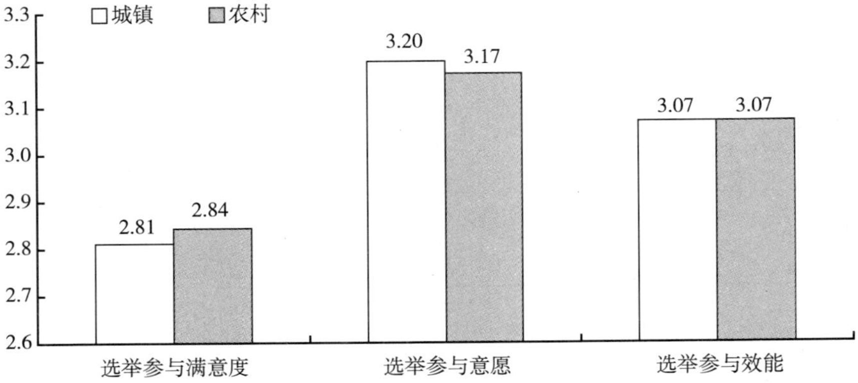

图2　不同户籍被试的县级人大代表选举参与主观状况得分比较

对不同户籍被试的县级人大代表选举参与主观状况各指标的差异性进行方差分析（见表4），可以发现在“选举参与满意度”（$F=3.191$，$p=0.074$）、

“选举参与意愿”（$F=1.457$，$p=0.227$）和“选举参与效能”（$F=0.000$，$p=0.992$）三个方面，不同户籍被试之间的得分差异均未达到显著性。

表 4　不同户籍被试的县级人大代表选举参与主观状况得分的方差分析结果

项目		平方和	*df*	均方	*F*	显著性
选举参与满意度	组间	.924	1	.924	3.191	.074
	组内	1242.752	4294	.289		
	总数	1243.676	4295			
选举参与意愿	组间	.581	1	.581	1.457	.227
	组内	1707.754	4283	.399		
	总数	1708.335	4284			
选举参与效能	组间	.000	1	.000	.000	.992
	组内	1327.456	4296	.309		
	总数	1327.456	4297			

三　不同户籍被试对县级人大代表选举工作的评价

“中国公民的县（区）级人大代表选举参与”问卷调查请被试根据最近一次县级人大代表选举情况，为选举工作的满意度打分。调查结果显示，城镇户口被试对选举工作满意度的综合打分在 1.00 ~ 5.00 分之间，均值为 3.16，标准差为 0.76；农村户口被试对选举工作满意度的综合打分在 1.00 ~ 5.00 分之间，均值为 3.10，标准差为 0.73（见表 5 和图 3）。

表 5　不同户籍被试的县级人大代表选举工作满意度打分的描述统计结果

项目		*N*	均值	标准差	标准误	均值的 95% 置信区间		极小值	极大值
						下限	上限		
综合打分	城镇	3191	3.16	.762	.013	3.14	3.19	1.00	5.00
	农村	1092	3.10	.731	.022	3.06	3.15	1.00	5.00
	总数	4283	3.15	.754	.012	3.13	3.17	1.00	5.00
选举组织工作的有效性	城镇	3203	3.18	.927	.016	3.15	3.21	1.00	5.00
	农村	1098	3.11	.928	.028	3.05	3.16	1.00	5.00
	总数	4301	3.16	.928	.014	3.13	3.19	1.00	5.00

续表

项目		N	均值	标准差	标准误	均值的 95% 置信区间		极小值	极大值
						下限	上限		
选举程序的规范性	城镇	3204	3.23	.973	.017	3.19	3.26	1.00	5.00
	农村	1097	3.18	.954	.029	3.12	3.24	1.00	5.00
	总数	4301	3.22	.968	.015	3.19	3.24	1.00	5.00
选举的公正性	城镇	3203	3.11	1.021	.018	3.07	3.14	1.00	5.00
	农村	1096	3.02	1.006	.030	2.96	3.08	1.00	5.00
	总数	4299	3.08	1.018	.016	3.05	3.11	1.00	5.00
选举信息的透明性	城镇	3203	3.08	1.066	.019	3.04	3.12	1.00	5.00
	农村	1097	2.97	1.033	.031	2.91	3.03	1.00	5.00
	总数	4300	3.05	1.058	.016	3.02	3.08	1.00	5.00
选举的竞争性	城镇	3202	3.12	1.021	.018	3.08	3.15	1.00	5.00
	农村	1097	3.11	.966	.029	3.05	3.16	1.00	5.00
	总数	4299	3.12	1.007	.015	3.09	3.15	1.00	5.00
选举纠纷处理的及时性	城镇	3202	3.21	.990	.017	3.17	3.24	1.00	5.00
	农村	1095	3.14	.954	.029	3.09	3.20	1.00	5.00
	总数	4297	3.19	.981	.015	3.16	3.22	1.00	5.00
民众参与选举的积极性	城镇	3203	3.22	.996	.018	3.18	3.25	1.00	5.00
	农村	1097	3.19	.985	.030	3.13	3.25	1.00	5.00
	总数	4300	3.21	.993	.015	3.18	3.24	1.00	5.00

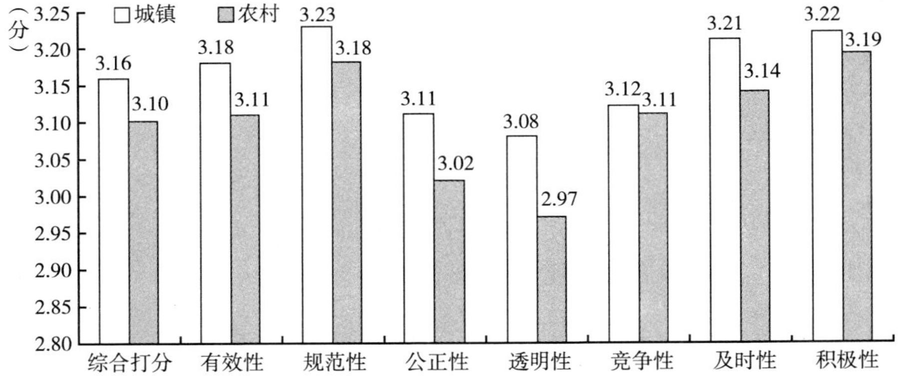

图 3　不同户籍被试的县级人大代表选举工作满意度打分比较

对不同户籍被试的县级人大代表选举工作满意度打分的差异性进行方差分析（见表6），可以发现不同户籍被试对县级人大代表选举工作的综合打分差异显著，$F=4.923$，$p<0.05$，城镇户口被试（$M=3.16$，$SD=0.76$）的打分显著高于农村户口被试（$M=3.10$，$SD=0.73$）。对于各项具体选举工作的评价也有一定的差异性，在“选举组织工作的有效性”方面，不同户籍被试的打分差异显著，$F=5.020$，$p<0.05$，城镇户口被试（$M=3.18$，$SD=0.93$）的打分显著高于农村户口被试（$M=3.11$，$SD=0.93$）；在“选举的公正性”方面，不同户籍被试的打分差异显著，$F=6.396$，$p<0.05$，城镇户口被试（$M=3.11$，$SD=1.02$）的打分显著高于农村户口被试（$M=3.02$，$SD=1.01$）；在“选举信息的透明性”方面，不同户籍被试的打分差异显著，$F=9.337$，$p<0.05$，城镇户口被试（$M=3.08$，$SD=1.07$）的打分显著高于农村户口被试（$M=2.97$，$SD=1.03$）；在“选举程序的规范性”（$F=2.004$，$p=0.157$）、“选举的竞争性”（$F=0.105$，$p=0.746$）、“选举纠纷处理的及时性”（$F=3.710$，$p=0.054$）和“民众参与选举的积极性”（$F=0.607$，$p=0.436$）方面，不同户籍被试之间的打分差异则未达到显著性。

表6　不同户籍被试的县级人大代表选举工作满意度打分方差分析结果

项目		平方和	*df*	均方	*F*	显著性
综合打分	组间	2.798	1	2.798	4.923	.027
	组内	2432.994	4281	.568		
	总数	2435.792	4282			
选举组织工作的有效性	组间	4.316	1	4.316	5.020	.025
	组内	3695.668	4299	.860		
	总数	3699.984	4300			
选举程序的规范性	组间	1.879	1	1.879	2.004	.157
	组内	4030.755	4299	.938		
	总数	4032.633	4300			
选举的公正性	组间	6.624	1	6.624	6.396	.011
	组内	4449.725	4297	1.036		
	总数	4456.349	4298			
选举信息的透明性	组间	10.439	1	10.439	9.337	.002
	组内	4805.610	4298	1.118		
	总数	4816.049	4299			

续表

项目		平方和	*df*	均方	*F*	显著性
选举的竞争性	组间	.107	1	.107	.105	.746
	组内	4358.973	4297	1.014		
	总数	4359.079	4298			
选举纠纷处理的及时性	组间	3.571	1	3.571	3.710	.054
	组内	4134.417	4295	.963		
	总数	4137.988	4296			
民众参与选举的积极性	组间	.599	1	.599	.607	.436
	组内	4238.191	4298	.986		
	总数	4238.790	4299			

四　不同户籍被试对政治信任和政治沟通等的评价

“中国公民的县（区）级人大代表选举参与”问卷调查还涉及了被试对政治信任、政治沟通、程序公平和结果公平的看法，可以比较不同户籍被试在相关看法上是否有重大差别。

城镇户口被试对政治信任的打分在1.00～6.00分之间，均值为3.95，标准差为0.97；农村户口被试对政治信任的打分在1.00～6.00分之间，均值为3.81，标准差为1.05。

城镇户口被试对政治沟通的打分在1.00～5.00分之间，均值为2.98，标准差为0.55；农村户口被试对政治沟通的打分在1.00～4.80分之间，均值为2.98，标准差为0.53。

城镇户口被试对程序公平的打分在1.00～5.00分之间，均值为2.95，标准差为0.83；农村户口被试对程序公平的打分在1.00～5.00分之间，均值为3.01，标准差为0.82。

城镇户口被试对结果公平的打分在1.00～5.00分之间，均值为3.15，标准差为0.83；农村户口被试对结果公平的打分在1.00～5.00分之间，均值为3.21，标准差为0.80（见表7和图4）。

表 7　不同户籍被试对政治信任、政治沟通等打分的描述统计结果

项目		N	均值	标准差	标准误	均值的 95% 置信区间		极小值	极大值
						下限	上限		
政治信任	城镇	3204	3.9546	.96957	.01713	3.9210	3.9882	1.00	6.00
	农村	1098	3.8146	1.04590	.03156	3.7526	3.8765	1.00	6.00
	总数	4302	3.9189	.99137	.01511	3.8892	3.9485	1.00	6.00
政治沟通	城镇	3204	2.9781	.55013	.00972	2.9590	2.9971	1.00	5.00
	农村	1094	2.9782	.52849	.01598	2.9469	3.0096	1.00	4.80
	总数	4298	2.9781	.54465	.00831	2.9618	2.9944	1.00	5.00
程序公平	城镇	3194	2.9535	.82555	.01461	2.9248	2.9821	1.00	5.00
	农村	1095	3.0102	.81695	.02469	2.9618	3.0586	1.00	5.00
	总数	4289	2.9679	.82364	.01258	2.9433	2.9926	1.00	5.00
结果公平	城镇	3199	3.1481	.82620	.01461	3.1194	3.1767	1.00	5.00
	农村	1093	3.2051	.80372	.02431	3.1574	3.2528	1.00	5.00
	总数	4292	3.1626	.82082	.01253	3.1380	3.1872	1.00	5.00

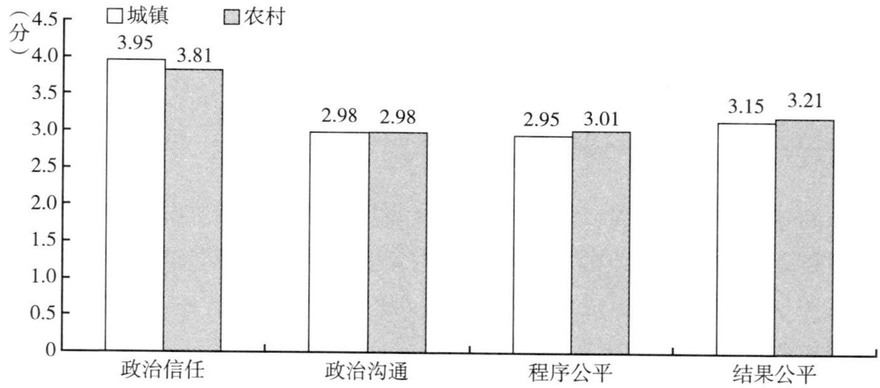

图 4　不同户籍被试对政治信任、政治沟通等打分的比较

对不同户籍被试的政治信任等打分的差异性进行方差分析（见表 8），可以发现在“政治信任”方面，不同户籍被试的打分差异显著，$F=16.378$，$p<0.001$，城镇户口被试（$M=3.95$，$SD=0.97$）的打分显著高于农村户口被试（$M=3.81$，$SD=1.05$）；在“程序公平”方面，不同户籍被试的打分差异显著，$F=3.873$，$p<0.05$，城镇户口被试（$M=2.95$，$SD=0.83$）的打分显

著低于农村户口被试（$M=3.01$，$SD=0.82$）；在“结果公平”方面，不同户籍被试的打分差异显著，$F=3.935$，$p<0.05$，城镇户口被试（$M=3.15$，$SD=0.83$）的打分显著低于农村户口被试（$M=3.21$，$SD=0.8$）；在“政治沟通”（$F=0.000$，$p=0.994$）方面，不同户籍被试之间的打分差异未达到显著性。

表 8　不同户籍被试对政治信任、政治沟通等打分的方差分析结果

项目		平方和	*df*	均方	*F*	显著性
政治信任	组间	16.039	1	16.039	16.378	.000
	组内	4211.048	4300	.979		
	总数	4227.087	4301			
政治沟通	组间	.000	1	.000	.000	.994
	组内	1274.664	4296	.297		
	总数	1274.664	4297			
程序公平	组间	2.626	1	2.626	3.873	.049
	组内	2906.272	4287	.678		
	总数	2908.897	4288			
结果公平	组间	2.649	1	2.649	3.935	.047
	组内	2888.363	4290	.673		
	总数	2891.012	4291			

从问卷调查的情况看，在县级人大代表选举参与中存在较明显的户籍差异，主要表现是城镇户口被试的选举参与客观状况水平总体高于农村户口被试，对选举工作的总体评价也明显高于农村户口被试，并且城镇户口被试对政治信任评价较高，农村户口被试则更关注程序公平和结果公平。

B.8

不同收入公民的县级人大代表选举参与比较

史卫民　涂　锋

在“中国公民的县（区）级人大代表选举参与”问卷调查中，项目组参考2013年全国城镇居民人均收入水平（26955元，月均2246元），将被试的月均收入分为三大类：第一类是1500元及以下，对应“低收入”；第二类是1501~3500元，对应“中等收入”；第三类是3501元及以上，对应“高收入”。在4308份有效数据中，低收入（1500元及以下）被试1347人，占31.27%；中等收入（1501~3500元）被试2196人，占50.97%；高收入（3501元及以上）被试765人，占17.76%。根据问卷调查的数据，可以比较不同收入被试的县级人大代表选举参与状况。

一　不同收入被试的县级人大代表选举参与客观状况

调查结果显示，低收入被试的县级人大代表选举参与客观状况的总体得分在0~9.00分之间，均值为3.21，标准差为1.67。具体到县级人大代表选举参与客观状况的五个维度，低收入被试的“选举重要性认知”得分在0~1.00分之间，均值为0.23，标准差为0.35；“权利与途径认知”得分在0~1.00分之间，均值为0.50，标准差为0.36；“选举内容认知”得分在0~2.50分之间，均值为0.81，标准差为0.45；“选举程序认知”得分在0~1.50分之间，均值为0.76，标准差为0.42；“选举参与”得分在0~4.00分之间，均值为0.90，标准差为1.31。

中等收入被试的县级人大代表选举参与客观状况的总体得分在0~9.50分之间，均值为3.41，标准差为1.73。具体到县级人大代表选举参与客观状况的五个维度，中等收入被试的“选举重要性认知”得分在0～1.00分之间，均值为0.23，标准差为0.34；“权利与途径认知”得分在0～1.00分之间，均值为0.53，标准差为0.35；“选举内容认知”得分在0～2.50分之间，均值为0.87，标准差为0.47；“选举程序认知”得分在0～1.50分之间，均值为0.79，标准差为0.43；“选举参与”得分在0～4.00分之间，均值为0.99，标准差为1.34。

高收入被试的县级人大代表选举参与客观状况的总体得分在0.50～9.50分之间，均值为3.63，标准差为1.76。具体到县级人大代表选举参与客观状况的五个维度，高收入被试的“选举重要性认知”得分在0～1.00分之间，均值为0.25，标准差为0.36；“权利与途径认知”得分在0～1.00分之间，均值为0.57，标准差为0.35；“选举内容认知”得分在0～2.50分之间，均值为0.83，标准差为0.48；“选举程序认知”得分在0～1.50分之间，均值为0.82，标准差为0.42；“选举参与”得分在0～4.00分之间，均值为1.15，标准差为1.39（见表1和图1）。

表1　不同收入被试的县级人大代表选举参与客观状况得分的描述统计结果

项目		N	均值	标准差	标准误	均值的95%置信区间		极小值	极大值
						下限	上限		
客观状况总分	低收入	1298	3.2092	1.66914	.04633	3.1183	3.3001	.00	9.00
	中等收入	2127	3.4140	1.72678	.03744	3.3405	3.4874	.00	9.50
	高收入	740	3.6297	1.75593	.06455	3.5030	3.7565	.50	9.50
	总数	4165	3.3885	1.71991	.02665	3.3362	3.4407	.00	9.50
选举重要性认知	低收入	1343	.2293	.34783	.00949	.2107	.2480	.00	1.00
	中等收入	2195	.2349	.34037	.00727	.2206	.2491	.00	1.00
	高收入	765	.2510	.35872	.01297	.2255	.2764	.00	1.00
	总数	4303	.2360	.34603	.00527	.2257	.2463	.00	1.00
权利与途径认知	低收入	1341	.5045	.35824	.00978	.4853	.5237	.00	1.00
	中等收入	2186	.5327	.34885	.00746	.5181	.5473	.00	1.00
	高收入	765	.5745	.34655	.01253	.5499	.5991	.00	1.00
	总数	4292	.5313	.35212	.00537	.5208	.5419	.00	1.00
选举内容认知	低收入	1328	.8091	.45096	.01237	.7848	.8334	.00	2.50
	中等收入	2151	.8675	.47089	.01015	.8476	.8874	.00	2.50
	高收入	746	.8318	.47507	.01739	.7976	.8659	.00	2.50
	总数	4225	.8428	.46610	.00717	.8288	.8569	.00	2.50

续表

项目		N	均值	标准差	标准误	均值的 95% 置信区间		极小值	极大值
						下限	上限		
选举程序认知	低收入	1340	.7608	.42168	.01152	.7382	.7834	.00	1.50
	中等收入	2188	.7914	.42980	.00919	.7733	.8094	.00	1.50
	高收入	764	.8246	.41907	.01516	.7948	.8544	.00	1.50
	总数	4292	.7877	.42584	.00650	.7750	.8005	.00	1.50
选举参与	低收入	1330	.9008	1.30531	.03579	.8305	.9710	.00	4.00
	中等收入	2180	.9885	1.33976	.02869	.9323	1.0448	.00	4.00
	高收入	760	1.1539	1.38930	.05040	1.0550	1.2529	.00	4.00
	总数	4270	.9906	1.34054	.02051	.9504	1.0309	.00	4.00

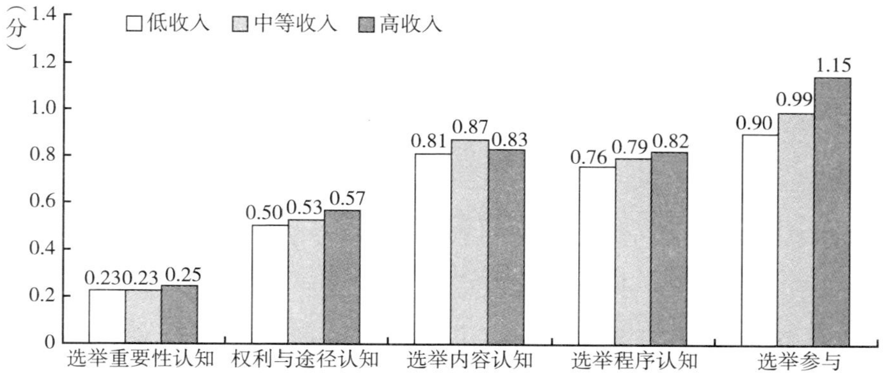

图 1　不同收入被试的县级人大代表选举客观状况五个一级指标得分比较

对不同收入被试的县级人大代表选举参与客观状况的差异进行检验（见表 2、表 3），方差分析的结果显示，不同收入被试的选举参与客观状况总分之间差异显著，$F = 14.663$，$p < 0.001$，高收入被试（$M = 3.63$，$SD = 1.76$）的得分显著高于中等收入被试（$M = 3.41$，$SD = 1.73$）和低收入被试（$M = 3.21$，$SD = 1.67$），中等收入被试的得分显著高于低收入被试。具体到县级人大代表选举参与客观状况的五个维度，在“选举重要性认知”（$F = 0.978$，$p = 0.376$）上，低收入被试、中等收入被试和高收入被试之间的得分差异不显著；在“权利与途径认知”上，不同收入被试的得分差异显著，$F = 9.708$，$p < 0.001$，高收入被试（$M = 0.57$，$SD = 0.35$）的得分显著高于中等收入被试

（$M=0.53$，$SD=0.35$）和低收入被试（$M=0.50$，$SD=0.36$），中等收入被试的得分显著高于低收入被试；在“选举内容认知”上，不同收入被试的得分差异显著，$F=6.717$，$p<0.05$，低收入被试（$M=0.81$，$SD=0.45$）的得分显著低于中等收入被试（$M=0.87$，$SD=0.47$），与高收入被试（$M=0.83$，$SD=0.48$）之间的得分差异不显著，中等收入被试与高收入被试之间的得分差异不显著；在“选举程序认知”上，不同收入被试的得分差异显著，$F=5.632$，$p<0.05$，低收入被试（$M=0.76$，$SD=0.42$）的得分显著低于中等收入被试（$M=0.79$，$SD=0.43$）和高收入被试（$M=0.82$，$SD=0.42$），中等收入被试与高收入被试之间的得分差异不显著；在“选举参与”上，不同收入被试的得分差异显著，$F=8.663$，$p<0.001$，高收入被试（$M=1.15$，$SD=1.39$）的得分显著高于中等收入被试（$M=0.99$，$SD=1.34$）和低收入被试（$M=0.90$，$SD=1.31$），低收入被试与中等收入被试之间的得分差异不显著。

表 2　不同收入被试的县级人大代表选举参与客观状况得分的方差分析结果

项目		平方和	*df*	均方	*F*	显著性
客观状况总分	组间	86.185	2	43.092	14.663	.000
	组内	12231.262	4162	2.939		
	总数	12317.447	4164			
选举重要性认知	组间	.234	2	.117	.978	.376
	组内	514.860	4300	.120		
	总数	515.094	4302			
权利与途径认知	组间	2.398	2	1.199	9.708	.000
	组内	529.637	4289	.123		
	总数	532.035	4291			
选举内容认知	组间	2.911	2	1.455	6.717	.001
	组内	914.735	4222	.217		
	总数	917.646	4224			
选举程序认知	组间	2.038	2	1.019	5.632	.004
	组内	776.097	4289	.181		
	总数	778.135	4291			
选举参与	组间	31.025	2	15.512	8.663	.000
	组内	7640.601	4267	1.791		
	总数	7671.625	4269			

表 3　不同收入被试的县级人大代表选举参与客观状况得分的多重比较

因变量	(I)收入	(J)收入	均值差(I－J)	标准误	显著性	95%置信区间	
						下限	上限
客观状况总分	低收入	中等收入	－.20480*	.06038	.001	－.3232	－.0864
		高收入	－.42056*	.07896	.000	－.5754	－.2657
	中等收入	低收入	.20480*	.06038	.001	.0864	.3232
		高收入	－.21577*	.07316	.003	－.3592	－.0723
	高收入	低收入	.42056*	.07896	.000	.2657	.5754
		中等收入	.21577*	.07316	.003	.0723	.3592
选举重要性认知	低收入	中等收入	－.00551	.01199	.646	－.0290	.0180
		高收入	－.02164	.01567	.167	－.0524	.0091
	中等收入	低收入	.00551	.01199	.646	－.0180	.0290
		高收入	－.01613	.01453	.267	－.0446	.0124
	高收入	低收入	.02164	.01567	.167	－.0091	.0524
		中等收入	.01613	.01453	.267	－.0124	.0446
权利与途径认知	低收入	中等收入	－.02823*	.01219	.021	－.0521	－.0043
		高收入	－.07004*	.01592	.000	－.1013	－.0388
	中等收入	低收入	.02823*	.01219	.021	.0043	.0521
		高收入	－.04180*	.01476	.005	－.0707	－.0129
	高收入	低收入	.07004*	.01592	.000	.0388	.1013
		中等收入	.04180*	.01476	.005	.0129	.0707
选举内容认知	低收入	中等收入	－.05839*	.01624	.000	－.0902	－.0265
		高收入	－.02266	.02130	.287	－.0644	.0191
	中等收入	低收入	.05839*	.01624	.000	.0265	.0902
		高收入	.03573	.01978	.071	－.0030	.0745
	高收入	低收入	.02266	.02130	.287	－.0191	.0644
		中等收入	－.03573	.01978	.071	－.0745	.0030
选举程序认知	低收入	中等收入	－.03054*	.01476	.039	－.0595	－.0016
		高收入	－.06379*	.01928	.001	－.1016	－.0260
	中等收入	低收入	.03054*	.01476	.039	.0016	.0595
		高收入	－.03325	.01788	.063	－.0683	.0018
	高收入	低收入	.06379*	.01928	.001	.0260	.1016
		中等收入	.03325	.01788	.063	－.0018	.0683
选举参与	低收入	中等收入	－.08778	.04656	.059	－.1791	.0035
		高收入	－.25320*	.06085	.000	－.3725	－.1339
	中等收入	低收入	.08778	.04656	.059	－.0035	.1791
		高收入	－.16542*	.05637	.003	－.2759	－.0549
	高收入	低收入	.25320*	.06085	.000	.1339	.3725
		中等收入	.16542*	.05637	.003	.0549	.2759

*均值差的显著性水平为 0.05。

二　不同收入被试的县级人大代表选举参与主观状况

调查结果显示，低收入被试的“选举参与满意度”得分在1.00～5.00分之间，均值为2.86，标准差为0.54；“选举参与意愿”得分在1.33～5.00分之间，均值为3.19，标准差为0.62；“选举参与效能”得分在1.00～5.00分之间，均值为3.08，标准差为0.58。

中等收入被试的“选举参与满意度”得分在1.00～4.75分之间，均值为2.81，标准差为0.53；“选举参与意愿”得分在1.00～5.00分之间，均值为3.19，标准差为0.63；“选举参与效能”得分在1.00～5.00分之间，均值为3.07，标准差为0.53。

高收入被试“选举参与满意度”得分在1.00～4.75分之间，均值为2.78，标准差为0.56；“选举参与意愿”得分在1.00～5.00分之间，均值为3.18，标准差为0.66；“选举参与效能”得分在1.33～5.00分之间，均值为3.05，标准差为0.56（见表4和图2）。

表4　不同收入被试的县级人大代表选举参与主观状况得分的描述统计结果

项目		*N*	均值	标准差	标准误	均值的95%置信区间		极小值	极大值
						下限	上限		
选举参与满意度	低收入	1346	2.8611	.54159	.01476	2.8321	2.8900	1.00	5.00
	中等收入	2192	2.8067	.52803	.01128	2.7846	2.8288	1.00	4.75
	高收入	762	2.7822	.55640	.02016	2.7426	2.8217	1.00	4.75
	总数	4300	2.8194	.53809	.00821	2.8033	2.8354	1.00	5.00
选举参与意愿	低收入	1340	3.1893	.61640	.01684	3.1563	3.2223	1.33	5.00
	中等收入	2190	3.1913	.63210	.01351	3.1648	3.2178	1.00	5.00
	高收入	760	3.1772	.65841	.02388	3.1303	3.2241	1.00	5.00
	总数	4290	3.1882	.63189	.00965	3.1693	3.2071	1.00	5.00
选举参与效能	低收入	1345	3.0761	.58312	.01590	3.0449	3.1073	1.00	5.00
	中等收入	2194	3.0655	.53486	.01142	3.0431	3.0879	1.00	5.00
	高收入	764	3.0506	.56452	.02042	3.0105	3.0907	1.33	5.00
	总数	4303	3.0662	.55557	.00847	3.0496	3.0828	1.00	5.00

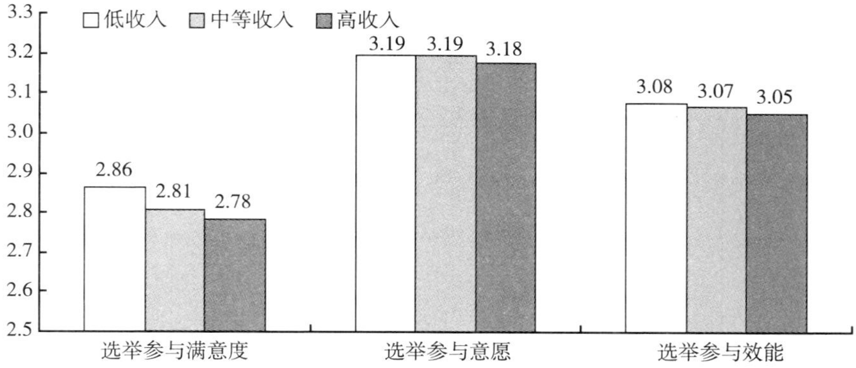

图 2　不同收入被试的县级人大代表选举参与主观状况得分比较

对不同收入被试的县级人大代表选举参与主观状况各指标的差异性进行方差分析（见表 5、表 6），可以发现不同收入被试之间的“选举参与意愿”（$F=0.144$，$p=0.866$）和“选举参与效能”（$F=0.515$，$p=0.597$）的得分差异不显著；在“选举参与满意度”上，不同收入被试的得分差异显著，$F=6.490$，$p<0.05$，低收入被试（$M=2.86$，$SD=0.54$）的得分显著高于中等收入被试（$M=2.81$，$SD=0.53$）和高收入被试（$M=2.78$，$SD=0.56$），中等收入被试与高收入被试之间的得分差异不显著。

表 5　不同收入被试的县级人大代表选举参与主观状况得分的方差分析结果

项目		平方和	*df*	均方	*F*	显著性
选举参与满意度	组间	3.749	2	1.874	6.490	.002
	组内	1241.002	4297	.289		
	总数	1244.751	4299			
选举参与意愿	组间	.115	2	.058	.144	.866
	组内	1712.398	4287	.399		
	总数	1712.513	4289			
选举参与效能	组间	.318	2	.159	.515	.597
	组内	1327.516	4300	.309		
	总数	1327.834	4302			

表 6　不同收入被试的县级人大代表选举参与主观状况得分的多重比较

因变量	(I)收入	(J)收入	均值差(I-J)	标准误	显著性	95%置信区间	
						下限	上限
选举参与满意度	低收入	中等收入	.05439*	.01861	.003	.0179	.0909
		高收入	.07892*	.02436	.001	.0312	.1267
	中等收入	低收入	-.05439*	.01861	.003	-.0909	-.0179
		高收入	.02453	.02260	.278	-.0198	.0688
	高收入	低收入	-.07892*	.02436	.001	-.1267	-.0312
		中等收入	-.02453	.02260	.278	-.0688	.0198
选举参与意愿	低收入	中等收入	-.00202	.02192	.927	-.0450	.0410
		高收入	.01211	.02870	.673	-.0442	.0684
	中等收入	低收入	.00202	.02192	.927	-.0410	.0450
		高收入	.01413	.02661	.595	-.0380	.0663
	高收入	低收入	-.01211	.02870	.673	-.0684	.0442
		中等收入	-.01413	.02661	.595	-.0663	.0380
选举参与效能	低收入	中等收入	.01060	.01924	.582	-.0271	.0483
		高收入	.02547	.02517	.312	-.0239	.0748
	中等收入	低收入	-.01060	.01924	.582	-.0483	.0271
		高收入	.01487	.02334	.524	-.0309	.0606
	高收入	低收入	-.02547	.02517	.312	-.0748	.0239
		中等收入	-.01487	.02334	.524	-.0606	.0309

*均值差的显著性水平为 0.05。

三　不同收入被试对县级人大代表选举工作的评价

“中国公民的县（区）级人大代表选举参与”问卷调查请被试根据最近一次县级人大代表选举情况，为选举工作的满意度打分。调查结果显示，低收入被试对选举工作满意度的综合打分在 1.00～5.00 分之间，均值为 3.17，标准差为 0.72；中等收入被试对选举工作满意度的综合打分在 1.00～5.00 分之间，均值为 3.16，标准差为 0.76；高收入被试对选举工作满意度的综合打分在 1.00～5.00 分之间，均值为 3.09，标准差为 0.81（见表 7 和图 3）。

表7 不同收入被试的县级人大代表选举工作满意度打分的描述统计结果

项目		*N*	均值	标准差	标准误	均值的95%置信区间		极小值	极大值
						下限	上限		
综合打分	低收入	1340	3.17	.715	.029	3.13	3.21	1.00	5.00
	中等收入	2186	3.16	.756	.016	3.13	3.29	1.00	5.00
	高收入	761	3.09	.810	.029	3.01	3.13	1.00	5.00
	总数	4287	3.15	.754	.012	3.13	3.17	1.00	5.00
选举组织工作的有效性	低收入	1345	3.13	.909	.025	3.08	3.17	1.00	5.00
	中等收入	2196	3.21	.923	.020	3.17	3.24	1.00	5.00
	高收入	765	3.09	.971	.035	3.02	3.16	1.00	5.00
	总数	4306	3.16	.928	.014	3.13	3.19	1.00	5.00
选举程序的规范性	低收入	1345	3.24	.937	.026	3.19	3.29	1.00	5.00
	中等收入	2196	3.22	.976	.021	3.18	3.26	1.00	5.00
	高收入	765	3.17	.999	.036	3.10	3.24	1.00	5.00
	总数	4306	3.22	.968	.015	3.19	3.24	1.00	5.00
选举的公正性	低收入	1345	3.11	.997	.027	3.06	3.17	1.00	5.00
	中等收入	2194	3.09	1.018	.022	3.05	3.14	1.00	5.00
	高收入	764	3.01	1.051	.038	2.93	3.08	1.00	5.00
	总数	4303	3.08	1.018	.016	3.05	3.11	1.00	5.00
选举信息的透明性	低收入	1346	3.08	1.038	.028	3.03	3.14	1.00	5.00
	中等收入	2195	3.06	1.068	.023	3.01	3.10	1.00	5.00
	高收入	764	2.97	1.066	.039	2.90	3.05	1.00	5.00
	总数	4305	3.05	1.059	.016	3.02	3.08	1.00	5.00
选举的竞争性	低收入	1347	3.18	.955	.026	3.12	3.23	1.00	5.00
	中等收入	2194	3.12	1.021	.022	3.07	3.16	1.00	5.00
	高收入	763	3.02	1.048	.038	2.94	3.09	1.00	5.00
	总数	4304	3.12	1.007	.015	3.09	3.15	1.00	5.00
选举纠纷处理的及时性	低收入	1345	3.21	.968	.026	3.15	3.26	1.00	5.00
	中等收入	2192	3.23	.976	.021	3.19	3.27	1.00	5.00
	高收入	765	3.07	1.015	.037	2.99	3.14	1.00	5.00
	总数	4302	3.19	.982	.015	3.16	3.22	1.00	5.00
民众参与选举的积极性	低收入	1346	3.23	.969	.026	3.17	3.28	1.00	5.00
	中等收入	2194	3.23	.991	.021	3.19	3.27	1.00	5.00
	高收入	765	3.12	1.034	.037	3.05	3.20	1.00	5.00
	总数	4305	3.21	.993	.015	3.18	3.24	1.00	5.00

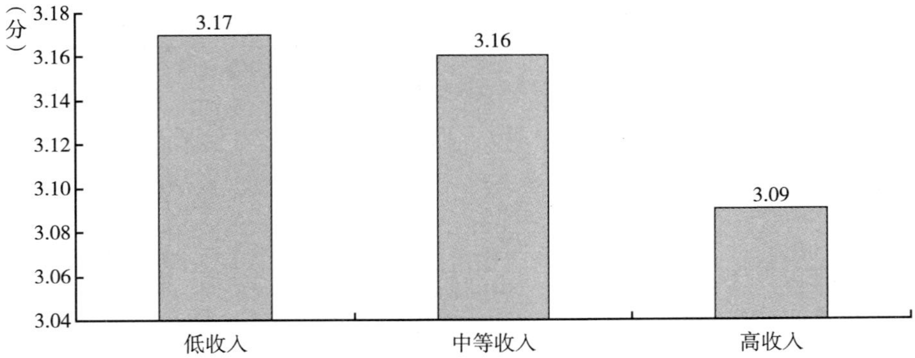

图3　不同收入被试的县级人大代表选举工作满意度综合打分比较

对不同收入被试的县级人大代表选举工作满意度打分的差异性进行方差分析（见表8、表9），分析结果显示，不同收入被试的县级人大代表选举工作满意度综合打分差异显著，$F=5.150$，$p<0.05$，高收入被试（$M=3.09$，$SD=0.81$）的打分显著低于中等收入被试（$M=3.16$，$SD=0.76$）和低收入被试（$M=3.17$，$SD=0.72$），中等收入被试与低收入被试之间的打分差异不显著。对于各项具体选举工作的评价也有一定的差异性，在“选举组织工作的有效性”方面，不同收入被试的打分差异显著，$F=5.642$，$p<0.05$，中等收入被试（$M=3.21$，$SD=0.92$）的打分显著高于低收入被试（$M=3.13$，$SD=0.91$）和高收入被试（$M=3.09$，$SD=0.97$），低收入被试与高收入被试之间的打分差异不显著；在“选举的竞争性”方面，不同收入被试的打分差异显著，$F=6.025$，$p<0.05$，高收入被试（$M=3.02$，$SD=1.05$）的打分显著低于中等收入被试（$M=3.12$，$SD=1.02$）和低收入被试（$M=3.18$，$SD=0.96$），中等收入被试与低收入被试之间的打分差异不显著；在“选举纠纷处理的及时性”方面，不同收入被试的打分差异显著，$F=7.892$，$p<0.001$，高收入被试（$M=3.07$，$SD=1.02$）的打分显著低于中等收入被试（$M=3.23$，$SD=0.98$）和低收入被试（$M=3.21$，$SD=0.97$），中等收入被试与低收入被试之间的打分差异不显著；在“民众参与选举的积极性”方面，不同收入被试的打分差异显著，$F=3.463$，$p<0.05$，高收入被试（$M=3.12$，$SD=1.03$）的打分显著低于中等收入被试（$M=3.23$，$SD=$

0.99）和低收入被试（$M = 3.23$，$SD = 0.97$），中等收入被试与低收入被试之间的打分差异不显著；在“选举程序的规范性”（$F = 1.213$，$p = 0.297$）、“选举的公正性”（$F = 2.865$，$p = 0.057$）、“选举信息的透明性”（$F = 2.852$，$p = 0.058$）方面，不同收入被试之间的打分差异均未达到显著水平。

表8　不同收入被试的县级人大代表选举工作满意度打分的方差分析结果

项目		平方和	*df*	均方	*F*	显著性
综合打分	组间	5.845	2	2.923	5.150	.006
	组内	2431.044	4284	.567		
	总数	2436.889	4286			
选举组织工作的有效性	组间	9.697	2	4.848	5.642	.004
	组内	3697.736	4303	.859		
	总数	3707.433	4305			
选举程序的规范性	组间	2.275	2	1.137	1.213	.297
	组内	4033.729	4303	.937		
	总数	4036.004	4305			
选举的公正性	组间	5.934	2	2.967	2.865	.057
	组内	4452.780	4300	1.036		
	总数	4458.714	4302			
选举信息的透明性	组间	6.388	2	3.194	2.852	.058
	组内	4817.875	4302	1.120		
	总数	4824.262	4304			
选举的竞争性	组间	12.189	2	6.094	6.025	.002
	组内	4350.793	4301	1.012		
	总数	4362.981	4303			
选举纠纷处理的及时性	组间	15.174	2	7.587	7.892	.000
	组内	4132.998	4299	.961		
	总数	4148.172	4301			
民众参与选举的积极性	组间	6.818	2	3.409	3.463	.031
	组内	4234.772	4302	.984		
	总数	4241.590	4304			

表9　不同收入被试的县级人大代表选举工作满意度打分的多重比较

因变量	(I)收入段	(J)收入段	均值差(I-J)	标准误	显著性	95%置信区间	
						下限	上限
综合打分	低收入	中等收入	.00281	.02614	.914	-.0484	.0541
		高收入	.09833*	.03419	.004	.0313	.1654
	中等收入	低收入	-.00281	.02614	.914	-.0541	.0484
		高收入	.09551*	.03171	.003	.0334	.1577
	高收入	低收入	-.09833*	.03419	.004	-.1654	-.0313
		中等收入	-.09551*	.03171	.003	-.1577	-.0334
选举组织工作的有效性	低收入	中等收入	-.080*	.032	.013	-.14	-.02
		高收入	.034	.042	.416	-.05	.12
	中等收入	低收入	.080*	.032	.013	.02	.14
		高收入	.114*	.039	.003	.04	.19
	高收入	低收入	-.034	.042	.416	-.12	.05
		中等收入	-.114*	.039	.003	-.19	-.04
选举程序的规范性	低收入	中等收入	.020	.034	.546	-.05	.09
		高收入	.068	.044	.121	-.02	.15
	中等收入	低收入	-.020	.034	.546	-.09	.05
		高收入	.048	.041	.240	-.03	.13
	高收入	低收入	-.068	.044	.121	-.15	.02
		中等收入	-.048	.041	.240	-.13	.03
选举的公正性	低收入	中等收入	.021	.035	.547	-.05	.09
		高收入	.107*	.046	.020	.02	.20
	中等收入	低收入	-.021	.035	.547	-.09	.05
		高收入	.086*	.043	.044	.00	.17
	高收入	低收入	-.107*	.046	.020	-.20	-.02
		中等收入	-.086*	.043	.044	-.17	.00
选举信息的透明性	低收入	中等收入	.027	.037	.454	-.04	.10
		高收入	.113*	.048	.019	.02	.21
	中等收入	低收入	-.027	.037	.454	-.10	.04
		高收入	.085	.044	.055	.00	.17
	高收入	低收入	-.113*	.048	.019	-.21	-.02
		中等收入	-.085	.044	.055	-.17	.00
选举的竞争性	低收入	中等收入	.059	.035	.090	-.01	.13
		高收入	.158*	.046	.001	.07	.25
	中等收入	低收入	-.059	.035	.090	-.13	.01
		高收入	.099*	.042	.019	.02	.18
	高收入	低收入	-.158*	.046	.001	-.25	-.07
		中等收入	-.099*	.042	.019	-.18	-.02

续表

因变量	(I)收入段	(J)收入段	均值差(I-J)	标准误	显著性	95%置信区间	
						下限	上限
选举纠纷处理的及时性	低收入	中等收入	-.021	.034	.541	-.09	.05
		高收入	.141*	.044	.002	.05	.23
	中等收入	低收入	.021	.034	.541	-.05	.09
		高收入	.161*	.041	.000	.08	.24
	高收入	低收入	-.141*	.044	.002	-.23	-.05
		中等收入	-.161*	.041	.000	-.24	-.08
民众参与选举的积极性	低收入	中等收入	-.003	.034	.938	-.07	.06
		高收入	.102*	.045	.023	.01	.19
	中等收入	低收入	.003	.034	.938	-.06	.07
		高收入	.105*	.042	.012	.02	.19
	高收入	低收入	-.102*	.045	.023	-.19	-.01
		中等收入	-.105*	.042	.012	-.19	-.02

* 均值差的显著性水平为0.05。

四　不同收入被试对政治信任和政治沟通等的评价

“中国公民的县（区）级人大代表选举参与”问卷调查还涉及了被试对政治信任、政治沟通、程序公平和结果公平的看法，可以比较不同收入被试在相关看法上是否有重大差别。

在“政治信任”方面，低收入被试的打分在1.00~6.00分之间，均值为3.95，标准差为0.95；中等收入被试的打分在1.00~6.00分之间，均值为3.94，标准差为0.98；高收入被试的打分在1.00~6.00分之间，均值为3.79，标准差为1.10。

在“政治沟通”方面，低收入被试的打分在1.00~5.00分之间，均值为3.02，标准差为0.51；中等收入被试的打分在1.00~5.00分之间，均值为2.98，标准差为0.54；高收入被试的打分在1.00~4.40分之间，均值为2.90，标准差为0.61。

在“程序公平”方面，低收入被试的打分在1.00~5.00分之间，均值为3.07，标准差为0.76；中等收入被试的打分在1.00~5.00分之间，均值为2.97，标准差为0.83；高收入被试的打分在1.00~5.00分之间，均值为2.79，标准差为0.89。

在“结果公平”方面，低收入被试的打分在1.00~5.00分之间，均值为3.16，标准差为0.79；中等收入被试的打分在1.00～5.00分之间，均值为3.16，标准差为0.82；高收入被试的打分在1.00～5.00分之间，均值为3.18，标准差为0.89（见表10和图4）。

表10　不同收入被试对政治信任、政治沟通等打分的描述统计结果

项目		N	均值	标准差	标准误	均值的95%置信区间		极小值	极大值
						下限	上限		
政治信任	低收入	1346	3.9527	.94753	.02583	3.9021	4.0034	1.00	6.00
	中等收入	2196	3.9423	.97570	.02082	3.9014	3.9831	1.00	6.00
	高收入	765	3.7895	1.09516	.03960	3.7118	3.8673	1.00	6.00
	总数	4307	3.9184	.99102	.01510	3.8888	3.9480	1.00	6.00
政治沟通	低收入	1346	3.0220	.51099	.01393	2.9947	3.0493	1.00	5.00
	中等收入	2192	2.9790	.53776	.01149	2.9565	3.0015	1.00	5.00
	高收入	765	2.8993	.60829	.02199	2.8562	2.9425	1.00	4.40
	总数	4303	2.9783	.54436	.00830	2.9620	2.9946	1.00	5.00
程序公平	低收入	1344	3.0711	.75480	.02059	3.0307	3.1114	1.00	5.00
	中等收入	2188	2.9653	.82813	.01770	2.9305	3.0000	1.00	5.00
	高收入	762	2.7940	.89313	.03235	2.7304	2.8575	1.00	5.00
	总数	4294	2.9680	.82323	.01256	2.9433	2.9926	1.00	5.00
结果公平	低收入	1342	3.1611	.78517	.02143	3.1190	3.2031	1.00	5.00
	中等收入	2193	3.1569	.81860	.01748	3.1226	3.1911	1.00	5.00
	高收入	761	3.1829	.88578	.03211	3.1198	3.2459	1.00	5.00
	总数	4296	3.1628	.82061	.01252	3.1382	3.1873	1.00	5.00

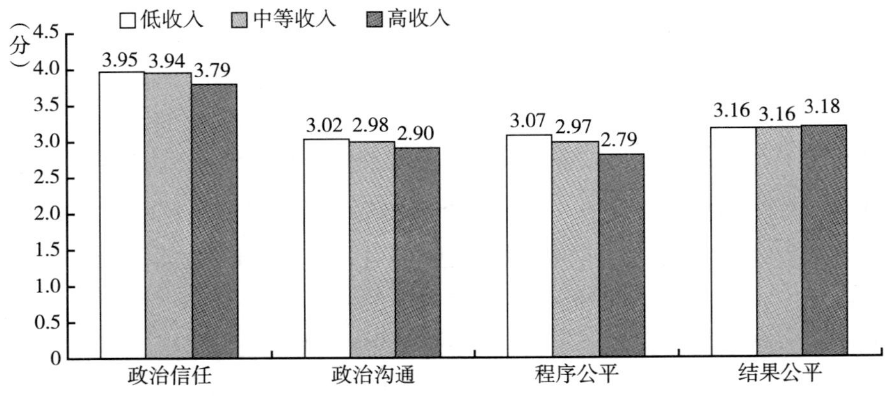

图4　不同收入被试对政治信任、政治沟通等打分的比较

对不同收入被试的政治信任等打分的差异性进行方差分析（见表 11、表 12），可以发现在“政治信任”方面，不同收入被试的打分差异显著，$F = 7.937$，$p < 0.001$，高收入被试（$M = 3.79$，$SD = 1.10$）的打分显著低于中等收入被试（$M = 3.94$，$SD = 0.98$）和低收入被试（$M = 3.95$，$SD = 0.95$），中等收入被试与低收入被试之间的打分差异不显著。在“政治沟通”方面，不同收入被试的打分差异显著，$F = 12.450$，$p < 0.001$，低收入被试（$M = 3.02$，$SD = 0.51$）的打分显著高于中等收入被试（$M = 2.98$，$SD = 0.54$）和高收入被试（$M = 2.90$，$SD = 0.61$），中等收入被试的打分显著高于高收入被试。在“程序公平”方面，不同收入被试的打分差异显著，$F = 27.917$，$p < 0.001$，低收入被试（$M = 3.07$，$SD = 0.75$）的打分显著高于中等收入被试（$M = 2.97$，$SD = 0.83$）和高收入被试（$M = 2.79$，$SD = 0.89$），中等收入被试的打分显著高于高收入被试。在“结果公平”（$F = 0.288$，$p = 0.750$）方面，不同收入被试之间的打分差异未达到显著水平。

表 11　不同收入被试对政治信任、政治沟通等打分的方差分析结果

项目		平方和	*df*	均方	*F*	显著性
政治信任	组间	15.540	2	7.770	7.937	.000
	组内	4213.510	4304	.979		
	总数	4229.050	4306			
政治沟通	组间	7.339	2	3.670	12.450	.000
	组内	1267.473	4300	.295		
	总数	1274.813	4302			
程序公平	组间	37.371	2	18.685	27.917	.000
	组内	2872.032	4291	.669		
	总数	2909.403	4293			
结果公平	组间	.388	2	.194	.288	.750
	组内	2891.881	4293	.674		
	总数	2892.269	4295			

表 12　不同收入被试对政治信任、政治沟通等打分的多重比较

因变量	(I)收入段	(J)收入段	均值差(I－J)	标准误	显著性	95%置信区间	
						下限	上限
政治信任	低收入	中等收入	.01049	.03425	.759	－.0567	.0776
		高收入	.16321*	.04480	.000	.0754	.2510
	中等收入	低收入	－.01049	.03425	.759	－.0776	.0567
		高收入	.15272*	.04154	.000	.0713	.2342
	高收入	低收入	－.16321*	.04480	.000	－.2510	－.0754
		中等收入	－.15272*	.04154	.000	－.2342	－.0713
政治沟通	低收入	中等收入	.04298*	.01880	.022	.0061	.0798
		高收入	.12264*	.02458	.000	.0745	.1708
	中等收入	低收入	－.04298*	.01880	.022	－.0798	－.0061
		高收入	.07967*	.02280	.000	.0350	.1244
	高收入	低收入	－.12264*	.02458	.000	－.1708	－.0745
		中等收入	－.07967*	.02280	.000	－.1244	－.0350
程序公平	低收入	中等收入	.10579*	.02835	.000	.0502	.1614
		高收入	.27709*	.03710	.000	.2044	.3498
	中等收入	低收入	－.10579*	.02835	.000	－.1614	－.0502
		高收入	.17130*	.03441	.000	.1038	.2388
	高收入	低收入	－.27709*	.03710	.000	－.3498	－.2044
		中等收入	－.17130*	.03441	.000	－.2388	－.1038
结果公平	低收入	中等收入	.00422	.02845	.882	－.0516	.0600
		高收入	－.02180	.03724	.558	－.0948	.0512
	中等收入	低收入	－.00422	.02845	.882	－.0600	.0516
		高收入	－.02601	.03453	.451	－.0937	.0417
	高收入	低收入	.02180	.03724	.558	－.0512	.0948
		中等收入	.02601	.03453	.451	－.0417	.0937

* 均值差的显著性水平为 0.05。

从问卷调查的情况看，公民收入水平的高低，对县级人大代表选举参与可能产生重要的影响，主要表现是收入越高选举参与的客观状况水平越高，但是高收入被试对县级人大代表选举工作的综合满意度明显低于中等收入和低收入被试；在主观状况层面，低收入被试的选举参与满意度明显高于中等收入和高收入被试。在政治沟通和程序公平方面，则表现为收入越低评价越高，这应该是值得注意的现象。

B.9 不同职业公民的县级人大代表选举参与比较

史卫民　郑建君

在“中国公民的县（区）级人大代表选举参与”问卷调查中，项目组将被试的职业分为务农人员、私营企业主（含个体户）、务工人员、专业技术人员、公务员、其他职业六类。在4308份有效数据中，务农人员204人，占4.74%；私营企业主745人，占17.29%；务工人员959人，占22.26%；专业技术人员396人，占9.19%；公务员134人，占3.11%；其他职业1870人，占43.41%。根据问卷调查的数据，可以比较不同职业被试的县级人大代表选举参与状况。

一　不同职业被试的县级人大代表选举参与客观状况

在县级人大代表选举参与客观状况的总体得分方面，务农人员被试的得分在0.50～8.50分之间，均值为3.52，标准差为1.71；私营企业主被试的得分在0.50～8.50分之间，均值为3.20，标准差为1.66；专业技术人员被试的得分在0.50～9.50分之间，均值为3.50，标准差为1.78；公务员被试的得分在1.00～9.50分之间，均值为3.97，标准差为2.01；务工人员被试的得分在0.50～8.50分之间，均值为3.40，标准差为1.65；其他职业被试的得分在0～9.00分之间，均值为3.38，标准差为1.74。对不同职业被试的县级人大代表选举参与客观状况总分的差异性进行方差分析（见表1、表2、表3和图1），显示不同职业被试之间的得分差异显著，$F = 5.352$，$p < 0.001$，公务员被试的得分显著高于另五种职业被试，私营企业主被试的得分显著低于另五种职业被试，务农人员、专业技术人员、务工人员和其他职业四种被试相互之间的得分差异均不显著。

表 1　不同职业被试的县级人大代表选举客观状况总分的差异比较

项目		N	均值	标准差	标准误	均值的 95% 置信区间		极小值	极大值
						下限	上限		
客观状况总分	务农人员	196	3.5230	1.70917	.12208	3.2822	3.7637	.50	8.50
	私营企业主	723	3.1971	1.65504	.06155	3.0763	3.3179	.50	8.50
	技术人员	386	3.4961	1.77519	.09035	3.3185	3.6738	.50	9.50
	公务员	129	3.9729	2.00907	.17689	3.6229	4.3229	1.00	9.50
	务工人员	928	3.3982	1.65094	.05419	3.2918	3.5045	.50	8.50
	其他职业	1803	3.3808	1.73667	.04090	3.3005	3.4610	.00	9.00
	总　数	4165	3.3885	1.71991	.02665	3.3362	3.4407	.00	9.50

表 2　不同职业被试的县级人大代表选举客观状况总分的方差分析结果

项目		平方和	df	均方	F	显著性
客观状况总分	组间	78.748	5	15.750	5.352	.000
	组内	12238.699	4159	2.943		
	总数	12317.447	4164			

表 3　不同职业被试的县级人大代表选举客观状况总分的多重比较

因变量	(I) 职业	(J) 职业	均值差 (I-J)	标准误	显著性	95% 置信区间	
						下限	上限
客观状况总分	务农人员	私营企业主	.32586*	.13814	.018	.0550	.5967
		技术人员	.02685	.15046	.858	-.2681	.3218
		公务员	-.44991*	.19449	.021	-.8312	-.0686
		务工人员	.12479	.13485	.355	-.1396	.3892
		其他职业	.14220	.12902	.270	-.1107	.3952
	私营企业主	务农人员	-.32586*	.13814	.018	-.5967	-.0550
		技术人员	-.29902*	.10814	.006	-.5110	-.0870
		公务员	-.77577*	.16396	.000	-1.0972	-.4543
		务工人员	-.20107*	.08509	.018	-.3679	-.0342
		其他职业	-.18366*	.07551	.015	-.3317	-.0356
	技术人员	务农人员	-.02685	.15046	.858	-.3218	.2681
		私营企业主	.29902*	.10814	.006	.0870	.5110
		公务员	-.47675*	.17446	.006	-.8188	-.1347
		务工人员	.09795	.10390	.346	-.1057	.3016
		其他职业	.11536	.09621	.231	-.0733	.3040

续表

因变量	(I)职业	(J)职业	均值差(I-J)	标准误	显著性	95%置信区间	
						下限	上限
客观状况总分	公务员	务农人员	.44991*	.19449	.021	.0686	.8312
		私营企业主	.77577*	.16396	.000	.4543	1.0972
		技术人员	.47675*	.17446	.006	.1347	.8188
		务工人员	.57470*	.16119	.000	.2587	.8907
		其他职业	.59211*	.15635	.000	.2856	.8986
	务工人员	务农人员	-.12479	.13485	.355	-.3892	.1396
		私营企业主	.20107*	.08509	.018	.0342	.3679
		技术人员	-.09795	.10390	.346	-.3016	.1057
		公务员	-.57470*	.16119	.000	-.8907	-.2587
		其他职业	.01741	.06930	.802	-.1185	.1533
	其他职业	务农人员	-.14220	.12902	.270	-.3952	.1107
		私营企业主	.18366*	.07551	.015	.0356	.3317
		技术人员	-.11536	.09621	.231	-.3040	.0733
		公务员	-.59211*	.15635	.000	-.8986	-.2856
		务工人员	-.01741	.06930	.802	-.1533	.1185

*均值差的显著性水平为0.05。

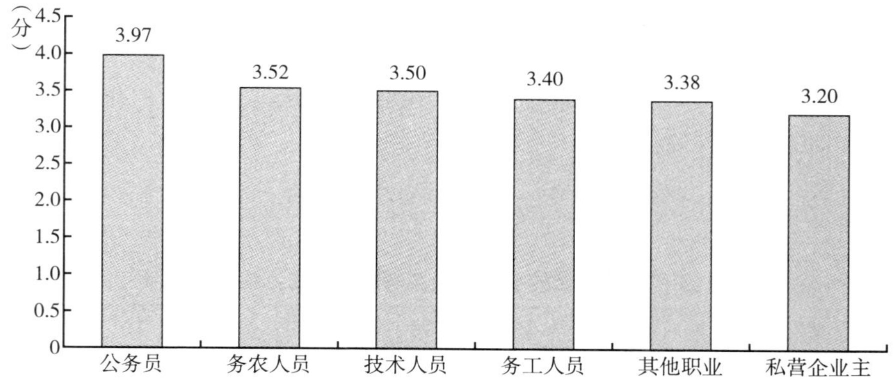

图1　不同职业被试的县级人大代表选举客观状况总分比较

在“选举重要性认知”方面，务农人员被试的得分在0～1.00分之间，均值为0.30，标准差为0.38；私营企业主被试的得分在0～1.00分之间，均值为0.22，标准差为0.34；专业技术人员被试的得分在0～1.00分之间，均值为0.22，标准差为0.33；公务员被试的得分在0～1.00分之间，均值为0.37，标准差为0.39；务工人员被试的得分在0～1.00分之间，均值为0.22，标准差为0.34；其他职业被试的得分在0～1.00分之间，均值为0.23，标准差为0.35。对不同职业被试的选举重要性认知得分的差异性进行方差分析（见表4、表5、表6和图2），显示不同职业被试之间的得分差异显著，$F=5.802$，$p<0.001$，公务员被试的得分显著高于私营企业主、专业技术人员、务工人员、其他职业被试，与务农人员被试之间的得分差异不显著；务农人员被试的得分显著高于私营企业主、专业技术人员、务工人员、其他职业被试；私营企业主、专业技术人员、务工人员和其他职业四种被试相互之间的得分差异均不显著。

表4　不同职业被试的选举重要性认知得分的差异比较

项目		*N*	均值	标准差	标准误	均值的95%置信区间		极小值	极大值
						下限	上限		
选举重要性认知	务农人员	202	.2995	.37741	.02655	.2471	.3519	.00	1.00
	私营企业主	743	.2248	.34333	.01260	.2000	.2495	.00	1.00
	技术人员	396	.2197	.33332	.01675	.1868	.2526	.00	1.00
	公务员	134	.3657	.38858	.03357	.2993	.4321	.00	1.00
	务工人员	959	.2221	.33606	.01085	.2008	.2434	.00	1.00
	其他职业	1869	.2349	.34581	.00800	.2192	.2506	.00	1.00
	总　数	4303	.2360	.34603	.00527	.2257	.2463	.00	1.00

表5　不同职业被试的选举重要性认知得分的方差分析结果

项目		平方和	*df*	均方	*F*	显著性
选举重要性认知	组间	3.454	5	.691	5.802	.000
	组内	511.640	4297	.119		
	总数	515.094	4302			

表6 不同职业被试的选举重要性认知得分的多重比较

因变量	(I)职业	(J)职业	均值差(I-J)	标准误	显著性	95%置信区间	
						下限	上限
选举重要性认知	务农人员	私营企业主	.07474*	.02738	.006	.0211	.1284
		技术人员	.07981*	.02984	.008	.0213	.1383
		公务员	-.06617	.03845	.085	-.1415	.0092
		务工人员	.07740*	.02671	.004	.0250	.1298
		其他职业	.06462*	.02556	.011	.0145	.1147
	私营企业主	务农人员	-.07474*	.02738	.006	-.1284	-.0211
		技术人员	.00507	.02147	.813	-.0370	.0472
		公务员	-.14091*	.03239	.000	-.2044	-.0774
		务工人员	.00266	.01686	.875	-.0304	.0357
		其他职业	-.01012	.01497	.499	-.0395	.0192
	技术人员	务农人员	-.07981*	.02984	.008	-.1383	-.0213
		私营企业主	-.00507	.02147	.813	-.0472	.0370
		公务员	-.14597*	.03449	.000	-.2136	-.0784
		务工人员	-.00241	.02061	.907	-.0428	.0380
		其他职业	-.01519	.01909	.426	-.0526	.0222
	公务员	务农人员	.06617	.03845	.085	-.0092	.1415
		私营企业主	.14091*	.03239	.000	.0774	.2044
		技术人员	.14597*	.03449	.000	.0784	.2136
		务工人员	.14357*	.03182	.000	.0812	.2060
		其他职业	.13079*	.03086	.000	.0703	.1913
	务工人员	务农人员	-.07740*	.02671	.004	-.1298	-.0250
		私营企业主	-.00266	.01686	.875	-.0357	.0304
		技术人员	.00241	.02061	.907	-.0380	.0428
		公务员	-.14357*	.03182	.000	-.2060	-.0812
		其他职业	-.01278	.01371	.351	-.0397	.0141
	其他职业	务农人员	-.06462*	.02556	.011	-.1147	-.0145
		私营企业主	.01012	.01497	.499	-.0192	.0395
		技术人员	.01519	.01909	.426	-.0222	.0526
		公务员	-.13079*	.03086	.000	-.1913	-.0703
		务工人员	.01278	.01371	.351	-.0141	.0397

* 均值差的显著性水平为0.05。

在“权利与途径认知”方面，务农人员被试的得分在0～1.00分之间，均值为0.47，标准差为0.37；私营企业主被试的得分在0～1.00分之间，均值为0.50，标准差为0.36；专业技术人员被试的得分在0～1.00分之间，均值为0.58，标准差为0.37；公务员被试的得分在0～1.00分之间，均值为

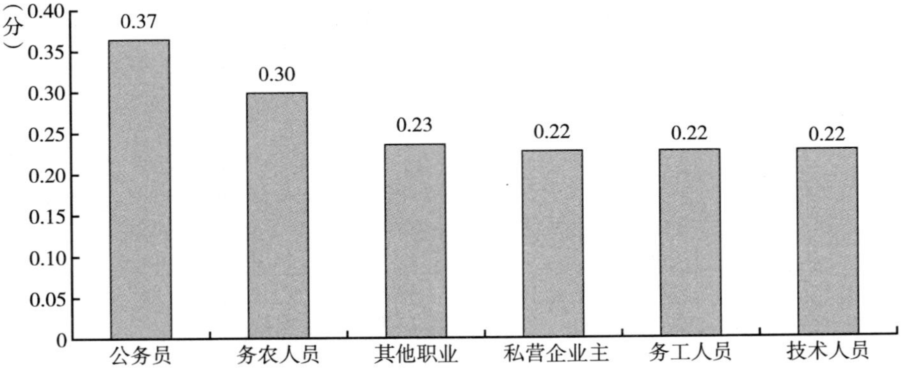

图 2　不同职业被试的选举重要性认知的得分比较

0.54，标准差为 0.35；务工人员被试的得分在 0～1.00 分之间，均值为 0.54，标准差为 0.34；其他职业被试的得分在 0～1.00 分之间，均值为 0.53，标准差为 0.35。对不同职业被试的权利与途径认知得分的差异性进行方差分析（见表 7、表 8、表 9 和图 3），显示不同职业被试之间的得分差异显著，$F = 3.778$，$p < 0.05$，公务员被试与另五种职业被试之间的得分差异均不显著；专业技术人员被试的得分显著高于务农人员、私营企业主、务工人员、其他职业被试；其他职业被试的得分显著高于务农人员、私营企业主被试，与务工人员被试之间的得分差异不显著；务工人员被试的得分显著高于务农人员，与私营企业主被试之间的得分差异不显著；务农人员被试与私营企业主被试之间的得分差异不显著。

表 7　不同职业被试的权利与途径认知得分的差异比较

项目		*N*	均值	标准差	标准误	均值的 95% 置信区间		极小值	极大值
						下限	上限		
权利与途径认知	务农人员	203	.4729	.36965	.02594	.4218	.5241	.00	1.00
	私营企业主	744	.5040	.36036	.01321	.4781	.5300	.00	1.00
	技术人员	395	.5823	.36356	.01829	.5463	.6182	.00	1.00
	公务员	134	.5448	.35468	.03064	.4842	.6054	.00	1.00
	务工人员	955	.5351	.34199	.01107	.5134	.5568	.00	1.00
	其他职业	1861	.5349	.34798	.00807	.5191	.5507	.00	1.00
	总　数	4292	.5313	.35212	.00537	.5208	.5419	.00	1.00

表 8　不同职业被试的权利与途径认知得分的方差分析结果

项目		平方和	*df*	均方	*F*	显著性
权利与途径认知	组间	2. 334	5	. 467	3. 778	. 002
	组内	529. 701	4286	. 124		
	总数	532. 035	4291			

表 9　不同职业被试的权利与途径认知得分的多重比较

因变量	(I)职业	(J)职业	均值差(I－J)	标准误	显著性	95%置信区间	
						下限	上限
权利与途径认知	务农人员	私营企业主	-. 03113	. 02784	. 264	-. 0857	. 0234
		技术人员	-. 10937 *	. 03036	. 000	-. 1689	-. 0499
		公务员	-. 07187	. 03913	. 066	-. 1486	. 0048
		务工人员	-. 06217 *	. 02717	. 022	-. 1154	-. 0089
		其他职业	-. 06202 *	. 02599	. 017	-. 1130	-. 0111
	私营企业主	务农人员	. 03113	. 02784	. 264	-. 0234	. 0857
		技术人员	-. 07825 *	. 02189	. 000	-. 1212	-. 0353
		公务员	-. 04074	. 03299	. 217	-. 1054	. 0239
		务工人员	-. 03105	. 01719	. 071	-. 0647	. 0027
		其他职业	-. 03090 *	. 01525	. 043	-. 0608	-. 0010
	技术人员	务农人员	. 10937 *	. 03036	. 000	. 0499	. 1689
		私营企业主	. 07825 *	. 02189	. 000	. 0353	. 1212
		公务员	. 03750	. 03515	. 286	-. 0314	. 1064
		务工人员	. 04720 *	. 02103	. 025	. 0060	. 0884
		其他职业	. 04735 *	. 01948	. 015	. 0092	. 0855
	公务员	务农人员	. 07187	. 03913	. 066	-. 0048	. 1486
		私营企业主	. 04074	. 03299	. 217	-. 0239	. 1054
		技术人员	-. 03750	. 03515	. 286	-. 1064	. 0314
		务工人员	. 00970	. 03243	. 765	-. 0539	. 0733
		其他职业	. 00985	. 03144	. 754	-. 0518	. 0715
	务工人员	务农人员	. 06217 *	. 02717	. 022	. 0089	. 1154
		私营企业主	. 03105	. 01719	. 071	-. 0027	. 0647
		技术人员	-. 04720 *	. 02103	. 025	-. 0884	-. 0060
		公务员	-. 00970	. 03243	. 765	-. 0733	. 0539
		其他职业	. 00015	. 01399	. 991	-. 0273	. 0276
	其他职业	务农人员	. 06202 *	. 02599	. 017	. 0111	. 1130
		私营企业主	. 03090 *	. 01525	. 043	. 0010	. 0608
		技术人员	-. 04735 *	. 01948	. 015	-. 0855	-. 0092
		公务员	-. 00985	. 03144	. 754	-. 0715	. 0518
		务工人员	-. 00015	. 01399	. 991	-. 0276	. 0273

* 均值差的显著性水平为 0. 05。

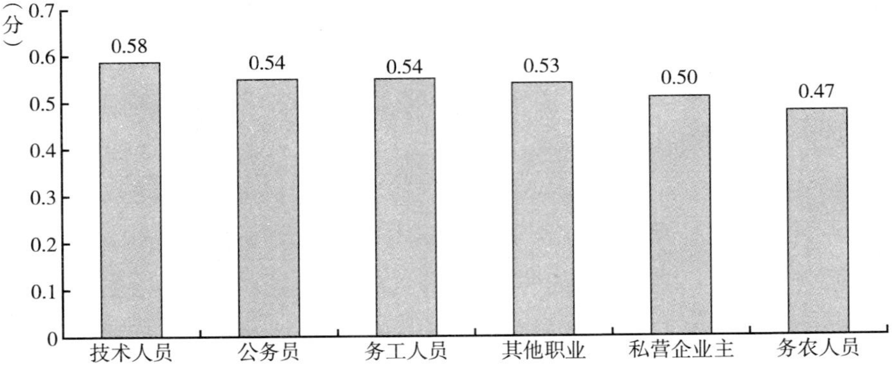

图3 不同职业被试的权利与途径认知的得分比较

在“选举内容认知”方面，务农人员被试的得分在0～2.00分之间，均值为0.81，标准差为0.48；私营企业主被试的得分在0～2.50分之间，均值为0.80，标准差为0.45；专业技术人员被试的得分在0～2.50分之间，均值为0.87，标准差为0.50；公务员被试的得分在0～2.50分之间，均值为0.98，标准差为0.49；务工人员被试的得分在0～2.50分之间，均值为0.88，标准差为0.46；其他职业被试的得分在0～2.50分之间，均值为0.83，标准差为0.46。对不同职业被试的选举内容认知得分的差异性进行方差分析（见表10、表11、表12和图4），显示不同职业被试之间的得分差异显著，$F=5.786$，$p<0.001$，公务员被试的得分显著高于另五种职业被试；务农人员被试与私营企业主、专业技术人员、务工人员、其他职业被试之间的得分差异均不显著；私营企业主被试的得分显著低于专业技术人员、务工人员被试，与其他职业被试之间的得分差异不显著；专业技术人员被试与务工人员、其他职业被试之间的得分差异不显著；务工人员被试的得分显著高于其他职业被试。

在“选举程序认知”方面，务农人员被试的得分在0～1.50分之间，均值为0.77，标准差为0.40；私营企业主被试的得分在0～1.50分之间，均值为0.81，标准差为0.43；专业技术人员被试的得分在0～1.50分之间，均值为0.79，标准差为0.41；公务员被试的得分在0～1.50分之间，均值为0.80，标准差为0.44；务工人员被试的得分在0～1.50分之间，均值为0.77，标准差为0.43；其他职业被试的得分在0～1.50分之间，均值为0.79，标准差为0.43。

表 10　不同职业被试的选举内容认知得分的差异比较

项目		N	均值	标准差	标准误	均值的 95% 置信区间		极小值	极大值
						下限	上限		
选举内容认知	务农人员	199	.8141	.48001	.03403	.7470	.8812	.00	2.00
	私营企业主	734	.7984	.44501	.01643	.7661	.8306	.00	2.50
	技术人员	388	.8737	.50016	.02539	.8238	.9236	.00	2.50
	公务员	130	.9769	.48967	.04295	.8920	1.0619	.00	2.50
	务工人员	941	.8826	.45811	.01493	.8533	.9119	.00	2.50
	其他职业	1833	.8273	.46469	.01085	.8060	.8486	.00	2.50
	总　数	4225	.8428	.46610	.00717	.8288	.8569	.00	2.50

表 11　不同职业被试的选举内容认知得分的方差分析结果

项目		平方和	*df*	均方	*F*	显著性
选举内容认知	组间	6.250	5	1.250	5.786	.000
	组内	911.396	4219	.216		
	总数	917.646	4224			

表 12　不同职业被试的选举内容认知得分的多重比较

因变量	(I)职业	(J)职业	均值差(I－J)	标准误	显著性	95% 置信区间	
						下限	上限
选举内容认知	务农人员	私营企业主	.01571	.03715	.672	-.0571	.0885
		技术人员	-.05964	.04053	.141	-.1391	.0198
		公务员	-.16285*	.05241	.002	-.2656	-.0601
		务工人员	-.06850	.03626	.059	-.1396	.0026
		其他职业	-.01326	.03469	.702	-.0813	.0547
	私营企业主	务农人员	-.01571	.03715	.672	-.0885	.0571
		技术人员	-.07535*	.02917	.010	-.1325	-.0182
		公务员	-.17856*	.04423	.000	-.2653	-.0919
		务工人员	-.08421*	.02289	.000	-.1291	-.0393
		其他职业	-.02897	.02030	.154	-.0688	.0108
	技术人员	务农人员	.05964	.04053	.141	-.0198	.1391
		私营企业主	.07535*	.02917	.010	.0182	.1325
		公务员	-.10321*	.04710	.028	-.1956	-.0109
		务工人员	-.00886	.02804	.752	-.0638	.0461
		其他职业	.04638	.02597	.074	-.0045	.0973

续表

因变量	(I)职业	(J)职业	均值差(I－J)	标准误	显著性	95%置信区间	
						下限	上限
选举内容认知	公务员	务农人员	.16285*	.05241	.002	.0601	.2656
		私营企业主	.17856*	.04423	.000	.0919	.2653
		技术人员	.10321*	.04710	.028	.0109	.1956
		务工人员	.09435*	.04349	.030	.0091	.1796
		其他职业	.14959*	.04218	.000	.0669	.2323
	务工人员	务农人员	.06850	.03626	.059	－.0026	.1396
		私营企业主	.08421*	.02289	.000	.0393	.1291
		技术人员	.00886	.02804	.752	－.0461	.0638
		公务员	－.09435*	.04349	.030	－.1796	－.0091
		其他职业	.05524*	.01864	.003	.0187	.0918
	其他职业	务农人员	.01326	.03469	.702	－.0547	.0813
		私营企业主	.02897	.02030	.154	－.0108	.0688
		技术人员	－.04638	.02597	.074	－.0973	.0045
		公务员	－.14959*	.04218	.000	－.2323	－.0669
		务工人员	－.05524*	.01864	.003	－.0918	－.0187

*. 均值差的显著性水平为0.05。

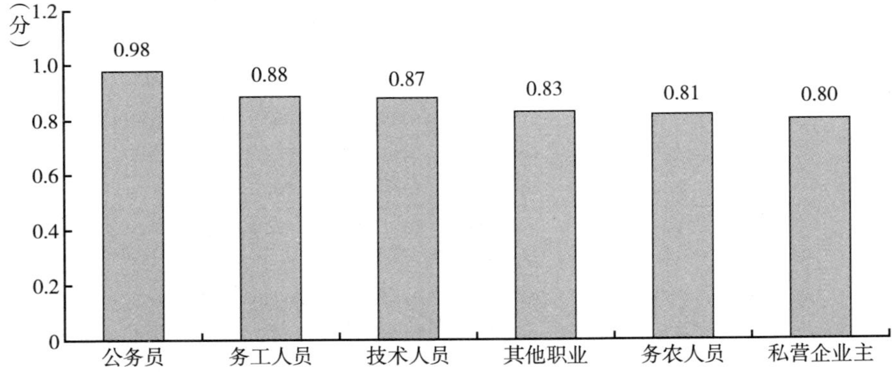

图4　不同职业被试的选举内容认知的得分比较

对不同职业被试的选举程序认知得分的差异性进行方差分析（见表13、表14、表15），显示不同职业被试之间的得分差异未达到显著水平（$F=0.917$，$p=0.469$）。

表 13　不同职业被试的选举程序认知得分的差异比较

项目		N	均值	标准差	标准误	均值的 95% 置信区间		极小值	极大值
						下限	上限		
选举程序认知	务农人员	204	.7672	.39821	.02788	.7122	.8221	.00	1.50
	私营企业主	740	.8081	.42781	.01573	.7772	.8390	.00	1.50
	技术人员	395	.7861	.41444	.02085	.7451	.8271	.00	1.50
	公务员	134	.7985	.44265	.03824	.7229	.8741	.00	1.50
	务工人员	955	.7675	.42878	.01387	.7403	.7948	.00	1.50
	其他职业	1864	.7918	.42766	.00991	.7724	.8113	.00	1.50
	总　数	4292	.7877	.42584	.00650	.7750	.8005	.00	1.50

表 14　不同职业被试的选举程序认知得分的方差分析结果

项目		平方和	df	均方	F	显著性
选举程序认知	组间	.831	5	.166	.917	.469
	组内	777.304	4286	.181		
	总数	778.135	4291			

表 15　不同职业被试的选举程序认知得分的多重比较

因变量	(I)职业	(J)职业	均值差(I－J)	标准误	显著性	95% 置信区间	
						下限	上限
选举程序认知	务农人员	私营企业主	-.04095	.03368	.224	-.1070	.0251
		技术人员	-.01892	.03672	.606	-.0909	.0531
		公务员	-.03135	.04735	.508	-.1242	.0615
		务工人员	-.00038	.03285	.991	-.0648	.0640
		其他职业	-.02469	.03141	.432	-.0863	.0369
	私营企业主	务农人员	.04095	.03368	.224	-.0251	.1070
		技术人员	.02203	.02654	.406	-.0300	.0741
		公务员	.00960	.03998	.810	-.0688	.0880
		务工人员	.04057	.02086	.052	-.0003	.0815
		其他职业	.01626	.01850	.380	-.0200	.0525
	技术人员	务农人员	.01892	.03672	.606	-.0531	.0909
		私营企业主	-.02203	.02654	.406	-.0741	.0300
		公务员	-.01243	.04257	.770	-.0959	.0710
		务工人员	.01854	.02548	.467	-.0314	.0685
		其他职业	-.00577	.02359	.807	-.0520	.0405

续表

因变量	(I)职业	(J)职业	均值差(I-J)	标准误	显著性	95%置信区间	
						下限	上限
选举程序认知	公务员	务农人员	.03135	.04735	.508	-.0615	.1242
		私营企业主	-.00960	.03998	.810	-.0880	.0688
		技术人员	.01243	.04257	.770	-.0710	.0959
		务工人员	.03097	.03929	.431	-.0461	.1080
		其他职业	.00666	.03809	.861	-.0680	.0813
	务工人员	务农人员	.00038	.03285	.991	-.0640	.0648
		私营企业主	-.04057	.02086	.052	-.0815	.0003
		技术人员	-.01854	.02548	.467	-.0685	.0314
		公务员	-.03097	.03929	.431	-.1080	.0461
		其他职业	-.02431	.01695	.152	-.0575	.0089
	其他职业	务农人员	.02469	.03141	.432	-.0369	.0863
		私营企业主	-.01626	.01850	.380	-.0525	.0200
		技术人员	.00577	.02359	.807	-.0405	.0520
		公务员	-.00666	.03809	.861	-.0813	.0680
		务工人员	.02431	.01695	.152	-.0089	.0575

* 均值差的显著性水平为0.05。

在“选举参与”方面，务农人员被试的得分在0~4.00分之间，均值为1.17，标准差为1.36；私营企业主被试的得分在0~4.00分之间，均值为0.85，标准差为1.30；专业技术人员被试的得分在0~4.00分之间，均值为1.05，标准差为1.37；公务员被试的得分在0~4.00分之间，均值为1.30，标准差为1.51；务工人员被试的得分在0~4.00分之间，均值为0.99，标准差为1.32；其他职业被试的得分在0~4.00分之间，均值为1.00，标准差为1.34。对不同职业被试选举参与得分的差异性进行方差分析（见表16、表17、表18和图5），显示不同职业被试之间的得分差异显著，$F=4.027$，$p<0.05$，私营企业主被试的得分显著低于另五种职业被试；公务员被试的得分显著高于务工人员、其他职业被试，与务农人员、专业技术人员被试之间的得分差异不显著；务农人员、专业技术人员、务工人员、其他职业四种被试相互之间的得分差异均不显著。

表 16　不同职业被试的选举参与得分的差异比较

项目		N	均值	标准差	标准误	均值的 95% 置信区间		极小值	极大值
						下限	上限		
选举参与	务农人员	202	1. 1658	1. 35620	. 09542	. 9777	1. 3540	. 00	4. 00
	私营企业主	740	. 8473	1. 30147	. 04784	. 7534	. 9412	. 00	4. 00
	技术人员	396	1. 0518	1. 37214	. 06895	. 9162	1. 1873	. 00	4. 00
	公务员	133	1. 3045	1. 50609	. 13059	1. 0462	1. 5628	. 00	4. 00
	务工人员	949	. 9858	1. 32469	. 04300	. 9014	1. 0702	. 00	4. 00
	其他职业	1850	. 9957	1. 33746	. 03110	. 9347	1. 0567	. 00	4. 00
	总　数	4270	. 9906	1. 34054	. 02051	. 9504	1. 0309	. 00	4. 00

表 17　不同职业被试的选举参与得分的方差分析结果

项目		平方和	df	均方	F	显著性
选举参与	组间	36. 057	5	7. 211	4. 027	. 001
	组内	7635. 568	4264	1. 791		
	总数	7671. 625	4269			

表 18　不同职业被试的选举参与得分的多重比较

因变量	(I)职业	(J)职业	均值差(I－J)	标准误	显著性	95% 置信区间	
						下限	上限
选举参与	务农人员	私营企业主	. 31854 *	. 10623	. 003	. 1103	. 5268
		技术人员	. 11407	. 11570	. 324	－. 1128	. 3409
		公务员	－. 13867	. 14943	. 353	－. 4316	. 1543
		务工人员	. 18007	. 10369	. 083	－. 0232	. 3834
		其他职业	. 17017	. 09916	. 086	－. 0242	. 3646
	私营企业主	务农人员	－. 31854 *	. 10623	. 003	－. 5268	－. 1103
		技术人员	－. 20447 *	. 08332	. 014	－. 3678	－. 0411
		公务员	－. 45721 *	. 12603	. 000	－. 7043	－. 2101
		务工人员	－. 13848 *	. 06563	. 035	－. 2671	－. 0098
		其他职业	－. 14838 *	. 05820	. 011	－. 2625	－. 0343
	技术人员	务农人员	－. 11407	. 11570	. 324	－. 3409	. 1128
		私营企业主	. 20447 *	. 08332	. 014	. 0411	. 3678
		公务员	－. 25274	. 13411	. 060	－. 5157	. 0102
		务工人员	. 06599	. 08006	. 410	－. 0910	. 2229
		其他职业	. 05609	. 07409	. 449	－. 0892	. 2014

续表

因变量	(I)职业	(J)职业	均值差(I－J)	标准误	显著性	95%置信区间	
						下限	上限
选举参与	公务员	务农人员	.13867	.14943	.353	－.1543	.4316
		私营企业主	.45721*	.12603	.000	.2101	.7043
		技术人员	.25274	.13411	.060	－.0102	.5157
		务工人员	.31874*	.12390	.010	.0758	.5616
		其他职业	.30884*	.12013	.010	.0733	.5444
	务工人员	务农人员	－.18007	.10369	.083	－.3834	.0232
		私营企业主	.13848*	.06563	.035	.0098	.2671
		技术人员	－.06599	.08006	.410	－.2229	.0910
		公务员	－.31874*	.12390	.010	－.5616	－.0758
		其他职业	－.00990	.05343	.853	－.1147	.0949
	其他职业	务农人员	－.17017	.09916	.086	－.3646	.0242
		私营企业主	.14838*	.05820	.011	.0343	.2625
		技术人员	－.05609	.07409	.449	－.2014	.0892
		公务员	－.30884*	.12013	.010	－.5444	－.0733
		务工人员	.00990	.05343	.853	－.0949	.1147

* 均值差的显著性水平为0.05。

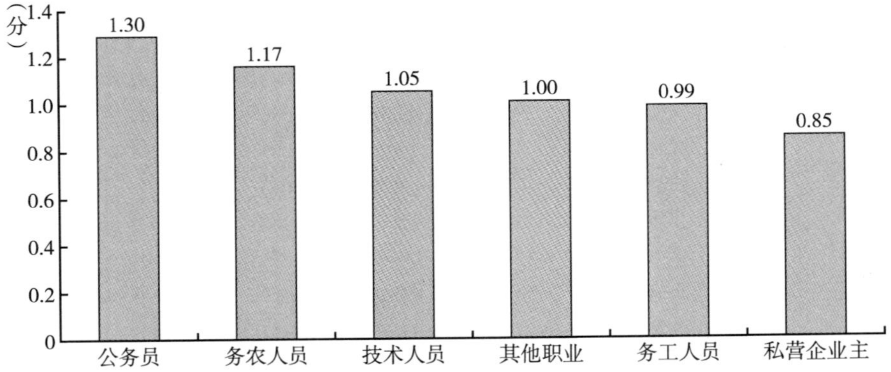

图5　不同职业被试的选举参与的得分比较

二 不同职业被试的县级人大代表选举参与主观状况

在“选举参与满意度”方面，务农人员被试的得分在1.25～4.50分之间，均值为2.90，标准差为0.53；私营企业主被试的得分在1.00～4.75分之间，均值为2.78，标准差为0.53；专业技术人员被试的得分在1.00～4.75分之间，均值为2.78，标准差为0.61；公务员被试的得分在1.00～4.25分之间，均值为2.79，标准差为0.54；务工人员被试的得分在1.00～4.50分之间，均值为2.81，标准差为0.53；其他职业被试的得分在1.00～5.00分之间，均值为2.85，标准差为0.53。对不同职业被试的选举参与满意度得分的差异性进行方差分析（见表19、表20、表21和图6），显示不同职业被试之间的得分差异显著，$F=3.418$，$p<0.05$，公务员被试与另五种职业被试之间的得分差异均不显著；务农人员被试的得分显著高于私营企业主、专业技术人员、务工人员被试，与其他职业被试之间的得分差异不显著；其他职业被试的得分显著高于私营企业主和专业技术人员被试，与务工人员被试之间的得分差异不显著；私营企业主、专业技术人员、务工人员三种被试相互之间的得分差异均不显著。

表19 不同职业被试的选举参与满意度得分的差异比较

项目		N	均值	标准差	标准误	均值的95%置信区间		极小值	极大值
						下限	上限		
选举参与满意度	务农人员	203	2.8978	.52860	.03710	2.8246	2.9709	1.25	4.50
	私营企业主	744	2.7765	.52947	.01941	2.7384	2.8147	1.00	4.75
	技术人员	395	2.7766	.60946	.03067	2.7163	2.8369	1.00	4.75
	公务员	134	2.7910	.53994	.04664	2.6988	2.8833	1.00	4.25
	务工人员	958	2.8058	.52895	.01709	2.7723	2.8394	1.00	4.50
	其他职业	1866	2.8459	.52915	.01225	2.8219	2.8700	1.00	5.00
	总　数	4300	2.8194	.53809	.00821	2.8033	2.8354	1.00	5.00

表20 不同职业被试的选举参与满意度得分的方差分析结果

项目		平方和	df	均方	F	显著性
选举参与满意度	组间	4.935	5	.987	3.418	.004
	组内	1239.816	4294	.289		
	总数	1244.751	4299			

表 21　不同职业被试的选举参与满意度得分的多重比较

因变量	(I)职业	(J)职业	均值差(I-J)	标准误	显著性	95%置信区间	
						下限	上限
选举参与满意度	务农人员	私营企业主	.12124*	.04255	.004	.0378	.2047
		技术人员	.12120*	.04640	.009	.0302	.2122
		公务员	.10674	.05981	.074	-.0105	.2240
		务工人员	.09194*	.04152	.027	.0105	.1733
		其他职业	.05186	.03971	.192	-.0260	.1297
	私营企业主	务农人员	-.12124*	.04255	.004	-.2047	-.0378
		技术人员	-.00004	.03345	.999	-.0656	.0655
		公务员	-.01450	.05043	.774	-.1134	.0844
		务工人员	-.02930	.02626	.265	-.0808	.0222
		其他职业	-.06938*	.02330	.003	-.1151	-.0237
	技术人员	务农人员	-.12120*	.04640	.009	-.2122	-.0302
		私营企业主	.00004	.03345	.999	-.0655	.0656
		公务员	-.01446	.05372	.788	-.1198	.0909
		务工人员	-.02926	.03213	.362	-.0923	.0337
		其他职业	-.06934*	.02976	.020	-.1277	-.0110
	公务员	务农人员	-.10674	.05981	.074	-.2240	.0105
		私营企业主	.01450	.05043	.774	-.0844	.1134
		技术人员	.01446	.05372	.788	-.0909	.1198
		务工人员	-.01480	.04956	.765	-.1120	.0824
		其他职业	-.05488	.04806	.254	-.1491	.0393
	务工人员	务农人员	-.09194*	.04152	.027	-.1733	-.0105
		私营企业主	.02930	.02626	.265	-.0222	.0808
		技术人员	.02926	.03213	.362	-.0337	.0923
		公务员	.01480	.04956	.765	-.0824	.1120
		其他职业	-.04008	.02136	.061	-.0820	.0018
	其他职业	务农人员	-.05186	.03971	.192	-.1297	.0260
		私营企业主	.06938*	.02330	.003	.0237	.1151
		技术人员	.06934*	.02976	.020	.0110	.1277
		公务员	.05488	.04806	.254	-.0393	.1491
		务工人员	.04008	.02136	.061	-.0018	.0820

*均值差的显著性水平为 0.05。

在“选举参与意愿”方面，务农人员被试的得分在 1.33～5.00 分之间，均值为 3.22，标准差为 0.62；私营企业主被试的得分在 1.33～5.00 分之间，均值为

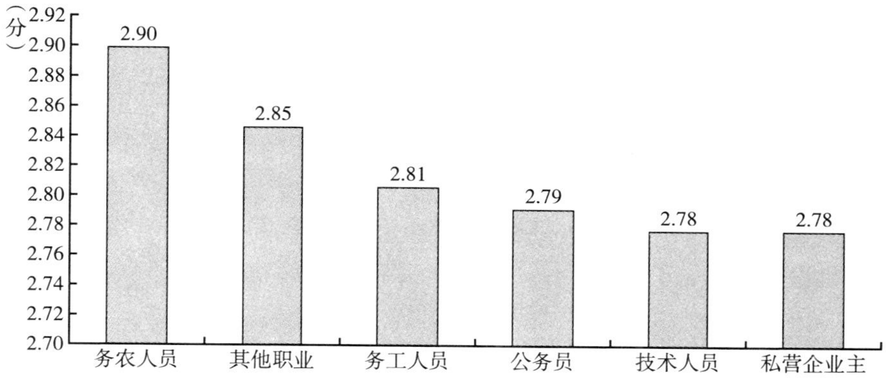

图 6　不同职业被试的选举参与满意度的得分比较

3.18，标准差为 0.62；专业技术人员被试的得分在 1.33 ~ 5.00 分之间，均值为 3.22，标准差为 0.68；公务员被试的得分在 1.67 ~ 5.00 分之间，均值为 3.25，标准差为 0.68；务工人员被试的得分在 1.00 ~ 5.00 分之间，均值为 3.18，标准差为 0.62；其他职业被试的得分在 1.00 ~ 5.00 分之间，均值为 3.19，标准差为 0.63。对不同职业被试的选举参与意愿得分的差异性进行方差分析（见表 22、表 23、表 24），显示不同职业被试之间的得分差异未达到显著水平（$F = 0.697$，$p = 0.625$）。

表 22　不同职业被试的选举参与意愿得分的差异比较

项目		N	均值	标准差	标准误	均值的 95% 置信区间		极小值	极大值
						下限	上限		
选举参与意愿	务农人员	202	3.2244	.61779	.04347	3.1387	3.3101	1.33	5.00
	私营企业主	742	3.1757	.62017	.02277	3.1310	3.2203	1.33	5.00
	技术人员	393	3.2171	.67622	.03411	3.1501	3.2842	1.33	5.00
	公务员	133	3.2506	.67968	.05894	3.1340	3.3672	1.67	5.00
	务工人员	955	3.1759	.62183	.02012	3.1364	3.2154	1.00	5.00
	其他职业	1865	3.1850	.63020	.01459	3.1564	3.2136	1.00	5.00
	总　数	4290	3.1882	.63189	.00965	3.1693	3.2071	1.00	5.00

表 23　不同职业被试的选举参与意愿得分的方差分析结果

项目		平方和	df	均方	F	显著性
选举参与意愿	组间	1.393	5	.279	.697	.625
	组内	1711.120	4284	.399		
	总数	1712.513	4289			

表 24　不同职业被试的选举参与意愿得分的多重比较

因变量	(I)职业	(J)职业	均值差(I－J)	标准误	显著性	95%置信区间	
						下限	上限
选举参与意愿	务农人员	私营企业主	.04877	.05016	.331	-.0496	.1471
		技术人员	.00729	.05471	.894	-.1000	.1146
		公务员	-.02620	.07057	.710	-.1646	.1122
		务工人员	.04851	.04894	.322	-.0475	.1445
		其他职业	.03944	.04681	.400	-.0523	.1312
	私营企业主	务农人员	-.04877	.05016	.331	-.1471	.0496
		技术人员	-.04148	.03943	.293	-.1188	.0358
		公务员	-.07498	.05951	.208	-.1916	.0417
		务工人员	-.00026	.03093	.993	-.0609	.0604
		其他职业	-.00934	.02743	.734	-.0631	.0444
	技术人员	务农人员	-.00729	.05471	.894	-.1146	.1000
		私营企业主	.04148	.03943	.293	-.0358	.1188
		公务员	-.03349	.06340	.597	-.1578	.0908
		务工人员	.04122	.03788	.277	-.0330	.1155
		其他职业	.03215	.03508	.360	-.0366	.1009
	公务员	务农人员	.02620	.07057	.710	-.1122	.1646
		私营企业主	.07498	.05951	.208	-.0417	.1916
		技术人员	.03349	.06340	.597	-.0908	.1578
		务工人员	.07471	.05849	.202	-.0400	.1894
		其他职业	.06564	.05672	.247	-.0456	.1768
	务工人员	务农人员	-.04851	.04894	.322	-.1445	.0475
		私营企业主	.00026	.03093	.993	-.0604	.0609
		技术人员	-.04122	.03788	.277	-.1155	.0330
		公务员	-.07471	.05849	.202	-.1894	.0400
		其他职业	-.00907	.02515	.718	-.0584	.0402
	其他职业	务农人员	-.03944	.04681	.400	-.1312	.0523
		私营企业主	.00934	.02743	.734	-.0444	.0631
		技术人员	-.03215	.03508	.360	-.1009	.0366
		公务员	-.06564	.05672	.247	-.1768	.0456
		务工人员	.00907	.02515	.718	-.0402	.0584

* 均值差的显著性水平为0.05。

在“选举参与效能”方面，务农人员被试的得分在1.00～5.00分之间，均值为3.14，标准差为0.57；私营企业主被试的得分在1.00～5.00分之间，均值为3.04，标准差为0.55；专业技术人员被试的得分在1.33～5.00分之间，均值为3.14，标准差为0.61；公务员被试的得分在1.67～4.33分之间，均值为3.11，标准差为0.57；务工人员被试的得分在1.00～5.00分之间，均值为3.06，标准差为0.53；其他职业被试的得分在1.00～5.00分之间，均值为3.06，标准差为0.53；其他职业被试的得分在1.00～5.00分之间，均值为3.06，标准差为0.55。对不同职业被试的选举参与效能得分的差异性进行方差分析（见表25、表26、表27和图7），显示不同职业被试之间的得分差异显著，$F=2.839$，$p<0.05$，公务员被试与另五种职业被试之间的得分差异均不显著；务农人员被试的得分显著高于私营企业主、务工人员、其他职业被试，与专业技术人员被试之间的得分差异不显著；专业技术人员被试的得分显著高于私营企业主、务工人员、其他职业被试；私营企业主、务工人员、其他职业三种被试相互之间的得分差异均不显著。

表25 不同职业被试的选举参与效能得分的差异比较

项目		*N*	均值	标准差	标准误	均值的95%置信区间		极小值	极大值
						下限	上限		
选举参与效能	务农人员	203	3.1429	.56954	.03997	3.0640	3.2217	1.00	5.00
	私营企业主	745	3.0403	.54858	.02010	3.0008	3.0797	1.00	5.00
	技术人员	396	3.1380	.60845	.03058	3.0779	3.1982	1.33	5.00
	公务员	134	3.1119	.57218	.04943	3.0142	3.2097	1.67	4.33
	务工人员	959	3.0521	.53312	.01722	3.0184	3.0859	1.00	5.00
	其他职业	1866	3.0568	.55380	.01282	3.0317	3.0819	1.00	5.00
	总　数	4303	3.0662	.55557	.00847	3.0496	3.0828	1.00	5.00

表26 不同职业被试的选举参与效能得分的方差分析结果

项目		平方和	*df*	均方	*F*	显著性
选举参与效能	组间	4.373	5	.875	2.839	.015
	组内	1323.462	4297	.308		
	总数	1327.834	4302			

表 27　不同职业被试的选举参与效能得分的多重比较

因变量	(I)职业	(J)职业	均值差(I－J)	标准误	显著性	95%置信区间	
						下限	上限
选举参与效能	务农人员	私营企业主	.10259*	.04394	.020	.0164	.1887
		技术人员	.00481	.04791	.920	-.0891	.0987
		公务员	.03092	.06177	.617	-.0902	.1520
		务工人员	.09072*	.04288	.034	.0067	.1748
		其他职业	.08605*	.04102	.036	.0056	.1665
	私营企业主	务农人员	-.10259*	.04394	.020	-.1887	-.0164
		技术人员	-.09778*	.03451	.005	-.1654	-.0301
		公务员	-.07167	.05208	.169	-.1738	.0304
		务工人员	-.01187	.02710	.661	-.0650	.0413
		其他职业	-.01654	.02405	.492	-.0637	.0306
	技术人员	务农人员	-.00481	.04791	.920	-.0987	.0891
		私营企业主	.09778*	.03451	.005	.0301	.1654
		公务员	.02611	.05546	.638	-.0826	.1348
		务工人员	.08591*	.03315	.010	.0209	.1509
		其他职业	.08124*	.03071	.008	.0210	.1414
	公务员	务农人员	-.03092	.06177	.617	-.1520	.0902
		私营企业主	.07167	.05208	.169	-.0304	.1738
		技术人员	-.02611	.05546	.638	-.1348	.0826
		务工人员	.05980	.05118	.243	-.0405	.1601
		其他职业	.05513	.04963	.267	-.0422	.1524
	务工人员	务农人员	-.09072*	.04288	.034	-.1748	-.0067
		私营企业主	.01187	.02710	.661	-.0413	.0650
		技术人员	-.08591*	.03315	.010	-.1509	-.0209
		公务员	-.05980	.05118	.243	-.1601	.0405
		其他职业	-.00467	.02205	.832	-.0479	.0386
	其他职业	务农人员	-.08605*	.04102	.036	-.1665	-.0056
		私营企业主	.01654	.02405	.492	-.0306	.0637
		技术人员	-.08124*	.03071	.008	-.1414	-.0210
		公务员	-.05513	.04963	.267	-.1524	.0422
		务工人员	.00467	.02205	.832	-.0386	.0479

* 均值差的显著性水平为0.05。

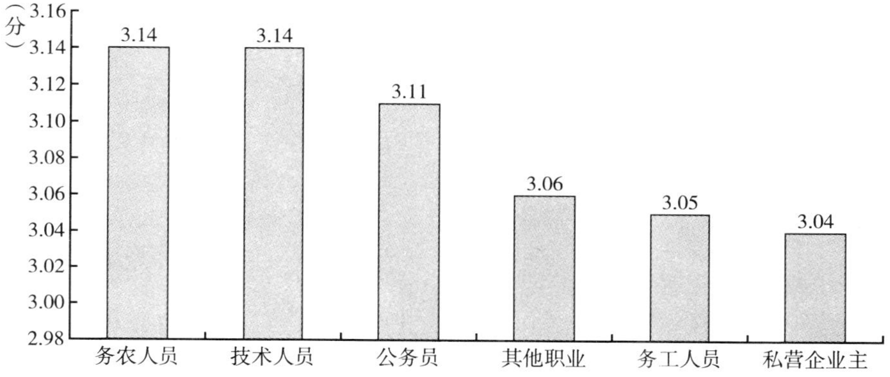

图 7　不同职业被试的选举参与效能的得分比较

三　不同职业被试对县级人大代表选举工作的评价

"中国公民的县（区）级人大代表选举参与"问卷调查请被试根据最近一次县级人大代表选举情况，为选举工作的满意度打分。在选举工作满意度综合打分方面，务农人员被试的打分在 1.00 ~ 5.00 分之间，均值为 3.13，标准差为 0.73；私营企业主被试的打分在 1.00 ~ 5.00 分之间，均值为 3.12，标准差为 0.71；专业技术人员被试的打分在 1.00 ~ 5.00 分之间，均值为 3.07，标准差为 0.84；公务员被试的打分在 1.00 ~ 5.00 分之间，均值为 3.19，标准差为 0.79；务工人员被试的打分在 1.00 ~ 5.00 分之间，均值为 3.19，标准差为 0.71；其他职业被试的打分在 1.00 ~ 5.00 分之间，均值为 3.15，标准差为 0.77。对不同职业被试的选举工作满意度综合打分的差异性进行方差分析（见表 28、表 29、表 30 和图 8），显示不同职业被试之间的打分总体差异未达到显著水平（$F = 1.902$，$p = 0.091$），但是专业技术人员被试的打分显著低于务工人员、其他职业被试，私营企业主被试的打分显著低于务工人员被试。

表 28　不同职业被试对县级人大代表选举工作综合打分的差异比较

项目		N	均值	标准差	标准误	均值的 95% 置信区间		极小值	极大值
						下限	上限		
选举工作综合打分	务农人员	201	3.1315	.73058	.05153	3.0299	3.2331	1.00	5.00
	私营企业主	740	3.1203	.70654	.02597	3.0693	3.1713	1.00	5.00
	技术人员	395	3.0684	.83760	.04214	2.9855	3.1512	1.00	5.00
	公务员	134	3.1940	.79209	.06843	3.0587	3.3294	1.00	5.00
	务工人员	955	3.1934	.70882	.02294	3.1484	3.2384	1.00	5.00
	其他职业	1862	3.1510	.77461	.01795	3.1158	3.1862	1.00	5.00
	总　数	4287	3.1480	.75404	.01152	3.1254	3.1705	1.00	5.00

表 29　不同职业被试对县级人大代表选举工作综合打分的方差分析结果

项目		平方和	df	均方	F	显著性
选举工作综合打分	组间	5.400	5	1.080	1.902	.091
	组内	2431.489	4281	.568		
	总数	2436.889	4286			

表 30　不同职业被试对县级人大代表选举工作综合打分的多重比较

因变量	(I)职业	(J)职业	均值差(I－J)	标准误	显著性	95% 置信区间	
						下限	上限
选举工作综合打分	务农人员	私营企业主	.01122	.05994	.852	-.1063	.1287
		技术人员	.06313	.06530	.334	-.0649	.1911
		公务员	-.06254	.08405	.457	-.2273	.1022
		务工人员	-.06193	.05848	.290	-.1766	.0527
		其他职业	-.01950	.05595	.727	-.1292	.0902
	私营企业主	务农人员	-.01122	.05994	.852	-.1287	.1063
		技术人员	.05192	.04696	.269	-.0402	.1440
		公务员	-.07376	.07075	.297	-.2125	.0650
		务工人员	-.07315*	.03691	.048	-.1455	-.0008
		其他职业	-.03072	.03275	.348	-.0949	.0335
	技术人员	务农人员	-.06313	.06530	.334	-.1911	.0649
		私营企业主	-.05192	.04696	.269	-.1440	.0402
		公务员	-.12568	.07534	.095	-.2734	.0220
		务工人员	-.12506*	.04508	.006	-.2135	-.0367
		其他职业	-.08264*	.04175	.048	-.1645	-.0008

续表

因变量	(I)职业	(J)职业	均值差(I-J)	标准误	显著性	95%置信区间	
						下限	上限
选举工作综合打分	公务员	务农人员	.06254	.08405	.457	-.1022	.2273
		私营企业主	.07376	.07075	.297	-.0650	.2125
		技术人员	.12568	.07534	.095	-.0220	.2734
		务工人员	.00061	.06952	.993	-.1357	.1369
		其他职业	.04304	.06741	.523	-.0891	.1752
	务工人员	务农人员	.06193	.05848	.290	-.0527	.1766
		私营企业主	.07315*	.03691	.048	.0008	.1455
		技术人员	.12506*	.04508	.006	.0367	.2135
		公务员	-.00061	.06952	.993	-.1369	.1357
		其他职业	.04243	.03000	.157	-.0164	.1012
	其他职业	务农人员	.01950	.05595	.727	-.0902	.1292
		私营企业主	.03072	.03275	.348	-.0335	.0949
		技术人员	.08264*	.04175	.048	.0008	.1645
		公务员	-.04304	.06741	.523	-.1752	.0891
		务工人员	-.04243	.03000	.157	-.1012	.0164

*. 均值差的显著性水平为0.05。

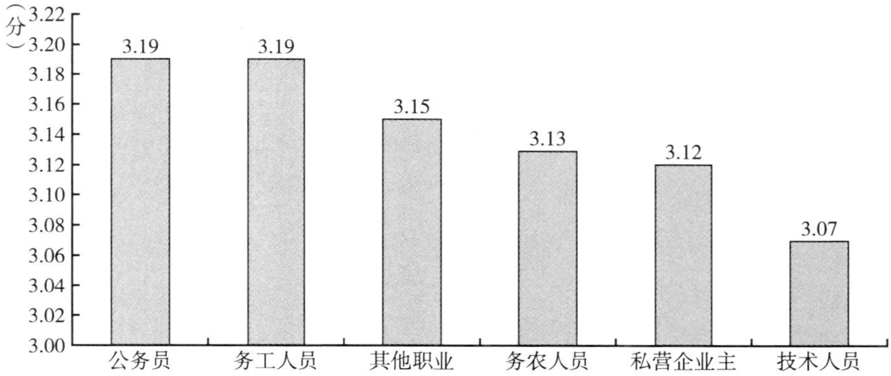

图8　不同职业被试对县级人大代表选举工作综合打分的比较

四　不同职业被试对政治信任和政治沟通等的评价

“中国公民的县（区）级人大代表选举参与”问卷调查还涉及了被试对政

治信任、政治沟通、程序公平和结果公平的看法，可以比较不同职业被试在相关看法上是否有重大差别。

在“政治信任”方面，务农人员被试的打分在1.00～6.00分之间，均值为3.96，标准差为1.02；私营企业主被试的打分在1.00～6.00分之间，均值为3.83，标准差为1.00；专业技术人员被试的打分在1.00～6.00分之间，均值为3.93，标准差为1.03；公务员被试的打分在1.00～6.00分之间，均值为3.94，标准差为1.05；务工人员被试的打分在1.00～6.00分之间，均值为3.94，标准差为0.93；其他职业被试的打分在1.00～6.00分之间，均值为3.93，标准差为1.00。对不同职业被试政治信任打分的差异性进行方差分析（见表31、表32、表33），显示不同职业被试打分的总体差异未达到显著水平（$F=1.535$，$p=0.175$），但是私营企业主被试的打分显著低于务工人员、其他职业被试。

表31　不同职业被试的政治信任打分的差异比较

项目		*N*	均值	标准差	标准误	均值的95%置信区间		极小值	极大值
						下限	上限		
政治信任	务农人员	204	3.9627	1.01641	.07116	3.8224	4.1031	1.00	6.00
	私营企业主	744	3.8285	.99595	.03651	3.7568	3.9002	1.00	6.00
	技术人员	396	3.9268	1.03282	.05190	3.8247	4.0288	1.00	6.00
	公务员	134	3.9433	1.04906	.09062	3.7640	4.1225	1.00	6.00
	务工人员	959	3.9439	.92787	.02996	3.8851	4.0027	1.00	6.00
	其他职业	1870	3.9327	1.00355	.02321	3.8872	3.9782	1.00	6.00
	总　数	4307	3.9184	.99102	.01510	3.8888	3.9480	1.00	6.00

表32　不同职业被试的政治信任打分的方差分析结果

项目		平方和	*df*	均方	*F*	显著性
政治信任	组间	7.533	5	1.507	1.535	.175
	组内	4221.517	4301	.982		
	总数	4229.050	4306			

表 33　不同职业被试的政治信任打分的多重比较

因变量	(I)职业	(J)职业	均值差(I－J)	标准误	显著性	95%置信区间	
						下限	上限
政治信任	务农人员	私营企业主	.13425	.07830	.086	-.0193	.2878
		技术人员	.03598	.08538	.674	-.1314	.2034
		公务员	.01946	.11016	.860	-.1965	.2354
		务工人员	.01885	.07639	.805	-.1309	.1686
		其他职业	.03002	.07305	.681	-.1132	.1732
	私营企业主	务农人员	-.13425	.07830	.086	-.2878	.0193
		技术人员	-.09827	.06163	.111	-.2191	.0225
		公务员	-.11479	.09297	.217	-.2971	.0675
		务工人员	-.11541*	.04840	.017	-.2103	-.0205
		其他职业	-.10423*	.04294	.015	-.1884	-.0200
	技术人员	务农人员	-.03598	.08538	.674	-.2034	.1314
		私营企业主	.09827	.06163	.111	-.0225	.2191
		公务员	-.01652	.09901	.868	-.2106	.1776
		务工人员	-.01713	.05918	.772	-.1332	.0989
		其他职业	-.00596	.05480	.913	-.1134	.1015
	公务员	务农人员	-.01946	.11016	.860	-.2354	.1965
		私营企业主	.11479	.09297	.217	-.0675	.2971
		技术人员	.01652	.09901	.868	-.1776	.2106
		务工人员	-.00062	.09137	.995	-.1797	.1785
		其他职业	.01056	.08860	.905	-.1631	.1843
	务工人员	务农人员	-.01885	.07639	.805	-.1686	.1309
		私营企业主	.11541*	.04840	.017	.0205	.2103
		技术人员	.01713	.05918	.772	-.0989	.1332
		公务员	.00062	.09137	.995	-.1785	.1797
		其他职业	.01117	.03935	.776	-.0660	.0883
	其他职业	务农人员	-.03002	.07305	.681	-.1732	.1132
		私营企业主	.10423*	.04294	.015	.0200	.1884
		技术人员	.00596	.05480	.913	-.1015	.1134
		公务员	-.01056	.08860	.905	-.1843	.1631
		务工人员	-.01117	.03935	.776	-.0883	.0660

* 均值差的显著性水平为 0.05。

在“政治沟通”方面，务农人员被试的打分在1.20～4.20分之间，均值为3.01，标准差为0.53；私营企业主被试的打分在1.00～4.40分之间，均值为2.96，标准差为0.55；专业技术人员被试的打分在1.00～5.00分之间，均值为2.88，标准差为0.65；公务员被试的打分在1.80～5.00分之间，均值为3.07，标准差为0.54；务工人员被试的打分在1.00～4.60分之间，均值为2.98，标准差为0.53；其他职业被试的打分在1.00～5.00分之间，均值为2.99，标准差为0.53。对不同职业被试的政治沟通打分的差异性进行方差分析（见表34、表35、表36和图9），显示不同职业被试的打分差异显著，$F=4.067$，$p<0.05$，专业技术人员被试的打分显著低于另五种职业被试；公务员被试的打分显著高于私营企业主被试，与务农人员、务工人员、其他职业被试之间的打分差异不显著；务农人员、务工人员、其他职业三种被试相互之间的打分差异均不显著。

表34　不同职业被试的政治沟通打分的差异比较

项目		N	均值	标准差	标准误	均值的95%置信区间		极小值	极大值
						下限	上限		
政治沟通	务农人员	201	3.0080	.52909	.03732	2.9344	3.0815	1.20	4.20
	私营企业主	745	2.9648	.54556	.01999	2.9256	3.0041	1.00	4.40
	技术人员	396	2.8783	.65389	.03286	2.8137	2.9429	1.00	5.00
	公务员	134	3.0746	.53882	.04655	2.9826	3.1667	1.80	5.00
	务工人员	957	2.9789	.52520	.01698	2.9456	3.0122	1.00	4.60
	其他职业	1870	2.9944	.52756	.01220	2.9705	3.0184	1.00	5.00
	总　数	4303	2.9783	.54436	.00830	2.9620	2.9946	1.00	5.00

表35　不同职业被试的政治沟通打分的方差分析结果

项目		平方和	df	均方	F	显著性
政治沟通	组间	6.004	5	1.201	4.067	.001
	组内	1268.809	4297	.295		
	总数	1274.813	4302			

表 36　不同职业被试的政治沟通打分的多重比较

因变量	(I)职业	(J)职业	均值差(I－J)	标准误	显著性	95%置信区间	
						下限	上限
政治沟通	务农人员	私营企业主	.04313	.04319	.318	-.0415	.1278
		技术人员	.12968*	.04706	.006	.0374	.2219
		公务员	-.06667	.06060	.271	-.1855	.0521
		务工人员	.02907	.04216	.491	-.0536	.1117
		其他职业	.01352	.04034	.737	-.0656	.0926
	私营企业主	务农人员	-.04313	.04319	.318	-.1278	.0415
		技术人员	.08655*	.03379	.010	.0203	.1528
		公务员	-.10979*	.05099	.031	-.2098	-.0098
		务工人员	-.01406	.02655	.596	-.0661	.0380
		其他职业	-.02961	.02354	.209	-.0758	.0165
	技术人员	务农人员	-.12968*	.04706	.006	-.2219	-.0374
		私营企业主	-.08655*	.03379	.010	-.1528	-.0203
		公务员	-.19634*	.05431	.000	-.3028	-.0899
		务工人员	-.10061*	.03247	.002	-.1643	-.0370
		其他职业	-.11616*	.03006	.000	-.1751	-.0572
	公务员	务农人员	.06667	.06060	.271	-.0521	.1855
		私营企业主	.10979*	.05099	.031	.0098	.2098
		技术人员	.19634*	.05431	.000	.0899	.3028
		务工人员	.09573	.05012	.056	-.0025	.1940
		其他职业	.08019	.04859	.099	-.0151	.1755
	务工人员	务农人员	-.02907	.04216	.491	-.1117	.0536
		私营企业主	.01406	.02655	.596	-.0380	.0661
		技术人员	.10061*	.03247	.002	.0370	.1643
		公务员	-.09573	.05012	.056	-.1940	.0025
		其他职业	-.01555	.02160	.472	-.0579	.0268
	其他职业	务农人员	-.01352	.04034	.737	-.0926	.0656
		私营企业主	.02961	.02354	.209	-.0165	.0758
		技术人员	.11616*	.03006	.000	.0572	.1751
		公务员	-.08019	.04859	.099	-.1755	.0151
		务工人员	.01555	.02160	.472	-.0268	.0579

* 均值差的显著性水平为 0.05。

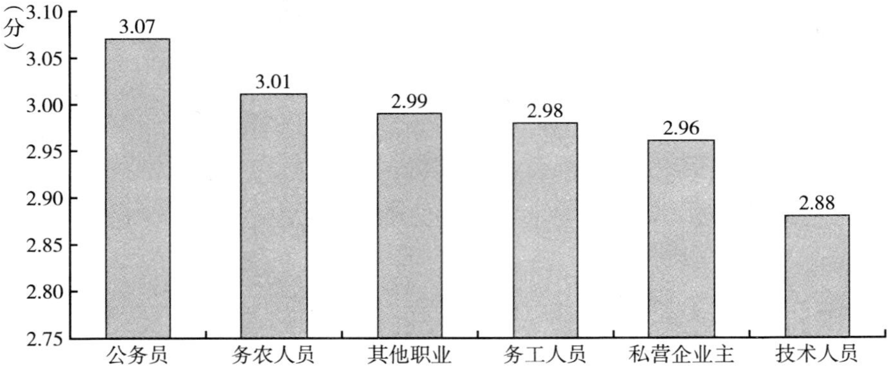

图9　不同职业被试的政治沟通打分的比较

在“程序公平”方面，务农人员被试的打分在1.00～5.00分之间，均值为3.07，标准差为0.84；私营企业主被试的打分在1.00～5.00分之间，均值为2.93，标准差为0.79；专业技术人员被试的打分在1.00～5.00分之间，均值为2.79，标准差为0.90；公务员被试的打分在1.00～5.00分之间，均值为2.95，标准差为0.87；务工人员被试的打分在1.00～5.00分之间，均值为3.00，标准差为0.80；其他职业被试的打分在1.00～5.00分之间，均值为3.00，标准差为0.82。对不同职业被试的程序公平打分的差异性进行方差分析（见表37、表38、表39和图10），显示不同职业被试的打分差异显著，$F=5.529$，$p<0.001$，公务员被试与另五种被试之间的打分差异均不显著；专业技术人员被试的打分显著低于务农人员、私营企业主、务工人员、其他职业被试；私营企业主被试的打分显著低于务农人员、其他职业被试，与务工人员被试之间的打分差异不显著；务农人员、务工人员、其他职业三种被试相互之间的打分差异均不显著。

在“结果公平”方面，务农人员被试的打分在1.00～5.00分之间，均值为3.07，标准差为0.84；私营企业主被试的打分在1.00～5.00分之间，均值为3.28，标准差为0.75；专业技术人员被试的打分在1.00～5.00分之间，均值为3.07，标准差为0.91；公务员被试的打分在1.00～5.00分之间，均值为3.23，标准差为0.87；务工人员被试的打分在1.00～5.00分之间，均值为3.12，标准差为0.80；其他职业被试的打分在1.00～5.00分之间，均值为3.16，标准差为0.83。

表 37　不同职业被试的程序公平打分的差异比较

项目		N	均值	标准差	标准误	均值的 95% 置信区间		极小值	极大值
						下限	上限		
程序公平	务农人员	203	3.0731	.83613	.05868	2.9574	3.1888	1.00	5.00
	私营企业主	744	2.9250	.78727	.02886	2.8683	2.9816	1.00	5.00
	技术人员	394	2.7898	.89914	.04530	2.7007	2.8788	1.00	5.00
	公务员	133	2.9499	.87256	.07566	2.8002	3.0995	1.00	5.00
	务工人员	953	2.9984	.79720	.02582	2.9477	3.0491	1.00	5.00
	其他职业	1867	2.9971	.82362	.01906	2.9597	3.0344	1.00	5.00
	总　数	4294	2.9680	.82323	.01256	2.9433	2.9926	1.00	5.00

表 38　不同职业被试的程序公平打分的方差分析结果

项目		平方和	df	均方	F	显著性
程序公平	组间	18.638	5	3.728	5.529	.000
	组内	2890.764	4288	.674		
	总数	2909.403	4293			

表 39　不同职业被试的程序公平打分的多重比较

因变量	(I)职业	(J)职业	均值差(I-J)	标准误	显著性	95% 置信区间	
						下限	上限
程序公平	务农人员	私营企业主	.14812*	.06502	.023	.0207	.2756
		技术人员	.28331*	.07094	.000	.1442	.4224
		公务员	.12320	.09160	.179	-.0564	.3028
		务工人员	.07464	.06347	.240	-.0498	.1991
		其他职业	.07602	.06068	.210	-.0429	.1950
	私营企业主	务农人员	-.14812*	.06502	.023	-.2756	-.0207
		技术人员	.13519*	.05116	.008	.0349	.2355
		公务员	-.02492	.07730	.747	-.1765	.1266
		务工人员	-.07347	.04017	.067	-.1522	.0053
		其他职业	-.07210*	.03560	.043	-.1419	-.0023
	技术人员	务农人员	-.28331*	.07094	.000	-.4224	-.1442
		私营企业主	-.13519*	.05116	.008	-.2355	-.0349
		公务员	-.16011	.08234	.052	-.3215	.0013
		务工人员	-.20866*	.04918	.000	-.3051	-.1122
		其他职业	-.20729*	.04552	.000	-.2965	-.1180

续表

因变量	(I)职业	(J)职业	均值差(I-J)	标准误	显著性	95%置信区间	
						下限	上限
程序公平	公务员	务农人员	-.12320	.09160	.179	-.3028	.0564
		私营企业主	.02492	.07730	.747	-.1266	.1765
		技术人员	.16011	.08234	.052	-.0013	.3215
		务工人员	-.04855	.07600	.523	-.1976	.1005
		其他职业	-.04718	.07369	.522	-.1916	.0973
	务工人员	务农人员	-.07464	.06347	.240	-.1991	.0498
		私营企业主	.07347	.04017	.067	-.0053	.1522
		技术人员	.20866*	.04918	.000	.1122	.3051
		公务员	.04855	.07600	.523	-.1005	.1976
		其他职业	.00137	.03269	.967	-.0627	.0655
	其他职业	务农人员	-.07602	.06068	.210	-.1950	.0429
		私营企业主	.07210*	.03560	.043	.0023	.1419
		技术人员	.20729*	.04552	.000	.1180	.2965
		公务员	.04718	.07369	.522	-.0973	.1916
		务工人员	-.00137	.03269	.967	-.0655	.0627

* 均值差的显著性水平为0.05。

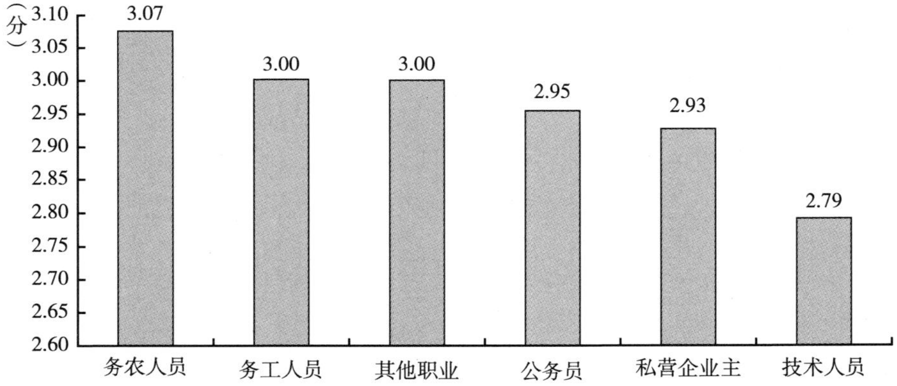

图10　不同职业被试的程序公平打分的比较

对不同职业被试的结果公平打分的差异性进行方差分析（见表40、表41、表42和图11），显示不同职业被试的打分差异显著，$F=5.473$，$p<0.001$，公务员被试与另五种被试之间的打分差异均不显著；私营企业主被试的打分显著高

于务农人员、专业技术人员、务工人员、其他职业被试；专业技术人员被试的打分显著低于其他职业被试，与务农人员、务工人员被试之间的打分差异不显著；务农人员、务工人员、其他职业三种被试相互之间的打分差异均不显著。

表 40　不同职业被试的结果公平打分的差异比较

项目		*N*	均值	标准差	标准误	均值的 95% 置信区间		极小值	极大值
						下限	上限		
结果公平	务农人员	202	3.0710	.84293	.05931	2.9540	3.1879	1.00	5.00
	私营企业主	743	3.2849	.74919	.02749	3.2309	3.3388	1.00	5.00
	技术人员	395	3.0692	.91039	.04581	2.9791	3.1593	1.00	5.00
	公务员	133	3.2256	.86583	.07508	3.0771	3.3741	1.00	5.00
	务工人员	958	3.1225	.79653	.02573	3.0720	3.1730	1.00	5.00
	其他职业	1865	3.1601	.82930	.01920	3.1225	3.1978	1.00	5.00
	总　数	4296	3.1628	.82061	.01252	3.1382	3.1873	1.00	5.00

表 41　不同职业被试的结果公平打分的方差分析结果

项目		平方和	*df*	均方	*F*	显著性
结果公平	组间	18.333	5	3.667	5.473	.000
	组内	2873.936	4290	.670		
	总数	2892.269	4295			

表 42　不同职业被试的结果公平打分的多重比较

因变量	(I)职业	(J)职业	均值差 (I－J)	标准误	显著性	95% 置信区间	
						下限	上限
结果公平	务农人员	私营企业主	-.21392*	.06495	.001	-.3413	-.0866
		技术人员	.00176	.07080	.980	-.1370	.1406
		公务员	-.15461	.09140	.091	-.3338	.0246
		务工人员	-.05152	.06337	.416	-.1758	.0727
		其他职业	-.08919	.06063	.141	-.2080	.0297
	私营企业主	务农人员	.21392*	.06495	.001	.0866	.3413
		技术人员	.21568*	.05097	.000	.1158	.3156
		公务员	.05932	.07706	.442	-.0918	.2104
		务工人员	.16240*	.04001	.000	.0840	.2408
		其他职业	.12474*	.03551	.000	.0551	.1944

续表

因变量	(I)职业	(J)职业	均值差(I－J)	标准误	显著性	95%置信区间	
						下限	上限
结果公平	技术人员	务农人员	－.00176	.07080	.980	－.1406	.1370
		私营企业主	－.21568*	.05097	.000	－.3156	－.1158
		公务员	－.15637	.08205	.057	－.3172	.0045
		务工人员	－.05328	.04894	.276	－.1492	.0427
		其他职业	－.09094*	.04533	.045	－.1798	－.0021
	公务员	务农人员	.15461	.09140	.091	－.0246	.3338
		私营企业主	－.05932	.07706	.442	－.2104	.0918
		技术人员	.15637	.08205	.057	－.0045	.3172
		务工人员	.10309	.07574	.174	－.0454	.2516
		其他职业	.06542	.07346	.373	－.0786	.2094
	务工人员	务农人员	.05152	.06337	.416	－.0727	.1758
		私营企业主	－.16240*	.04001	.000	－.2408	－.0840
		技术人员	.05328	.04894	.276	－.0427	.1492
		公务员	－.10309	.07574	.174	－.2516	.0454
		其他职业	－.03767	.03253	.247	－.1014	.0261
	其他职业	务农人员	.08919	.06063	.141	－.0297	.2080
		私营企业主	－.12474*	.03551	.000	－.1944	－.0551
		技术人员	.09094*	.04533	.045	.0021	.1798
		公务员	－.06542	.07346	.373	－.2094	.0786
		务工人员	.03767	.03253	.247	－.0261	.1014

* 均值差的显著性水平为0.05。

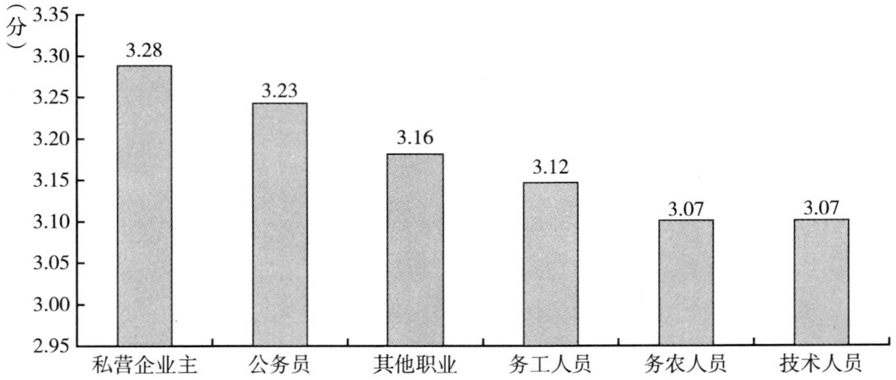

图11　不同职业被试的结果公平打分的比较

从问卷调查的情况看，在县级人大代表选举参与中，存在着明显的职业性差异。(1) 公务员被试的选举参与客观状况水平最高，但是在其他方面的表现并不突出。(2) 务农人员被试的选举参与客观状况水平仅次于公务员被试，并且有较高的选举参与满意度和参与效能感。(3) 私营企业主被试的选举参与客观状况水平最低，但是明显表现出对结果公平最为重视。(4) 专业技术人员被试尽管在选举参与客观状况方面水平居中，但是有较强的参与效能感，对政治沟通和程序公平的评价明显偏低。(5) 务工人员被试和其他职业被试的选举参与情况接近，在各方面都没有突出的表现。

B.10

不同区域公民的县级人大代表选举参与比较

郑建君　史卫民

在“中国公民的县（区）级人大代表选举参与”问卷调查中，项目组将全国分为五大区域：“都会区”包括北京、天津、上海、重庆4个直辖市；“东部沿海地区”包括河北、山东、江苏、浙江、福建、广东、海南7个省份；“西部地区”包括内蒙古、广西、西藏、宁夏、新疆5个自治区和云南、贵州、四川、陕西、甘肃、青海6个省份；“中部地区”包括山西、河南、湖北、湖南、江西、安徽6个省份；“东北地区”包括辽宁、吉林、黑龙江3个省份。调查涉及的10个省、自治区、直辖市的4308名被试，按五大区域划分，都会区（北京市和天津市）852人，占19.78%；东北地区（黑龙江省）440人，占10.21%；东部沿海地区（浙江省和山东省）856人，占19.87%；中部地区（湖北省和安徽省）853人，占19.80%；西部地区（陕西省、甘肃省和广西壮族自治区）1307人，占30.34%。根据问卷调查的数据，可以比较不同区域被试的县级人大代表选举参与状况。

一　不同区域被试的县级人大代表选举参与客观状况

在县级人大代表选举参与客观状况的总体得分方面，都会区被试的得分在0.50~9.50分之间，均值为3.92，标准差为1.83；东北地区被试的得分在0.50~9.50分之间，均值为2.31，标准差为0.88；东部沿海地区被试的得分在0.50~8.50分之间，均值为3.37，标准差为1.66；中部地区被试的得分在0~9.00分之间，均值为3.32，标准差为1.74；西部地区被试的得分在0~9.00分之间，均值为3.47，标准差为1.72。对不同区域被试县级人大代表选举参与客观状况总分的差异性进行方差分析（见表1、表2、表3和图1），显示不同区域被试的得分差异显著，$F = 66.672$，$p < 0.001$，都会区被试的得分显著高于另四个区域被试；东北地区被试的得分显著低于另四个区域被试；中部地区被试的得分显著低于西部地区被试，与东部沿海地区被试之间的得分差异不显著；东部沿海地区被试与西部地区被试之间的得分差异不显著。

表1　不同区域被试的县级人大代表选举客观状况总分的差异比较

项目		N	均值	标准差	标准误	均值的95%置信区间		极小值	极大值
						下限	上限		
客观状况总分	都会区	809	3.9234	1.82808	.06427	3.7972	4.0495	.50	9.50
	东北地区	429	2.3112	.88101	.04254	2.2276	2.3948	.50	9.50
	东部地区	841	3.3740	1.66392	.05738	3.2613	3.4866	.50	8.50
	中部地区	834	3.3165	1.73963	.06024	3.1983	3.4348	.00	9.00
	西部地区	1252	3.4696	1.71893	.04858	3.3743	3.5650	.00	9.00
	总　数	4165	3.3885	1.71991	.02665	3.3362	3.4407	.00	9.50

表2　不同区域被试的县级人大代表选举客观状况总分的方差分析结果

项目		平方和	df	均方	F	显著性
客观状况总分	组间	742.074	4	185.519	66.672	.000
	组内	11575.373	4160	2.783		
	总数	12317.447	4164			

表3　不同区域被试的县级人大代表选举客观状况总分的多重比较

因变量	(I)区域	(J)区域	均值差(I-J)	标准误	显著性	95%置信区间	
						下限	上限
客观状况总分	都会区	东北地区	1.61217*	.09963	.000	1.4169	1.8075
		东部地区	.54940*	.08215	.000	.3884	.7105
		中部地区	.60682*	.08232	.000	.4454	.7682
		西部地区	.45371*	.07525	.000	.3062	.6012
	东北地区	都会区	-1.61217*	.09963	.000	-1.8075	-1.4169
		东部地区	-1.06277*	.09897	.000	-1.2568	-.8687
		中部地区	-1.00536*	.09911	.000	-1.1997	-.8111
		西部地区	-1.15846*	.09332	.000	-1.3414	-.9755

续表

因变量	(I)区域	(J)区域	均值差(I－J)	标准误	显著性	95%置信区间	
						下限	上限
客观状况总分	东部地区	都会区	－.54940*	.08215	.000	－.7105	－.3884
		东北地区	1.06277*	.09897	.000	.8687	1.2568
		中部地区	.05741	.08152	.481	－.1024	.2172
		西部地区	－.09569	.07437	.198	－.2415	.0501
	中部地区	都会区	－.60682*	.08232	.000	－.7682	－.4454
		东北地区	1.00536*	.09911	.000	.8111	1.1997
		东部地区	－.05741	.08152	.481	－.2172	.1024
		西部地区	－.15310*	.07456	.040	－.2993	－.0069
	西部地区	都会区	－.45371*	.07525	.000	－.6012	－.3062
		东北地区	1.15846*	.09332	.000	.9755	1.3414
		东部地区	.09569	.07437	.198	－.0501	.2415
		中部地区	.15310*	.07456	.040	.0069	.2993

* 均值差的显著性水平为0.05。

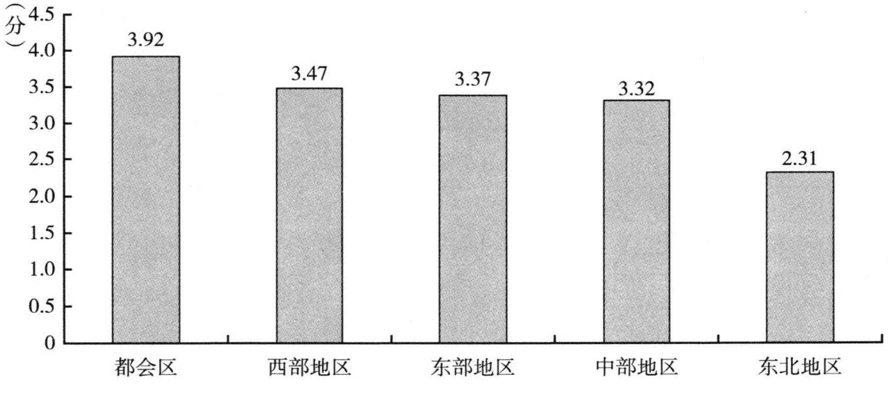

图1　不同区域被试的县级人大代表选举客观状况总分比较

在“选举重要性认知”方面，都会区被试的得分在0～1.00分之间，均值为0.27，标准差为0.36；东北地区被试的得分在0～1.00分之间，均值为0.13，标准差为0.27；东部沿海地区被试的得分在0～1.00分之间，均值为0.23，标准差为0.35；中部地区被试的得分在0～1.00分之间，均值为0.23，标准差为0.34；西部地区被试的得分在0～1.00分之间，均值为0.25，标准差为

0.35。对不同区域被试的选举重要性认知得分的差异性进行方差分析（见表4、表5、表6和图2），显示不同区域被试的得分差异显著，$F=14.129$，$p<0.001$，东北地区被试的得分显著低于另四个区域被试；都会区被试的得分显著高于东部沿海地区、中部地区被试，与西部地区被试之间的得分差异不显著；东部沿海、中部、西部三个区域被试相互之间的得分差异均未达到显著水平。

表4　不同区域被试的选举重要性认知得分的差异比较

项目		N	均值	标准差	标准误	均值的95%置信区间		极小值	极大值
						下限	上限		
选举重要性认知	都会区	851	.2744	.36167	.01240	.2500	.2987	.00	1.00
	东北地区	440	.1284	.27207	.01297	.1029	.1539	.00	1.00
	东部地区	855	.2345	.34768	.01189	.2112	.2578	.00	1.00
	中部地区	853	.2309	.34431	.01179	.2078	.2541	.00	1.00
	西部地区	1304	.2515	.35096	.00972	.2325	.2706	.00	1.00
	总　数	4303	.2360	.34603	.00527	.2257	.2463	.00	1.00

表5　不同区域被试的选举重要性认知得分的方差分析结果

项目		平方和	df	均方	F	显著性
选举重要性认知	组间	6.685	4	1.671	14.129	.000
	组内	508.408	4298	.118		
	总数	515.094	4302			

表6　不同区域被试的选举重要性认知得分的多重比较

因变量	(I)区域	(J)区域	均值差(I-J)	标准误	显著性	95%置信区间	
						下限	上限
选举重要性认知	都会区	东北地区	.14597*	.02020	.000	.1064	.1856
		东部地区	.03988*	.01665	.017	.0072	.0725
		中部地区	.04343*	.01666	.009	.0108	.0761
		西部地区	.02285	.01516	.132	-.0069	.0526
	东北地区	都会区	-.14597*	.02020	.000	-.1856	-.1064
		东部地区	-.10609*	.02018	.000	-.1457	-.0665
		中部地区	-.10254*	.02019	.000	-.1421	-.0630
		西部地区	-.12312*	.01896	.000	-.1603	-.0859

续表

因变量	(I)区域	(J)区域	均值差(I-J)	标准误	显著性	95%置信区间	
						下限	上限
选举重要性认知	东部地区	都会区	-.03988*	.01665	.017	-.0725	-.0072
		东北地区	.10609*	.02018	.000	.0665	.1457
		中部地区	.00355	.01664	.831	-.0291	.0362
		西部地区	-.01703	.01513	.261	-.0467	.0126
	中部地区	都会区	-.04343*	.01666	.009	-.0761	-.0108
		东北地区	.10254*	.02019	.000	.0630	.1421
		东部地区	-.00355	.01664	.831	-.0362	.0291
		西部地区	-.02058	.01515	.174	-.0503	.0091
	西部地区	都会区	-.02285	.01516	.132	-.0526	.0069
		东北地区	.12312*	.01896	.000	.0859	.1603
		东部地区	.01703	.01513	.261	-.0126	.0467
		中部地区	.02058	.01515	.174	-.0091	.0503

*. 均值差的显著性水平为0.05。

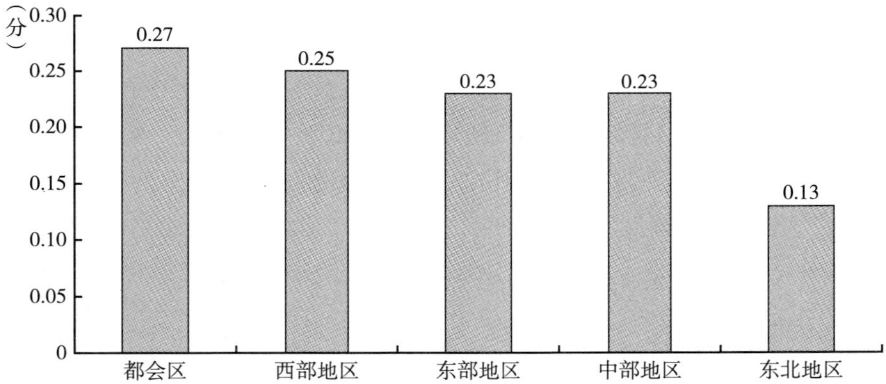

图2　不同区域被试的选举重要性认知的得分比较

在“权利与途径认知”方面，都会区被试的得分在0~1.00分之间，均值为0.54，标准差为0.34；东北地区被试的得分在0~1.00分之间，均值为0.55，标准差为0.36；东部沿海地区被试的得分在0~1.00分之间，均值为0.53，标准差为0.36；中部地区被试的得分在0~1.00分之间，均值为0.56，标准差为0.36；西部地区被试的得分在0~1.00分之间，均值为0.50，标准差为0.35。对不同区域被试的权利与途径认知得分的差异性进行方差分析（见表7、表8、表9和图3），显示不同区域被试的得分差异显著，$F=4.095$，$p<0.05$，西部地区被试的得分显著低于都会区、东北地区、中部地区被试，与东部沿海地区被试之间的得分差异不显著；都会区、东北地区、东部沿海地区、中部地区四个区域被试相互之间的得分差异均未达到显著水平。

表7　不同区域被试的权利与途径认知得分的差异比较

项目		N	均值	标准差	标准误	均值的95%置信区间		极小值	极大值
						下限	上限		
权利与途径认知	都会区	844	.5409	.33541	.01155	.5182	.5635	.00	1.00
	东北地区	440	.5523	.36285	.01730	.5183	.5863	.00	1.00
	东部地区	855	.5257	.35879	.01227	.5016	.5498	.00	1.00
	中部地区	853	.5598	.35678	.01222	.5358	.5838	.00	1.00
	西部地区	1300	.5031	.34985	.00970	.4840	.5221	.00	1.00
	总　数	4292	.5313	.35212	.00537	.5208	.5419	.00	1.00

表8　不同区域被试的权利与途径认知得分的方差分析结果

项目		平方和	df	均方	F	显著性
权利与途径认知	组间	2.025	4	.506	4.095	.003
	组内	530.010	4287	.124		
	总数	532.035	4291			

表9　不同区域被试的权利与途径认知得分的多重比较

因变量	(I)区域	(J)区域	均值差(I-J)	标准误	显著性	95%置信区间	
						下限	上限
权利与途径认知	都会区	东北地区	-.01140	.02068	.582	-.0519	.0291
		东部地区	.01515	.01706	.375	-.0183	.0486
		中部地区	-.01891	.01707	.268	-.0524	.0146
		西部地区	.03780*	.01554	.015	.0073	.0683
	东北地区	都会区	.01140	.02068	.582	-.0291	.0519
		东部地区	.02654	.02063	.198	-.0139	.0670
		中部地区	-.00752	.02064	.716	-.0480	.0329
		西部地区	.04920*	.01939	.011	.0112	.0872

续表

因变量	(I)区域	(J)区域	均值差(I-J)	标准误	显著性	95%置信区间	
						下限	上限
权利与途径认知	东部地区	都会区	-.01515	.01706	.375	-.0486	.0183
		东北地区	-.02654	.02063	.198	-.0670	.0139
		中部地区	-.03406*	.01702	.045	-.0674	-.0007
		西部地区	.02265	.01548	.143	-.0077	.0530
	中部地区	都会区	.01891	.01707	.268	-.0146	.0524
		东北地区	.00752	.02064	.716	-.0329	.0480
		东部地区	.03406*	.01702	.045	.0007	.0674
		西部地区	.05671*	.01549	.000	.0263	.0871
	西部地区	都会区	-.03780*	.01554	.015	-.0683	-.0073
		东北地区	-.04920*	.01939	.011	-.0872	-.0112
		东部地区	-.02265	.01548	.143	-.0530	.0077
		中部地区	-.05671*	.01549	.000	-.0871	-.0263

* 均值差的显著性水平为0.05。

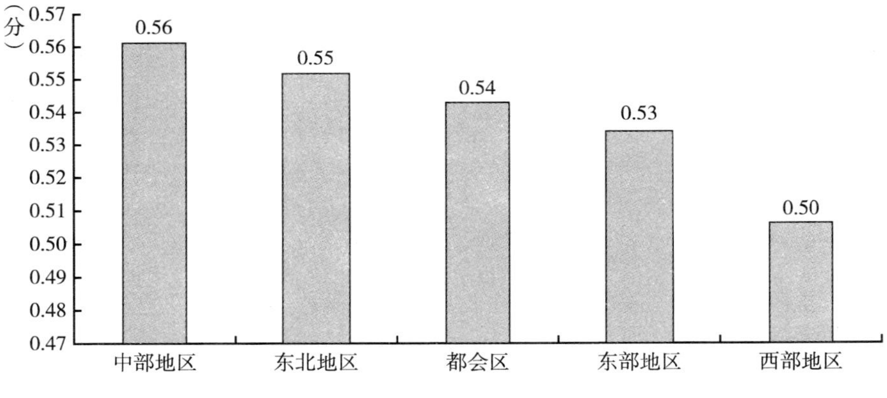

图3 不同区域被试的权利与途径认知的得分比较

在“选举内容认知”方面，都会区被试的得分在0～2.50分之间，均值为0.90，标准差为0.49；东北地区被试的得分在0～2.50分之间，均值为0.73，标准差为0.43；东部沿海地区被试的得分在0～2.00分之间，均值为0.81，标准差为0.43；中部地区被试的得分在0～2.50分之间，均值为0.87，标准差为0.49；西部地区被试的得分在0～2.50分之间，均值为0.84，标准差为0.47。对不同区域被试的选举内容认知得分的差异性进行方差分析（见表10、表11、表12和图4），显示不同区域被试的得分差异显著，$F=11.071$，$p<0.001$，东北地区被试的得分显著低于另四个区域被试；都会区被试的得分显著高于东部沿海地区、西部地区被试，与中部地区被试之间的得分差异不显著；东部沿海地区被试的得分显著低于中部地区被试，与西部地区被试之间的得分差异不显著；中部地区被试与西部地区被试之间的得分差异不显著。

表10　不同区域被试的选举内容认知得分的差异比较

项目		N	均值	标准差	标准误	均值的95%置信区间		极小值	极大值
						下限	上限		
选举内容认知	都会区	826	.9038	.48567	.01690	.8706	.9369	.00	2.50
	东北地区	431	.7320	.42535	.02049	.6917	.7723	.00	2.50
	东部地区	847	.8146	.42790	.01470	.7858	.8435	.00	2.00
	中部地区	843	.8671	.49297	.01698	.8338	.9005	.00	2.50
	西部地区	1278	.8435	.46507	.01301	.8180	.8690	.00	2.50
	总　数	4225	.8428	.46610	.00717	.8288	.8569	.00	2.50

表11　不同区域被试的选举内容认知得分的方差分析结果

项目		平方和	df	均方	F	显著性
选举内容认知	组间	9.530	4	2.383	11.071	.000
	组内	908.116	4220	.215		
	总数	917.646	4224			

表12　不同区域被试的选举内容认知得分的多重比较

因变量	(I)区域	(J)区域	均值差(I-J)	标准误	显著性	95%置信区间	
						下限	上限
选举内容认知	都会区	东北地区	.17173*	.02756	.000	.1177	.2258
		东部地区	.08911*	.02268	.000	.0446	.1336
		中部地区	.03661	.02271	.107	-.0079	.0811
		西部地区	.06025*	.02071	.004	.0196	.1009
	东北地区	都会区	-.17173*	.02756	.000	-.2258	-.1177
		东部地区	-.08262*	.02745	.003	-.1364	-.0288
		中部地区	-.13512*	.02747	.000	-.1890	-.0813
		西部地区	-.11149*	.02584	.000	-.1621	-.0608

续表

因变量	(I)区域	(J)区域	均值差(I-J)	标准误	显著性	95%置信区间	
						下限	上限
选举内容认知	东部地区	都会区	-.08911*	.02268	.000	-.1336	-.0446
		东北地区	.08262*	.02745	.003	.0288	.1364
		中部地区	-.05250*	.02257	.020	-.0967	-.0083
		西部地区	-.02887	.02055	.160	-.0692	.0114
	中部地区	都会区	-.03661	.02271	.107	-.0811	.0079
		东北地区	.13512*	.02747	.000	.0813	.1890
		东部地区	.05250*	.02257	.020	.0083	.0967
		西部地区	.02364	.02058	.251	-.0167	.0640
	西部地区	都会区	-.06025*	.02071	.004	-.1009	-.0196
		东北地区	.11149*	.02584	.000	.0608	.1621
		东部地区	.02887	.02055	.160	-.0114	.0692
		中部地区	-.02364	.02058	.251	-.0640	.0167

* 均值差的显著性水平为0.05。

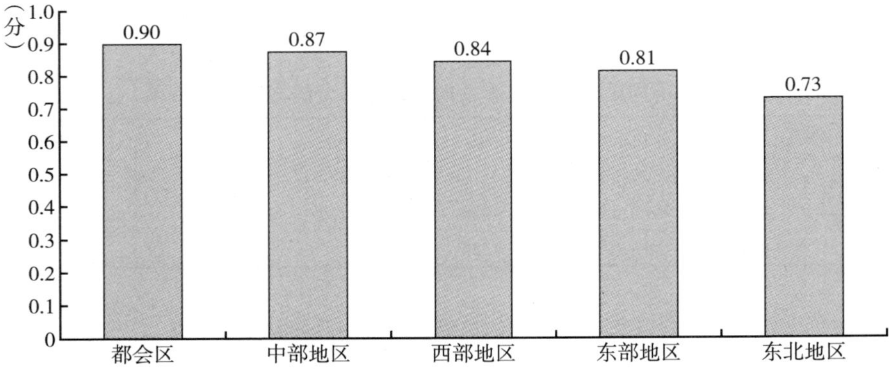

图4　不同区域被试的选举内容认知的得分比较

在“选举程序认知”方面，都会区被试的得分在0～1.50分之间，均值为0.80，标准差为0.42；东北地区被试的得分在0～1.50分之间，均值为0.82，标准差为0.43；东部沿海地区被试的得分在0～1.50分之间，均值为0.78，标准差为0.43；中部地区被试的得分在0～1.50分之间，均值为0.73，标准差为0.43；西部地区被试的得分在0～1.50分之间，均值为0.81，标准差为0.42。对不同区域被试的选举程序认知得分的差异性进行方差分析（见

表 13、表 14、表 15 和图 5），显示不同区域被试的得分差异显著，$F = 5.367$，$p < 0.001$，中部地区被试的得分显著低于另外四个区域被试，另外四个区域被试相互之间的得分差异均未达到显著水平。

表 13　不同区域被试的选举程序认知得分的差异比较

项目		N	均值	标准差	标准误	均值的 95% 置信区间		极小值	极大值
						下限	上限		
选举程序认知	都会区	847	.8005	.41865	.01439	.7722	.8287	.00	1.50
	东北地区	438	.8162	.42908	.02050	.7759	.8565	.00	1.50
	东部地区	854	.7799	.42780	.01464	.7511	.8086	.00	1.50
	中部地区	852	.7324	.43087	.01476	.7034	.7614	.00	1.50
	西部地区	1301	.8113	.42192	.01170	.7884	.8342	.00	1.50
	总　数	4292	.7877	.42584	.00650	.7750	.8005	.00	1.50

表 14　不同区域被试的选举程序认知得分的方差分析结果

项目		平方和	df	均方	F	显著性
选举程序认知	组间	3.877	4	.969	5.367	.000
	组内	774.258	4287	.181		
	总数	778.135	4291			

表 15　不同区域被试的选举程序认知得分的多重比较

因变量	(I)区域	(J)区域	均值差 (I-J)	标准误	显著性	95% 置信区间	
						下限	上限
选举程序认知	都会区	东北地区	-.01574	.02501	.529	-.0648	.0333
		东部地区	.02061	.02061	.317	-.0198	.0610
		中部地区	.06808*	.02062	.001	.0277	.1085
		西部地区	-.01083	.01876	.564	-.0476	.0260
	东北地区	都会区	.01574	.02501	.529	-.0333	.0648
		东部地区	.03635	.02498	.146	-.0126	.0853
		中部地区	.08382*	.02499	.001	.0348	.1328
		西部地区	.00491	.02348	.834	-.0411	.0509
	东部地区	都会区	-.02061	.02061	.317	-.0610	.0198
		东北地区	-.03635	.02498	.146	-.0853	.0126
		中部地区	.04747*	.02058	.021	.0071	.0878
		西部地区	-.03144	.01872	.093	-.0681	.0053

续表

因变量	(I)区域	(J)区域	均值差(I-J)	标准误	显著性	95%置信区间	
						下限	上限
选举程序认知	中部地区	都会区	-.06808*	.02062	.001	-.1085	-.0277
		东北地区	-.08382*	.02499	.001	-.1328	-.0348
		东部地区	-.04747*	.02058	.021	-.0878	-.0071
		西部地区	-.07890*	.01873	.000	-.1156	-.0422
	西部地区	都会区	.01083	.01876	.564	-.0260	.0476
		东北地区	-.00491	.02348	.834	-.0509	.0411
		东部地区	.03144	.01872	.093	-.0053	.0681
		中部地区	.07890*	.01873	.000	.0422	.1156

*均值差的显著性水平为0.05。

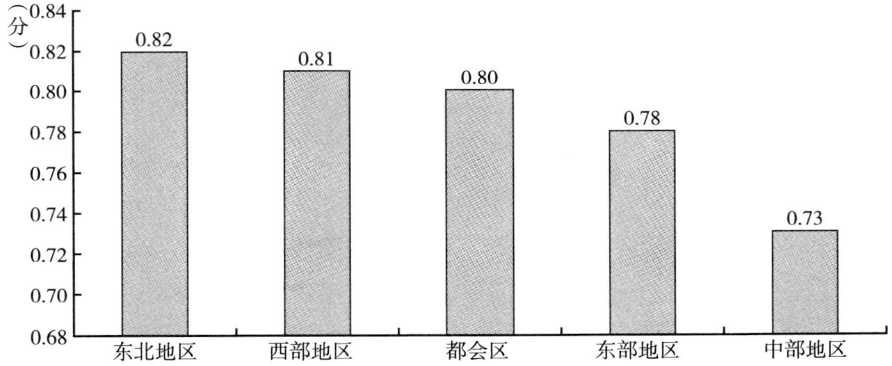

图5　不同区域被试的选举程序认知的得分比较

在“选举参与”方面，都会区被试的得分在0～4.00分之间，均值为1.40，标准差为1.43；东北地区被试的得分在0～4.00分之间，均值为0.08，标准差为0.42；东部沿海地区被试的得分在0～4.00分之间，均值为1.03，标准差为1.33；中部地区被试的得分在0～4.00分之间，均值为0.92，标准差为1.33；西部地区被试的得分在0～4.00分之间，均值为1.06，标准差为1.36。对不同区域被试的选举参与得分的差异性进行方差分析（见表16、表17、表18和图6），显示不同区域被试的得分差异显著，$F = 76.981$，$p < 0.001$，都会区被试的得分显著高于另四个区域被试；东北地区被试的得分显著低于另外四个区域被试；中部地区被试的得分显著低于西部地区被试，与东

部沿海地区被试之间的得分差异不显著；东部沿海地区被试与西部地区被试之间的得分差异不显著。

表 16　不同区域被试的选举参与得分的差异比较

项目		N	均值	标准差	标准误	均值的 95% 置信区间		极小值	极大值
						下限	上限		
选举参与	都会区	843	1.3980	1.42810	.04919	1.3014	1.4945	.00	4.00
	东北地区	440	.0784	.42029	.02004	.0390	.1178	.00	4.00
	东部地区	854	1.0281	1.32998	.04551	.9388	1.1174	.00	4.00
	中部地区	843	.9223	1.32653	.04569	.8326	1.0120	.00	4.00
	西部地区	1290	1.0554	1.35590	.03775	.9814	1.1295	.00	4.00
	总　数	4270	.9906	1.34054	.02051	.9504	1.0309	.00	4.00

表 17　不同区域被试的选举参与得分的方差分析结果

项目		平方和	df	均方	F	显著性
选举参与	组间	516.581	4	129.145	76.981	.000
	组内	7155.045	4265	1.678		
	总数	7671.625	4269			

表 18　不同区域被试的选举参与得分的多重比较

因变量	(I)区域	(J)区域	均值差(I-J)	标准误	显著性	95% 置信区间	
						下限	上限
选举参与	都会区	东北地区	1.31957*	.07618	.000	1.1702	1.4689
		东部地区	.36988*	.06288	.000	.2466	.4932
		中部地区	.47568*	.06309	.000	.3520	.5994
		西部地区	.34256*	.05736	.000	.2301	.4550
	东北地区	都会区	-1.31957*	.07618	.000	-1.4689	-1.1702
		东部地区	-.94969*	.07601	.000	-1.0987	-.8007
		中部地区	-.84389*	.07618	.000	-.9932	-.6945
		西部地区	-.97702*	.07151	.000	-1.1172	-.8368
	东部地区	都会区	-.36988*	.06288	.000	-.4932	-.2466
		东北地区	.94969*	.07601	.000	.8007	1.0987
		中部地区	.10580	.06288	.093	-.0175	.2291
		西部地区	-.02732	.05714	.633	-.1393	.0847

续表

因变量	(I)区域	(J)区域	均值差(I-J)	标准误	显著性	95%置信区间	
						下限	上限
选举参与	中部地区	都会区	-.47568*	.06309	.000	-.5994	-.3520
		东北地区	.84389*	.07618	.000	.6945	.9932
		东部地区	-.10580	.06288	.093	-.2291	.0175
		西部地区	-.13313*	.05736	.020	-.2456	-.0207
	西部地区	都会区	-.34256*	.05736	.000	-.4550	-.2301
		东北地区	.97702*	.07151	.000	.8368	1.1172
		东部地区	.02732	.05714	.633	-.0847	.1393
		中部地区	.13313*	.05736	.020	.0207	.2456

* 均值差的显著性水平为0.05。

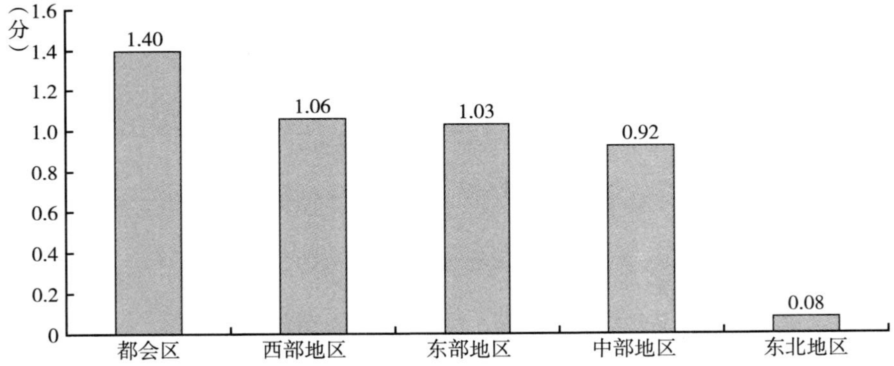

图6　不同区域被试的选举参与的得分比较

二　不同区域被试的县级人大代表选举参与主观状况

在“选举参与满意度”方面，都会区被试的得分在1.00~4.50分之间，均值为2.89，标准差为0.46；东北地区被试的得分在1.00~4.50分之间，均值为2.50，标准差为0.66；东部沿海地区被试的得分在1.00~4.50分之间，均值为2.78，标准差为0.55；中部地区被试的得分在1.00~4.75分之间，均值为2.87，标准差为0.50；西部地区被试的得分在1.00~5.00分之间，均值为2.88，标准差为0.52。对不同区域被试的选举参与满意度得分的差异性进行方差分析（见表19、表20、表21和图7），显示不同区域被试的得分差异显著，$F=51.152$，$p<0.001$，东北地区被试的得分显著低于另外四个区域被试；东部沿海地区被试的得分显著低于都会区、中部地区、西部地区被试；都会区、中部地区、西部地区三个区域被试相互之间的得分差异均未达到显著水平。

表19　不同区域被试的选举参与满意度得分的差异比较

项目		N	均值	标准差	标准误	均值的95%置信区间		极小值	极大值
						下限	上限		
选举参与满意度	都会区	848	2.8894	.46189	.01586	2.8583	2.9206	1.00	4.50
	东北地区	440	2.4989	.65571	.03126	2.4374	2.5603	1.00	4.50
	东部地区	856	2.7818	.54552	.01865	2.7452	2.8184	1.00	4.50
	中部地区	851	2.8669	.50219	.01721	2.8331	2.9007	1.00	4.75
	西部地区	1305	2.8755	.51800	.01434	2.8473	2.9036	1.00	5.00
	总　数	4300	2.8194	.53809	.00821	2.8033	2.8354	1.00	5.00

表20　不同区域被试的选举参与满意度得分的方差分析结果

项目		平方和	df	均方	F	显著性
选举参与满意度	组间	56.602	4	14.150	51.152	.000
	组内	1188.149	4295	.277		
	总数	1244.751	4299			

表21　不同区域被试的选举参与满意度得分的多重比较

因变量	(I)区域	(J)区域	均值差(I-J)	标准误	显著性	95%置信区间	
						下限	上限
选举参与满意度	都会区	东北地区	.39058*	.03090	.000	.3300	.4512
		东部地区	.10761*	.02548	.000	.0577	.1576
		中部地区	.02252	.02552	.377	-.0275	.0726
		西部地区	.01397	.02320	.547	-.0315	.0594
	东北地区	都会区	-.39058*	.03090	.000	-.4512	-.3300
		东部地区	-.28297*	.03085	.000	-.3435	-.2225
		中部地区	-.36806*	.03088	.000	-.4286	-.3075
		西部地区	-.37662*	.02899	.000	-.4335	-.3198
	东部地区	都会区	-.10761*	.02548	.000	-.1576	-.0577
		东北地区	.28297*	.03085	.000	.2225	.3435
		中部地区	-.08509*	.02546	.001	-.1350	-.0352
		西部地区	-.09364*	.02313	.000	-.1390	-.0483

续表

因变量	(I)区域	(J)区域	均值差(I-J)	标准误	显著性	95%置信区间	
						下限	上限
选举参与满意度	中部地区	都会区	-.02252	.02552	.377	-.0726	.0275
		东北地区	.36806*	.03088	.000	.3075	.4286
		东部地区	.08509*	.02546	.001	.0352	.1350
		西部地区	-.00856	.02317	.712	-.0540	.0369
	西部地区	都会区	-.01397	.02320	.547	-.0594	.0315
		东北地区	.37662*	.02899	.000	.3198	.4335
		东部地区	.09364*	.02313	.000	.0483	.1390
		中部地区	.00856	.02317	.712	-.0369	.0540

* 均值差的显著性水平为0.05。

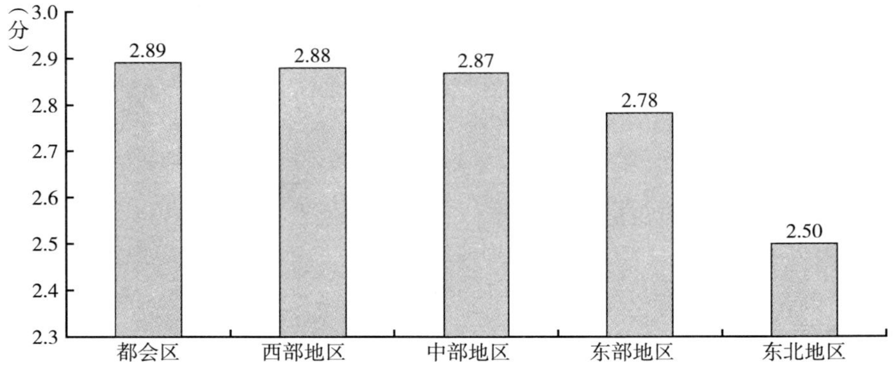

图7　不同区域被试的选举参与满意度的得分比较

在“选举参与意愿”方面，都会区被试的得分在1.00～5.00分之间，均值为3.16，标准差为0.59；东北地区被试的得分在1.33～4.67分之间，均值为3.02，标准差为0.63；东部沿海地区被试的得分在1.00～5.00分之间，均值为3.18，标准差为0.61；中部地区被试的得分在1.00～5.00分之间，均值为3.25，标准差为0.66；西部地区被试的得分在1.33～5.00分之间，均值为3.23，标准差为0.64。对不同区域被试的选举参与意愿得分的差异性进行方差分析（见表22、表23、表24和图8），显示不同区域被试的得分差异显著，$F=12.336$，$p<0.001$，东北地区被试的得分显著低于另外四个区域被试；中部地区和西部地区被试的得分显著高于都会区和东部沿海地区被试，中部与西部地区被试之间和都会区与东部沿海地区被试之间的得分差异不显著。

表 22　不同区域被试的选举参与意愿得分的差异比较

项目		N	均值	标准差	标准误	均值的 95% 置信区间		极小值	极大值
						下限	上限		
选举参与意愿	都会区	845	3.1578	.59450	.02045	3.1176	3.1979	1.00	5.00
	东北地区	440	3.0189	.63469	.03026	2.9595	3.0784	1.33	4.67
	东部地区	854	3.1753	.61003	.02087	3.1343	3.2162	1.00	5.00
	中部地区	852	3.2523	.65548	.02246	3.2083	3.2964	1.00	5.00
	西部地区	1299	3.2317	.64189	.01781	3.1968	3.2667	1.33	5.00
	总　数	4290	3.1882	.63189	.00965	3.1693	3.2071	1.00	5.00

表 23　不同区域被试的选举参与意愿得分的方差分析结果

项目		平方和	df	均方	F	显著性
选举参与意愿	组间	19.496	4	4.874	12.336	.000
	组内	1693.017	4285	.395		
	总数	1712.513	4289			

表 24　不同区域被试的选举参与意愿得分的多重比较

因变量	(I)区域	(J)区域	均值差(I-J)	标准误	显著性	95% 置信区间	
						下限	上限
选举参与意愿	都会区	东北地区	.13885*	.03695	.000	.0664	.2113
		东部地区	-.01746	.03050	.567	-.0773	.0423
		中部地区	-.09456*	.03052	.002	-.1544	-.0347
		西部地区	-.07393*	.02778	.008	-.1284	-.0195
	东北地区	都会区	-.13885*	.03695	.000	-.2113	-.0664
		东部地区	-.15631*	.03689	.000	-.2286	-.0840
		中部地区	-.23341*	.03690	.000	-.3058	-.1611
		西部地区	-.21278*	.03467	.000	-.2808	-.1448
	东部地区	都会区	.01746	.03050	.567	-.0423	.0773
		东北地区	.15631*	.03689	.000	.0840	.2286
		中部地区	-.07709*	.03044	.011	-.1368	-.0174
		西部地区	-.05646*	.02769	.042	-.1108	-.0022
	中部地区	都会区	.09456*	.03052	.002	.0347	.1544
		东北地区	.23341*	.03690	.000	.1611	.3058
		东部地区	.07709*	.03044	.011	.0174	.1368
		西部地区	.02063	.02771	.457	-.0337	.0750

续表

因变量	(I)区域	(J)区域	均值差(I-J)	标准误	显著性	95%置信区间	
						下限	上限
选举参与意愿	西部地区	都会区	.07393*	.02778	.008	.0195	.1284
		东北地区	.21278*	.03467	.000	.1448	.2808
		东部地区	.05646*	.02769	.042	.0022	.1108
		中部地区	-.02063	.02771	.457	-.0750	.0337

* 均值差的显著性水平为0.05。

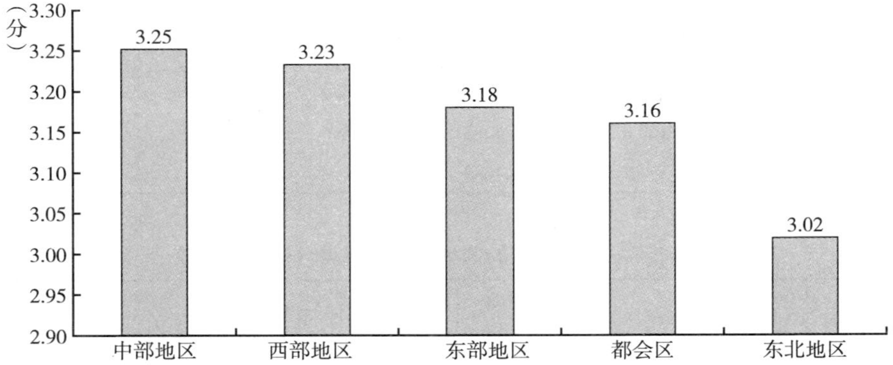

图8　不同区域被试的选举参与意愿的得分比较

在“选举参与效能”方面，都会区被试的得分在1.00～4.67分之间，均值为3.05，标准差为0.51；东北地区被试的得分在1.33～4.67分之间，均值为2.98，标准差为0.50；东部沿海地区被试的得分在1.33～5.00分之间，均值为3.05，标准差为0.49；中部地区被试的得分在1.00～5.00分之间，均值为3.13，标准差为0.59；西部地区被试的得分在1.00～5.00分之间，均值为3.08，标准差为0.61。对不同区域被试的选举参与效能得分的差异性进行方差分析（见表25、表26、表27和图9），显示不同区域被试的得分差异显著，$F=5.982$，$p<0.001$，东北地区被试的得分显著低于另外四个区域被试；中部地区被试的得分显著高于另外四个区域被试；都会区、东部沿海地区、西部地区三个区域被试相互之间的得分差异均未达到显著水平。

表 25 不同区域被试的选举参与效能得分的差异比较

项目		N	均值	标准差	标准误	均值的 95% 置信区间		极小值	极大值
						下限	上限		
选举参与效能	都会区	849	3.0491	.51224	.01758	3.0146	3.0836	1.00	4.67
	东北地区	440	2.9795	.50393	.02402	2.9323	3.0268	1.33	4.67
	东部地区	856	3.0491	.48866	.01670	3.0163	3.0818	1.33	5.00
	中部地区	852	3.1295	.58693	.02011	3.0900	3.1690	1.00	5.00
	西部地区	1306	3.0763	.61225	.01694	3.0431	3.1096	1.00	5.00
	总　数	4303	3.0662	.55557	.00847	3.0496	3.0828	1.00	5.00

表 26 不同区域被试的选举参与效能得分的方差分析结果

项目		平方和	*df*	均方	*F*	显著性
选举参与效能	组间	7.352	4	1.838	5.982	.000
	组内	1320.483	4298	.307		
	总数	1327.834	4302			

表 27 不同区域被试的选举参与效能得分的多重比较

因变量	(I)区域	(J)区域	均值差(I－J)	标准误	显著性	95% 置信区间	
						下限	上限
选举参与效能	都会区	东北地区	.06953*	.03256	.033	.0057	.1334
		东部地区	.00001	.02685	1.000	-.0526	.0526
		中部地区	-.08042*	.02688	.003	-.1331	-.0277
		西部地区	-.02724	.02444	.265	-.0751	.0207
	东北地区	都会区	-.06953*	.03256	.033	-.1334	-.0057
		东部地区	-.06952*	.03251	.033	-.1333	-.0058
		中部地区	-.14995*	.03254	.000	-.2137	-.0862
		西部地区	-.09677*	.03055	.002	-.1567	-.0369
	东部地区	都会区	-.00001	.02685	1.000	-.0526	.0526
		东北地区	.06952*	.03251	.033	.0058	.1333
		中部地区	-.08043*	.02682	.003	-.1330	-.0278
		西部地区	-.02725	.02438	.264	-.0750	.0205
	中部地区	都会区	.08042*	.02688	.003	.0277	.1331
		东北地区	.14995*	.03254	.000	.0862	.2137
		东部地区	.08043*	.02682	.003	.0278	.1330
		西部地区	.05318*	.02441	.029	.0053	.1010

续表

因变量	(I)区域	(J)区域	均值差(I-J)	标准误	显著性	95%置信区间	
						下限	上限
选举参与效能	西部地区	都会区	.02724	.02444	.265	-.0207	.0751
		东北地区	.09677*	.03055	.002	.0369	.1567
		东部地区	.02725	.02438	.264	-.0205	.0750
		中部地区	-.05318*	.02441	.029	-.1010	-.0053

*均值差的显著性水平为0.05。

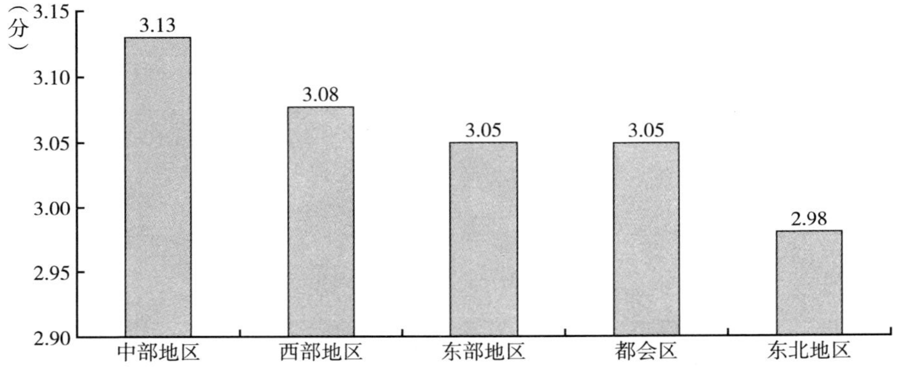

图9　不同区域被试的选举参与效能得分的比较

三　不同区域被试对县级人大代表选举工作的评价

“中国公民的县（区）级人大代表选举参与”问卷调查请被试根据最近一次县级人大代表选举情况，为选举工作的满意度打分。在选举工作满意度综合打分方面，都会区被试的打分在1.00~5.00分之间，均值为3.16，标准差为0.74；东北地区被试的打分在1.00~5.00分之间，均值为2.90，标准差为0.63；东部沿海地区被试的打分在1.00~5.00分之间，均值为3.18，标准差为0.81；中部地区被试的打分在1.00~5.00分之间，均值为3.13，标准差为0.74；西部地区被试的打分在1.00~5.00分之间，均值为3.22，标准差为0.75。对不同区域被试的选举工作满意度综合打分的差异性进行方差分析（见表28、表29、表30和图10），显示不同区域被试的打分差异显著，$F=15.599$，$p<0.001$，东

北地区被试的打分显著低于另外四个区域被试；中部地区被试的打分显著低于西部地区被试，与都会区、东部沿海地区被试之间的打分差异不显著；都会区、东部沿海地区、西部地区三个区域被试相互之间的打分差异均未达到显著水平。

表 28　不同区域被试对县级人大代表选举工作综合打分的差异比较

项目		N	均值	标准差	标准误	均值的95%置信区间		极小值	极大值
						下限	上限		
选举工作综合打分	都会区	844	3.1594	.74266	.02556	3.1093	3.2096	1.00	5.00
	东北地区	440	2.8977	.62547	.02982	2.8391	2.9563	1.00	5.00
	东部地区	853	3.1757	.81239	.02782	3.1211	3.2303	1.00	5.00
	中部地区	847	3.1305	.73870	.02538	3.0807	3.1804	1.00	5.00
	西部地区	1303	3.2182	.75453	.02090	3.1772	3.2592	1.00	5.00
	总　数	4287	3.1480	.75404	.01152	3.1254	3.1705	1.00	5.00

表 29　不同区域被试对县级人大代表选举工作综合打分的方差分析结果

项目		平方和	df	均方	F	显著性
选举工作综合打分	组间	34.999	4	8.750	15.599	.000
	组内	2401.889	4282	.561		
	总数	2436.889	4286			

表 30　不同区域被试对县级人大代表选举工作综合打分的多重比较

因变量	(I)区域	(J)区域	均值差(I-J)	标准误	显著性	95%置信区间	
						下限	上限
选举工作综合打分	都会区	东北地区	.26172*	.04404	.000	.1754	.3481
		东部地区	-.01624	.03636	.655	-.0875	.0551
		中部地区	.02890	.03643	.428	-.0425	.1003
		西部地区	-.05873	.03309	.076	-.1236	.0061
	东北地区	都会区	-.26172*	.04404	.000	-.3481	-.1754
		东部地区	-.27796*	.04396	.000	-.3641	-.1918
		中部地区	-.23282*	.04401	.000	-.3191	-.1465
		西部地区	-.32045*	.04130	.000	-.4014	-.2395
	东部地区	都会区	.01624	.03636	.655	-.0551	.0875
		东北地区	.27796*	.04396	.000	.1918	.3641
		中部地区	.04514	.03633	.214	-.0261	.1164
		西部地区	-.04250	.03299	.198	-.1072	.0222

续表

因变量	(I)区域	(J)区域	均值差(I-J)	标准误	显著性	95%置信区间	
						下限	上限
选举工作综合打分	中部地区	都会区	-.02890	.03643	.428	-.1003	.0425
		东北地区	.23282*	.04401	.000	.1465	.3191
		东部地区	-.04514	.03633	.214	-.1164	.0261
		西部地区	-.08763*	.03306	.008	-.1524	-.0228
	西部地区	都会区	.05873	.03309	.076	-.0061	.1236
		东北地区	.32045*	.04130	.000	.2395	.4014
		东部地区	.04250	.03299	.198	-.0222	.1072
		中部地区	.08763*	.03306	.008	.0228	.1524

* 均值差的显著性水平为0.05。

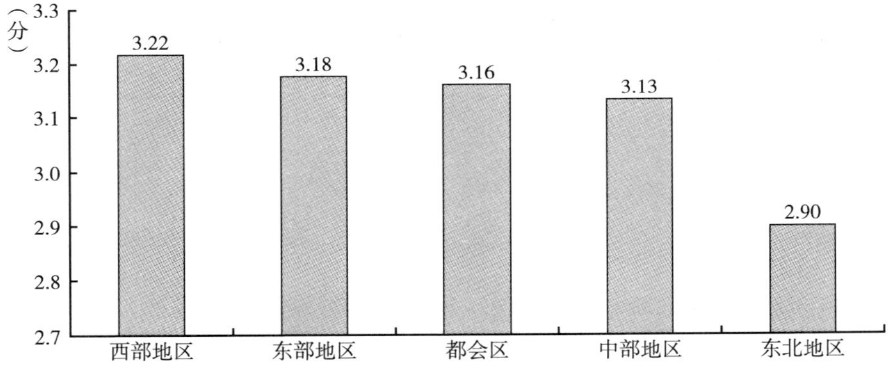

图10　不同区域被试对县级人大代表选举工作综合打分的比较

四　不同区域被试对政治信任和政治沟通等的评价

“中国公民的县（区）级人大代表选举参与”问卷调查还涉及了被试对政治信任、政治沟通、程序公平和结果公平的看法，可以比较不同区域被试在相关看法上是否有重大差别。

在“政治信任”方面，都会区被试的打分在1.00～6.00分之间，均值为3.85，标准差为1.09；东北地区被试的打分在1.00～6.00分之间，均值为3.83，标准差为0.79；东部沿海地区被试的打分在1.00～6.00分之间，均值为3.84，标准差为1.02；中部地区被试的打分在1.00～6.00分之间，均值为3.98，标准差为0.90；西部地区被试的打分在1.00～6.00分之间，均值为4.00，标准差为1.02。对不同区域被试的政治信任打分的差异性进行方差分析（见31、表32、表32和图11），显示不同区域被试的打分差异显著，$F=5.998$，$p<0.001$，中部地区和西部地区被试的打分显著高于都会区、东北地区和东部沿海地区被试，中部地区与西部地区被试之间，以及都会区、东北地区与东部沿海地区被试之间的打分差异均不显著。

表31　不同区域被试的政治信任打分的差异比较

项目		*N*	均值	标准差	标准误	均值的95%置信区间		极小值	极大值
						下限	上限		
政治信任	都会区	852	3.8521	1.08502	.03717	3.7792	3.9251	1.00	6.00
	东北地区	440	3.8332	.79445	.03787	3.7587	3.9076	1.00	6.00
	东部地区	856	3.8435	1.02007	.03487	3.7750	3.9119	1.00	6.00
	中部地区	853	3.9824	.89653	.03070	3.9222	4.0427	1.00	6.00
	西部地区	1306	3.9977	1.01792	.02817	3.9424	4.0530	1.00	6.00
	总　数	4307	3.9184	.99102	.01510	3.8888	3.9480	1.00	6.00

表32　不同区域被试的政治信任打分的方差分析结果

项目		平方和	*df*	均方	*F*	显著性
政治信任	组间	23.455	4	5.864	5.998	.000
	组内	4205.594	4302	.978		
	总数	4229.050	4306			

表33　不同区域被试的政治信任打分的多重比较

因变量	(I)区域	(J)区域	均值差(I－J)	标准误	显著性	95%置信区间	
						下限	上限
政治信任	都会区	东北地区	.01893	.05804	.744	-.0949	.1327
		东部地区	.00865	.04785	.856	-.0852	.1025
		中部地区	-.13030*	.04789	.007	-.2242	-.0364
		西部地区	-.14559*	.04354	.001	-.2310	-.0602
	东北地区	都会区	-.01893	.05804	.744	-.1327	.0949
		东部地区	-.01028	.05800	.859	-.1240	.1034
		中部地区	-.14923*	.05803	.010	-.2630	-.0355
		西部地区	-.16452*	.05450	.003	-.2714	-.0577

续表

因变量	(I)区域	(J)区域	均值差(I-J)	标准误	显著性	95%置信区间	
						下限	上限
政治信任	东部地区	都会区	-.00865	.04785	.856	-.1025	.0852
		东北地区	.01028	.05800	.859	-.1034	.1240
		中部地区	-.13896*	.04783	.004	-.2327	-.0452
		西部地区	-.15424*	.04348	.000	-.2395	-.0690
	中部地区	都会区	.13030*	.04789	.007	.0364	.2242
		东北地区	.14923*	.05803	.010	.0355	.2630
		东部地区	.13896*	.04783	.004	.0452	.2327
		西部地区	-.01529	.04353	.725	-.1006	.0700
	西部地区	都会区	.14559*	.04354	.001	.0602	.2310
		东北地区	.16452*	.05450	.003	.0577	.2714
		东部地区	.15424*	.04348	.000	.0690	.2395
		中部地区	.01529	.04353	.725	-.0700	.1006

*均值差的显著性水平为0.05。

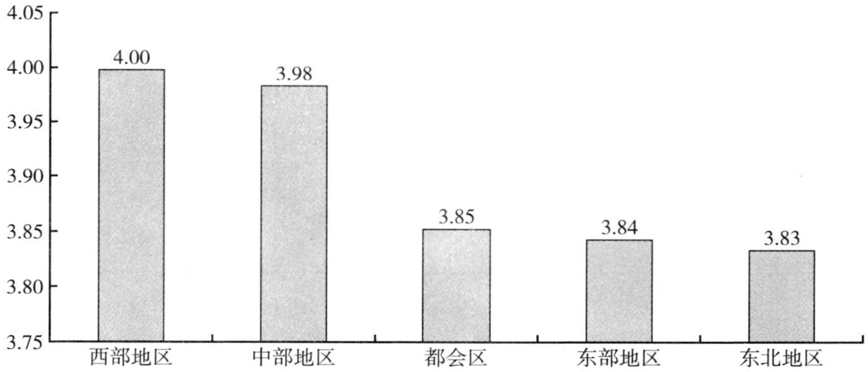

图11　不同区域被试的政治信任打分的比较

在“政治沟通”方面，都会区被试的打分在1.00~4.80分之间，均值为2.98，标准差为0.51；东北地区被试的打分在1.00~4.20分之间，均值为2.88，标准差为0.52；东部沿海地区被试的打分在1.00~5.00分之间，均值为2.95，标准差为0.60；中部地区被试的打分在1.00~4.40分之间，均值为3.00，标准差为0.53；西部地区被试的打分在1.00~5.00分之间，均值为3.02，标准差为0.54。对不同区域被试的政治沟通打分的差异性进行方差分析（见表34、表35、

表 36 和图 12），显示不同区域被试的打分差异显著，$F=6.753$，$p<0.001$，东北地区被试的打分显著低于另四个区域被试；东部沿海地区被试的打分显著低于中部地区、西部地区被试，与都会区被试之间的打分差异不显著；都会区、中部地区、西部地区三个区域被试相互之间的打分差异均未达到显著水平。

表 34　不同区域被试的政治沟通打分的差异比较

项目		N	均值	标准差	标准误	均值的 95% 置信区间		极小值	极大值
						下限	上限		
政治沟通	都会区	851	2.9774	.51009	.01749	2.9431	3.0118	1.00	4.80
	东北地区	440	2.8777	.52270	.02492	2.8288	2.9267	1.00	4.20
	东部地区	855	2.9462	.59727	.02043	2.9061	2.9863	1.00	5.00
	中部地区	853	3.0000	.53066	.01817	2.9643	3.0357	1.00	4.40
	西部地区	1304	3.0196	.54087	.01498	2.9902	3.0490	1.00	5.00
	总　数	4303	2.9783	.54436	.00830	2.9620	2.9946	1.00	5.00

表 35　不同区域被试的政治沟通打分的方差分析结果

项目		平方和	df	均方	F	显著性
政治沟通	组间	7.962	4	1.990	6.753	.000
	组内	1266.851	4298	.295		
	总数	1274.813	4302			

表 36　不同区域被试的政治沟通打分的多重比较

因变量	(I)区域	(J)区域	均值差(I-J)	标准误	显著性	95% 置信区间	
						下限	上限
政治沟通	都会区	东北地区	.09971*	.03188	.002	.0372	.1622
		东部地区	.03124	.02629	.235	-.0203	.0828
		中部地区	-.02256	.02630	.391	-.0741	.0290
		西部地区	-.04219	.02392	.078	-.0891	.0047
	东北地区	都会区	-.09971*	.03188	.002	-.1622	-.0372
		东部地区	-.06847*	.03185	.032	-.1309	-.0060
		中部地区	-.12227*	.03187	.000	-.1847	-.0598
		西部地区	-.14190*	.02993	.000	-.2006	-.0832
	东部地区	都会区	-.03124	.02629	.235	-.0828	.0203
		东北地区	.06847*	.03185	.032	.0060	.1309
		中部地区	-.05380*	.02627	.041	-.1053	-.0023
		西部地区	-.07343*	.02389	.002	-.1203	-.0266

续表

因变量	(I)区域	(J)区域	均值差(I-J)	标准误	显著性	95%置信区间	
						下限	上限
政治沟通	中部地区	都会区	.02256	.02630	.391	-.0290	.0741
		东北地区	.12227*	.03187	.000	.0598	.1847
		东部地区	.05380*	.02627	.041	.0023	.1053
		西部地区	-.01963	.02391	.412	-.0665	.0272
	西部地区	都会区	.04219	.02392	.078	-.0047	.0891
		东北地区	.14190*	.02993	.000	.0832	.2006
		东部地区	.07343*	.02389	.002	.0266	.1203
		中部地区	.01963	.02391	.412	-.0272	.0665

*均值差的显著性水平为0.05。

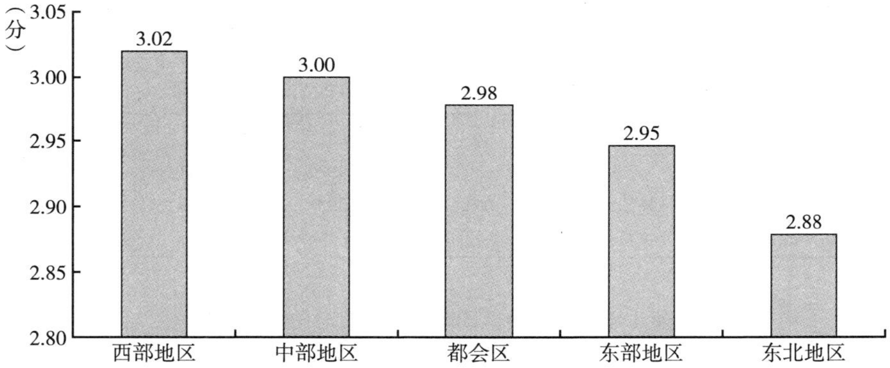

图12　不同区域被试的政治沟通打分的比较

在“程序公平”方面，都会区被试的打分在1.00～5.00分之间，均值为2.97，标准差为0.82；东北地区被试的打分在1.00～5.00分之间，均值为2.83，标准差为0.70；东部沿海地区被试的打分在1.00～5.00分之间，均值为2.89，标准差为0.88；中部地区被试的打分在1.00～5.00分之间，均值为2.92，标准差为0.82；西部地区被试的打分在1.00～5.00分之间，均值为3.09，标准差为0.81。对不同区域被试的程序公平打分的差异性进行方差分析（见表37、表38、表39和图13），显示不同区域被试的打分差异显著，$F=13.234$，$p<0.001$，西部地区被试的打分显著高于另外四个区域被试；都会区被试的打分显著高于东北地区被试，与东部沿海、中部地区被试之间的打

分差异不显著；东部沿海地区、东北地区、中部地区三个区域被试相互之间的打分差异均未达到显著水平。

表 37　不同区域被试的程序公平打分的差异比较

项目		*N*	均值	标准差	标准误	均值的 95% 置信区间		极小值	极大值
						下限	上限		
程序公平	都会区	844	2.9714	.81920	.02820	2.9160	3.0267	1.00	5.00
	东北地区	439	2.8269	.69855	.03334	2.7614	2.8924	1.00	5.00
	东部地区	853	2.8943	.87717	.03003	2.8353	2.9532	1.00	5.00
	中部地区	853	2.9207	.81994	.02807	2.8656	2.9758	1.00	5.00
	西部地区	1305	3.0923	.81499	.02256	3.0481	3.1366	1.00	5.00
	总　数	4294	2.9680	.82323	.01256	2.9433	2.9926	1.00	5.00

表 38　不同区域被试的程序公平打分的方差分析结果

项目		平方和	*df*	均方	*F*	显著性
程序公平	组间	35.472	4	8.868	13.234	.000
	组内	2873.931	4289	.670		
	总数	2909.403	4293			

表 39　不同区域被试的程序公平打分的多重比较

因变量	(I)区域	(J)区域	均值差(I-J)	标准误	显著性	95% 置信区间	
						下限	上限
程序公平	都会区	东北地区	.14449*	.04817	.003	.0501	.2389
		东部地区	.07707	.03974	.053	-.0008	.1550
		中部地区	.05069	.03974	.202	-.0272	.1286
		西部地区	-.12097*	.03616	.001	-.1919	-.0501
	东北地区	都会区	-.14449*	.04817	.003	-.2389	-.0501
		东部地区	-.06742	.04808	.161	-.1617	.0269
		中部地区	-.09379	.04808	.051	-.1881	.0005
		西部地区	-.26546*	.04516	.000	-.3540	-.1769
	东部地区	都会区	-.07707	.03974	.053	-.1550	.0008
		东北地区	.06742	.04808	.161	-.0269	.1617
		中部地区	-.02638	.03964	.506	-.1041	.0513
		西部地区	-.19804*	.03604	.000	-.2687	-.1274

续表

因变量	(I)区域	(J)区域	均值差(I－J)	标准误	显著性	95%置信区间	
						下限	上限
程序公平	中部地区	都会区	－.05069	.03974	.202	－.1286	.0272
		东北地区	.09379	.04808	.051	－.0005	.1881
		东部地区	.02638	.03964	.506	－.0513	.1041
		西部地区	－.17167*	.03604	.000	－.2423	－.1010
	西部地区	都会区	.12097*	.03616	.001	.0501	.1919
		东北地区	.26546*	.04516	.000	.1769	.3540
		东部地区	.19804*	.03604	.000	.1274	.2687
		中部地区	.17167*	.03604	.000	.1010	.2423

* 均值差的显著性水平为0.05。

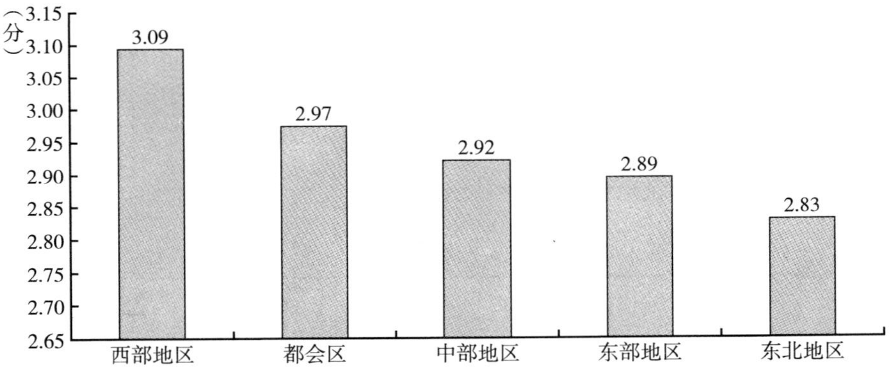

图13　不同区域被试的程序公平打分的比较

在“结果公平”方面，都会区被试的打分在1.00～5.00分之间，均值为3.04，标准差为0.90；东北地区被试的打分在1.17～5.00分之间，均值为3.05，标准差为0.66；东部沿海地区被试的打分在1.00～5.00分之间，均值为3.21，标准差为0.85；中部地区被试的打分在1.00～5.00分之间，均值为3.09，标准差为0.80；西部地区被试的打分在1.00～5.00分之间，均值为3.29，标准差为0.79。对不同区域被试的结果公平打分的差异性进行方差分析（见表40、表41、表42和图14），显示不同区域被试的打分差异显著，$F=17.297$，$p<0.001$，西部地区被试的打分显著高于另外四个区域被试；东

部沿海地区被试的打分显著高于都会区、东北地区、中部地区被试；都会区、东北地区、中部地区三个区域被试相互之间的打分差异均未达到显著水平。

表 40　不同区域被试的结果公平打分的差异比较

项目		N	均值	标准差	标准误	均值的 95% 置信区间		极小值	极大值
						下限	上限		
结果公平	都会区	848	3.0403	.89976	.03090	2.9796	3.1009	1.00	5.00
	东北地区	439	3.0528	.65646	.03133	2.9912	3.1143	1.17	5.00
	东部地区	851	3.2148	.85047	.02915	3.1576	3.2721	1.00	5.00
	中部地区	852	3.0931	.79655	.02729	3.0396	3.1467	1.00	5.00
	西部地区	1306	3.2908	.79132	.02190	3.2479	3.3338	1.00	5.00
	总　数	4296	3.1628	.82061	.01252	3.1382	3.1873	1.00	5.00

表 41　不同区域被试的结果公平打分的方差分析结果

项目		平方和	df	均方	F	显著性
结果公平	组间	45.894	4	11.474	17.297	.000
	组内	2846.374	4291	.663		
	总数	2892.269	4295			

表 42　不同区域被试的结果公平打分的多重比较

因变量	(I)区域	(J)区域	均值差(I-J)	标准误	显著性	95% 置信区间	
						下限	上限
客观状况总分	都会区	东北地区	-.01248	.04789	.794	-.1064	.0814
		东部地区	-.17455*	.03952	.000	-.2520	-.0971
		中部地区	-.05282	.03951	.181	-.1303	.0246
		西部地区	-.25055*	.03592	.000	-.3210	-.1801
	东北地区	都会区	.01248	.04789	.794	-.0814	.1064
		东部地区	-.16207*	.04786	.001	-.2559	-.0682
		中部地区	-.04034	.04785	.399	-.1342	.0535
		西部地区	-.23807*	.04493	.000	-.3262	-.1500
	东部地区	都会区	.17455*	.03952	.000	.0971	.2520
		东北地区	.16207*	.04786	.001	.0682	.2559
		中部地区	.12173*	.03947	.002	.0443	.1991
		西部地区	-.07599*	.03588	.034	-.1463	-.0056

续表

因变量	(I)区域	(J)区域	均值差(I-J)	标准误	显著性	95%置信区间	
						下限	上限
客观状况总分	中部地区	都会区	.05282	.03951	.181	-.0246	.1303
		东北地区	.04034	.04785	.399	-.0535	.1342
		东部地区	-.12173*	.03947	.002	-.1991	-.0443
		西部地区	-.19772*	.03587	.000	-.2680	-.1274
	西部地区	都会区	.25055*	.03592	.000	.1801	.3210
		东北地区	.23807*	.04493	.000	.1500	.3262
		东部地区	.07599*	.03588	.034	.0056	.1463
		中部地区	.19772*	.03587	.000	.1274	.2680

* 均值差的显著性水平为0.05。

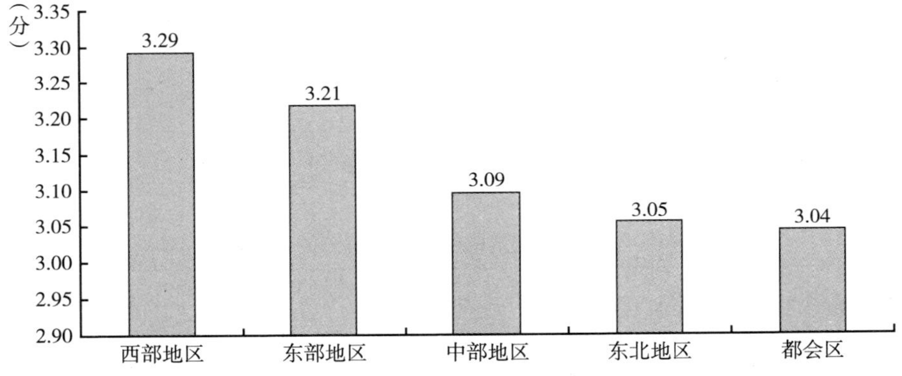

图14　不同区域被试的结果公平打分的比较

从问卷调查的情况看，在县级人大代表选举参与中，存在着明显的区域性差异。(1) 都会区被试的选举参与客观状况水平最高，但是在其他方面的表现并不突出。(2) 东北地区被试无论在选举参与的客观状况和主观状况上，都处于最低水平；对于县级人大代表选举工作以及政治沟通，东北地区被试也给出了最低的评价。(3) 东部沿海地区、中部地区、西部地区三个区域被试的选举参与水平接近，但是中部地区被试的选举参与效能感在五大区域被试中表现得最强，西部地区被试对程序公平和结果公平的重视程度在五大区域被试中表现得最强。

B.11

不同信息来源公民的县级人大代表选举参与比较

史卫民　娄兆锋

在“中国公民的县（区）级人大代表选举参与”问卷调查中，区分了被试获取信息的两类主要来源，一类是传统媒介（包括报刊、广播、电视），另一类是新兴媒介（包括互联网，移动信息平台即手机、平板电脑等）。在4308份有效数据中，主要通过传统媒介获取信息的被试（简称“传统媒介被试”）2601人，占60.38%；主要通过新兴媒介获取信息的被试（简称“新兴媒介被试”）1707人，占39.62%。根据问卷调查的数据，可以比较不同信息来源被试的县级人大代表选举参与状况。

一　不同信息来源被试的县级人大代表选举参与客观状况

调查结果显示，传统媒介被试的县级人大代表选举参与客观状况的总体得分在0～9.50分之间，均值为3.45，标准差为1.77。具体到县级人大代表选举参与客观状况的五个维度，传统媒介被试的“选举重要性认知”得分在0～1.00分之间，均值为0.26，标准差为0.36；“权利与途径认知”得分在0～1.00分之间，均值为0.52，标准差为0.35；“选举内容认知”得分在0～2.50分之间，均值为0.84，标准差为0.48；“选举程序认知”得分在0～1.50分之间，均值为0.79，标准差为0.43；“选举参与”得分在0～4.00分之间，均值为1.04，标准差为1.37。

新兴媒介被试的县级人大代表选举参与客观状况的总体得分在0～9.50分之间，均值为3.30，标准差为1.64。具体到县级人大代表选举参与客观状况的五个维度度，新兴媒介被试的“选举重要性认知”得分在0～1.00分之间，均值为0.20，标准差为0.32；“权利与途径认知”得分在0～1.00分之间，均值为0.55，标准差为0.35；“选举内容认知”得分在0～2.50分之间，均值为0.85，标准差为0.45；“选举程序认知”得分在0～1.50分之间，均值为0.79，标准差为0.42；“选举参与”得分在0～4.00分之间，均值为0.91，标准差为1.30（见表1和图1）。

表1　不同信息来源被试的县级人大代表选举客观状况得分的描述统计结果

项目		N	均值	标准差	标准误	均值的95%置信区间		极小值	极大值
						下限	上限		
客观状况总分	传统	2516	3.4457	1.76973	.03528	3.3766	3.5149	.00	9.50
	新兴	1649	3.3011	1.63765	.04033	3.2220	3.3802	.00	9.50
	总数	4165	3.3885	1.71991	.02665	3.3362	3.4407	.00	9.50
选举重要性认知	传统	2598	.2610	.36186	.00710	.2470	.2749	.00	1.00
	新兴	1705	.1979	.31673	.00767	.1829	.2130	.00	1.00
	总数	4303	.2360	.34603	.00527	.2257	.2463	.00	1.00
权利与途径认知	传统	2591	.5158	.35004	.00688	.5023	.5293	.00	1.00
	新兴	1701	.5550	.35406	.00858	.5381	.5718	.00	1.00
	总数	4292	.5313	.35212	.00537	.5208	.5419	.00	1.00
选举内容认知	传统	2554	.8408	.47584	.00942	.8224	.8593	.00	2.50
	新兴	1671	.8459	.45093	.01103	.8243	.8675	.00	2.50
	总数	4225	.8428	.46610	.00717	.8288	.8569	.00	2.50
选举程序认知	传统	2589	.7852	.42801	.00841	.7688	.8017	.00	1.50
	新兴	1703	.7915	.42263	.01024	.7715	.8116	.00	1.50
	总数	4292	.7877	.42584	.00650	.7750	.8005	.00	1.50
选举参与	传统	2578	1.0413	1.36519	.02689	.9886	1.0940	.00	4.00
	新兴	1692	.9134	1.29870	.03157	.8515	.9753	.00	4.00
	总数	4270	.9906	1.34054	.02051	.9504	1.0309	.00	4.00

注：表中“传统”是指“传统媒介”，“新兴”是指“新兴媒介”。以下各图、表与之同。

对不同信息来源被试的县级人大代表选举参与客观状况各指标的差异性进行方差分析（见表2），可以发现不同信息来源被试的客观状况总分差异显著，$F=7.057$，$p<0.05$，传统媒介被试（$M=3.45$，$SD=1.77$）的得分显著高于新兴媒介被试（$M=3.30$，$SD=1.64$）；在“选举重要性认知”方面，不同信息来源被试的得分差异显著，$F=34.414$，$p<0.001$，传统媒介被试（$M=0.26$，

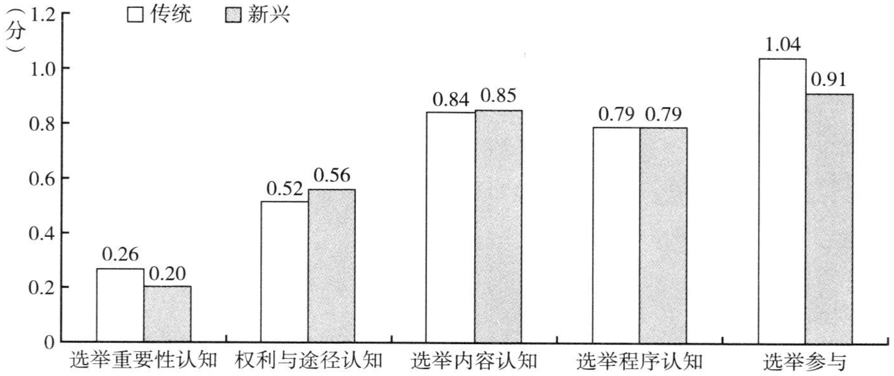

图 1　不同信息来源被试的县级人大代表选举参与客观状况五个一级指标得分比较

表 2　不同信息来源被试的县级人大代表选举参与客观状况得分的方差分析结果

项目		平方和	*df*	均方	*F*	显著性
客观状况总分	组间	20. 844	1	20. 844	7. 057	. 008
	组内	12296. 603	4163	2. 954		
	总数	12317. 447	4164			
选举重要性认知	组间	4. 089	1	4. 089	34. 414	. 000
	组内	511. 005	4301	. 119		
	总数	515. 094	4302			
权利与途径认知	组间	1. 573	1	1. 573	12. 724	. 000
	组内	530. 462	4290	. 124		
	总数	532. 035	4291			
选举内容认知	组间	. 026	1	. 026	. 119	. 730
	组内	917. 620	4223	. 217		
	总数	917. 646	4224			
选举程序认知	组间	. 041	1	. 041	. 225	. 635
	组内	778. 095	4290	. 181		
	总数	778. 135	4291			
选举参与	组间	16. 709	1	16. 709	9. 316	. 002
	组内	7654. 916	4268	1. 794		
	总数	7671. 625	4269			

$SD = 0.36$）的得分显著高于新兴媒介被试（$M = 0.20$，$SD = 0.32$）；在“权利与途径认知”方面，不同信息来源被试的得分差异显著，$F = 12.724$，$p <$

0.001，传统媒介被试（$M=0.52$，$SD=0.35$）的得分显著低于新兴媒介被试（$M=0.56$，$SD=0.35$）；在“选举参与”方面，不同信息来源被试的得分差异显著，$F=9.316$，$p<0.05$，传统媒介被试（$M=1.04$，$SD=1.37$）的得分显著高于新兴媒介被试（$M=0.91$，$SD=1.30$）；在“选举内容认知”（$F=0.119$，$p=0.730$）和“选举程序认知”（$F=0.225$，$p=0.635$）方面，不同信息来源被试之间的得分差异未达到显著性。

二　不同信息来源被试的县级人大代表选举参与主观状况

调查结果显示，传统媒介被试的“选举参与满意度”的得分在1.00～5.00分之间，均值为2.83，标准差为0.53；“选举参与意愿”的得分在1.00～5.00分之间，均值为3.17，标准差为0.61；“选举参与效能”的得分在1.00～5.00分之间，均值为3.07，标准差为0.54。新兴媒介被试的“选举参与满意度”的得分在1.00～4.50分之间，均值为2.81，标准差为0.55；“选举参与意愿”的得分在1.00～5.00分之间，均值为3.21，标准差为0.67；“选举参与效能”的得分在1.00～5.00分之间，均值为3.06，标准差为0.58（见表3和图2）。

表3　不同信息来源被试的县级人大代表选举参与主观状况得分的描述统计结果

项目		N	均值	标准差	标准误	均值的95%置信区间		极小值	极大值
						下限	上限		
选举参与满意度	传统	2597	2.8259	.53062	.01041	2.8054	2.8463	1.00	5.00
	新兴	1703	2.8095	.54930	.01331	2.7833	2.8356	1.00	4.50
	总数	4300	2.8194	.53809	.00821	2.8033	2.8354	1.00	5.00
选举参与意愿	传统	2588	3.1717	.60643	.01192	3.1483	3.1951	1.00	5.00
	新兴	1702	3.2133	.66815	.01620	3.1815	3.2450	1.00	5.00
	总数	4290	3.1882	.63189	.00965	3.1693	3.2071	1.00	5.00
选举参与效能	传统	2599	3.0673	.54193	.01063	3.0465	3.0882	1.00	5.00
	新兴	1704	3.0644	.57591	.01395	3.0370	3.0917	1.00	5.00
	总数	4303	3.0662	.55557	.00847	3.0496	3.0828	1.00	5.00

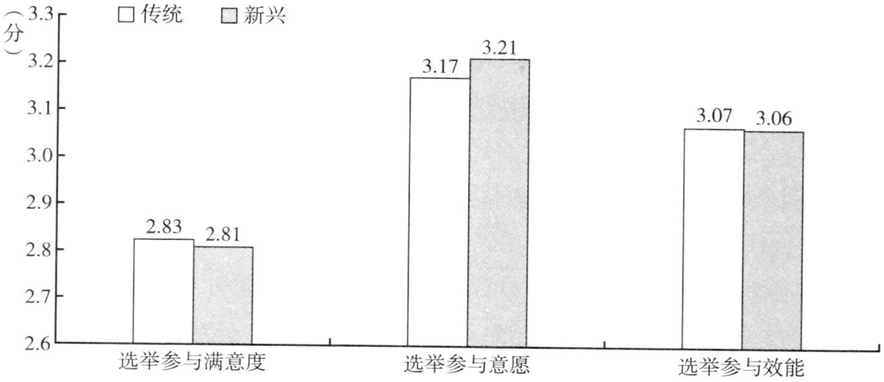

图 2　不同信息来源被试的县级人大代表选举参与主观状况得分比较

对不同信息来源被试的县级人大代表选举参与主观状况各指标的差异性进行方差分析（见表4），可以发现在“选举参与意愿”方面，不同信息来源被试的得分差异显著，$F = 4.51$，$p < 0.05$，传统媒介被试（$M = 3.17$，$SD = 0.61$）的得分显著低于新兴媒介被试（$M = 3.21$，$SD = 0.67$）；在“选举参与满意度”（$F = 0.956$，$p = 0.328$）和“选举参与效能”（$F = 0.030$，$p = 0.864$）方面，不同信息来源被试之间的得分差异未达到显著性。

表 4　不同信息来源被试县级人大代表选举参与主观状况得分的方差分析结果

项目		平方和	*df*	均方	*F*	显著性
选举参与满意度	组间	.277	1	.277	.956	.328
	组内	1244.474	4298	.290		
	总数	1244.751	4299			
选举参与意愿	组间	1.776	1	1.776	4.451	.035
	组内	1710.737	4288	.399		
	总数	1712.513	4289			
选举参与效能	组间	.009	1	.009	.030	.864
	组内	1327.825	4301	.309		
	总数	1327.834	4302			

三　不同信息来源被试对县级人大代表选举工作的评价

“中国公民的县（区）级人大代表选举参与”问卷调查请被试根据最近一次县级人大代表选举情况，为选举工作的满意度打分。调查结果显示，传统媒介被试对选举工作满意度的综合打分在 1.00 ~5.00 分之间，均值为 3.18，标准差为 0.73；新兴媒介被试对选举工作满意度的综合打分在 1.00 ~5.00 分之间，均值为 3.10，标准差为 0.79（见表 5 和图 3）。

表 5　不同信息来源被试的县级人大代表选举工作满意度打分的描述统计结果

项目		N	均值	标准差	标准误	均值的 95% 置信区间		极小值	极大值
						下限	上限		
综合打分	传统	2586	3.18	.729	.014	3.15	3.21	1.00	5.00
	新兴	1701	3.10	.788	.019	3.06	3.13	1.00	5.00
	总数	4287	3.15	.754	.012	3.13	3.17	1.00	5.00
选举组织工作的有效性	传统	2600	3.18	.911	.018	3.15	3.22	1.00	5.00
	新兴	1706	3.13	.952	.023	3.08	3.17	1.00	5.00
	总数	4306	3.16	.928	.014	3.13	3.19	1.00	5.00
选举程序的规范性	传统	2600	3.25	.955	.019	3.22	3.29	1.00	5.00
	新兴	1706	3.16	.985	.024	3.11	3.20	1.00	5.00
	总数	4306	3.22	.968	.015	3.19	3.24	1.00	5.00
选举的公正性	传统	2598	3.11	.998	.020	3.07	3.15	1.00	5.00
	新兴	1705	3.05	1.048	.025	3.00	3.10	1.00	5.00
	总数	4303	3.08	1.018	.016	3.05	3.11	1.00	5.00
选举信息的透明性	传统	2598	3.10	1.039	.020	3.06	3.14	1.00	5.00
	新兴	1707	2.98	1.085	.026	2.93	3.03	1.00	5.00
	总数	4305	3.05	1.059	.016	3.02	3.08	1.00	5.00
选举的竞争性	传统	2599	3.14	.984	.019	3.11	3.18	1.00	5.00
	新兴	1705	3.08	1.040	.025	3.03	3.13	1.00	5.00
	总数	4304	3.12	1.007	.015	3.09	3.15	1.00	5.00
选举纠纷处理的及时性	传统	2595	3.23	.977	.019	3.19	3.27	1.00	5.00
	新兴	1707	3.13	.987	.024	3.09	3.18	1.00	5.00
	总数	4302	3.19	.982	.015	3.16	3.22	1.00	5.00
民众参与选举的积极性	传统	2598	3.25	.975	.019	3.21	3.28	1.00	5.00
	新兴	1707	3.15	1.017	.025	3.11	3.20	1.00	5.00
	总数	4305	3.21	.993	.015	3.18	3.24	1.00	5.00

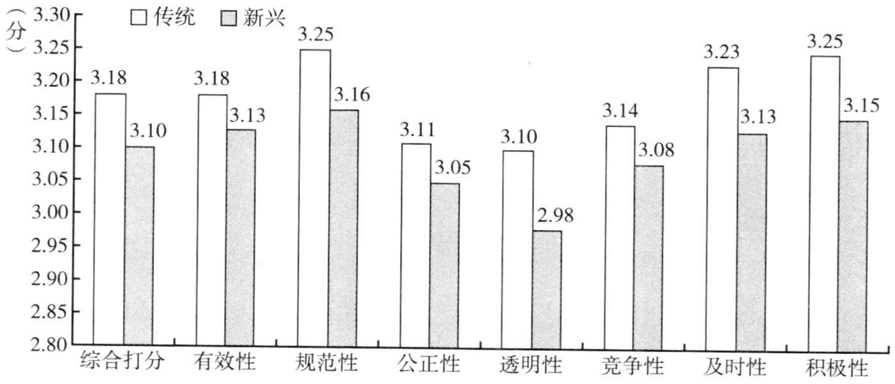

图3　不同信息来源被试的县级人大代表选举工作满意度打分比较

对不同信息来源被试的县级人大代表选举工作满意度打分的差异性进行方差分析（见表6），可以发现不同信息来源被试对县级人大代表选举工作的综合打分差异显著，$F = 12.700$，$p < 0.001$，传统媒介被试（$M = 3.18$，$SD = 0.73$）的打分显著高于新兴媒介被试（$M = 3.10$，$SD = 0.79$）。对于各项具体选举工作的评价也有一定的差异性，在“选举组织工作的有效性”方面，不同信息来源被试的打分差异显著，$F = 3.976$，$p < 0.05$，传统媒介被试（$M = 3.18$，$SD = 0.91$）的打分显著高于新兴媒介被试（$M = 3.13$，$SD = 0.95$）；在“选举程序的规范性”方面，不同信息来源被试的打分差异显著，$F = 10.308$，$p < 0.05$，传统媒介被试（$M = 3.25$，$SD = 0.96$）的打分显著高于新兴媒介被试（$M = 3.16$，$SD = 0.99$）；在“选举信息的透明性”方面，不同信息来源被试的打分差异显著，$F = 13.626$，$p < 0.001$，传统媒介被试（$M = 3.10$，$SD = 1.04$）的打分显著高于新兴媒介被试（$M = 2.98$，$SD = 1.09$）；在“选举的竞争性”方面，不同信息来源被试的打分差异显著，$F = 4.519$，$p < 0.05$，传统媒介被试（$M = 3.14$，$SD = 0.98$）的打分显著高于新兴媒介被试（$M = 3.08$，$SD = 1.04$）；在“选举纠纷处理的及时性”方面，不同信息来源被试的打分差异显著，$F = 9.881$，$p < 0.05$，传统媒介被试（$M = 3.23$，$SD = 0.98$）的打分显著高于新兴媒介被试（$M = 3.13$，$SD = 0.99$）；在“民众参与选举的积极性”方面，不同信息来源被试的打分差异显著，$F = 9.105$，$p < 0.05$，传统媒介被试（$M = 3.25$，$SD = 0.98$）的打分显著高于新兴媒介被试（$M = 3.15$，$SD =$

1.02）；在“选举的公正性”（$F=3.494$，$p=0.062$）方面，不同信息来源被试之间的打分差异未达到显著性。

表 6　不同信息来源被试的县级人大代表选举工作满意度打分方差分析结果

项目		平方和	*df*	均方	*F*	显著性
综合打分	组间	7.201	1	7.201	12.700	.000
	组内	2429.688	4285	.567		
	总数	2436.889	4286			
选举组织工作的有效性	组间	3.422	1	3.422	3.976	.046
	组内	3704.011	4304	.861		
	总数	3707.433	4305			
选举程序的规范性	组间	9.643	1	9.643	10.308	.001
	组内	4026.361	4304	.935		
	总数	4036.004	4305			
选举的公正性	组间	3.620	1	3.620	3.494	.062
	组内	4455.094	4301	1.036		
	总数	4458.714	4302			
选举信息的透明性	组间	15.229	1	15.229	13.626	.000
	组内	4809.034	4303	1.118		
	总数	4824.262	4304			
选举的竞争性	组间	4.578	1	4.578	4.519	.034
	组内	4358.403	4302	1.013		
	总数	4362.981	4303			
选举纠纷处理的及时性	组间	9.510	1	9.510	9.881	.002
	组内	4138.662	4300	.962		
	总数	4148.172	4301			
民众参与选举的积极性	组间	8.956	1	8.956	9.105	.003
	组内	4232.634	4303	.984		
	总数	4241.590	4304			

四　不同信息来源被试对政治信任和政治沟通等的评价

“中国公民的县（区）级人大代表选举参与”问卷调查还涉及被试对政治信任、政治沟通、程序公平和结果公平的看法，可以比较不同信息来源被试在相关看法上是否有重大差别。

传统媒介被试对政治信任的打分在1.00～6.00分之间，均值为3.94，标准差为0.98；新兴媒介被试对政治信任的打分在1.00～6.00分之间，均值为3.89，标准差为1.01。

传统媒介被试对政治沟通的打分在1.00～5.00分之间，均值为3.00，标准差为0.51；新兴媒介被试对政治沟通的打分在1.00～5.00分之间，均值为2.95，标准差为0.59。

传统媒介被试对程序公平的打分在1.00～5.00分之间，均值为3.03，标准差为0.80；新兴媒介被试对程序公平的打分在1.00～5.00分之间，均值为2.88，标准差为0.85。

传统媒介被试对结果公平的打分在1.00～5.00分之间，均值为3.18，标准差为0.80；新兴媒介被试对结果公平的打分在1.00～5.00分之间，均值为3.14，标准差为0.85（见表7和图4）。

表7　不同信息来源被试对政治信任、政治沟通等打分的描述统计结果

项目		N	均值	标准差	标准误	均值的95%置信区间		极小值	极大值
						下限	上限		
政治信任	传统	2600	3.9391	.98024	.01922	3.9014	3.9768	1.00	6.00
	新兴	1707	3.8869	1.00670	.02437	3.8391	3.9347	1.00	6.00
	总数	4307	3.9184	.99102	.01510	3.8888	3.9480	1.00	6.00
政治沟通	传统	2597	2.9992	.51300	.01007	2.9795	3.0190	1.00	5.00
	新兴	1706	2.9464	.58763	.01423	2.9185	2.9743	1.00	5.00
	总数	4303	2.9783	.54436	.00830	2.9620	2.9946	1.00	5.00
程序公平	传统	2595	3.0261	.80139	.01573	2.9953	3.0570	1.00	5.00
	新兴	1699	2.8791	.84809	.02058	2.8388	2.9195	1.00	5.00
	总数	4294	2.9680	.82323	.01256	2.9433	2.9926	1.00	5.00
结果公平	传统	2594	3.1772	.79956	.01570	3.1464	3.2080	1.00	5.00
	新兴	1702	3.1408	.85146	.02064	3.1003	3.1813	1.00	5.00
	总数	4296	3.1628	.82061	.01252	3.1382	3.1873	1.00	5.00

对不同信息来源被试的政治信任等打分的差异性进行方差分析（见表8），可以发现在“政治沟通”方面，不同信息来源被试的打分差异显著，$F = 9.708$，$p < 0.05$，传统媒介被试（$M = 3.00$，$SD = 0.51$）的打分显著高于新兴

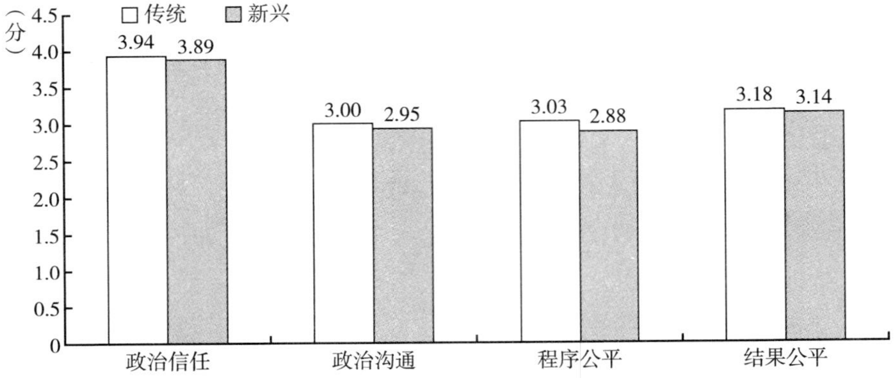

图4 不同信息来源被试对政治信任、政治沟通等打分的比较

媒介被试（$M=2.95$，$SD=0.59$）；在“程序公平”方面，不同信息来源被试的打分差异显著，$F=32.980$，$p<0.001$，传统媒介被试（$M=3.03$，$SD=0.80$）的打分显著高于新兴媒介被试（$M=2.88$，$SD=0.85$）；在“政治信任”（$F=2.854$，$p=0.091$）和“结果公平”（$F=2.021$，$p=0.155$）方面，不同信息来源被试之间的打分差异未达到显著性。

表8 不同信息来源被试对政治信任、政治沟通等打分的方差分析结果

项目		平方和	df	均方	F	显著性
政治信任	组间	2.801	1	2.801	2.854	.091
	组内	4226.248	4305	.982		
	总数	4229.050	4306			
政治沟通	组间	2.871	1	2.871	9.708	.002
	组内	1271.942	4301	.296		
	总数	1274.813	4302			
程序公平	组间	22.186	1	22.186	32.980	.000
	组内	2887.217	4292	.673		
	总数	2909.403	4293			
结果公平	组间	1.361	1	1.361	2.021	.155
	组内	2890.908	4294	.673		
	总数	2892.269	4295			

从问卷调查的情况看，信息来源的不同，对公民的县级人大代表选举参与可能有重要的影响。主要依赖传统媒介（报刊、广播、电视）的被试，不仅选举参与的客观状况水平总体高于主要依赖新兴媒介（互联网、移动信息平台即手机、平板电脑等）的被试，对选举工作的满意度水平以及对政治沟通、程序公平的重视程度，都高于主要依赖新兴媒介的被试；但是主要依赖新兴媒介的被试更看重与选举参与有关的权利途径，并且在主观层面明显表现出更强的选举参与意愿。

总报告（下编）

General Report（Vol. 2）

B.12 中国公民的乡镇人大代表选举参与

史卫民　田华

2014 年 6 月至 10 月，中国社会科学院政治学研究所进行了一次全国性的“中国公民的乡镇人大代表选举参与”问卷调查，本次调查由中国社会科学院调查与数据信息中心和北京美兰德信息公司具体实施。用调查涉及的相关问题，可以对当前中国公民的乡镇人大代表选举参与情况做总体说明。

一　“中国公民的乡镇人大代表选举参与”问卷调查被试基本情况

2014 年 6 月至 10 月进行的全国性“中国公民的乡镇人大代表选举参与”问卷调查，在全国抽取了 10 个省份（都会区为北京市和天津市，东北地区为黑龙江省，东部沿海地区为浙江省和山东省，中部地区为湖北省和安徽省，西部地区为陕西省、甘肃省和广西壮族自治区），每个省份以随机抽样的方式发放 435 份的问卷，10 个省份共计回收了有效问卷 4327 份。

本次问卷调查按性别、民族、年龄、学历、政治面貌、户籍、职业、收人、区域、获取信息来源等，对被试的群体进行划分，希望了解不同公民群体的乡镇人大代表选举参与是否存在差异。

在4327份有效数据中，少数民族被试489人，占11.30%；汉族被试3838人，占88.70%。

本次问卷调查采用三个年龄段对应三个公民群体：18~45岁为青年人，46~60岁为中年人，61岁及以上为老年人。有1名被试的年龄信息缺失，在4326份有效数据中，青年被试（18~45岁）2520人，占58.25%；中年被试（46~60岁）1385人，占32.02%；老年被试（61岁及以上）421人，占9.73%。

本次调查以初中及以下、高中（含中专）、大专及以上（含本科、研究生）三类学历对应三个公民群体。有1名被试的学历信息缺失，在4326份有效数据中，初中及以下学历被试2756人，占63.71%；高中学历被试1116人，占25.80%；大专及以上学历被试454人，占10.49%。

本次调查1名被试的政治面貌信息缺失，在4326份有效数据中，中共党员被试336人，占7.77%；共青团员被试535人，占12.37%；民主党派和群众被试3455人，占79.86%（民主党派被试由于人数过少，不具有代表性，所以与群众被试合为一类）。

本次调查3名被试的户籍信息缺失，在有户籍信息的4324份数据中，城镇户口被试752人，占17.39%；农村户口被试3572人，占82.61%。

在本次调查中，项目组将被试的职业分为务农人员、私营企业主（含个体户）、务工人员、专业技术人员、公务员、其他职业六类。有2名被试的职业信息缺失，在4325份有效数据中，务农人员2030人，占46.94%；私营企业主611人，占14.13%；务工人员648人，占14.98%；专业技术人员152人，占3.51%；公务员33人，占0.76%；其他职业851人，占19.68%。

在本次调查中，项目组参考2013年全国城镇居民人均收入水平（26955元，月均2246元），将被试的月均收入分为三大类：第一类是1500元及以下，对应“低收入”；第二类是1501~3500元，对应“中等收入”；第三类是3501元及以上，对应“高收入”。在4327份有效数据中，低收入（1500元及以下）被试2306人，占53.29%；中等收入（1501~3500元）被试1633人，占37.74%；高收入（3501元及以上）被试388人，占8.97%。

本次调查涉及的五大区域4327名被试，都会区864人，占19.97%；东北地区 440 人，占 10.17%；东部沿海地区 853 人，占 19.71%；中部地区 860 人，占 19.88%；西部地区 1310 人，占 30.27%。

本次调查还区分了被试获取信息的两类主要来源，一类是传统媒介（包括报刊、广播、电视），另一类是新兴媒介（包括互联网、移动信息平台即手机、平板电脑等）。在 4327 份有效数据中，主要通过传统媒介获取信息的被试 3139 人，占 72.54%；主要通过新兴媒介获取信息的被试 1188 人，占 27.46%。

二　乡镇人大代表选举参与的客观状况

为能全面反映公民参与乡镇人大代表选举的情况，问卷调查项目组设计了公民选举参与客观状况评估指标体系，采用 5 个一级指标和 16 个二级指标，按照总分 10 分的标准测量被试的选举参与客观状况，指标构成情况见表 1。

表 1　乡镇人大代表选举参与客观状况评估指标体系

一级指标		二级指标	
指标名称	分值	指标名称	分值
选举重要性认知	1.0	(1)参与人大代表选举重要性	0.50
		(2)关心人大代表选举的程度	0.50
权利与途径认知	1.0	(3)选举权认知	0.50
		(4)维权途径认知	0.50
选举内容认知	2.5	(5)人大代表选举方式	0.50
		(6)人大代表选举时间	0.50
		(7)代表名额分配原则	0.50
		(8)了解候选人情况	0.50
		(9)了解当选情况	0.50
选举程序认知	1.5	(10)代表候选人提名方式	0.50
		(11)协商与预选	0.50
		(12)候选人与选民见面活动的内容	0.50
选举参与	4.0	(13)参与提名候选人	0.50
		(14)参与协商、确定候选人	0.50
		(15)参加与候选人见面活动	0.50
		(16)本人参加投票	2.50
合计	10.0		10.00

调查结果显示，全体被试的乡镇人大代表选举参与客观状况总体得分在0～9.00分之间，均值为3.41，标准差为1.73（见表2）。这样的调查结果显示，中国公民的乡镇人大代表选举参与客观状况的总体得分处于较低水平。

表2　乡镇人大代表选举参与客观状况总体描述统计

项目	*N*	极小值	极大值	均值	标准差
选举参与客观状况总分	4149	0.00	9.00	3.4073	1.73000
选举重要性认知	4323	0.00	1.00	0.2688	0.36654
权利与途径认知	4288	0.00	1.00	0.4227	0.35495
选举内容认知	4239	0.00	2.50	0.8719	0.47044
选举程序认知	4301	0.00	1.50	0.7713	0.42258
选举参与	4285	0.00	4.00	1.0789	1.37244
有效的*N*(列表状态)	4149				

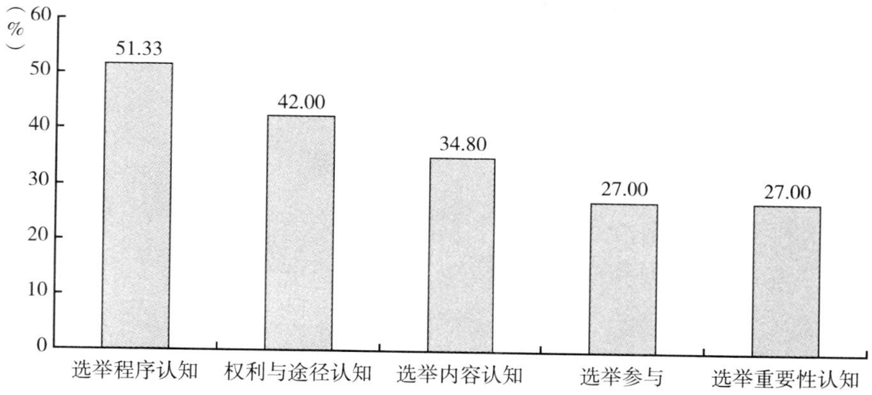

图1　全体被试的乡镇人大代表选举参与状况五个一级指标得分率比较

从五个一级指标的得分率看（见图1），“选举程序认知”得分在0～1.50分之间，均值为0.77，标准差为0.42，在五个指标中得分率最高（分值1.50，得分0.77，得分率为51.33%）；“权利与途径认知”得分在0～1.00分之间，均值为0.42，标准差为0.35，在五个指标中得分率次高（分值1.00，得分0.42，得分率为42.00%）；“选举内容认知”得分在0～2.50分之间，均值为0.87，标准差为0.47，在五个指标中得分率居中（分值2.50，得分0.87，得分率为34.80%）；“选举参与”得分在0～4.00分之间，均值为1.08，标准差为1.37，在五个指标中得分率并列最低（分值4.00，得分1.08，得分率为27.00%）；“选举重要性认知”得分在0～1.00分之间，均值为0.27，标准差为0.37，在五个指标中得分率并列最低（分值1.00，得分0.27，得分率为27.00%）。

具体分析五个一级指标之下各二级指标的得分情况（见表3），可以看出被试在认知和参与层面的不同表现。

表3　乡镇人大代表选举参与客观状况二级指标的描述统计

项目	N	极小值	极大值	均值	标准差
(1)参与人大代表选举重要性	4325	0.00	0.50	0.1305	0.21963
(2)关心人大代表选举的程度	4325	0.00	0.50	0.1383	0.22367
(3)选举权认知	4300	0.00	0.50	0.2573	0.24992
(4)维权途径认知	4315	0.00	0.50	0.1652	0.23522
(5)人大代表选举方式	4326	0.00	0.50	0.3655	0.22176
(6)人大代表选举时间	4312	0.00	0.50	0.0806	0.18387
(7)代表名额分配原则	4272	0.00	0.50	0.2686	0.24934
(8)了解候选人情况	4325	0.00	0.50	0.0349	0.12744
(9)了解当选情况	4311	0.00	0.50	0.1202	0.21366
(10)代表候选人提名方式	4320	0.00	0.50	0.2561	0.24995
(11)协商与预选	4314	0.00	0.50	0.2757	0.24870
(12)候选人与选民见面活动的内容	4321	0.00	0.50	0.2392	0.24979
(13)参与提名候选人	4296	0.00	0.50	0.0689	0.17237
(14)参与协商、确定候选人	4317	0.00	0.50	0.0693	0.17274
(15)参加与候选人见面活动	4316	0.00	0.50	0.0666	0.16993
(16)本人参加投票	4327	0.00	2.50	0.8799	1.19410
有效的N(列表状态)	4149				

“选举重要性认知”下的两个二级指标（每个指标的分值均为0.50分），“参与人大代表选举重要性”（得分在0～0.50分之间，均值为0.13，标准差为0.22）的得分略低于“关心人大代表选举的程度”（得分在0～0.50分之间，均值为0.14，标准差为0.22），两个指标的得分率均低于30%，总体显示公民对乡镇人大代表选举不够重视。

“权利与途径认知”下的两个二级指标（每个指标的分值均为0.50分），“选举权认知”（得分在0～0.50分之间，均值为0.26，标准差为0.25）的得分高于“维权途径认知”（得分在0～0.50分之间，均值为0.17，标准差为0.24），显示出公民对选举权利的认知水平尽管还有待提高，但是更需要提高的是对各种维护权利途径的正确认识。

“选举内容认知”下的五个二级指标（每个指标的分值均为0.50分），得分最高的是“人大代表选举方式”（得分在0～0.50分之间，均值为0.37，标准差为0.22），第二是“代表名额分配原则”（得分在0～0.50分之间，均值为0.27，标准差为0.25），第三是“了解当选情况”（得分在0～0.50分之间，均值为0.12，标准差为0.21），第四是“人大代表选举时间”（得分在0～0.50分之间，均值为0.08，标准差为0.18），得分最低的是“了解候选人情况”（得分在0～0.50分之间，均值为0.03，标准差为0.13）。这样的得分情况显示，公民对人大代表选举制度的认知程度总体上高于对选举情况的了解程度，与选举制度有关的三项指标（人大代表选举方式、代表名额分配原则、人大代表选举时间），两项指标的得分率在50%以上，一项指标的得分率在25%以下；与了解选举情况有关的两项指标（了解当选情况、了解候选人情况）的得分率均在20%以下，凸显的是对候选人情况缺乏了解（得分率仅为6%）。

“选举程序认知”下的三个二级指标（每个指标的分值均为0.50分），“协商与预选”（得分在0～0.50分之间，均值为0.28，标准差为0.25）的得分略高于“代表候选人提名方式”（得分在0～0.50分之间，均值为0.24，标准差为0.25）和“候选人与选民见面活动的内容”（得分在0～0.50分之间，均值为0.26，标准差为0.25），并且三项指标的得分率均在50%上下，显示公民对人大代表选举的具体程序还是较为了解的。

“选举参与”下的四个二级指标（“本人参加投票”的分值为2.50分，另三个指标的分值均为0.50分），得分率最高的是“本人参加投票”（得分在0～2.50分之间，均值为0.88，标准差为1.20，得分率为35.20%），第二是“参与协商、确定候选人”（得分在0～0.50分之间，均值为0.0693，标准差为0.17，得分率为13.86%），第三是“参与提名候选人”（得分在0～0.50分之间，均值为0.0689，标准差为0.17，得分率为13.78%），得分率最低的是

“参加与候选人见面活动”（得分在 0～0.50 分之间，均值为 0.0666，标准差为 0.17，得分率为 13.32%）。尽管四种参与行为的水平都有待提高（四项指标的得分率均在 35% 以下），但是更应该注意的是，在选举的几种参与行为中，除了投票以外，其他行为都是只有少数人参与。

在总体把握全体被试乡镇人大代表选举参与客观状况的基础上，我们对调查所涉及的五个一级指标彼此之间的相关关系进行了统计分析，具体结果见表 4。

表 4　乡镇人大代表选举参与客观评估系统内各指标之间的相关

指标	项目	选举重要性认知	权利与途径认知	选举内容认知	选举程序认知	选举参与
选举重要性认知	Pearson 相关性	1	-.024	.137**	-.021	.213**
	显著性(双侧)		.115	.000	.175	.000
	N	4323	4284	4235	4297	4282
权利与途径认知	Pearson 相关性	-.024	1	-.031*	.086**	-.007
	显著性(双侧)	.115		.045	.000	.643
	N	4284	4288	4203	4262	4246
选举内容认知	Pearson 相关性	.137**	-.031*	1	.064**	.179**
	显著性(双侧)	.000	.045		.000	.000
	N	4235	4203	4239	4218	4207
选举程序认知	Pearson 相关性	-.021	.086**	.064**	1	-.038*
	显著性(双侧)	.175	.000	.000		.013
	N	4297	4262	4218	4301	4264
选举参与	Pearson 相关性	.213**	-.007	.179**	-.038*	1
	显著性(双侧)	.000	.643	.000	.013	
	N	4282	4246	4207	4264	4285

** 在 0.01 水平（双侧）上显著相关。
* 在 0.05 水平（双侧）上显著相关。

从表 4 的数据结果可以看出，聚合成“认知”行为的选举重要性认知、权利与途径认知、选举内容认知、选举程序认知四个指标，只有“选举重要性认知”与“选举程序认知”、“权利与途径认知”之间的相关不显著，与“选举内容认知”之间具有显著的正向相关（$r=0.137$，$p<0.01$），其他三个指标之间的两两相关均达到了显著水平：“权利与途径认知”与“选举内容认

知”之间具有显著的负向相关（$r = -0.031$，$p < 0.05$），与“选举程序认知”之间具有显著的正向相关（$r = 0.086$，$p < 0.01$），“选举内容认知”与“选举程序认知”之间具有显著的正向相关（$r = 0.064$，$p < 0.01$）。

“认知”与“参与”之间的联系（对“认知”而言应属于外在联系）也较为紧密，“选举参与”与“选举重要性认知”（$r = 0.213$，$p < 0.01$）和“选举内容认知”（$r = 0.179$，$p < 0.01$）之间具有显著的正向相关，与“选举程序认知”之间具有显著的负向相关（$r = -0.038$，$p < 0.05$），与“权利和途径认知”之间的相关未达到显著水平。

三　乡镇人大代表选举参与的主观状况

为了解被试个体对乡镇人大代表选举参与行为的心理状态，问卷调查项目组设计了主观评估体系，采用三个评估指标并设计了 10 个题目：（1）选举参与满意度（4 个题目，反向计分题目 2 个）；（2）选举参与意愿（3 个题目，反向计分题目 1 个）；（3）选举参与效能（3 个题目，反向计分题目 1 个）。这部分问卷采用李克特 5 点计分方式，选项“1”代表“非常不符合”，选项“2”代表“比较不符合”，选项“3”代表“不确定”，选项“4”代表“比较符合”，选项“5”代表“非常符合”。

调查结果显示，全体被试的“选举参与满意度”的得分在 1.00 ~ 5.00 分之间，均值为 2.86，标准差为 0.54；“选举参与意愿”的得分在 1.00 ~ 5.00 分之间，均值为 3.20，标准差为 0.61；“选举参与效能”的得分在 1.00 ~ 5.00 分之间，均值为 3.07，标准差为 0.55（见表 5 和图 2）。

表 5　乡镇人大代表选举参与主观状况总体描述统计

项目	N	极小值	极大值	均值	标准差
选举参与满意度	4308	1.00	5.00	2.8593	0.54417
选举参与意愿	4319	1.00	5.00	3.2042	0.61342
选举参与效能	4321	1.00	5.00	3.0721	0.54679
有效的 N（列表状态）	4297				

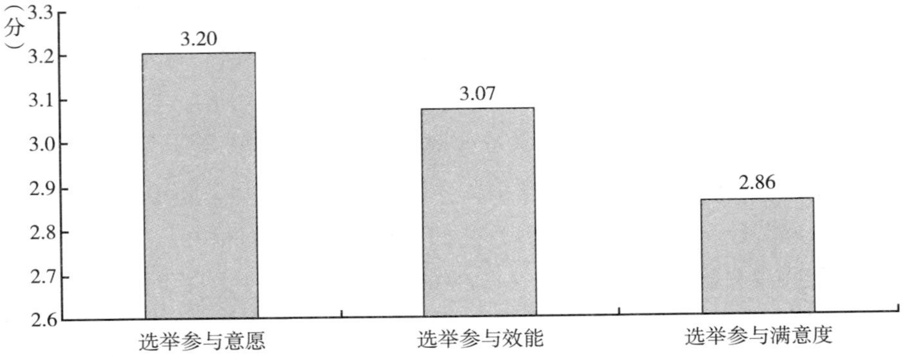

图2　全体被试的乡镇人大代表选举主观参与状况得分情况

对乡镇人大代表选举参与主观状况涉及的三个指标之间的相关关系进行统计分析，具体结果见表6。

表6　乡镇人大代表选举参与主观状况三个指标之间的相关分析结果

		选举参与满意度	选举参与意愿	选举参与效能
选举参与满意度	Pearson 相关性	1	.066**	.136**
	显著性（双侧）		.000	.000
	N	4308	4300	4305
选举参与意愿	Pearson 相关性	.066**	1	.296**
	显著性（双侧）	.000		.000
	N	4300	4319	4313
选举参与效能	Pearson 相关性	.136**	.296**	1
	显著性（双侧）	.000	.000	
	N	4305	4313	4321

** 在0.01水平（双侧）上显著相关。
* 在0.05水平（双侧）上显著相关。

针对乡镇人大代表选举参与的三个主观状况指标进行相关分析，结果显示，三个指标之间的两两相关均达到了显著水平，“选举参与满意度”与“选举参与意愿”之间具有显著的正向相关（$r=0.066$，$p<0.01$），与“选举参与效能”之间具有显著的正向相关（$r=0.136$，$p<0.01$）；“选举参与意愿”与“选举参与效能”之间具有显著的正向相关（$r=0.296$，$p<0.01$）。

四　乡镇人大代表选举参与客观状况与主观状况之间的相关分析

对乡镇人大代表选举参与主观状况与客观状况之间的相关性进行分析（见表7），结果显示，乡镇人大代表选举的客观状况总分与主观状况中的三个评价感知指标“选举参与满意度”（$r=0.085$，$p<0.01$）、“选举参与意愿”（$r=0.154$，$p<0.01$）、“选举参与效能”（$r=0.106$，$p<0.01$）之间均具有显著的正向相关，但是客观状况五个一级指标与主观状况三个指标之间，则呈现出一些不同的情况。

表7　乡镇人大代表选举参与客观状况与主观状况指标之间的相关分析结果

		选举参与满意度	选举参与意愿	选举参与效能
选举重要性认知	Pearson 相关性	.050**	.125**	.106**
	显著性(双侧)	.001	.000	.000
	N	4304	4315	4317
权利与途径认知	Pearson 相关性	-.036*	.029	-.004
	显著性(双侧)	.018	.057	.796
	N	4269	4281	4282
选举内容认知	Pearson 相关性	.046**	.086**	.042*
	显著性(双侧)	.003	.000	.007
	N	4220	4232	4233
选举程序认知	Pearson 相关性	-.002	.017	-.014
	显著性(双侧)	.886	.270	.348
	N	4282	4293	4295
选举参与	Pearson 相关性	.083**	.106**	.091**
	显著性(双侧)	.000	.000	.000
	N	4266	4277	4279
客观状况总分	Pearson 相关性	.085**	.154**	.106**
	显著性(双侧)	.000	.000	.000
	N	4130	4143	4143

** 在0.01水平（双侧）上显著相关。

（1）“选举重要性认知”与“选举参与满意度”（$r=0.050$，$p<0.05$）、“选举参与意愿”（$r=0.125$，$p<0.01$）、“选举参与效能”（$r=0.106$，$p<$

0.01）之间均具有显著的正向相关。

（2）“权利与途径认知”与“选举参与满意度”（$r=-0.036$，$p<0.05$）之间具有显著的负向相关，与“选举参与意愿”（$r=0.029$，$p=0.057$）、“选举参与效能”（$r=-0.004$，$p=0.796$）之间的相关没有达到显著水平。

（3）“选举内容认知”与“选举参与满意度”（$r=0.046$，$p<0.05$）、“选举参与意愿”（$r=0.086$，$p<0.01$）、“选举参与效能”（$r=0.042$，$p<0.05$）之间均具有显著的正向相关。

（4）“选举程序认知”与“选举参与满意度”（$r=-0.002$，$p=0.886$）、“选举参与意愿”（$r=0.017$，$p=0.270$）、“选举参与效能”（$r=-0.014$，$p=0.348$）之间的相关均没有达到显著水平。

（5）“选举参与”与“选举参与满意度”（$r=0.083$，$p<0.01$）、“选举参与意愿”（$r=0.106$，$p<0.01$）、“选举参与效能”（$r=0.091$，$p<0.01$）之间均具有显著的正向相关。

如前所述，反映乡镇人大代表选举参与客观状况的五个指标中，只有“选举程序认知”得分率高于50%，但是该指标对主观层面的正面影响并没有显现出来（与主观状况的三个指标相关性均不显著）。得分率最低和次低的“选举重要性认知”和“选举参与”，都与主观状况的三个指标有密切的关系，在相互正向相关的状态下，无论是对选举重要性的认识，还是实际的选举参与行为，不仅会减弱参与意愿和参与效能感，还会大大降低参与满意度。

五 中国公民对乡镇人大代表选举的基本看法

“中国公民的乡镇人大代表选举参与”问卷调查设计了一些选择题和计分题目，用来了解中国公民对乡镇人大代表选举的基本态度和基本看法，可以根据调查数据，说明全体被试对一些问题的看法。

（一）对乡镇人大代表选举的综合评价

问卷调查列出了乡镇人大代表选举工作的7项主要指标，请被试为每项指标的满意度打分：（1）选举组织工作的有效性；（2）选举程序的规范性；（3）选举的公正性；（4）选举信息的透明性；（5）选举的竞争性；（6）选举纠纷处理的及时性；（7）民众参与选举的积极性。

调查结果显示，全体被试对乡镇人大代表选举工作满意度的综合打分（满分为5分）在1.00～5.00分之间，均值为3.15，标准差为0.72（见表8和图3），显示出被试对乡镇人大代表选举工作给予了较高评价。在乡镇人大代表选举的7项具体工作指标中，满意度打分最高的是“民众参与选举的积极性”（打分在1.00～5.00分之间，均值为3.26，标准差为0.99），第二是“选举纠纷处理的及时性”（打分在1.00～5.00分之间，均值为3.20，标准差为0.95），第三是“选举程序的规范性”（打分在1.00～5.00分之间，均值为3.18，标准差为0.94），并列第四的是“选举的竞争性”（打分在1.00～5.00分之间，均值为3.14，标准差为0.99）和“选举组织工作的有效性”（打分在1.00～5.00分之间，均值为3.14，标准差为0.97），第六是“选举的公正性”（打分在1.00～5.00分之间，均值为3.08，标准差为1.02），满意度打分最低的是“选举信息的透明性”（打分在1.00～5.00分之间，均值为3.07，标准差为1.04）。

表8　全体被试对乡镇人大代表选举工作各项指标的满意度打分

项目	*N*	极小值	极大值	均值	标准差
综合打分	4314	1.00	5.00	3.1522	0.71934
选举组织工作的有效性	4326	1.00	5.00	3.1385	0.97056
选举程序的规范性	4323	1.00	5.00	3.1765	0.94410
选举的公正性	4325	1.00	5.00	3.0805	1.01629
选举信息的透明性	4326	1.00	5.00	3.0730	1.03566
选举的竞争性	4324	1.00	5.00	3.1399	0.98524
选举纠纷处理的及时性	4325	1.00	5.00	3.1958	0.94936
民众参与选举的积极性	4327	1.00	5.00	3.2625	0.99022
有效的*N*(列表状态)	4314				

乡镇人大代表选举能起什么作用，调查问卷提供了6个选项，请受访人选择3项并根据选项的重要性排序：（1）提高公民的权利和法治意识；（2）提高公民的民主意识；（3）为公民提供政治参与机会；（4）选出真正代表群众利益的人大代表；（5）监督政府，改进领导作风；（6）民意充分表达。

全体被试对于乡镇人大代表选举所起的作用，按第一选择由高到低进行排

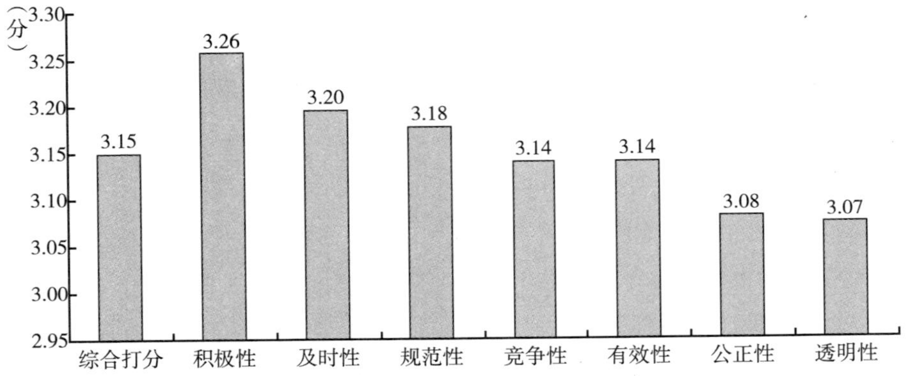

图 3　全体被试的乡镇人大代表选举工作满意度打分情况

注：图表中选项做了有关简化。以下各图表同。

序，排在第一位的是“提高公民的权利和法治意识”（38. 42%），排在第二位的是“提高公民的民主意识”（16. 00%），排在第三位的是“为公民提供政治参与机会”（12. 99%），排在第四位的是“选出真正代表群众利益的人大代表”（12. 32%），排在第五位的是“监督政府，改进领导作风”（11. 26%），排在末位的是“民意充分表达”（9. 01%）。在第二选择中，选择比例排在前两位的是“为公民提供政治参与机会”、“提高公民的民主意识”。在第三选择中，选择比例排在前两位的是“监督政府，改进领导作风”、“民意充分表达”（见表9）。

表 9　全体被试对乡镇人大代表选举所起作用的选择

选项	第一选择		第二选择		第三选择		总提及	
	频率	百分比	频率	百分比	频率	百分比	频率	百分比
提高权利和法治意识	1659	38. 42	502	12. 13	376	10. 50	2537	21. 07
提高公民的民主意识	691	16. 00	866	20. 93	475	13. 26	2032	16. 88
提供政治参与机会	561	12. 99	1107	26. 75	549	15. 33	2217	18. 42
选出真正代表群众利益的代表	532	12. 32	676	16. 33	653	18. 23	1861	15. 46
监督政府	486	11. 26	712	17. 21	795	22. 19	1993	16. 56
民意充分表达	389	9. 01	275	6. 65	734	20. 49	1398	11. 61
合计	4318	100. 00	4138	100. 00	3582	100. 00	12038	100. 00

全体被试的总提及频率（各因素在3个选项中的选择频率）的排序与第一选择略有不同（见图4），在列出的6个选项中，提及频率最高的是“提高

公民的权利和法治意识”（21.07%），第二是“为公民提供政治参与机会”（18.42%），第三是“提高公民的民主意识”（16.88%），第四是“监督政府，改进领导作风”（16.56%），第五是“选出真正代表群众利益的人大代表”（15.46%），提及频率最低的是“民意充分表达”（11.61%，第二至第五位排序不同）。

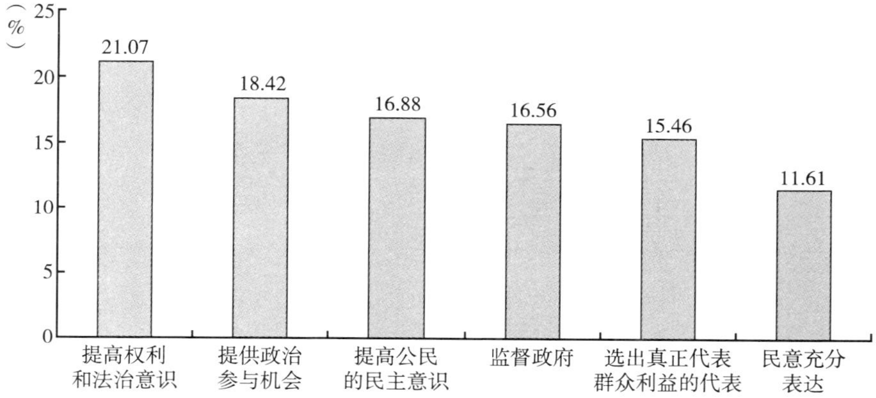

图4　全体被试对乡镇人大代表选举所起作用的选择

（二）公民的选举参与行为取向

为了解公民在乡镇人大代表选举中的不同参与行为取向，问卷调查设计了7道题目。

第一道题目希望了解公民参与乡镇人大代表选举的动机。调查问卷提供了5个选项，请受访人选择1项：（1）积极行使公民的政治权利；（2）选出能代表自己利益的人；（3）尽人情、给候选人面子；（4）完成领导（单位）交给的任务；（5）重视政治参与的机会。调查结果显示，在作出有效选择的4321名被试中，1800人选择“积极行使公民的政治权利”，占41.66%；1264人选择“选出能代表自己利益的人”，占29.25%；429人选择“尽人情、给候选人面子”，占9.93%；437人选择“完成领导（单位）交给的任务”，占10.11%；391人选择“重视政治参与的机会”，占9.05%（见表10和图5）。也就是说，将参与动机分为权利（第1项）、利益（第2项）、人情（第3

项）、任务（第 4 项）、机会（第 5 项）五类，全体被试的选择由高到低的排序是权利、利益、任务、人情、机会。

表 10　全体被试对参与乡镇人大代表选举动机的选择

项目	选项	频率	百分比	有效百分比	累积百分比
有效	积极行使公民的政治权利	1800	41. 60	41. 66	41. 66
	选出能代表自己利益的人	1264	29. 21	29. 25	70. 91
	尽人情、给候选人面子	429	9. 91	9. 93	80. 84
	完成领导（单位）交给的任务	437	10. 10	10. 11	90. 95
	重视政治参与的机会	391	9. 04	9. 05	100. 00
	合计	4321	99. 86	100. 00	
缺失	系统	6	0. 14		
总计		4327	100. 00		

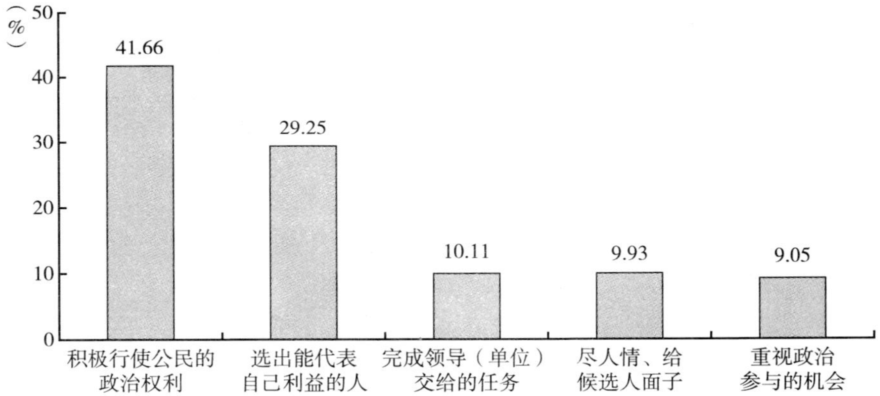

图 5　全体被试对参与乡镇人大代表选举动机的选择

第二道题目希望了解公民对不同选举行为方式的偏好。调查问卷提供了 8 个选项，请受访人选择 3 项并根据选项的重要性排序：（1）了解选举信息；（2）提名候选人；（3）参与确定候选人的协商或预选；（4）积极参加选举的组织、动员工作；（5）参与候选人与选民见面；（6）帮候选人拉票；（7）投票支持候选人；（8）向有关部门申诉选举中出现的问题。

全体被试对于乡镇人大代表选举中愿意采用的参与方式，按第一选择由高到低进行排序，排在第一位的是“了解选举信息”（49. 33%），排在第二位的是“提名候选人”（14.14%），排在第三位的是“投票支持候选人”（10.80%），排在第四位的是“参与确定候选人的协商或预选”（9.65%），排在第五位的是“积极参加选举的组织、动员工作”（6.99%），排在第六位的是“参与候选人与选民见面”（4.88%），排在第七位的是“帮候选人拉票”（2.52%），排在末位的是“向有关部门申诉选举中出现的问题”（1.69%）。在第二选择中，选择比例排在前两位的是“提名候选人”、“参与确定候选人的协商或预选”。在第三选择中，选择比例排在前两位的是“投票支持候选人”、“参与候选人与选民见面”（见表11）。

表11　全体被试对乡镇人大代表选举中参与方式的选择

选项	第一选择		第二选择		第三选择		总提及	
	频率	百分比	频率	百分比	频率	百分比	频率	百分比
了解选举信息	2132	49.33	420	10.25	262	7.44	2814	23.57
提名候选人	611	14.14	956	23.32	302	8.58	1869	15.65
参与协商或预选	417	9.65	783	19.10	495	14.06	1695	14.19
参加选举组织动员	302	6.99	678	16.54	494	14.03	1474	12.34
与候选人见面	211	4.88	566	13.81	505	14.34	1282	10.74
帮候选人拉票	109	2.52	148	3.61	246	6.99	503	4.21
投票支持候选人	467	10.80	478	11.66	820	23.29	1765	14.78
申诉选举中的问题	73	1.69	70	1.71	397	11.27	540	4.52
合计	4322	100.00	4099	100.00	3521	100.00	11942	100.00

全体被试的总提及频率（各因素在3个选项中的选择频率）的排序与第一选择略有不同（见图6），在列出的8个选项中，提及频率最高的是“了解选举信息”（23.57%），第二是“提名候选人”（15.65%），第三是“投票支持候选人”（14.78%），第四是“参与确定候选人的协商或预选”（14.19%），第五是“积极参加选举的组织、动员工作”（12.34%），第六是“参与候选人与选民见面”（10.74%），第七是“向有关部门申诉选举中出现的问题”（4.52%），提及频率最低的是“帮候选人拉票”（4.21%，第七和第八位排序不同）。

第三道题目希望了解公民是否有当选人大代表的愿望。调查问卷提供了4个选项，请受访人选择1项：（1）我很愿意当人大代表；（2）我想当人大代

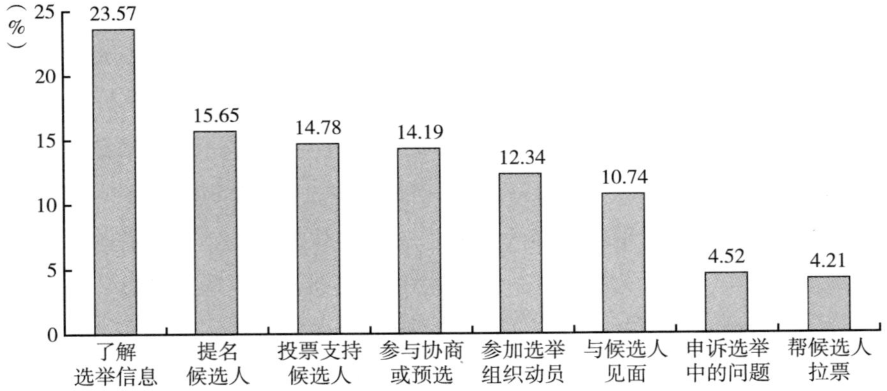

图 6　全体被试对乡镇人大代表选举中参与方式的选择

表，但怕当不上；（3）无所谓；（4）我不愿意当人大代表。调查结果显示，在作出有效选择的4317 名被试中，1127 人选择“我很愿意当人大代表”，占26.11%；791 人选择“我想当人大代表，但怕当不上”，占 18.32%；1428 人选择“无所谓”，占 33.08%；971 人选择“我不愿意当人大代表”，占22.49%（见表 12 和图 7）。也就是说，仅从意愿上看，有接近 45%（44.43%）的被试显示出了想当人大代表的意愿。

表 12　全体被试对个人是否愿意当人大代表的选择

项目	选项	频率	百分比	有效百分比	累积百分比
有效	我很愿意当人大代表	1127	26.05	26.11	26.11
	我想当人大代表，但怕当不上	791	18.28	18.32	44.43
	无所谓	1428	33.00	33.08	77.51
	我不愿意当人大代表	971	22.44	22.49	100.00
	合计	4317	99.77	100.00	
缺失	系统	10	0.23		
总计		4327	100.00		

第四道题目希望了解公民对自我参与选举竞争面临障碍的看法。调查问卷提供了 4 个选项，请受访人选择 1 项：（1）选举中不能被平等对待；（2）选不上影响自己形象；（3）花费过多的精力和财力；（4）得罪组织或领导。调

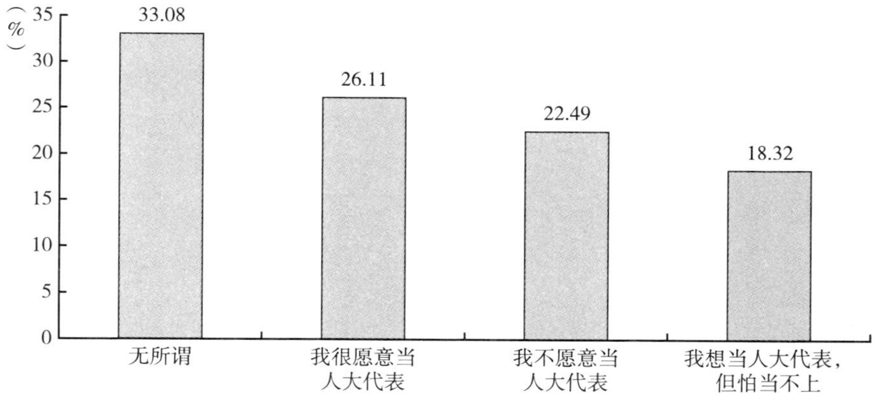

图 7　全体被试对个人是否愿意当人大代表的选择

查结果显示，在作出有效选择的 4312 名被试中，1862 人选择“选举中不能被平等对待”，占 43.18%；982 人选择“选不上影响自己形象”，占 22.77%；955 人选择“花费过多的精力和财力”，占 22.15%；513 人选择“得罪组织或领导”，占 11.90%（见表 13 和图 8）。也就是说，对公民个体而言，选举竞争的最大障碍是担心不能被平等对待。

表 13　全体被试对自我参与选举竞争面临障碍的选择

项目	选项	频率	百分比	有效百分比	累积百分比
有效	选举中不能被平等对待	1862	43.03	43.18	43.18
	选不上影响自己形象	982	22.69	22.77	65.96
	花费过多的精力和财力	955	22.07	22.15	88.10
	得罪组织或领导	513	11.86	11.90	100.00
	合计	4312	99.65	100.00	
缺失	系统	15	0.35		
总计		4327	100.00		

第五道题目希望了解公民对影响自己选举行为的因素的看法。调查问卷提供了 7 个选项，请受访人选择 1 项：（1）单位；（2）政府；（3）亲友；（4）候选人；（5）家族、宗族；（6）基层群众组织；（7）群众口碑。调查结果显示，在作出有效选择的 4305 名被试中，299 人选择“单位”，占 6.92%；1004

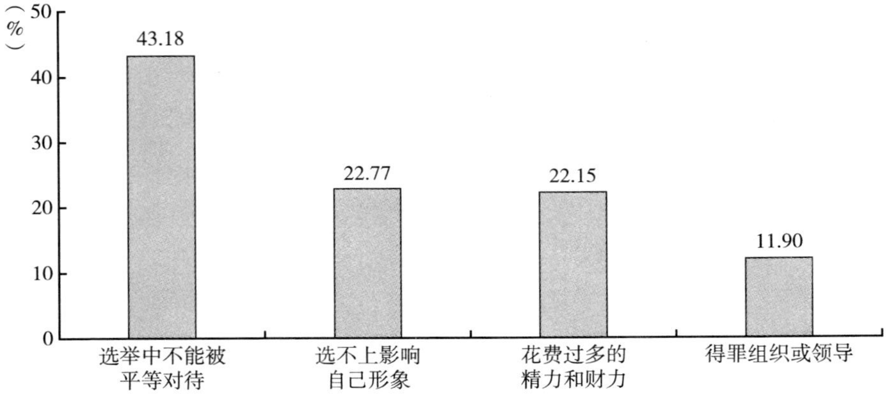

图 8　全体被试对自我参与选举竞争面临障碍的选择

人选择“政府”，占 23.21%；475 人选择“亲友”，占 10.98%；438 人选择“候选人”，占 10.13%；158 人选择“家族、宗族”，占 3.65%；718 人选择“基层群众组织”，占 16.60%；1233 人选择“群众口碑”，占 28.51%（见表 14 和图 9）。也就是说，可能影响公民选举行为的七个因素，按照全体被试的选择，由高到低的排序是群众口碑、政府、基层群众组织、亲友、候选人、单位、家族宗族。

表 14　全体被试对影响自己选举行为因素的选择

项目	选项	频率	百分比	有效百分比	累积百分比
有效	单位	299	6.91	6.92	6.92
	政府	1004	23.20	23.21	30.13
	亲友	475	10.98	10.98	41.11
	候选人	438	10.12	10.13	51.24
	家族、宗族	158	3.65	3.65	54.89
	基层群众组织	718	16.59	16.60	71.49
	群众口碑	1233	28.50	28.51	100.00
	合计	4325	99.95	100.00	
缺失	系统	2	0.05		
总计		4327	100.00		

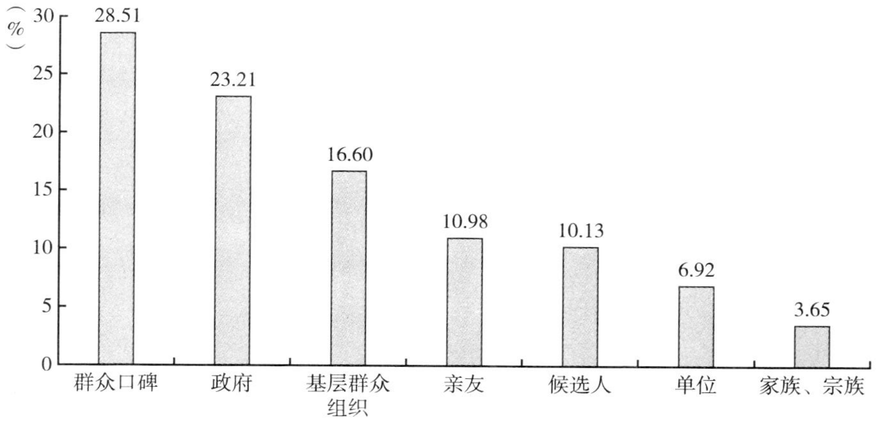

图9　全体被试对影响自己选举行为因素的选择

第六道题目希望了解在最近一次乡镇人大代表选举中，被试是如何投票的。调查问卷提供了5个选项，请受访人选择1项：（1）在选举大会会场投票；（2）在投票站投票；（3）流动票箱投票；（4）委托他人代为投票；（5）我没有去投票。调查结果显示，在作出有效选择的4327名被试中，473人选择“在选举大会会场投票”，占10.93%；606人选择“在投票站投票”，占14.01%；444人选择“流动票箱投票”，占10.26%；183人选择“委托他人代为投票”，占4.23%；2621人选择“我没有去投票”，占60.57%（见表15和图10）。也就是说，除了有近2/3（60.57%）的被试明确表示没去投票外，四种投票方式由高到低的排序是投票站、选举大会、流动票箱、委托投票。

表15　全体被试对最近一次乡镇人大代表选举如何投票的选择

项目	选项	频率	百分比	有效百分比	累积百分比
有效	在选举大会会场投票	473	10.93	10.93	10.93
	在投票站投票	606	14.01	14.01	24.94
	流动票箱投票	444	10.26	10.26	35.20
	委托他人代为投票	183	4.23	4.23	39.43
	我没有去投票	2621	60.57	60.57	100.00
	合计	4327	100.00		
缺失	系统	0	0		
总计		4327	100.00		

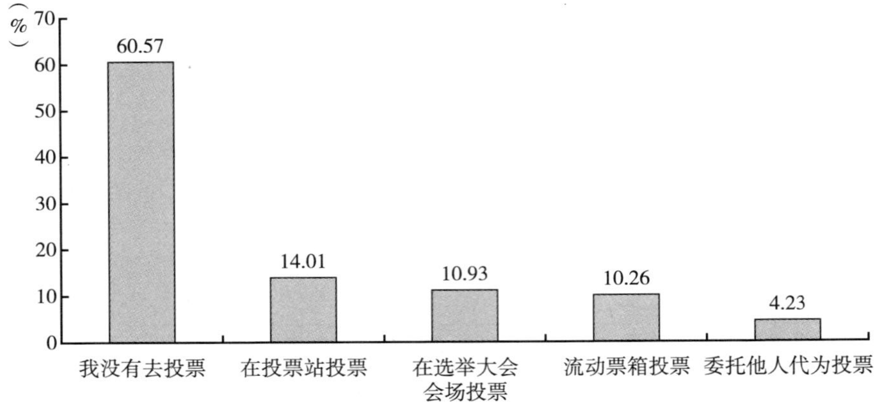

图10　全体被试对最近一次乡镇人大代表选举如何投票的选择

第七道题目希望了解公民不去投票的原因。调查问卷提供了7个选项，请受访人选择1项：(1) 太忙，没时间参加选举；(2) 外出，没法参加选举；(3) 不了解所有候选人，去了也瞎选；(4) 我的一票对人大代表选举没有什么作用；(5) 候选人中没有我想选的人；(6) 我认为这样的选举根本没用；(7) 没人通知我参加选举。调查结果显示，在作出有效选择的2745名被试中，301人选择“太忙，没时间参加选举”，占10.97%；350人选择“外出，没法参加选举”，占12.75%；283人选择“不了解所有候选人，去了也瞎选”，占10.31%；152人选择“我的一票对人大代表选举没有什么作用”，占5.53%；74人选择“候选人中没有我想选的人”，占2.70%；135人选择“我认为这样的选举根本没用”，占4.92%；1450人选择“没人通知我参加选举”，占52.82%（见表16和图11）。从这样的选择可以看出，强调客观因素影响投票（没通知、外出、太忙）的被试占了3/4（76.54%），强调主观因素影响投票的1/4被试，对候选人不满意（不了解候选人或没有想选的人）的被试比例（13.01%）略高于持“选举无用”看法（个人选票对选举无用或选举本身无用）的被试比例（10.45%）。

表 16　被试对不去投票原因的选择

项目	选项	频率	百分比	有效百分比	累积百分比
有效	太忙，没时间参加选举	301	6.96	10.97	10.97
	外出，没法参加选举	350	8.09	12.75	23.72
	不了解候选人，去了也瞎选	283	6.54	10.31	34.03
	我的一票对人大代表选举没用	152	3.51	5.53	39.56
	候选人中没有我想选的人	74	1.71	2.70	42.26
	我认为这样的选举根本没用	135	3.12	4.92	47.18
	没人通知我参加选举	1450	33.51	52.82	100.00
	合计	2745	63.44	100.00	
缺失	系统	1582	36.56		
总计		4327	100.00		

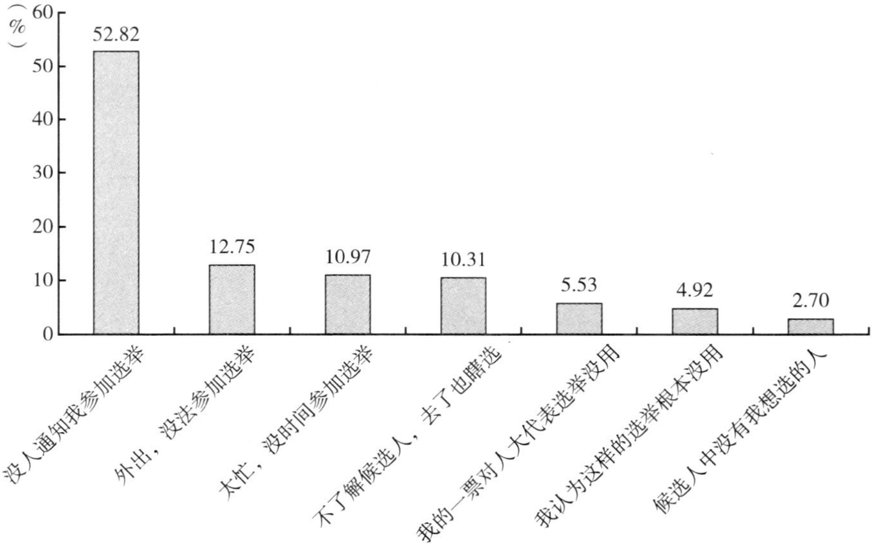

图 11　被试对不去投票原因的选择

（三）公民的候选人选择取向

为了解公民在乡镇人大代表选举中的候选人选择取向，问卷调查设计了 9 道题目。

第一道题目希望了解公民对乡镇人大代表候选人应具备条件的看法。调查问卷提供了7个选项，请受访人选择3项并根据选项的重要性排序：（1）遵纪守法、办事公道，廉洁奉公；（2）参政、议政能力较强；（3）在社会上知名度较高；（4）群众熟悉的领导干部；（5）能够代表选区或选民利益；（6）能够代表单位利益；（7）敢于参与选举竞争。

全体被试对于乡镇人大代表候选人应具备的条件，按第一选择由高到低进行排序，排在第一位的是“遵纪守法、办事公道，廉洁奉公”（64.31%），排在第二位的是“在社会上知名度较高”（8.83%），排在第三位的是“参政、议政能力较强”（8.09%），排在第四位的是“能够代表选区或选民利益”（7.44%），排在第五位的是“群众熟悉的领导干部”（5.83%），排在第六位的是“敢于参与选举竞争”（3.17%），排在末位的是“能够代表单位利益”（2.33%）。在第二选择中，选择比例排在前两位的是“能够代表选区或选民利益”、“参政、议政能力较强”。在第三选择中，选择比例排在前两位的是“能够代表选区或选民利益”、“敢于参与选举竞争”（见表17）。

表17 全体被试对乡镇人大代表候选人应具备条件的选择

选项	第一选择		第二选择		第三选择		总提及	
	频率	百分比	频率	百分比	频率	百分比	频率	百分比
遵纪守法、办事公道	2782	64.31	472	11.19	229	6.20	3483	28.46
参政、议政能力较强	350	8.09	1020	24.17	552	14.94	1922	15.71
社会知名度高	382	8.83	672	15.93	454	12.29	1508	12.32
群众熟悉的领导干部	252	5.83	609	14.43	537	14.54	1398	11.42
代表选区或选民利益	322	7.44	1009	23.92	855	23.14	2186	17.86
代表单位利益	101	2.33	176	4.17	500	13.54	777	6.35
敢于参与选举竞争	137	3.17	261	6.19	567	15.35	965	7.88
合计	4326	100.00	4219	100.00	3694	100.00	12239	100.00

全体被试的总提及频率（各因素在3个选项中的选择频率）的排序与第一选择略有不同（见图12），在列出的7个选项中，提及频率最高的是“遵纪守法、办事公道，廉洁奉公”（28.46%），第二是“能够代表选区或选民利益”（17.86%），第三是“参政、议政能力较强”（15.71%），第四是“在社会上知名度较高”（12.32%），第五是“群众熟悉的领导干部”（11.42%），

第六是“敢于参与选举竞争”（7.88%），提及频率最低的是“能够代表单位利益”（6.35%，第二至第四位排序不同）。

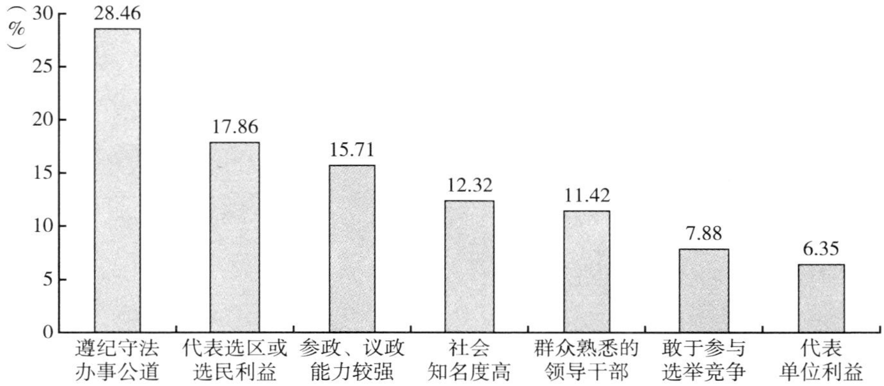

图 12　全体被试对乡镇人大代表候选人应具备条件的选择

第二道题目希望了解公民在最近一次乡镇人大代表选举中，是否参与了代表候选人的提名。调查结果显示，在作出有效选择的 4296 名被试中，592 人选择“是”，占 13.78%；3704 人选择“否”，占 86.22%（见表 18）。

表 18　全体被试对最近一次乡镇人大代表选举是否参与代表候选人提名的选择

项目	选项	频率	百分比	有效百分比	累积百分比
有效	是	592	13.68	13.78	13.78
	否	3704	85.60	86.22	100.00
	合计	4296	99.28	100.00	
缺失	系统	31	0.72		
总计		4327	100.00		

第三道题目希望了解公民在最近一次乡镇人大代表选举中，是否参加了代表候选人的讨论和协商。调查结果显示，在作出有效选择的 4317 名被试中，598 人选择“是”，占 13.85%；3719 人选择“否”，占 86.15%（见表 19）。

表 19　全体被试对最近一次乡镇人大代表选举是否参加代表候选人讨论和协商的选择

项目	选项	频率	百分比	有效百分比	累积百分比
有效	是	598	13.82	13.85	13.85
	否	3719	85.95	86.15	100.00
	合计	4317	99.77	100.00	
缺失	系统	10	0.23		
总计		4327	100.00		

第四道题目希望了解公民对乡镇人大代表候选人产生过程可能有哪些不满。调查问卷提供了 7 个选项，请受访人选择 3 项并根据选项的重要性排序：(1) 政党、人民团体提名候选人过多；(2) 选民联名推荐的候选人没有竞争力；(3) 候选人与选民见面“走过场”；(4) 正式候选人确定过程中的“暗箱操作”；(5) 人为避免预选；(6) 候选人介绍不充分；(7) 选民对候选人情况不熟悉。

全体被试对于乡镇人大代表候选人产生过程可能出现的不满，按第一选择由高到低进行排序，排在第一位的是“政党、人民团体提名候选人过多”(29.94%)，排在第二位的是“候选人与选民见面走过场”(24.46%)，排在第三位的是“选民联名推荐的候选人没有竞争力”(13.67%)，排在第四位的是“正式候选人确定过程中的‘暗箱操作’”(11.28%)，排在第五位的是“选民对候选人情况不熟悉”(10.01%)，排在第六位的是“人为避免预选”(6.41%)，排在末位的是“候选人介绍不充分”(4.23%)。在第二选择中，选择比例排在前两位的是“候选人与选民见面‘走过场’”、“正式候选人确定过程中的‘暗箱操作’”。在第三选择中，选择比例排在前两位的是“选民对候选人情况不熟悉”、“正式候选人确定过程中的‘暗箱操作’”(见表 20)。

全体被试的总提及频率（各因素在 3 个选项中的选择频率）的排序与第一选择有较大不同（见图 13)，在列出的 7 个选项中，提及频率最高的是“候选人与选民见面‘走过场’”(22.00%)，第二是“正式候选人确定过程中的‘暗箱操作’” (15.68%)，第三是“选民对候选人情况不熟悉”(14.95%)，第四是“政党、人民团体提名候选人过多”(14.94%)，第五是“选民联名推荐的候选人没有竞争力”(12.36%)，第六是“人为避免预选”

（11.73%），提及频率最低的是“候选人介绍不充分”（8.34%，第一至第五位排序不同）。

表 20　全体被试对乡镇人大代表候选人产生过程中可能出现不满的选择

选项	第一选择		第二选择		第三选择		总提及	
	频率	百分比	频率	百分比	频率	百分比	频率	百分比
组织提名过多	1295	29.94	258	6.22	247	6.92	1800	14.94
选民提名无竞争力	591	13.67	578	13.92	320	8.96	1489	12.36
候选人见面走过场	1058	24.46	1112	26.78	481	13.47	2651	22.00
暗箱操作确定过程	488	11.28	779	18.76	622	17.41	1889	15.68
人为避免预选	277	6.41	649	15.63	487	13.63	1413	11.73
候选人介绍不充分	183	4.23	273	6.58	549	15.37	1005	8.34
选民不熟悉候选人	433	10.01	503	12.11	866	24.24	1802	14.95
合计	4325	100.00	4152	100.00	3572	100.00	12049	100.00

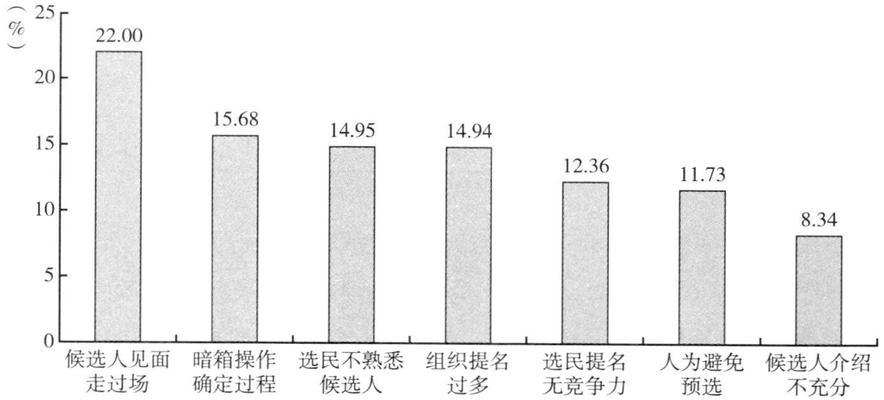

图 13　全体被试对乡镇人大代表候选人产生过程中可能出现不满的选择

第五道题目希望知道公民主要通过什么方式了解乡镇人大代表候选人。调查问卷提供了 6 个选项，请受访人选择 3 项并根据选项的重要性排序：（1）选举委员会的书面介绍；（2）候选人与选民见面活动；（3）亲戚朋友介绍；（4）候选人之间的竞争活动；（5）日常生活了解；（6）所在单位或社区的介绍。

全体被试对于了解乡镇人大代表候选人的方式，按第一选择由高到低进行排序，排在第一位的是“选举委员会的书面介绍”（44.89%），排在第二位的是“亲戚朋友介绍”（14.58%），排在第三位的是“日常生活了解”（14.44%），排在第四位的是“候选人与选民见面活动”（14.04%），排在第五位的是“候选人之间的竞争活动”（6.73%），排在末位的是“所在单位或社区的介绍”（5.32%）。在第二选择中，选择比例排在前两位的是“候选人与选民见面活动”、“亲戚朋友介绍”。在第三选择中，选择比例排在前两位的是“所在单位或社区的介绍”、“候选人之间的竞争活动”（见表21）。

表21　全体被试对了解乡镇人大代表候选人方式的选择

选项	第一选择		第二选择		第三选择		总提及	
	频率	百分比	频率	百分比	频率	百分比	频率	百分比
选委会的书面介绍	1940	44.89	520	13.08	361	10.90	2821	24.30
候选人与选民见面	607	14.04	1004	25.25	439	13.26	2050	17.66
亲戚朋友介绍	630	14.58	850	21.38	451	13.62	1931	16.63
候选人之间的竞争	291	6.73	686	17.25	630	19.03	1607	13.84
日常生活了解	624	14.44	606	15.24	575	17.37	1805	15.55
单位或社区的介绍	230	5.32	310	7.80	855	25.82	1395	12.02
合计	4322	100.00	3976	100.00	3311	100.00	11609	100.00

全体被试的总提及频率（各因素在3个选项中的选择频率）的排序与第一选择略有不同（见图14），在列出的6个选项中，提及频率最高的是“选举委员会的书面介绍”（24.30%），第二是“候选人与选民见面活动”（17.66%），第三是“亲戚朋友介绍”（16.63%），第四是“日常生活了解”（15.55%），第五是“候选人之间的竞争活动”（15.55%），提及频率最低的是“所在单位或社区的介绍”（12.02%，第二至第四位排序不同）。

第六道题目希望了解在最近一次乡镇人大代表选举中是如何介绍候选人的。调查问卷提供了8个选项，请受访人选择3项并根据选项的重要性排序：（1）选民会议介绍；（2）选民代表会议介绍；（3）选民小组会议介绍；（4）候选人走家串户自我介绍；（5）选举委员会以公告形式介绍；（6）候选人张贴宣传材料或发放宣传品；（7）候选人之间公开辩论；（8）只介绍外来参选的候选人。

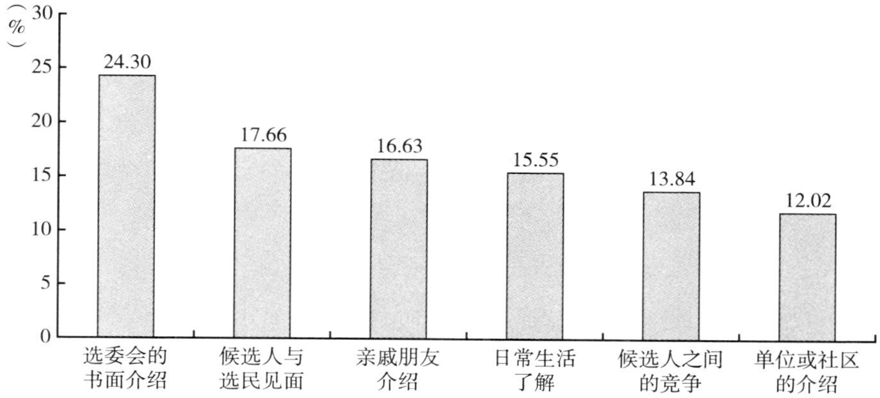

图 14　全体被试对了解乡镇人大代表候选人方式的选择

全体被试对于最近一次乡镇人大代表选举中如何介绍候选人，按第一选择由高到低进行排序，排在第一位的是“选民会议介绍”（40.85%），排在第二位的是“选民代表会议介绍”（16.91%），排在第三位的是“选民小组会议介绍”（13.77%），排在第四位的是“选举委员会以公告形式介绍”（9.25%），排在第五位的是“候选人走家串户自我介绍”（7.71%），排在第六位的是“候选人之间公开辩论”（5.99%），排在第七位的是“候选人张贴宣传材料或发放宣传品”（4.46%），排在末位的是“只介绍外来参选的候选人”（1.06%）。在第二选择中，选择比例排在前两位的是“选民代表会议介绍”、“选民小组会议介绍”。在第三选择中，选择比例排在前两位的是“选举委员会以公告形式介绍”、“候选人之间公开辩论”（见表 22）。

全体被试的总提及频率（各因素在 3 个选项中的选择频率）的排序与第一选择相同（见图 15），在列出的 8 个选项中，提及频率最高的是“选民会议介绍”（21.01%），第二是“选民代表会议介绍”（17.89%），第三是“选民小组会议介绍”（16.94%），第四是“选举委员会以公告形式介绍”（13.53%），第五是“候选人走家串户自我介绍”（10.69%），第六是“候选人之间公开辩论”（9.10%），第七是“候选人张贴宣传材料或发放宣传品”（8.29%），提及频率最低的是“只介绍外来参选的候选人”（2.55%，第五至第七位排序不同）。

表 22　全体被试对乡镇人大代表选举中如何介绍候选人的选择

选项	第一选择		第二选择		第三选择		总提及	
	频率	百分比	频率	百分比	频率	百分比	频率	百分比
选民会议介绍	1766	40.85	402	9.83	332	9.52	2500	21.01
选民代表会议介绍	731	16.91	946	23.13	452	12.97	2129	17.89
选民小组会议介绍	595	13.77	939	22.96	481	13.80	2015	16.94
候选人入户介绍	333	7.71	542	13.25	397	11.39	1272	10.69
选委会公告介绍	400	9.25	640	15.65	570	16.35	1610	13.53
候选人张贴宣传品	193	4.46	281	6.87	512	14.69	986	8.29
候选人公开辩论	259	5.99	300	7.33	524	15.03	1083	9.10
只介绍外来候选人	46	1.06	40	0.98	218	6.25	304	2.55
合计	4323	100.00	4090	100.00	3486	100.00	11899	100.00

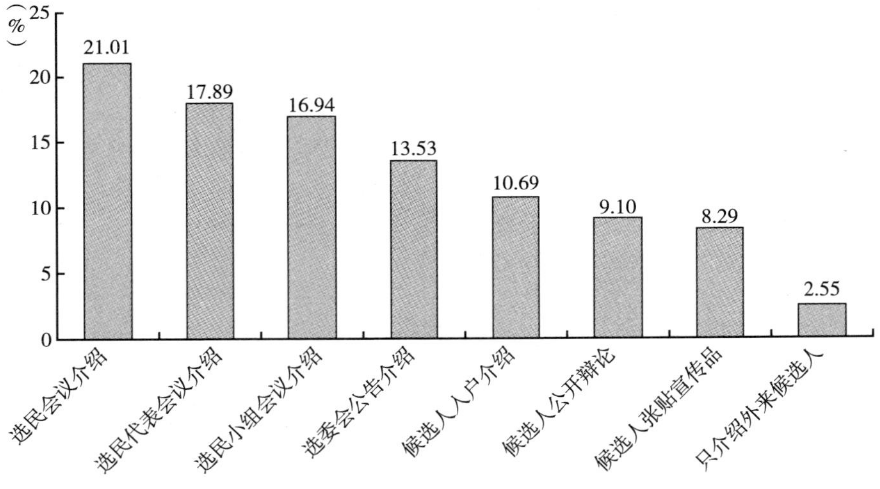

图 15　全体被试对乡镇人大代表选举中如何介绍候选人的选择

第七道题目希望了解公民在最近一次乡镇人大代表选举中，是否参加了代表候选人与选民见面活动。调查结果显示，在作出有效选择的 4316 名被试中，575 人选择“是”，占 13.32%；3741 人选择“否”，占 86.68%（见表 23）。

表 23　全体被试对最近一次乡镇人大代表选举是否参加代表候选人与选民见面活动的选择

项目	选项	频率	百分比	有效百分比	累积百分比
有效	是	575	13. 29	13. 32	13. 32
	否	3741	86. 46	86. 68	100. 00
	合计	4316	99. 75	100. 00	
缺失	系统	11	0. 25		
总计		4327	100. 00		

第八道题目希望了解在最近一次乡镇人大代表选举中，被试对候选人的了解程度。调查结果显示，在作出有效选择的 4325 名被试中，982 人选择“很不了解”，占 22. 71%；1712 人选择“不太了解”，占 39. 58%；1329 人选择“一般”，占 30. 73%；263 人选择“比较了解”，占 6. 08%；39 人选择“很了解”，占 0. 90%（见表 24）。也就是说，明确表示对代表候选人有所了解的被试还不足 7%。

表 24　全体被试对乡镇人大代表候选人了解程度的选择

项目	选项	频率	百分比	有效百分比	累积百分比
有效	很不了解	982	22. 69	22. 71	22. 71
	不太了解	1712	39. 57	39. 58	62. 29
	一般	1329	30. 71	30. 73	93. 02
	比较了解	263	6. 08	6. 08	99. 10
	很了解	39	0. 90	0. 90	100. 00
	合计	4325	99. 95	100. 00	
缺失	系统	2	0. 05		
总计		4327	100. 00		

第九道题目希望了解公民针对乡镇人大代表候选人的投票取向。调查问卷提供了 6 个选项，请受访人选择 3 项并根据选项的重要性排序：（1）根据事先对候选人的了解作出选择；（2）根据当时的了解作出选择；（3）先选择本单位的候选人，再考虑其他人；（4）先问问其他人选谁，再作决定；（5）优先考虑妇女、少数民族候选人；（6）优先考虑领导干部候选人。

全体被试对于乡镇人大代表候选人的投票取向，按第一选择由高到低进行排序，排在第一位的是“根据事先对候选人的了解作出选择”（49.05%），排在第二位的是“根据当时的了解作出选择”（20.41%），排在第三位的是“先选择本单位的候选人，再考虑其他人”（11.95%），排在第四位的是“先问问其他人选谁，再作决定”（9.25%），排在第五位的是“优先考虑领导干部候选人”（5.54%），排在末位的是“优先考虑妇女、少数民族候选人”（3.80%）。在第二选择中，选择比例排在前两位的是“根据当时的了解作出选择”、“先选择本单位的候选人再考虑其他人”。在第三选择中，选择比例排在前两位的是“优先考虑领导干部候选人”、“先问问其他人选谁，再作决定”（见表25）。

表25　全体被试对乡镇人大代表候选人的投票取向

选项	第一选择		第二选择		第三选择		总提及	
	频率	百分比	频率	百分比	频率	百分比	频率	百分比
根据事先了解投票	2115	49.05	510	12.80	346	10.29	2971	25.49
根据当时了解投票	880	20.41	1282	32.18	466	13.86	2628	22.54
先选本单位候选人	515	11.95	896	22.50	578	17.19	1989	17.06
问其他人选谁	399	9.25	706	17.73	662	19.69	1767	15.16
性别、民族优先	164	3.80	342	8.59	431	12.82	937	8.04
优先考虑领导	239	5.54	247	6.20	879	26.15	1365	11.71
合计	4312	100.00	3983	100.00	3362	100.00	11657	100.00

全体被试的总提及频率（各因素在3个选项中的选择频率）的排序与第一选择相同（见图16），在列出的6个选项中，提及频率最高的是“根据事先对候选人的了解作出选择”（25.49%），第二是“根据当时的了解作出选择”（22.54%），第三是“先选择本单位的候选人，再考虑其他人”（17.06%），第四是“先问问其他人选谁，再作决定”（15.16%），第五是“优先考虑领导干部候选人”（11.71%），提及频率最低的是“优先考虑妇女、少数民族候选人”（8.04%）。

（四）对预选和破坏选举的看法

问卷调查专门设计了4道题目，以了解公民如何看待预选和破坏选举的行为。

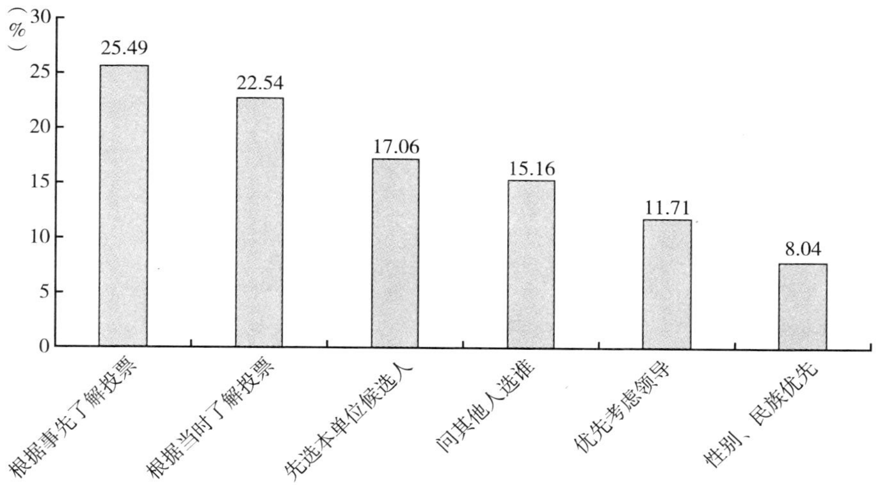

图 16　全体被试对乡镇人大代表候选人的投票取向

第一道题目询问被试在最近一次乡镇人大代表选举中，所在选区是否进行了预选。调查结果显示，在作出有效选择的 4311 名被试中，1058 人选择“是”，占 24.54%；3253 人选择“否”，占 75.46%（见表 26）。从这样的调查结果可以看出，预选显然还没有成为选举中普遍采纳的程序。

表 26　全体被试对最近一次乡镇人大代表选举所在选区是否预选的选择

项目	选项	频率	百分比	有效百分比	累积百分比
有效	是	1058	24.45	24.54	24.54
	否	3253	75.18	75.46	100.00
	合计	4311	99.63	100.00	
缺失	系统	16	0.37		
总计		4327	100.00		

第二道题目询问被试，如果采用预选方式确定正式候选人，最好采用什么样的预选方法。调查问卷提供了 4 个选项，请受访人选择 1 项：（1）选民大会预选；（2）选民小组会预选；（3）选民代表会预选；（4）选民以流动票箱方式预选。调查结果显示，在作出有效选择的 4320 名被试中，1380 人选择“选民大会预选”，占 31.94%；924 人选择“选民小组会预选”，占

21.39%；816人选择“选民代表会预选”，占18.89%；1200人选择“选民以流动票箱方式预选”，占27.78%（见表27）。也就是说，近2/3的被试（59.72%）倾向于全体选民能够参加的预选（选民大会预选和选民以流动票箱方式预选）。

表27　全体被试对采用何种预选方法的选择

项目	选项	频率	百分比	有效百分比	累积百分比
有效	选民大会预选	1380	31.89	31.94	31.94
	选民小组会预选	924	21.35	21.39	53.33
	选民代表会预选	816	18.86	18.89	72.22
	选民以流动票箱方式预选	1200	27.74	27.78	100.00
	合计	4320	99.84	100.00	
缺失	系统	7	0.16		
总计		4327	100.00		

第三道题目询问被试，哪些行为最容易破坏乡镇人大代表选举。调查问卷提供了9个选项，请受访人选择3项并根据选项的重要性排序：（1）贿选；（2）妨害选民行使选举权；（3）伪造选票；（4）虚报选票；（5）计票作弊；（6）对代表候选人进行人身攻击；（7）滥用委托投票；（8）对流动票箱监管不严；（9）对控告、检举违法的人打击、报复。

全体被试对于破坏乡镇人大代表选举的行为，按第一选择由高到低进行排序，排在第一位的是“贿选”（42.13%），排在第二位的是“伪造选票”（14.63%），排在第三位的是“妨害选民行使选举权”（12.32%），排在第四位的是“虚报选票”（11.85%），排在第五位的是“计票作弊”（6.59%），排在第六位的是“滥用委托投票”（4.46%），排在第七位的是“对流动票箱监管不严”（3.30%），排在第八位的是“对控告、检举违法的人打击、报复”（2.80%），排在末位的是“对代表候选人进行人身攻击”（1.92%）。在第二选择中，选择比例排在前两位的是“伪造选票”和“虚报选票”、“计票作弊”（并列）。在第三选择中，选择比例排在前两位的是“计票作弊”和“虚报选票”（见表28）。

表 28 全体被试对最容易破坏乡镇人大代表选举行为的选择

选项	第一选择		第二选择		第三选择		总提及	
	频率	百分比	频率	百分比	频率	百分比	频率	百分比
贿选	1823	42.13	374	8.89	255	6.74	2452	19.91
妨害行使选举权	533	12.32	548	13.03	305	8.06	1386	11.26
伪造选票	633	14.63	1080	25.67	402	10.63	2115	17.17
虚报选票	513	11.85	689	16.38	602	15.92	1804	14.65
计票作弊	285	6.59	689	16.38	622	16.44	1596	12.96
对候选人人身攻击	83	1.92	144	3.42	255	6.74	482	3.91
滥用委托投票	193	4.46	410	9.75	549	14.52	1152	9.35
流动票箱监管不严	143	3.30	163	3.87	521	13.78	827	6.71
打击、报复举报人	121	2.80	110	2.61	271	7.17	502	4.08
合计	4327	100.00	4207	100.00	3782	100.00	12316	100.00

全体被试的总提及频率（各因素在3个选项中的选择频率）的排序与第一选择略有不同，在列出的9个选项中，提及频率最高的是“贿选”（19.91%），第二是“伪造选票”（17.17%），第三是“虚报选票”（14.65%），第四是“计票作弊”（12.96%），第五是“妨害选民行使选举权”（11.26%），第六是“滥用委托投票”（9.35%），第七是“对流动票箱监管不严”（6.71%），第八是“对控告、检举违法的人打击、报复”（4.08%），提及频率最低的是“对代表候选人进行人身攻击”（3.91%，第三至第五位排序不同）。

第四道题目询问被试，如果在乡镇人大代表选举中出现了破坏选举行为，个人倾向于采用什么行动。调查问卷提供了8个选项，请受访人选择3项并根据选项的重要性排序：（1）自己出面制止；（2）向选举委员会举报；（3）向党组织反映情况；（4）向各级人大反映情况；（5）向各级人民政府反映情况；（6）向新闻媒体反映情况；（7）在互联网上发布消息；（8）只参与私下议论，不采取实际行动。

全体被试对于破坏选举行为所采取的行动，按第一选择由高到低进行排序，排在第一位的是“向选举委员会举报”（30.20%），排在第二位的是“自己出面制止”（16.97%），排在第三位的是“向党组织反映情况”（16.90%），排在第四位的是“只参与私下议论，不采取实际行动”（16.60%），排在第五位的是“向各级人大反映情况”（6.29%），排在第六位的是“在互联网上发布消息”（4.83%），排在第七位的是“向各级人民政府反映情况”（4.76%），排在末位的是“向新闻媒体反映情况”（3.45%）。在第二选择中，选择比例排在前两位的是“向党组织反映情况”、“向选举委员会举报”。在第三选择中，选择比例排在前两位的是“向各级人大反映情况”、“向各级人民政府反映情况”（见表29）。

表29　全体被试对破坏选举行为所采取行动的选择

选项	第一选择		第二选择		第三选择		总提及	
	频率	百分比	频率	百分比	频率	百分比	频率	百分比
自己出面制止	734	16.97	186	4.87	176	5.30	1096	9.56
向选举委员会举报	1306	30.20	685	17.92	358	10.78	2349	20.48
向党组织反映情况	731	16.90	965	25.24	380	11.44	2076	18.10
向人大反映情况	272	6.29	560	14.65	610	18.37	1442	12.57
向政府反映情况	206	4.76	658	17.21	554	16.68	1418	12.36
向媒体反映情况	149	3.45	326	8.53	465	14.00	940	8.20
互联网上发布消息	209	4.83	298	7.79	375	11.29	882	7.69
不采取实际行动	718	16.60	145	3.79	403	12.14	1266	11.04
合计	4325	100.00	3823	100.00	3321	100.00	11469	100.00

全体被试的总提及频率（各因素在3个选项中的选择频率）的排序与第一选择有较大不同，在列出的8个选项中，提及频率最高的是“向选举委员会举报”（20.48%），第二是“向党组织反映情况”（18.10%），第三是“向各级人大反映情况”（12.57%），第四是“向各级人民政府反映情况”（12.36%），第五是“只参与私下议论，不采取实际行动”（11.04%），第六是“自己出面制止”（9.56%），第七是“向新闻媒体反映情况”（8.20%），提及频率最低的是“在互联网上发布消息”（7.69%，第二至第八位排序不同）。

（五）公民与乡镇人大代表的关系

公民是否了解乡镇人大代表的工作，是否与人大代表经常接触，问卷用3道题目进行了调查。

第一道题目询问被试，什么样的人当选乡镇人大代表最能代表本选区的利益。调查问卷提供了6个选项，请受访人选择1项：（1）乡镇干部；（2）村（居）民委员会干部；（3）乡村的致富带头人；（4）家族、宗族领袖；（5）老党员、老干部；（6）普通群众。调查结果显示，在作出有效选择的4322名被试中，867人选择“乡镇干部”，占20.06%；1078人选择“村（居）民委员会干部”，占24.94%；1216人选择“乡村的致富带头人”，占28.14%；207人选择“家族、宗族领袖”，占4.79%；336人选择“老党员、老干部”，占7.77%；618人选择“普通群众”，占14.30%（见表30）。

表30　全体被试对什么样的人最能代表选区利益的选择

项目	选项	频率	百分比	有效百分比	累积百分比
有效	乡镇干部	867	20.04	20.06	20.06
	村(居)民委员会干部	1078	24.91	24.94	45.00
	乡村的致富带头人	1216	28.10	28.14	73.14
	家族、宗族领袖	207	4.78	4.79	77.93
	老党员、老干部	336	7.77	7.77	85.70
	普通群众	618	14.28	14.30	100.00
	合计	4322	99.88	100.00	
缺失	系统	5	0.12		
总计		4327	100.00		

第二道题目询问被试是否了解乡镇人大代表在人民代表大会上的表现。调查结果显示，在作出有效选择的4323名被试中，980人选择“很不了解”，占22.67%；1661人选择“不太了解”，占38.42%；1324人选择“一般”，占30.63%；316人选择“比较了解”，占7.31%；42人选择“很了解”，占0.97%（见表31）。也就是说，明确表示对代表在人代会上的表现有所了解的被试不足10%。

表31　全体被试对是否了解乡镇人大代表在人代会上的表现的选择

项目	选项	频率	百分比	有效百分比	累积百分比
有效	很不了解	980	22.65	22.67	22.67
	不太了解	1661	38.39	38.42	61.09
	一般	1324	30.60	30.63	91.72
	比较了解	316	7.30	7.31	99.03
	很了解	42	0.97	0.97	100.00
	合计	4323	99.91	100.00	
缺失	系统	4	0.09		
总计		4327	100.00		

第三道题目询问被试是否经常与本选区当选的人大代表经常接触。调查结果显示，在作出有效选择的 4325 名被试中，1564 人选择“极少”，占 36.16%；1320 人选择“较少”，占 30.52%；1190 人选择“一般”，占 27.51%；202 人选择“较多”，占 4.67%；49 人选择“很多”，占 1.13%（见表 32）。也就是说，明确表示较多或很多接触人大代表的被试不足 6%。

表 32　全体被试对是否经常接触本选取当选代表的选择

项目	选项	频率	百分比	有效百分比	累积百分比
有效	极少	1564	36.15	36.16	36.16
	较少	1320	30.51	30.52	66.68
	一般	1190	27.50	27.51	94.20
	较多	202	4.67	4.67	98.87
	很多	49	1.13	1.13	100.00
	合计	4325	99.95	100.00	
缺失	系统	2	0.05		
总计		4327	100.00		

六　信任、沟通等对选举行为的影响

“中国公民的乡镇人大代表选举参与”问卷调查设计了 4 道打分题（包括 22 个选项），分别测试全体表示的政治信任、政治沟通、程序公平、结果公平的得分。调查结果显示，全体被试的“政治信任”得分在 1.00 ~ 6.00 分之间，均值为 3.88，标准差为 0.99；全体被试的“政治沟通”得分在 1.00 ~ 5.00 分之间，均值为 3.23，标准差为 0.60；全体被试的“程序公平”得分在 1.00 ~ 5.00 分之间，均值为 3.12，标准差为 0.76；全体被试的“结果公平”得分在 1.00 ~ 5.00 分之间，均值为 3.22，标准差为 0.78（见表 33）。

对政治信任与乡镇人大代表选举参与客观状况之间的相关性进行分析（见表 34，下同），结果显示政治信任与客观状况总分具有显著的正向相关（$r = 0.095$，$p < 0.01$），但是在客观状况的五个维度上，政治信任只与“选举重要性认知”（$r = 0.108$，$p < 0.01$）、“选举内容认知”（$r = 0.112$，$p < 0.01$）、“选举参与”（$r = 0.061$，$p < 0.01$）三个指标之间具有显著的正向相关，与

“权利与途径认知”之间具有显著的负向相关（$r = -0.036$，$p < 0.05$），与“选举程序认知”之间的相关未达到显著水平。

表 33　全体被试的政治信任等得分

项目	N	极小值	极大值	均值	标准差
政治信任	4320	1.00	6.00	3.8817	0.99450
政治沟通	4317	1.00	5.00	3.2324	0.60142
程序公平	4317	1.00	5.00	3.1239	0.75749
结果公平	4309	1.00	5.00	3.2202	0.77867

表 34　政治信任等与乡镇人大代表选举参与客观状况各指标之间的相关

		政治信任	政治沟通	程序公平	结果公平
选举重要性认知	Pearson 相关性	.108 **	.061 **	.064 **	-.016
	显著性(双侧)	.000	.000	.000	.293
	N	4316	4313	4313	4305
权利与途径认知	Pearson 相关性	-.036 *	-.035 *	-.087 **	-.025
	显著性(双侧)	.019	.021	.000	.101
	N	4281	4279	4279	4271
选举内容认知	Pearson 相关性	.112 **	.095 **	.059 **	.026
	显著性(双侧)	.000	.000	.000	.086
	N	4232	4229	4229	4222
选举程序认知	Pearson 相关性	-.012	-.028	-.026	.009
	显著性(双侧)	.413	.066	.094	.548
	N	4294	4291	4291	4283
选举参与	Pearson 相关性	.061 **	.093 **	.102 **	.028
	显著性(双侧)	.000	.000	.000	.069
	N	4278	4275	4275	4268
客观状况总分	Pearson 相关性	.095 **	.104 **	.095 **	.023
	显著性(双侧)	.000	.000	.000	.137
	N	4142	4140	4140	4134

** 在 0.01 水平（双侧）上显著相关。
* 在 0.05 水平（双侧）上显著相关。

对政治沟通与乡镇人大代表选举参与客观状况之间的相关性进行分析，结果显示，政治沟通与客观状况总分具有显著的正向相关（$r = 0.104$，$p <$

0.01)，但是在客观状况的五个维度上，政治沟通只与“选举重要性认知”（$r=0.061$，$p<0.01$）、“选举内容认知”（$r=0.095$，$p<0.01$）、“选举参与”（$r=0.093$，$p<0.01$）三个指标之间具有显著的正向相关，与“权利与途径认知”之间具有显著的负向相关（$r=-0.035$，$p<0.05$），与“选举程序认知”之间的相关未达到显著水平。

对程序公平与乡镇人大代表选举参与客观状况之间的相关性进行分析，结果显示，程序公平与客观状况总分具有显著的正向相关（$r=0.095$，$p<0.01$），但是在客观状况的五个维度上，程序公平只与“选举重要性认知”（$r=0.064$，$p<0.01$）、“选举内容认知”（$r=0.059$，$p<0.01$）、“选举参与”（$r=0.102$，$p<0.01$）三个指标之间具有显著的正向相关，与“权利与途径认知”之间具有显著的负向相关（$r=-0.087$，$p<0.01$），与“选举程序认知”之间的相关未达到显著水平。

对结果公平与乡镇人大代表选举参与客观状况之间的相关性进行分析，显示结果公平与客观状况总分以及客观状况五个维度的相关均未达到显著水平。

对政治信任等与乡镇人大代表选举参与主观状况各指标之间的相关性进行分析（见表35），可以得出以下结果：(1)“政治信任”与“选举参与满意度”（$r=0.180$，$p<0.01$）、“选举参与意愿”（$r=0.239$，$p<0.01$）、“选举参与效能”（$r=0.222$，$p<0.01$）之间均具有显著的正向相关。(2)“政治沟

表35　政治信任等与乡镇人大代表选举参与主观状况各指标之间的相关

		政治信任	政治沟通	程序公平	结果公平
选举参与满意度	Pearson 相关性	.180**	.127**	.195**	.109**
	显著性(双侧)	.000	.000	.000	.000
	N	4301	4298	4299	4290
选举参与意愿	Pearson 相关性	.239**	.112**	.133**	.161**
	显著性(双侧)	.000	.000	.000	.000
	N	4312	4309	4310	4302
选举参与效能	Pearson 相关性	.222**	.158**	.218**	.173**
	显著性(双侧)	.000	.000	.000	.000
	N	4314	4311	4311	4304

** 在0.01水平（双侧）上显著相关。

通”与“选举参与满意度”（$r=0.127$，$p<0.01$）、“选举参与意愿”（$r=0.112$，$p<0.01$）、“选举参与效能”（$r=0.158$，$p<0.01$）之间均具有显著的正向相关。（3）“程序公平”与“选举参与满意度”（$r=0.195$，$p<0.01$）、“选举参与意愿”（$r=0.133$，$p<0.01$）、“选举参与效能”（$r=0.218$，$p<0.01$）之间均具有显著的正向相关。（4）“结果公平”与“选举参与满意度”（$r=0.109$，$p<0.01$）、“选举参与意愿”（$r=0.161$，$p<0.01$）、“选举参与效能”（$r=0.173$，$p<0.01$）之间均具有显著的正向相关。

问卷调查还希望了解中国公民认为哪一种民主对中国的发展最为重要，并特别设计了5个选项，请受访人选择1项：（1）基层群众的自治（基层民主）；（2）选举各级人大代表（选举民主）；（3）公众广泛参与政策讨论（政策民主）；（4）政府与群众协商解决问题（协商民主）；（5）中国共产党推进党内的民主（党内民主）。调查结果显示，在作出有效选择的4318名被试中，1212人选择“基层群众的自治（基层民主）”，占28.07%；1304人选择“选举各级人大代表（选举民主）”，占30.20%；769人选择“公众广泛参与政策讨论（政策民主）”，占17.81%；737人选择“政府与群众协商解决问题（协商民主）”，占17.06%；296人选择“中国共产党推进党内的民主（党内民主）”，占6.86%（见表36和图17）。按照这样的选择，不同民主对发展的重要性由高到低的排序是选举民主、基层民主、政策民主、协商民主、党内民主。

表36　全体被试对哪种民主对中国发展最重要的选择

项目	选项	频率	百分比	有效百分比	累积百分比
有效	基层群众的自治（基层民主）	1212	28.01	28.07	28.07
	选举各级人大代表（选举民主）	1304	30.14	30.20	58.27
	公众广泛参与政策讨论（政策民主）	769	17.77	17.81	76.08
	政府与群众协商解决问题（协商民主）	737	17.03	17.06	93.14
	中国共产党推进党内的民主（党内民主）	296	6.84	6.86	100.00
	合计	4318	99.79	100.00	
缺失	系统	9	0.21		
总计		4308	100.00		

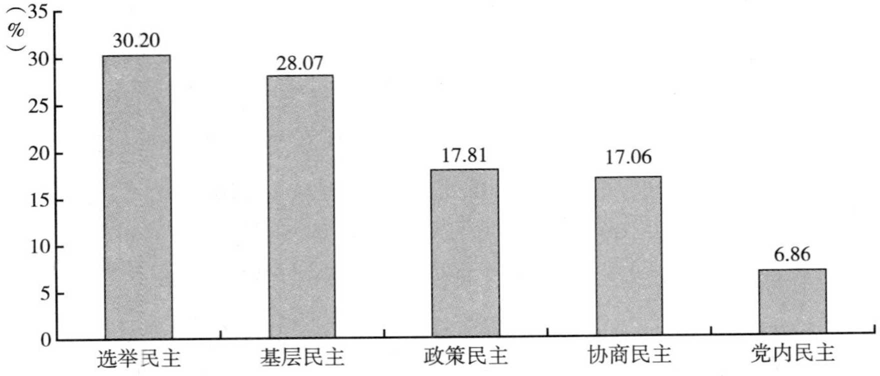

图 17　全体被试对哪种民主对中国发展最重要的选择

数据分析篇（下编）

Data Analyses（Vol. 2）

B.13 不同性别公民的乡镇人大代表选举参与比较

史卫民　王　艳

“中国公民的乡镇人大代表选举参与”问卷调查涉及的4327名被试中，男性被试2176人，占50.29%；女性被试2151人，占49.71%。根据问卷调查的数据，可以比较不同性别被试的乡镇人大代表选举参与状况。

一　不同性别被试的乡镇人大代表选举参与客观状况

调查结果显示，男性被试的乡镇人大代表选举参与客观状况的总体得分在0～9.00分之间，均值为3.55，标准差为1.77。具体到乡镇人大代表选举参与客观状况的五个维度，男性被试的“选举重要性认知”得分在0～1.00分之间，均值为0.30，标准差为0.38；“权利与途径认知”得分在0～1.00分之间，均值为0.44，标准差为0.35；“选举内容认知”得分在0～2.50分之间，均值为0.90，标准差为0.48；“选举程序认知”得分在0～1.50分之间，均值为0.77，标准差为0.42；“选举参与”得分在0～4.00分之间，均值为1.15，标准差为1.40。

女性被试的乡镇人大代表选举参与客观状况的总体得分在0～8.50分之间，均值为3.27，标准差为1.67。具体到乡镇人大代表选举参与客观状况的五个维度，女性被试的“选举重要性认知”得分在0～1.00分之间，均值为0.24，标准差为0.36；“权利与途径认知”得分在0～1.00分之间，均值为0.41，标准差为0.36；“选举内容认知”得分在0～2.50分之间，均值为0.84，标准差为0.46；“选举程序认知”得分在0～1.50分之间，均值为0.77，标准差为0.42；“选举参与”得分在0～4.00分之间，均值为1.01，标准差为1.34（见表1和图1）。

表1　不同性别被试的乡镇人大代表选举客观状况得分的描述统计结果

项目		N	均值	标准差	标准误	均值的95%置信区间		极小值	极大值
						下限	上限		
客观状况总分	男性	2087	3.5465	1.77321	0.03882	3.4704	3.6226	0.00	9.00
	女性	2062	3.2665	1.67383	0.03686	3.1942	3.3388	0.00	8.50
	总数	4149	3.4073	1.73000	0.02686	3.3547	3.4600	0.00	9.00
选举重要性认知	男性	2173	0.2957	0.37552	0.00806	0.2799	0.3115	0.00	1.00
	女性	2150	0.2416	0.35526	0.00766	0.2266	0.2567	0.00	1.00
	总数	4323	0.2688	0.36654	0.00557	0.2579	0.2797	0.00	1.00
权利与途径认知	男性	2155	0.4353	0.35353	0.00762	0.4203	0.4502	0.00	1.00
	女性	2133	0.4100	0.35601	0.00771	0.3949	0.4251	0.00	1.00
	总数	4288	0.4227	0.35495	0.00542	0.4121	0.4333	0.00	1.00
选举内容认知	男性	2132	0.9013	0.47754	0.01034	0.8810	0.9215	0.00	2.50
	女性	2107	0.8422	0.46137	0.01005	0.8225	0.8619	0.00	2.50
	总数	4239	0.8719	0.47044	0.00723	0.8577	0.8861	0.00	2.50
选举程序认知	男性	2161	0.7749	0.42450	0.00913	0.7570	0.7928	0.00	1.50
	女性	2140	0.7678	0.42070	0.00909	0.7499	0.7856	0.00	1.50
	总数	4301	0.7713	0.42258	0.00644	0.7587	0.7840	0.00	1.50
选举参与	男性	2158	1.1476	1.39793	0.03009	1.0886	1.2066	0.00	4.00
	女性	2127	1.0092	1.34283	0.02912	0.9521	1.0663	0.00	4.00
	总数	4285	1.0789	1.37244	0.02097	1.0378	1.1200	0.00	4.00

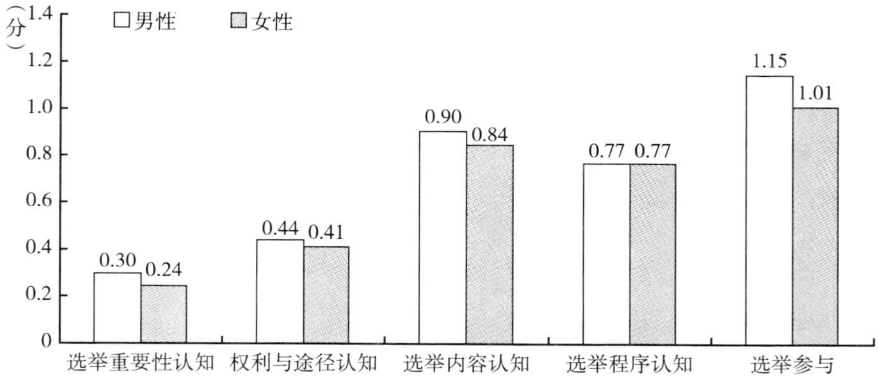

图1　不同性别被试的乡镇人大代表选举参与客观状况五个一级指标得分比较

对不同性别被试的乡镇人大代表选举参与客观状况各指标的差异性进行方差分析（见表2），可以发现不同性别被试的客观状况总分差异显著，$F=27.340$，

表2　不同性别被试的乡镇人大代表选举参与客观状况得分的方差分析结果

项目		平方和	*df*	均方	*F*	显著性
客观状况总分	组间	81.311	1	81.311	27.340	0.000
	组内	12333.306	4147	2.974		
	总数	12414.617	4148			
选举重要性认知	组间	3.157	1	3.157	23.620	0.000
	组内	577.504	4321	0.134		
	总数	580.660	4322			
权利与途径认知	组间	0.685	1	0.685	5.444	0.020
	组内	539.437	4286	0.126		
	总数	540.122	4287			
选举内容认知	组间	3.698	1	3.698	16.772	0.000
	组内	934.246	4237	0.220		
	总数	937.944	4238			
选举程序认知	组间	0.054	1	0.054	0.305	0.581
	组内	767.801	4299	0.179		
	总数	767.855	4300			
选举参与	组间	20.525	1	20.525	10.922	0.001
	组内	8048.814	4283	1.879		
	总数	8069.339	4284			

$p<0.001$，男性被试（$M=3.55$，$SD=1.77$）的得分显著高于女性被试（$M=3.27$，SD $=1.67$）；在“选举重要性认知”方面，不同性别被试的得分差异显著，$F=23.620$，$p<0.001$，男性被试（$M=0.30$，$SD=0.38$）的得分显著高于女性被试（$M=0.24$，$SD=0.36$）；在“权利与途径认知”方面，不同性别被试的得分差异显著，$F=5.444$，$p<0.05$，男性被试（$M=0.44$，$SD=0.35$）的得分显著高于女性被试（$M=0.41$，$SD=0.36$）；在“选举内容认知”方面，不同性别被试的得分差异显著，$F=16.772$，$p<0.001$，男性被试（$M=0.90$，$SD=0.48$）的得分显著高于女性被试（$M=0.84$，$SD=0.46$）；在“选举参与”方面，不同性别被试的得分差异显著，$F=10.922$，$p<0.05$，男性被试（$M=1.15$，$SD=1.40$）的得分显著高于女性被试（$M=1.01$，$SD=1.34$）；在“选举程序认知”（$F=0.305$，$p=0.581$）方面，不同性别被试的得分差异未达到显著性。

二　不同性别被试的乡镇人大代表选举参与主观状况

调查结果显示，男性被试的“选举参与满意度”的得分在1.00~5.00分之间，均值为2.87，标准差为0.55；“选举参与意愿”的得分在1.00~5.00分之间，均值为3.23，标准差为0.62；“选举参与效能”的得分在1.00~5.00分之间，均值为3.10，标准差为0.55。女性被试的“选举参与满意度”的得分在1.00~4.75分之间，均值为2.85，标准差为0.54；“选举参与意愿”的得分在1.00~5.00分之间，均值为3.18，标准差为0.60；“选举参与效能”的得分在1.00~5.00分之间，均值为3.05，标准差为0.55（见表3和图2）。

对不同性别被试的乡镇人大代表选举参与主观状况各指标的差异性进行方差分析（见表4），可以发现在“选举参与满意度”（$F=0.519$，$p=0.472$）方面，不同性别被试之间的得分差异未达到显著性；在“选举参与意愿”方面，不同性别被试的得分差异显著，$F=5.286$，$p<0.05$，男性被试（$M=3.23$，$SD=0.62$）的得分显著高于女性被试（$M=3.18$，$SD=0.60$）；在“选举参与效能”方面，不同性别被试的得分差异显著，$F=9.583$，$p<0.05$，男性被试（$M=3.10$，$SD=0.55$）的得分显著高于女性被试（$M=3.05$，$SD=0.55$）。

表 3　不同性别被试的乡镇人大代表选举参与主观状况得分的描述统计结果

项目		*N*	均值	标准差	标准误	均值的95%置信区间		极小值	极大值
						下限	上限		
选举参与满意度	男性	2169	2.8653	0.54842	0.01178	2.8422	2.8884	1.00	5.00
	女性	2139	2.8533	0.53988	0.01167	2.8304	2.8762	1.00	4.75
	总数	4308	2.8593	0.54417	0.00829	2.8431	2.8756	1.00	5.00
选举参与意愿	男性	2171	3.2255	0.62435	0.01340	3.1993	3.2518	1.00	5.00
	女性	2148	3.1827	0.60154	0.01298	3.1572	3.2081	1.00	5.00
	总数	4319	3.2042	0.61342	0.00933	3.1859	3.2225	1.00	5.00
选举参与效能	男性	2171	3.0977	0.54626	0.01172	3.0747	3.1206	1.00	5.00
	女性	2150	3.0462	0.54623	0.01178	3.0231	3.0693	1.00	5.00
	总数	4321	3.0721	0.54679	0.00832	3.0557	3.0884	1.00	5.00

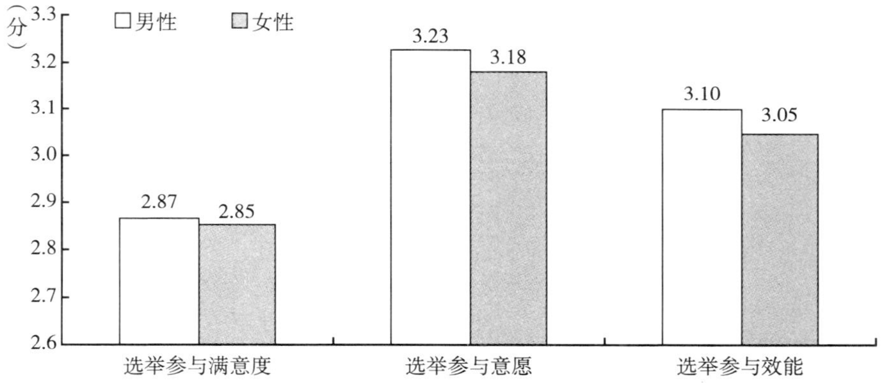

图 2　不同性别被试的乡镇人大代表选举参与主观状况得分比较

表 4　不同性别被试的乡镇人大代表选举参与主观状况得分的方差分析结果

项目		平方和	*df*	均方	*F*	显著性
选举参与满意度	组间	0.154	1	0.154	0.519	0.472
	组内	1275.226	4306	0.296		
	总数	1275.380	4307			
选举参与意愿	组间	1.987	1	1.987	5.286	0.022
	组内	1622.785	4317	0.376		
	总数	1624.772	4318			
选举参与效能	组间	2.859	1	2.859	9.583	0.002
	组内	1288.709	4319	0.298		
	总数	1291.568	4320			

三　不同性别被试对乡镇人大代表选举工作的评价

“中国公民的乡镇人大代表选举参与”问卷调查请被试根据最近一次乡镇人大代表选举情况，为选举工作的满意度打分。调查结果显示，男性被试对选举工作满意度的综合打分在1.00～5.00分之间，均值为3.15，标准差为0.76；女性被试对选举工作满意度的综合打分在1.00～5.00分之间，均值为3.15，标准差为0.68（见表5和图3）。

表5　不同性别被试的乡镇人大代表选举工作满意度打分的描述统计结果

项目		N	均值	标准差	标准误	均值的95%置信区间		极小值	极大值
						下限	上限		
综合打分	男性	2166	3.1516	0.75730	0.01627	3.1197	3.1835	1.00	5.00
	女性	2148	3.1528	0.67910	0.01465	3.1240	3.1815	1.00	5.00
	总数	4314	3.1522	0.71934	0.01095	3.1307	3.1737	1.00	5.00
选举组织工作的有效性	男性	2175	3.1269	0.99515	0.02134	3.0851	3.1687	1.00	5.00
	女性	2151	3.1502	0.94512	0.02038	3.1102	3.1901	1.00	5.00
	总数	4326	3.1385	0.97056	0.01476	3.1095	3.1674	1.00	5.00
选举程序的规范性	男性	2173	3.1671	0.95293	0.02044	3.1270	3.2071	1.00	5.00
	女性	2150	3.1860	0.93522	0.02017	3.1465	3.2256	1.00	5.00
	总数	4323	3.1765	0.94410	0.01436	3.1483	3.2046	1.00	5.00
选举的公正性	男性	2174	3.0823	1.03999	0.02230	3.0386	3.1261	1.00	5.00
	女性	2151	3.0786	0.99200	0.02139	3.0366	3.1205	1.00	5.00
	总数	4325	3.0805	1.01629	0.01545	3.0502	3.1108	1.00	5.00
选举信息的透明性	男性	2175	3.0676	1.05529	0.02263	3.0232	3.1120	1.00	5.00
	女性	2151	3.0786	1.01563	0.02190	3.0356	3.1215	1.00	5.00
	总数	4326	3.0730	1.03566	0.01575	3.0422	3.1039	1.00	5.00
选举的竞争性	男性	2174	3.1334	1.01424	0.02175	3.0907	3.1761	1.00	5.00
	女性	2150	3.1465	0.95522	0.02060	3.1061	3.1869	1.00	5.00
	总数	4324	3.1399	0.98524	0.01498	3.1105	3.1693	1.00	5.00
选举纠纷处理的及时性	男性	2175	3.2198	0.95360	0.02045	3.1797	3.2599	1.00	5.00
	女性	2150	3.1716	0.94465	0.02037	3.1317	3.2116	1.00	5.00
	总数	4325	3.1958	0.94936	0.01444	3.1675	3.2241	1.00	5.00
民众参与选举的积极性	男性	2176	3.2661	1.01550	0.02177	3.2234	3.3088	1.00	5.00
	女性	2151	3.2589	0.96419	0.02079	3.2182	3.2997	1.00	5.00
	总数	4327	3.2625	0.99022	0.01505	3.2330	3.2921	1.00	5.00

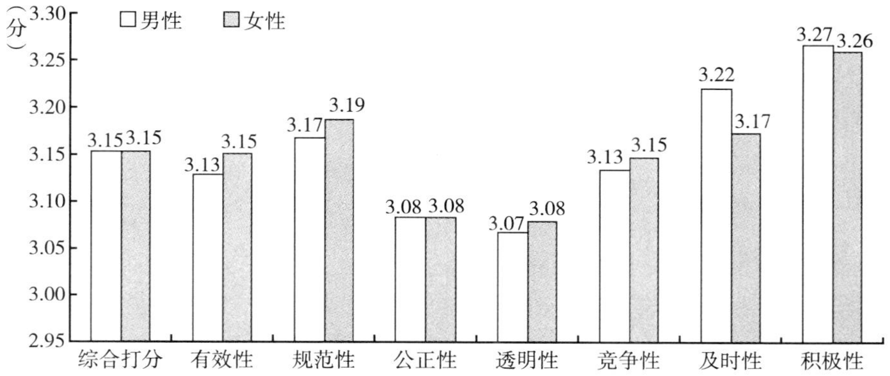

图3　不同性别被试的乡镇人大代表选举工作满意度打分比较

对不同性别被试的乡镇人大代表选举工作满意度打分的差异性进行方差分析（见表6），可以发现不同性别被试无论是对乡镇人大代表选举工作的综合打分，还是对具体选举工作的打分，其差异性均未达到显著性水平。

表6　不同性别被试的乡镇人大代表选举工作满意度打分方差分析结果

项目		平方和	*df*	均方	*F*	显著性
综合打分	组间	0.001	1	0.001	0.003	0.959
	组内	2231.786	4312	0.518		
	总数	2231.787	4313			
选举组织工作的有效性	组间	0.585	1	0.585	0.621	0.431
	组内	4073.474	4324	0.942		
	总数	4074.059	4325			
选举程序的规范性	组间	0.390	1	0.390	0.437	0.508
	组内	3851.942	4321	0.891		
	总数	3852.332	4322			
选举的公正性	组间	0.015	1	0.015	0.015	0.903
	组内	4465.984	4323	1.033		
	总数	4465.999	4324			
选举信息的透明性	组间	0.130	1	0.130	0.122	0.727
	组内	4638.787	4324	1.073		
	总数	4638.917	4325			

续表

项目		平方和	df	均方	F	显著性
选举的竞争性	组间	0.186	1	0.186	0.192	0.662
	组内	4196.164	4322	0.971		
	总数	4196.350	4323			
选举纠纷处理的及时性	组间	2.506	1	2.506	2.782	0.095
	组内	3894.619	4323	0.901		
	总数	3897.125	4324			
民众参与选举的积极性	组间	0.055	1	0.055	0.056	0.813
	组内	4241.702	4325	0.981		
	总数	4241.757	4326			

四　不同性别被试对政治信任和政治沟通等的评价

“中国公民的乡镇人大代表选举参与”问卷调查涉及了被试对政治信任、政治沟通、程序公平和结果公平的看法，可以比较不同性别被试在相关看法上是否有重大差别。

男性被试对政治信任的打分在1.00～6.00分之间，均值为3.91，标准差为1.01；女性被试对政治信任的打分在1.00～6.00分之间，均值为3.85，标准差为0.98。

男性被试对政治沟通的打分在1.00～5.00分之间，均值为3.24，标准差为0.61；女性被试对政治沟通的打分在1.00～5.00分之间，均值为3.22，标准差为0.59。

男性被试对程序公平的打分在1.00～5.00分之间，均值为3.13，标准差为0.77；女性被试对程序公平的打分在1.00～5.00分之间，均值为3.12，标准差为0.74。

男性被试对结果公平的打分在1.00～5.00分之间，均值为3.24，标准差为0.79；女性被试对结果公平的打分在1.00～5.00分之间，均值为3.20，标准差为0.77（见表7和图4）。

表 7　不同性别被试对政治信任、政治沟通等打分的描述统计结果

项目		N	均值	标准差	标准误	均值的 95% 置信区间		极小值	极大值
						下限	上限		
政治信任	男性	2172	3.9121	1.00855	0.02164	3.8696	3.9545	1.00	6.00
	女性	2148	3.8510	0.97936	0.02113	3.8096	3.8925	1.00	6.00
	总数	4320	3.8817	0.99450	0.01513	3.8520	3.9114	1.00	6.00
政治沟通	男性	2173	3.2445	0.61101	0.01311	3.2188	3.2703	1.00	5.00
	女性	2144	3.2201	0.59143	0.01277	3.1951	3.2452	1.00	5.00
	总数	4317	3.2324	0.60142	0.00915	3.2145	3.2504	1.00	5.00
程序公平	男性	2171	3.1279	0.77372	0.01661	3.0953	3.1605	1.00	5.00
	女性	2146	3.1198	0.74087	0.01599	3.0885	3.1512	1.00	5.00
	总数	4317	3.1239	0.75749	0.01153	3.1013	3.1465	1.00	5.00
结果公平	男性	2165	3.2373	0.78598	0.01689	3.2042	3.2705	1.00	5.00
	女性	2144	3.2028	0.77100	0.01665	3.1702	3.2355	1.00	5.00
	总数	4309	3.2202	0.77867	0.01186	3.1969	3.2434	1.00	5.00

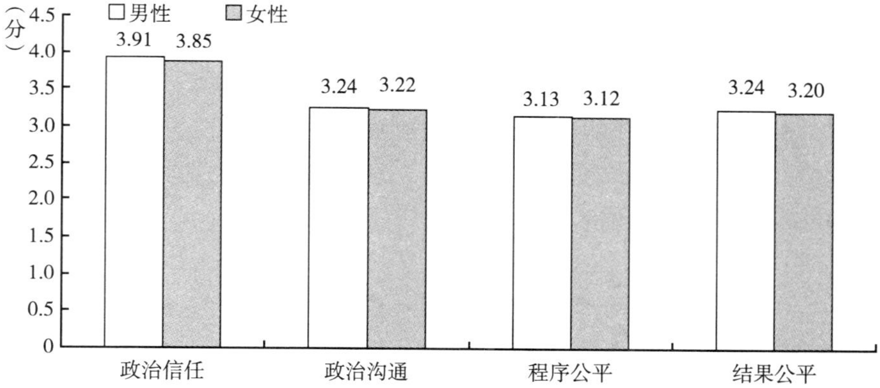

图 4　不同性别被试对政治信任、政治沟通等打分的比较

对不同性别被试的政治信任等打分的差异性进行方差分析（见表 8），可以发现在“政治信任”方面，不同性别被试的打分差异显著，$F=4.071$，$p<0.05$，男性被试（$M=3.91$，$SD=1.01$）的打分显著高于女性被试（$M=3.85$，$SD=0.98$）；在“政治沟通”（$F=1.776$，$p=0.183$）、“程序公平”（$F=0.122$，$p=0.727$）和“结果公平”（$F=2.118$，$p=0.146$）方面，不同性别被试的打分差异均未达到显著性水平。

表 8　不同性别被试对政治信任、政治沟通等打分的方差分析结果

项目		平方和	*df*	均方	*F*	显著性
政治信任	组间	4.024	1	4.024	4.071	0.044
	组内	4267.572	4318	0.988		
	总数	4271.595	4319			
政治沟通	组间	0.642	1	0.642	1.776	0.183
	组内	1560.497	4315	0.362		
	总数	1561.140	4316			
程序公平	组间	0.070	1	0.070	0.122	0.727
	组内	2476.419	4315	0.574		
	总数	2476.489	4316			
结果公平	组间	1.284	1	1.284	2.118	0.146
	组内	2610.747	4307	0.606		
	总数	2612.031	4308			

从问卷调查的情况看，在乡镇人大代表选举参与中存在一定的性别差异，主要表现是男性被试的选举参与客观状况水平总体高于女性被试，并且在主观层面上表现出更强的参与意愿和更高的参与效能感；但是无论是对选举参与的满意度，还是对选举工作的满意度，以及对政治沟通、程序公平、结果公平的重视程度，都没有显示出明显的性别差异，只是在政治信任方面，男性被试的重视程度明显高于女性被试。

B.14

少数民族与汉族公民的乡镇人大代表选举参与比较

史卫民　周庆智

“中国公民的乡镇人大代表选举参与”问卷调查涉及的4327名被试中，少数民族被试489人，占11.30%；汉族被试3838人，占88.70%。根据问卷调查的数据，可以比较少数民族与汉族被试的乡镇人大代表选举参与状况。

一　少数民族与汉族被试的乡镇人大代表选举参与客观状况

调查结果显示，少数民族被试的乡镇人大代表选举参与客观状况的总体得分在0.50~9.00分之间，均值为3.68，标准差为1.84。具体到乡镇人大代表选举参与客观状况的五个维度，少数民族被试的“选举重要性认知”得分在0~1.00分之间，均值为0.31，标准差为0.37；“权利与途径认知”得分在0~1.00分之间，均值为0.43，标准差为0.36；“选举内容认知”得分在0~2.50分之间，均值为0.89，标准差为0.43；“选举程序认知”得分在0~1.50分之间，均值为0.87，标准差为0.46；“选举参与”得分在0~4.00分之间，均值为1.19，标准差为1.45。

汉族被试的乡镇人大代表选举参与客观状况的总体得分在0~9.00分之间，均值为3.37，标准差为1.71。具体到乡镇人大代表选举参与客观状况的五个维度，汉族被试的“选举重要性认知”得分在0~1.00分之间，均值为0.26，标准差为0.37；“权利与途径认知”得分在0~1.00分之间，均值为0.42，标准差为0.35；“选举内容认知”得分在0~2.50分之间，均值为0.87，标准差为0.48；“选举程序认知”得分在0~1.50分之间，均值为0.76，标准差为0.42；“选举参与”得分在0~4.00分之间，均值为1.06，标准差为1.36（见表1和图1）。

表 1　少数民族与汉族被试的乡镇人大代表选举参与客观状况得分的描述统计结果

项目		N	均值	标准差	标准误	均值的 95% 置信区间		极小值	极大值
						下限	上限		
客观状况总分	汉族	3678	3.3730	1.71316	0.02825	3.3176	3.4284	0.00	9.00
	少数民族	471	3.6752	1.83628	0.08461	3.5089	3.8414	0.50	9.00
	总数	4149	3.4073	1.73000	0.02686	3.3547	3.4600	0.00	9.00
选举重要性认知	汉族	3834	0.2636	0.36563	0.00590	0.2520	0.2751	0.00	1.00
	少数民族	489	0.3098	0.37140	0.01680	0.2768	0.3428	0.00	1.00
	总数	4323	0.2688	0.36654	0.00557	0.2579	0.2797	0.00	1.00
权利与途径认知	汉族	3802	0.4214	0.35369	0.00574	0.4101	0.4326	0.00	1.00
	少数民族	486	0.4331	0.36489	0.01655	0.4006	0.4656	0.00	1.00
	总数	4288	0.4227	0.35495	0.00542	0.4121	0.4333	0.00	1.00
选举内容认知	汉族	3759	0.8698	0.47503	0.00775	0.8546	0.8850	0.00	2.50
	少数民族	480	0.8885	0.43295	0.01976	0.8497	0.9274	0.00	2.50
	总数	4239	0.8719	0.47044	0.00723	0.8577	0.8861	0.00	2.50
选举程序认知	汉族	3816	0.7585	0.41616	0.00674	0.7453	0.7717	0.00	1.50
	少数民族	485	0.8722	0.45811	0.02080	0.8313	0.9130	0.00	1.50
	总数	4301	0.7713	0.42258	0.00644	0.7587	0.7840	0.00	1.50
选举参与	汉族	3798	1.0644	1.36194	0.02210	1.0210	1.1077	0.00	4.00
	少数民族	487	1.1920	1.44821	0.06562	1.0630	1.3209	0.00	4.00
	总数	4285	1.0789	1.37244	0.02097	1.0378	1.1200	0.00	4.00

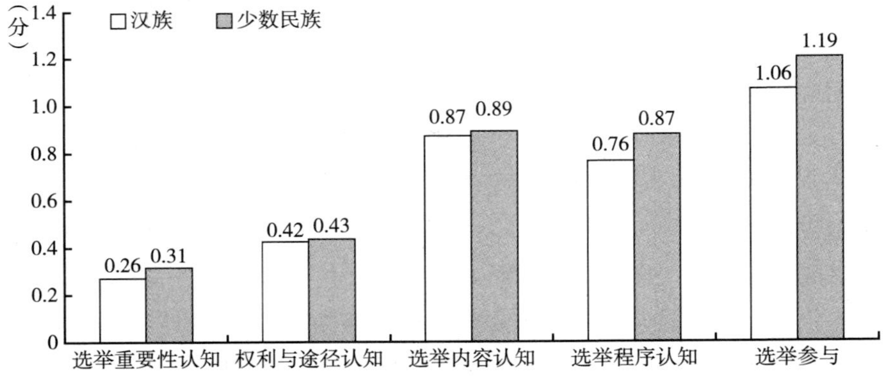

图 1　少数民族与汉族被试的乡镇人大代表选举参与客观状况五个一级指标得分比较

对少数民族和汉族被试的乡镇人大代表参与客观状况各指标的差异性进行方差分析（见表2），可以发现少数民族与汉族被试的客观状况总分差异显著，$F = 12.771$，$p < 0.001$，少数民族被试（$M = 3.68$，$SD = 1.84$）的得分显著高于汉族被试（$M = 3.37$，$SD = 1.71$）。比较选举参与客观状况的五个一级指标得分，在“选举重要性认知”方面，少数民族与汉族被试之间的得分差异显著，$F = 6.915$，$p < 0.05$，少数民族被试（$M = 0.31$，$SD = 0.37$）的得分显著高于汉族被试（$M = 0.26$，$SD = 0.37$）；在“选举程序认知”方面，少数民族与汉族被试之间的得分差异显著，$F = 31.344$，$p < 0.001$，少数民族被试（$M = 0.87$，$SD = 0.46$）的得分显著高于汉族被试（$M = 0.76$，$SD = 0.42$）；在“权利与途径认知”（$F = 0.474$，$p = 0.491$）、“选举内容认知”（$F = 0.667$，$p = 0.411$）、“选举参与”（$F = 3.734$，$p = 0.053$）方面，少数民族与汉族被试之间的得分差异未达到显著性水平。

表2　少数民族与汉族被试的乡镇人大代表选举参与客观状况得分的方差分析结果

项目		平方和	*df*	均方	*F*	显著性
客观状况总分	组间	38.113	1	38.113	12.771	0.000
	组内	12376.504	4147	2.984		
	总数	12414.617	4148			
选举重要性认知	组间	0.928	1	0.928	6.915	0.009
	组内	579.733	4321	0.134		
	总数	580.660	4322			
权利与途径认知	组间	0.060	1	0.060	0.474	0.491
	组内	540.062	4286	0.126		
	总数	540.122	4287			
选举内容认知	组间	0.150	1	0.150	0.677	0.411
	组内	937.794	4237	0.221		
	总数	937.944	4238			
选举程序认知	组间	5.558	1	5.558	31.344	0.000
	组内	762.297	4299	0.177		
	总数	767.855	4300			
选举参与	组间	7.030	1	7.030	3.734	0.053
	组内	8062.309	4283	1.882		
	总数	8069.339	4284			

二　少数民族与汉族被试的乡镇人大代表选举参与主观状况

调查结果显示，少数民族被试的“选举参与满意度”的得分在1.00～4.25分之间，均值为2.85，标准差为0.53；“选举参与意愿”的得分在1.00～5.00分之间，均值为3.35，标准差为0.63；“选举参与效能”的得分在1.00～4.67分之间，均值为3.05，标准差为0.59。汉族被试的“选举参与满意度”的得分在1.00～5.00分之间，均值为2.86，标准差为0.55；“选举参与意愿”的得分在1.00～5.00分之间，均值为3.19，标准差为0.61；“选举参与效能”的得分在1.00～5.00分之间，均值为3.07，标准差为0.54（见表3和图2）。

表3　少数民族与汉族被试的乡镇人大代表选举参与主观状况得分的描述统计

项目		*N*	均值	标准差	标准误	均值的95%置信区间		极小值	极大值
						下限	上限		
选举参与满意度	汉族	3821	2.8608	0.54564	0.00883	2.8435	2.8781	1.00	5.00
	少数民族	487	2.8475	0.53285	0.02415	2.8001	2.8950	1.00	4.25
	总数	4308	2.8593	0.54417	0.00829	2.8431	2.8756	1.00	5.00
选举参与意愿	汉族	3830	3.1852	0.60911	0.00984	3.1659	3.2045	1.00	5.00
	少数民族	489	3.3531	0.62712	0.02836	3.2974	3.4088	1.67	5.00
	总数	4319	3.2042	0.61342	0.00933	3.1859	3.2225	1.00	5.00
选举参与效能	汉族	3832	3.0745	0.54159	0.00875	3.0574	3.0917	1.00	5.00
	少数民族	489	3.0525	0.58613	0.02651	3.0004	3.1046	1.00	4.67
	总数	4321	3.0721	0.54679	0.00832	3.0557	3.0884	1.00	5.00

对少数民族与汉族被试的乡镇人大代表选举参与主观状况各指标的差异性进行方差分析（见表4），可以发现在“选举参与意愿”方面，少数民族与汉族被试之间的得分差异显著，$F = 32.725$，$p < 0.001$，少数民族被试（$M = 3.35$，$SD = 0.63$）的得分显著高于汉族被试（$M = 3.19$，$SD = 0.61$）；在“选举参与满意度”（$F = 0.258$，$p = 0.612$）和“选举参与效能”（$F = 0.706$，$p = 0.401$）两个方面，少数民族与汉族被试之间的得分差异未达到显著水平。

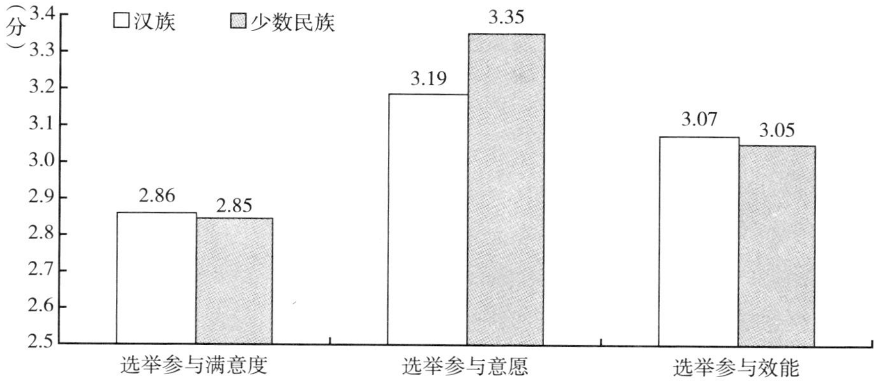

图 2　少数民族与汉族被试的乡镇人大代表选举参与主观状况得分比较

表 4　少数民族与汉族被试乡镇人大代表选举参与主观状况得分的方差分析结果

项目		平方和	*df*	均方	*F*	显著性
选举参与满意度	组间	0.076	1	0.076	0.258	0.612
	组内	1275.303	4306	0.296		
	总数	1275.380	4307			
选举参与意愿	组间	12.224	1	12.224	32.725	0.000
	组内	1612.548	4317	0.374		
	总数	1624.772	4318			
选举参与效能	组间	0.211	1	0.211	0.706	0.401
	组内	1291.357	4319	0.299		
	总数	1291.568	4320			

三　少数民族与汉族被试对乡镇人大代表选举工作的评价

“中国公民的乡镇人大代表选举参与”问卷调查请被试根据最近一次乡镇人大代表选举情况，为选举工作的满意度打分。调查结果显示，少数民族被试对选举工作满意度的综合打分在 1.00～5.00 分之间，均值为 3.31，标准差为 0.58；汉族被试对选举工作满意度的综合打分在 1.00～5.00 分之间，均值为 3.13，标准差为 0.73（见表 5 和图 3）。

表5　少数民族与汉族被试的乡镇人大代表选举工作满意度打分的描述统计结果

项目		N	均值	标准差	标准误	均值的95%置信区间		极小值	极大值
						下限	上限		
综合打分	汉族	3826	3.1316	0.73254	0.01184	3.1084	3.1548	1.00	5.00
	少数民族	488	3.3138	0.58186	0.02634	3.2621	3.3656	1.00	5.00
	总数	4314	3.1522	0.71934	0.01095	3.1307	3.1737	1.00	5.00
选举组织工作的有效性	汉族	3838	3.0990	0.96517	0.01558	3.0685	3.1296	1.00	5.00
	少数民族	488	3.4488	0.95775	0.04336	3.3636	3.5340	1.00	5.00
	总数	4326	3.1385	0.97056	0.01476	3.1095	3.1674	1.00	5.00
选举程序的规范性	汉族	3834	3.1359	0.95314	0.01539	3.1057	3.1661	1.00	5.00
	少数民族	489	3.4949	0.80245	0.03629	3.4236	3.5662	1.00	5.00
	总数	4323	3.1765	0.94410	0.01436	3.1483	3.2046	1.00	5.00
选举的公正性	汉族	3836	3.0795	1.02724	0.01659	3.0470	3.1120	1.00	5.00
	少数民族	489	3.0879	0.92685	0.04191	3.0056	3.1703	1.00	5.00
	总数	4325	3.0805	1.01629	0.01545	3.0502	3.1108	1.00	5.00
选举信息的透明性	汉族	3837	3.0735	1.03677	0.01674	3.0407	3.1063	1.00	5.00
	少数民族	489	3.0695	1.02793	0.04648	2.9782	3.1609	1.00	5.00
	总数	4326	3.0730	1.03566	0.01575	3.0422	3.1039	1.00	5.00
选举的竞争性	汉族	3835	3.1207	0.99281	0.01603	3.0893	3.1522	1.00	5.00
	少数民族	489	3.2904	0.91073	0.04118	3.2095	3.3713	1.00	5.00
	总数	4324	3.1399	0.98524	0.01498	3.1105	3.1693	1.00	5.00
选举纠纷处理的及时性	汉族	3836	3.1708	0.95466	0.01541	3.1405	3.2010	1.00	5.00
	少数民族	489	3.3926	0.88315	0.03994	3.3142	3.4711	1.00	5.00
	总数	4325	3.1958	0.94936	0.01444	3.1675	3.2241	1.00	5.00
民众参与选举的积极性	汉族	3838	3.2441	0.99598	0.01608	3.2126	3.2757	1.00	5.00
	少数民族	489	3.4070	0.93214	0.04215	3.3241	3.4898	1.00	5.00
	总数	4327	3.2625	0.99022	0.01505	3.2330	3.2921	1.00	5.00

对少数民族与汉族被试的乡镇人大代表选举工作满意度打分的差异性进行方差分析（见表6），可以发现少数民族与汉族被试对乡镇人大代表选举工作的综合打分差异显著，$F = 27.950$，$p < 0.001$，少数民族被试（$M = 3.31$，$SD = 0.58$）的打分显著高于汉族被试（$M = 3.13$，$SD = 0.73$）。对于各项具体选

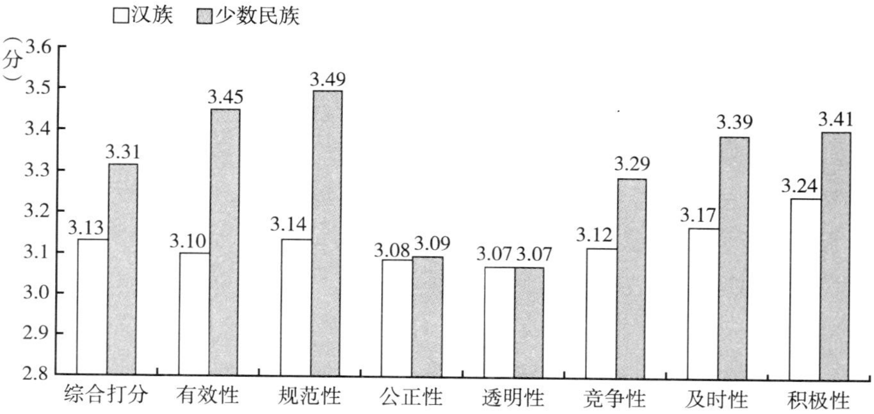

图 3　少数民族与汉族被试的乡镇人大代表选举工作满意度打分比较

表 6　少数民族与汉族被试的乡镇人大代表选举工作满意度打分方差分析结果

项目		平方和	*df*	均方	*F*	显著性
综合打分	组间	14.373	1	14.373	27.950	0.000
	组内	2217.414	4312	0.514		
	总数	2231.787	4313			
选举组织工作的有效性	组间	52.964	1	52.964	56.954	0.000
	组内	4021.095	4324	0.930		
	总数	4074.059	4325			
选举程序的规范性	组间	55.893	1	55.893	63.616	0.000
	组内	3796.439	4321	0.879		
	总数	3852.332	4322			
选举的公正性	组间	0.031	1	0.031	0.030	0.863
	组内	4465.968	4323	1.033		
	总数	4465.999	4324			
选举信息的透明性	组间	0.007	1	0.007	0.006	0.936
	组内	4638.910	4324	1.073		
	总数	4638.917	4325			
选举的竞争性	组间	12.484	1	12.484	12.896	0.000
	组内	4183.867	4322	0.968		
	总数	4196.350	4323			
选举纠纷处理的及时性	组间	21.353	1	21.353	23.817	0.000
	组内	3875.772	4323	0.897		
	总数	3897.125	4324			
民众参与选举的积极性	组间	11.498	1	11.498	11.755	0.001
	组内	4230.259	4325	0.978		
	总数	4241.757	4326			

举工作的评价也有一定的差异性，在“选举组织工作的有效性”方面，少数民族被试与汉族被试之间的打分差异显著，$F=56.954$，$p<0.001$，少数民族被试（$M=3.45$，$SD=0.96$）的打分显著高于汉族被试（$M=3.10$，$SD=0.97$）；在“选举程序的规范性”方面，少数民族被试与汉族被试之间的打分差异显著，$F=63.616$，$p<0.001$，少数民族被试（$M=3.49$，$SD=0.80$）的打分显著高于汉族被试（$M=3.14$，$SD=0.95$）；在“选举的竞争性”方面，少数民族被试与汉族被试之间的打分差异显著，$F=12.896$，$p<0.001$，少数民族被试（$M=3.29$，$SD=0.91$）的打分显著高于汉族被试（$M=3.12$，$SD=0.99$）；在“选举纠纷处理的及时性”方面，少数民族被试与汉族被试之间的打分差异显著，$F=23.817$，$p<0.001$，少数民族被试（$M=3.39$，$SD=0.88$）的打分显著高于汉族被试（$M=3.17$，$SD=0.96$）；在“民众参与选举的积极性”方面，少数民族被试与汉族被试之间的打分差异显著，$F=11.755$，$p<0.05$，少数民族被试（$M=3.41$，$SD=0.93$）的打分显著高于汉族被试（$M=3.24$，$SD=1.00$）；在“选举的公正性”（$F=0.030$，$p=0.863$）和“选举信息的透明性”（$F=0.006$，$p=0.936$）方面，少数民族被试与汉族被试之间的打分差异未达到显著性水平。

四　少数民族与汉族被试对政治信任和政治沟通等的评价

“中国公民的乡镇人大代表选举参与”问卷调查还涉及被试对政治信任、政治沟通、程序公平和结果公平的看法，可以比较少数民族与汉族被试在相关看法上是否有重大差别。

少数民族被试对政治信任的打分在1.00～6.00分之间，均值为3.97，标准差为0.95；汉族被试对政治信任的打分在1.00～6.00分之间，均值为3.87，标准差为1.00。

少数民族被试对政治沟通的打分在1.00～5.00分之间，均值为3.23，标准差为0.52；汉族被试对政治沟通的打分在1.00～5.00分之间，均值为3.23，标准差为0.61。

少数民族被试对程序公平的打分在1.00～5.00分之间，均值为3.19，标准差为 0.69；汉族被试对程序公平的打分在 1.00 ~ 5.00 分之间，均值为 3.12，标准差为 0.77。

少数民族被试对结果公平的打分在 1.00 ~ 5.00 分之间，均值为 3.38，标准差为 0.61；汉族被试对结果公平的打分在 1.00 ~ 5.00 分之间，均值为 3.20，标准差为 0.80（见表 7 和图 4）。

对少数民族与汉族被试的政治信任等打分的差异性进行方差分析（见表 8），可以发现在“政治信任”方面，少数民族与汉族被试之间的打分差异显著，$F=3.899$，$p<0.05$，少数民族被试（$M=3.97$，$SD=0.95$）的打分显著高于汉族被试（$M=3.87$，$SD=1.00$）；在“程序公平”方面，少数民族与汉族被试之间的打分差异显著，$F=4.712$，$p<0.05$，少数民族被试（$M=3.19$，$SD=0.69$）的打分显著高于汉族被试（$M=3.12$，$SD=0.77$）；在“结果公平”方面，少数民族与汉族被试之间的打分差异显著，$F=24.538$，$p<0.001$，少数民族被试（$M=3.38$，$SD=0.61$）的打分显著高于汉族被试（$M=3.20$，$SD=0.80$）；在“政治沟通”（$F=0.056$，$p=0.813$）方面，少数民族与汉族被试之间的打分差异未达到显著性水平。

表 7　少数民族与汉族被试对政治信任、政治沟通等打分的描述统计结果

项目		N	均值	标准差	标准误	均值的 95% 置信区间		极小值	极大值
						下限	上限		
政治信任	汉族	3833	3.8711	0.99982	0.01615	3.8394	3.9027	1.00	6.00
	少数民族	487	3.9655	0.94836	0.04297	3.8811	4.0499	1.00	6.00
	总数	4320	3.8817	0.99450	0.01513	3.8520	3.9114	1.00	6.00
政治沟通	汉族	3831	3.2332	0.61113	0.00987	3.2138	3.2526	1.00	5.00
	少数民族	486	3.2263	0.51912	0.02355	3.1801	3.2726	1.00	5.00
	总数	4317	3.2324	0.60142	0.00915	3.2145	3.2504	1.00	5.00
程序公平	汉族	3830	3.1150	0.76507	0.01236	3.0907	3.1392	1.00	5.00
	少数民族	487	3.1940	0.69178	0.03135	3.1325	3.2556	1.00	5.00
	总数	4317	3.1239	0.75749	0.01153	3.1013	3.1465	1.00	5.00
结果公平	汉族	3822	3.1992	0.79523	0.01286	3.1740	3.2245	1.00	5.00
	少数民族	487	3.3843	0.61005	0.02764	3.3300	3.4386	1.00	5.00
	总数	4309	3.2202	0.77867	0.01186	3.1969	3.2434	1.00	5.00

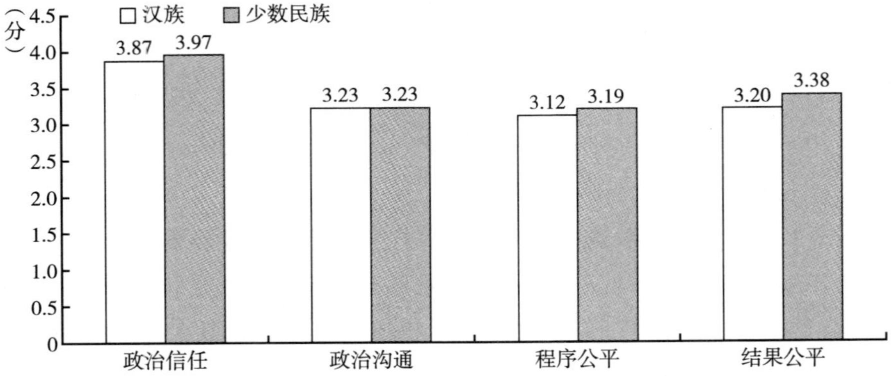

图4　少数民族与汉族被试对政治信任、政治沟通等打分的比较

从问卷调查的情况看，在乡镇人大代表选举参与中，少数民族与汉族被试之间存在较明显的差异，主要表现是少数民族被试选举参与的客观状况水平总体高于汉族被试，在主观层面也表现出更强的参与意愿，对于选举工作的总体评价也明显高于汉族被试，并且在政治信任、程序公平和结果公平等方面都显示出了更高的重视程度。

表8　少数民族与汉族被试对政治信任、政治沟通等打分的方差分析结果

项目		平方和	*df*	均方	*F*	显著性
政治信任	组间	3.854	1	3.854	3.899	0.048
	组内	4267.742	4318	0.988		
	总数	4271.595	4319			
政治沟通	组间	0.020	1	0.020	0.056	0.813
	组内	1561.119	4315	0.362		
	总数	1561.140	4316			
程序公平	组间	2.702	1	2.702	4.712	0.030
	组内	2473.788	4315	0.573		
	总数	2476.489	4316			
结果公平	组间	14.797	1	14.797	24.538	0.000
	组内	2597.234	4307	0.603		
	总数	2612.031	4308			

B.15
不同年龄公民的乡镇人大代表选举参与比较

史卫民　曲甜

“中国公民的乡镇人大代表选举参与”问卷调查采用三个年龄段对应三个公民群体：18～45岁为青年人，46～60岁为中年人，61岁及以上为老年人。调查中有1名被试的年龄信息缺失，在4326份有效数据中，青年被试（18～45岁）2520人，占58.25%；中年被试（46～60岁）1385人，占32.02%；老年被试（61岁及以上）421人，占9.73%。根据问卷调查的数据，可以比较不同年龄被试的乡镇人大代表选举参与状况。

一　不同年龄被试的乡镇人大代表选举参与客观状况

调查结果显示，青年被试的乡镇人大代表选举参与客观状况的总体得分在0～9.00分之间，均值为3.23，标准差为1.65。具体到乡镇人大代表选举参与客观状况的五个维度，青年被试的“选举重要性认知”得分在0～1.00分之间，均值为0.22，标准差为0.34；“权利与途径认知”得分在0～1.00分之间，均值为0.42，标准差为0.36；“选举内容认知”得分在0～2.50分之间，均值为0.85，标准差为0.46；“选举程序认知”得分在0～1.50分之间，均值为0.78，标准差为0.42；“选举参与”得分在0～4.00分之间，均值为0.98，标准差为1.34。

中年被试的乡镇人大代表选举参与客观状况的总体得分在0～9.00分之间，均值为3.63，标准差为1.82。具体到乡镇人大代表选举参与客观状况的五个维度，中年被试的“选举重要性认知”得分在0～1.00分之间，均值为0.33，标准差为0.39；“权利与途径认知”得分在0～1.00分之间，均值为0.42，标准差为0.35；“选举内容认知”得分在0～2.50分之间，均值为0.91，标准差为

0.48；“选举程序认知”得分在0～1.50分之间，均值为0.76，标准差为0.43；“选举参与”得分在0～4.00分之间，均值为1.23，标准差为1.40。

老年被试的乡镇人大代表选举参与客观状况的总体得分在0.50～8.50分之间，均值为3.71，标准差为1.78。具体到乡镇人大代表选举参与客观状况的五个维度，老年被试的“选举重要性认知”得分在0～1.00分之间，均值为0.37，标准差为0.42；“权利与途径认知”得分在0～1.00分之间，均值为0.45，标准差为0.35；“选举内容认知”得分在0～2.50分之间，均值为0.89，标准差为0.50；“选举程序认知”得分在0～1.50分之间，均值为0.78，标准差为0.42；“选举参与”得分在0～4.00分之间，均值为1.20，标准差为1.41（见表1和图1）。

表1　不同年龄被试的乡镇人大代表选举参与客观状况得分的描述统计结果

项目		N	均值	标准差	标准误	均值的95%置信区间		极小值	极大值
						下限	上限		
客观状况总分	青年	2429	3.2343	1.64731	0.03342	3.1687	3.2998	0.00	9.00
	中年	1325	3.6332	1.82241	0.05007	3.5350	3.7314	0.00	9.00
	老年	394	3.7056	1.77654	0.08950	3.5296	3.8815	0.50	8.50
	总数	4148	3.4065	1.72931	0.02685	3.3538	3.4591	0.00	9.00
选举重要性认知	青年	2518	0.2194	0.33769	0.00673	0.2062	0.2326	0.00	1.00
	中年	1383	0.3268	0.38540	0.01036	0.3065	0.3472	0.00	1.00
	老年	421	0.3717	0.41569	0.02026	0.3319	0.4116	0.00	1.00
	总数	4322	0.2686	0.36641	0.00557	0.2577	0.2796	0.00	1.00
权利与途径认知	青年	2507	0.4186	0.35812	0.00715	0.4046	0.4327	0.00	1.00
	中年	1365	0.4209	0.34881	0.00944	0.4024	0.4394	0.00	1.00
	老年	415	0.4542	0.35485	0.01742	0.4200	0.4885	0.00	1.00
	总数	4287	0.4228	0.35493	0.00542	0.4122	0.4334	0.00	1.00
选举内容认知	青年	2471	0.8470	0.45803	0.00921	0.8290	0.8651	0.00	2.50
	中年	1359	0.9099	0.48216	0.01308	0.8842	0.9355	0.00	2.50
	老年	408	0.8946	0.49560	0.02454	0.8464	0.9428	0.00	2.50
	总数	4238	0.8718	0.47040	0.00723	0.8576	0.8859	0.00	2.50
选举程序认知	青年	2508	0.7767	0.41987	0.00838	0.7603	0.7932	0.00	1.50
	中年	1379	0.7596	0.42896	0.01155	0.7369	0.7823	0.00	1.50
	老年	413	0.7772	0.41806	0.02057	0.7368	0.8177	0.00	1.50
	总数	4300	0.7713	0.42261	0.00644	0.7586	0.7839	0.00	1.50
选举参与	青年	2495	0.9760	1.34207	0.02687	0.9233	1.0286	0.00	4.00
	中年	1374	1.2263	1.39923	0.03775	1.1523	1.3004	0.00	4.00
	老年	415	1.2036	1.40783	0.06911	1.0678	1.3395	0.00	4.00
	总数	4284	1.0783	1.37210	0.02096	1.0372	1.1194	0.00	4.00

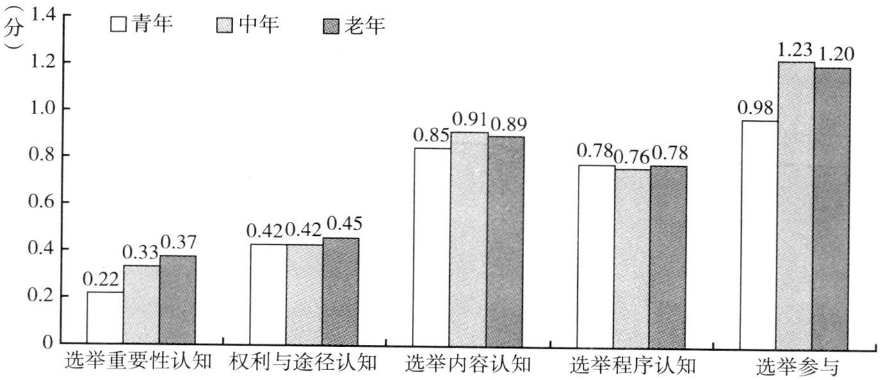

图1　不同年龄被试的乡镇人大代表选举参与客观状况五个一级指标得分比较

对不同年龄被试的乡镇人大代表选举参与客观状况的差异进行检验（见表2和表3），方差分析的结果显示，不同年龄被试的选举参与客观状况总分之间差异显著，$F = 29.734$，$p < 0.001$，青年被试（$M = 3.23$，$SD = 1.65$）的得分显著低于中年被试（$M = 3.63$，$SD = 1.82$）和老年被试（$M = 3.71$，$SD = 1.78$），中年被试与老年被试之间的得分差异不显著。具体到乡镇人大代表选举参与客观状况的五个维度，在“选举重要性认知”方面，不同年龄被试之间的得分差异显著，$F = 58.327$，$p < 0.001$，青年被试（$M = 0.22$，$SD = 0.34$）的得分显著低于中年被试（$M = 0.33$，$SD = 0.39$）和老年被试（$M = 0.37$，$SD = 0.42$），中年被试的得分显著低于老年被试。在“选举内容认知”方面，不同年龄被试之间的得分差异显著，$F = 8.384$，$p < 0.001$，青年被试（$M = 0.85$，$SD = 0.46$）的得分显著低于中年被试（$M = 0.91$，$SD = 0.48$），与老年被试（$M = 0.89$，$SD = 0.50$）之间的得分差异不显著，中年被试和老年被试之间的得分差异不显著。在“选举参与”方面，不同年龄被试之间的得分差异显著，$F = 16.793$，$p < 0.001$，青年被试（$M = 0.98$，$SD = 1.34$）的得分显著低于中年被试（$M = 1.23$，$SD = 1.40$）和老年被试（$M = 1.20$，$SD = 1.41$），中年被试与老年被试之间的得分差异不显著。在“权利与途径认知”（$F = 1.820$，$p = 0.162$）和“选举程序认知”（$F = 0.774$，$p = 0.461$）两个维度上，青年被试、中年被试和老年被试之间的得分差异不显著。

表 2　不同年龄被试的乡镇人大代表选举参与客观状况得分的方差分析结果

项目		平方和	*df*	均方	*F*	显著性
客观状况总分	组间	175.410	2	87.705	29.734	0.000
	组内	12226.297	4145	2.950		
	总数	12401.707	4147			
选举重要性认知	组间	15.257	2	7.628	58.327	0.000
	组内	564.869	4319	0.131		
	总数	580.126	4321			
权利与途径认知	组间	0.458	2	0.229	1.820	0.162
	组内	539.485	4284	0.126		
	总数	539.943	4286			
选举内容认知	组间	3.697	2	1.849	8.384	0.000
	组内	933.852	4235	0.221		
	总数	937.549	4237			
选举程序认知	组间	0.277	2	0.138	0.774	0.461
	组内	767.526	4297	0.179		
	总数	767.803	4299			
选举参与	组间	62.767	2	31.384	16.793	0.000
	组内	8000.708	4281	1.869		
	总数	8063.475	4283			

表 3　不同年龄被试的乡镇人大代表选举参与客观状况得分的多重比较

因变量	(I)年龄段	(J)年龄段	均值差(I-J)	标准误	显著性	95%置信区间	
						下限	上限
客观状况总分	青年	中年	-0.39895*	0.05866	0.000	-0.5140	-0.2840
		老年	-0.47133*	0.09328	0.000	-0.6542	-0.2885
	中年	青年	0.39895*	0.05866	0.000	0.2840	0.5140
		老年	-0.07238	0.09855	0.463	-0.2656	0.1208
	老年	青年	0.47133*	0.09328	0.000	0.2885	0.6542
		中年	0.07238	0.09855	0.463	-0.1208	0.2656
选举重要性认知	青年	中年	-0.10741*	0.01210	0.000	-0.1311	-0.0837
		老年	-0.15231*	0.01904	0.000	-0.1896	-0.1150
	中年	青年	0.10741*	0.01210	0.000	0.0837	0.1311
		老年	-0.04491*	0.02013	0.026	-0.0844	-0.0054
	老年	青年	0.15231*	0.01904	0.000	0.1150	0.1896
		中年	0.04491*	0.02013	0.026	0.0054	0.0844

续表

因变量	(I)年龄段	(J)年龄段	均值差(I-J)	标准误	显著性	95%置信区间	
						下限	上限
权利与途径认知	青年	中年	-0.00225	0.01194	0.850	-0.0257	0.0212
		老年	-0.03559	0.01881	0.059	-0.0725	0.0013
	中年	青年	0.00225	0.01194	0.850	-0.0212	0.0257
		老年	-0.03334	0.01989	0.094	-0.0723	0.0057
	老年	青年	0.03559	0.01881	0.059	-0.0013	0.0725
		中年	0.03334	0.01989	0.094	-0.0057	0.0723
选举内容认知	青年	中年	-0.06283*	0.01586	0.000	-0.0939	-0.0317
		老年	-0.04758	0.02509	0.058	-0.0968	0.0016
	中年	青年	0.06283*	0.01586	0.000	0.0317	0.0939
		老年	0.01525	0.02651	0.565	-0.0367	0.0672
	老年	青年	0.04758	0.02509	0.058	-0.0016	0.0968
		中年	-0.01525	0.02651	0.565	-0.0672	0.0367
选举程序认知	青年	中年	0.01711	0.01417	0.227	-0.0107	0.0449
		老年	-0.00053	0.02244	0.981	-0.0445	0.0435
	中年	青年	-0.01711	0.01417	0.227	-0.0449	0.0107
		老年	-0.01763	0.02371	0.457	-0.0641	0.0288
	老年	青年	0.00053	0.02244	0.981	-0.0435	0.0445
		中年	0.01763	0.02371	0.457	-0.0288	0.0641
选举参与	青年	中年	-0.25039*	0.04593	0.000	-0.3404	-0.1604
		老年	-0.22766*	0.07247	0.002	-0.3697	-0.0856
	中年	青年	0.25039*	0.04593	0.000	0.1604	0.3404
		老年	0.02273	0.07657	0.767	-0.1274	0.1729
	老年	青年	0.22766*	0.07247	0.002	0.0856	0.3697
		中年	-0.02273	0.07657	0.767	-0.1729	0.1274

* 均值差的显著性水平为0.05。

二　不同年龄被试的乡镇人大代表选举参与主观状况

调查结果显示，青年被试的“选举参与满意度”得分在1.00~5.00分之间，均值为2.84，标准差为0.55；“选举参与意愿”得分在1.33～5.00分之间，均值为3.21，标准差为0.62；“选举参与效能”得分在1.00～5.00分之间，均值为3.05，标准差为0.55。

中年被试的“选举参与满意度”得分在1.00～5.00分之间，均值为2.87，标准差为0.53；“选举参与意愿”得分在1.33～5.00分之间，均值为3.19，标准差为0.60；“选举参与效能”得分在1.33～5.00分之间，均值为3.10，标准差为0.55。

老年被试的“选举参与满意度”得分在1.50～4.25分之间，均值为2.91，标准差为0.56；“选举参与意愿”得分在1.00～5.00分之间，均值为3.23，标准差为0.65；“选举参与效能”得分在1.67～5.00分之间，均值为3.10，标准差为0.51（见表4和图2）。

表4　不同年龄被试的乡镇人大代表选举参与主观状况得分的描述统计结果

项目		N	均值	标准差	标准误	均值的95%置信区间		极小值	极大值
						下限	上限		
选举参与满意度	青年	2505	2.8423	0.54686	0.01093	2.8209	2.8637	1.00	5.00
	中年	1382	2.8743	0.53394	0.01436	2.8461	2.9025	1.00	5.00
	老年	420	2.9119	0.55833	0.02724	2.8584	2.9655	1.50	4.25
	总数	4307	2.8594	0.54423	0.00829	2.8431	2.8756	1.00	5.00
选举参与意愿	青年	2517	3.2094	0.61648	0.01229	3.1853	3.2335	1.33	5.00
	中年	1381	3.1863	0.59753	0.01608	3.1548	3.2179	1.33	5.00
	老年	420	3.2302	0.64519	0.03148	3.1683	3.2920	1.00	5.00
	总数	4318	3.2040	0.61337	0.00933	3.1857	3.2223	1.00	5.00
选举参与效能	青年	2516	3.0533	0.55035	0.01097	3.0317	3.0748	1.00	5.00
	中年	1384	3.0980	0.54928	0.01476	3.0691	3.1270	1.33	5.00
	老年	420	3.0976	0.51263	0.02501	3.0485	3.1468	1.67	5.00
	总数	4320	3.0719	0.54677	0.00832	3.0556	3.0882	1.00	5.00

对不同年龄被试的乡镇人大代表选举参与主观状况各指标的差异性进行方差分析（见表5和表6），可以发现不同年龄被试的“选举参与意愿”（$F=1.051$，$p=0.350$）得分差异不显著；在“选举参与满意度”方面，不同年龄

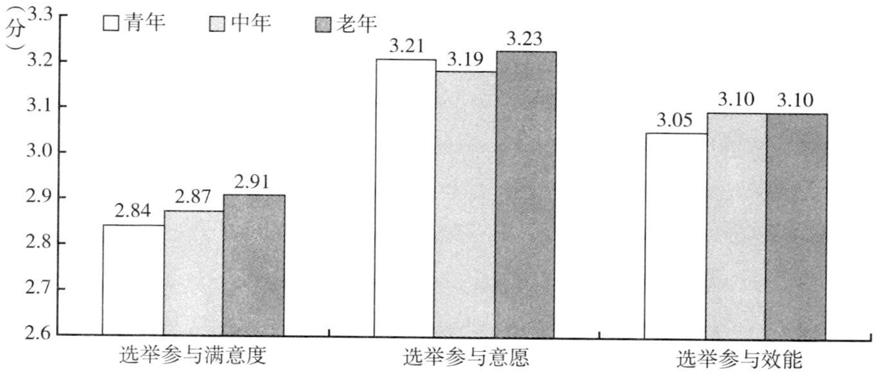

图 2　不同年龄被试的乡镇人大代表选举参与主观状况得分比较

被试的得分差异显著，$F=3.710$，$p<0.05$，青年被试（$M=2.84$，$SD=0.55$）的得分显著低于老年被试（$M=2.91$，$SD=0.56$），与中年被试（$M=2.87$，$SD=0.50$）之间的得分差异不显著，中年被试和老年被试之间的得分差异不显著；在“选举参与效能”方面，不同年龄被试的得分差异显著，$F=3.511$，$p<0.05$，青年被试（$M=3.05$，$SD=0.55$）的得分显著低于中年被试（$M=3.10$，$SD=0.55$），与老年被试（$M=3.10$，$SD=0.51$）之间的得分差异不显著，中年被试和老年被试之间的得分差异不显著。

表 5　不同年龄被试的乡镇人大代表选举参与主观状况得分的方差分析结果

项目		平方和	*df*	均方	*F*	显著性
选举参与满意度	组间	2. 195	2	1. 097	3. 710	0. 025
	组内	1273. 173	4304	0. 296		
	总数	1275. 368	4306			
选举参与意愿	组间	0. 791	2	0. 395	1. 051	0. 350
	组内	1623. 348	4315	0. 376		
	总数	1624. 139	4317			
选举参与效能	组间	2. 097	2	1. 048	3. 511	0. 030
	组内	1289. 118	4317	0. 299		
	总数	1291. 214	4319			

表 6　不同年龄被试的乡镇人大代表选择参与主观状况得分的多重比较

因变量	(I)年龄段	(J)年龄段	均值差(I-J)	标准误	显著性	95%置信区间	
						下限	上限
选举参与满意度	青年	中年	-0.03196	0.01822	0.080	-0.0677	0.0038
		老年	-0.06959*	0.02868	0.015	-0.1258	-0.0134
	中年	青年	0.03196	0.01822	0.080	-0.0038	0.0677
		老年	-0.03763	0.03030	0.214	-0.0970	0.0218
	老年	青年	0.06959*	0.02868	0.015	0.0134	0.1258
		中年	0.03763	0.03030	0.214	-0.0218	0.0970
选举参与意愿	青年	中年	0.02304	0.02054	0.262	-0.0172	0.0633
		老年	-0.02078	0.03233	0.520	-0.0842	0.0426
	中年	青年	-0.02304	0.02054	0.262	-0.0633	0.0172
		老年	-0.04382	0.03418	0.200	-0.1108	0.0232
	老年	青年	0.02078	0.03233	0.520	-0.0426	0.0842
		中年	0.04382	0.03418	0.200	-0.0232	0.1108
选举参与效能	青年	中年	-0.04477*	0.01829	0.014	-0.0806	-0.0089
		老年	-0.04436	0.02880	0.124	-0.1008	0.0121
	中年	青年	0.04477*	0.01829	0.014	0.0089	0.0806
		老年	0.00041	0.03044	0.989	-0.0593	0.0601
	老年	青年	0.04436	0.02880	0.124	-0.0121	0.1008
		中年	-0.00041	0.03044	0.989	-0.0601	0.0593

*均值差的显著性水平为 0.05。

三　不同年龄被试对乡镇人大代表选举工作的评价

“中国公民的乡镇人大代表选举参与”问卷调查请被试根据最近一次乡镇人大代表选举情况，为选举工作的满意度打分。调查结果显示，青年被试对选举工作满意度的综合打分在 1.00 ~ 5.00 分之间，均值为 3.13，标准差为 0.71；中年被试对选举工作满意度的综合打分在 1.00 ~ 5.00 分之间，均值为 3.18，标准差为 0.73；老年被试对选举工作满意度的综合打分在 1.00 ~ 5.00 分之间，均值为 3.21，标准差为 0.75（见表 7 和图 3）。

表 7　不同年龄被试的乡镇人大代表选举工作满意度打分的描述统计结果

项目		*N*	均值	标准差	标准误	均值的 95% 置信区间		极小值	极大值
						下限	上限		
综合打分	青年	2511	3.1271	0.71139	0.01420	3.0993	3.1549	1.00	5.00
	中年	1383	3.1798	0.72299	0.01944	3.1417	3.2180	1.00	5.00
	老年	419	3.2104	0.74965	0.03662	3.1384	3.2824	1.00	5.00
	总数	4313	3.1521	0.71940	0.01095	3.1306	3.1736	1.00	5.00
选举组织工作的有效性	青年	2519	3.1163	0.97240	0.01937	3.0783	3.1543	1.00	5.00
	中年	1385	3.1668	0.94978	0.02552	3.1167	3.2169	1.00	5.00
	老年	421	3.1781	1.02544	0.04998	3.0799	3.2764	1.00	5.00
	总数	4325	3.1385	0.97067	0.01476	3.1096	3.1674	1.00	5.00
选举程序的规范性	青年	2518	3.1668	0.94840	0.01890	3.1297	3.2039	1.00	5.00
	中年	1384	3.1936	0.92842	0.02496	3.1447	3.2426	1.00	5.00
	老年	420	3.1762	0.97089	0.04737	3.0831	3.2693	1.00	5.00
	总数	4322	3.1763	0.94413	0.01436	3.1482	3.2045	1.00	5.00
选举的公正性	青年	2518	3.0429	1.00166	0.01996	3.0037	3.0820	1.00	5.00
	中年	1385	3.1105	1.04939	0.02820	3.0552	3.1658	1.00	5.00
	老年	421	3.2043	0.98129	0.04783	3.1103	3.2983	1.00	5.00
	总数	4324	3.0802	1.01631	0.01546	3.0499	3.1106	1.00	5.00
选举信息的透明性	青年	2519	3.0484	1.04735	0.02087	3.0075	3.0894	1.00	5.00
	中年	1385	3.0903	1.02629	0.02758	3.0362	3.1443	1.00	5.00
	老年	421	3.1615	0.99165	0.04833	3.0665	3.2565	1.00	5.00
	总数	4325	3.0728	1.03568	0.01575	3.0420	3.1037	1.00	5.00
选举的竞争性	青年	2518	3.1132	0.98876	0.01970	3.0745	3.1518	1.00	5.00
	中年	1385	3.1848	0.96719	0.02599	3.1339	3.2358	1.00	5.00
	老年	420	3.1524	1.02037	0.04979	3.0545	3.2502	1.00	5.00
	总数	4323	3.1399	0.98535	0.01499	3.1106	3.1693	1.00	5.00
选举纠纷处理的及时性	青年	2519	3.1711	0.95016	0.01893	3.1340	3.2082	1.00	5.00
	中年	1384	3.2312	0.94153	0.02531	3.1816	3.2809	1.00	5.00
	老年	421	3.2280	0.96869	0.04721	3.1352	3.3208	1.00	5.00
	总数	4324	3.1959	0.94946	0.01444	3.1676	3.2242	1.00	5.00
民众参与选举的积极性	青年	2520	3.2325	0.98495	0.01962	3.1941	3.2710	1.00	5.00
	中年	1385	3.2859	0.99811	0.02682	3.2333	3.3385	1.00	5.00
	老年	421	3.3634	0.98970	0.04824	3.2686	3.4582	1.00	5.00
	总数	4326	3.2624	0.99027	0.01506	3.2328	3.2919	1.00	5.00

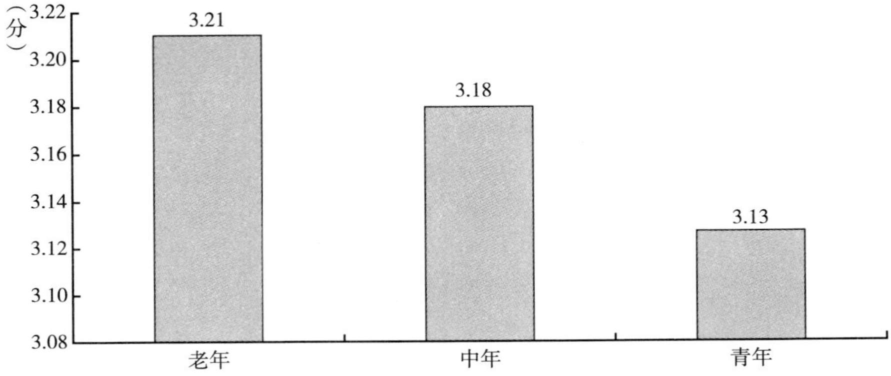

图3　不同年龄被试的乡镇人大代表选举工作满意度综合打分比较

对不同年龄被试的乡镇人大代表选举工作满意度打分的差异性进行方差分析（见表8、表9），可以发现不同年龄被试对乡镇人大代表选举工作的综合打分差异显著，$F=3.924$，$p<0.05$，青年被试（$M=3.13$，$SD=0.71$）的打分显著低于中年被试（$M=3.18$，$SD=0.72$）和老年被试（$M=3.21$，$SD=0.75$），中年被试与老年被试之间的打分差异不显著。对于各项具体选举工作的评价也有一定的差异性。在“选举的公正性”方面，不同年龄被试的打分差异显著，$F=5.460$，$p<0.05$，青年被试（$M=3.04$，$SD=1.00$）的打分显著低于中年被试（$M=3.11$，$SD=1.05$）和老年被试（$M=3.20$，$SD=0.98$），中年被试与老年被试之间的打分差异不显著；在“民众参与选举的积极性”方面，不同年龄被试的打分差异显著，$F=3.732$，$p<0.05$，青年被试（$M=3.23$，$SD=0.98$）的打分显著低于老年被试（$M=3.36$，$SD=0.99$），与中年被试（$M=3.29$，$SD=1.00$）之间的打分差异不显著，中年被试和老年被试之间的打分差异不显著；在“选举组织工作的有效性”（$F=1.598$，$p=0.203$）、“选举程序的规范性”（$F=0.361$，$p=0.697$）、“选举信息的透明性”（$F=2.440$，$p=0.087$）、“选举的竞争性”（$F=2.401$，$p=0.091$）、“选举纠纷处理的及时性”（$F=2.059$，$p=0.128$）等方面，不同年龄被试之间的打分差异均未达到显著性。

表 8　不同年龄被试的乡镇人大代表选举工作满意度打分的方差分析结果

项目		平方和	*df*	均方	*F*	显著性
综合打分	组间	4.056	2	2.028	3.924	0.020
	组内	2227.555	4310	0.517		
	总数	2231.611	4312			
选举组织工作的有效性	组间	3.010	2	1.505	1.598	0.203
	组内	4071.031	4322	0.942		
	总数	4074.040	4324			
选举程序的规范性	组间	0.644	2	0.322	0.361	0.697
	组内	3851.010	4319	0.892		
	总数	3851.654	4321			
选举的公正性	组间	11.255	2	5.628	5.460	0.004
	组内	4453.898	4321	1.031		
	总数	4465.153	4323			
选举信息的透明性	组间	5.231	2	2.616	2.440	0.087
	组内	4632.826	4322	1.072		
	总数	4638.058	4324			
选举的竞争性	组间	4.659	2	2.330	2.401	0.091
	组内	4191.671	4320	0.970		
	总数	4196.331	4322			
选举纠纷处理的及时性	组间	3.710	2	1.855	2.059	0.128
	组内	3893.377	4321	0.901		
	总数	3897.087	4323			
民众参与选举的积极性	组间	7.309	2	3.655	3.732	0.024
	组内	4233.904	4323	0.979		
	总数	4241.213	4325			

表 9　不同年龄被试的乡镇人大代表选举工作满意度打分的多重比较

因变量	(I)年龄段	(J)年龄段	均值差(I-J)	标准误	显著性	95%置信区间	
						下限	上限
综合打分	青年	中年	-0.05274*	0.02407	0.029	-0.0999	-0.0055
		老年	-0.08327*	0.03794	0.028	-0.1576	-0.0089
	中年	青年	0.05274*	0.02407	0.029	0.0055	0.0999
		老年	-0.03053	0.04009	0.446	-0.1091	0.0481
	老年	青年	0.08327*	0.03794	0.028	0.0089	0.1576
		中年	0.03053	0.04009	0.446	-0.0481	0.1091

续表

因变量	(I)年龄段	(J)年龄段	均值差(I-J)	标准误	显著性	95%置信区间	
						下限	上限
选举组织工作的有效性	青年	中年	-0.05047	0.03247	0.120	-0.1141	0.0132
		老年	-0.06183	0.05110	0.226	-0.1620	0.0384
	中年	青年	0.05047	0.03247	0.120	-0.0132	0.1141
		老年	-0.01136	0.05401	0.833	-0.1173	0.0945
	老年	青年	0.06183	0.05110	0.226	-0.0384	0.1620
		中年	0.01136	0.05401	0.833	-0.0945	0.1173
选举程序的规范性	青年	中年	-0.02684	0.03160	0.396	-0.0888	0.0351
		老年	-0.00939	0.04977	0.850	-0.1070	0.0882
	中年	青年	0.02684	0.03160	0.396	-0.0351	0.0888
		老年	0.01745	0.05260	0.740	-0.0857	0.1206
	老年	青年	0.00939	0.04977	0.850	-0.0882	0.1070
		中年	-0.01745	0.05260	0.740	-0.1206	0.0857
选举的公正性	青年	中年	-0.06758*	0.03396	0.047	-0.1342	-0.0010
		老年	-0.16138*	0.05346	0.003	-0.2662	-0.0566
	中年	青年	0.06758*	0.03396	0.047	0.0010	0.1342
		老年	-0.09381	0.05650	0.097	-0.2046	0.0170
	老年	青年	0.16138*	0.05346	0.003	0.0566	0.2662
		中年	0.09381	0.05650	0.097	-0.0170	0.2046
选举信息的透明性	青年	中年	-0.04182	0.03463	0.227	-0.1097	0.0261
		老年	-0.11309*	0.05451	0.038	-0.2200	-0.0062
	中年	青年	0.04182	0.03463	0.227	-0.0261	0.1097
		老年	-0.07127	0.05762	0.216	-0.1842	0.0417
	老年	青年	0.11309*	0.05451	0.038	0.0062	0.2200
		中年	0.07127	0.05762	0.216	-0.0417	0.1842
选举的竞争性	青年	中年	-0.07165*	0.03295	0.030	-0.1363	-0.0070
		老年	-0.03920	0.05192	0.450	-0.1410	0.0626
	中年	青年	0.07165*	0.03295	0.030	0.0070	0.1363
		老年	0.03246	0.05487	0.554	-0.0751	0.1400
	老年	青年	0.03920	0.05192	0.450	-0.0626	0.1410
		中年	-0.03246	0.05487	0.554	-0.1400	0.0751
选举纠纷处理的及时性	青年	中年	-0.06011	0.03176	0.058	-0.1224	0.0022
		老年	-0.05693	0.04998	0.255	-0.1549	0.0411
	中年	青年	0.06011	0.03176	0.058	-0.0022	0.1224
		老年	0.00319	0.05283	0.952	-0.1004	0.1068
	老年	青年	0.05693	0.04998	0.255	-0.0411	0.1549
		中年	-0.00319	0.05283	0.952	-0.1068	0.1004

续表

因变量	(I)年龄段	(J)年龄段	均值差(I-J)	标准误	显著性	95%置信区间	
						下限	上限
民众参与选举的积极性	青年	中年	-0.05338	0.03310	0.107	-0.1183	0.0115
		老年	-0.13088*	0.05211	0.012	-0.2330	-0.0287
	中年	青年	0.05338	0.03310	0.107	-0.0115	0.1183
		老年	-0.07750	0.05508	0.159	-0.1855	0.0305
	老年	青年	0.13088*	0.05211	0.012	0.0287	0.2330
		中年	0.07750	0.05508	0.159	-0.0305	0.1855

四　不同年龄被试对政治信任和政治沟通等的评价

“中国公民的乡镇人大代表选举参与”问卷调查还涉及被试对政治信任、政治沟通、程序公平和结果公平的看法，可以比较不同年龄被试在相关看法上是否有重大差别。

在“政治信任”方面，青年被试的打分在1.00~6.00分之间，均值为3.85，标准差为0.99；中年被试的打分在1.00~6.00分之间，均值为3.92，标准差为1.00；老年被试的打分在1.00~6.00分之间，均值为3.94，标准差为1.01。

在“政治沟通”方面，青年被试的打分在1.00~5.00分之间，均值为3.23，标准差为0.59；中年被试的打分在1.00~5.00分之间，均值为3.24，标准差为0.62；老年被试的打分在1.00~5.00分之间，均值为3.25，标准差为0.62。

在“程序公平”方面，青年被试的打分在1.00~5.00分之间，均值为3.08，标准差为0.76；中年被试的打分在1.00~5.00分之间，均值为3.18，标准差为0.74；老年被试的打分在1.00~5.00分之间，均值为3.20，标准差为0.78。

在“结果公平”方面，青年被试的打分在1.00~5.00分之间，均值为3.22，标准差为0.76；中年被试的打分在1.00~5.00分之间，均值为3.22，标准差为 0. 79；老年被试的打分在 1. 00 ~ 5. 00 分之间，均值为 3. 20，标准差为 0. 84（见表 10 和图 4）。

表 10　不同年龄被试对政治信任、政治沟通等打分的描述统计结果

项目		N	均值	标准差	标准误	均值的 95% 置信区间		极小值	极大值
						下限	上限		
政治信任	青年	2516	3. 8533	0. 98673	0. 01967	3. 8147	3. 8918	1. 00	6. 00
	中年	1385	3. 9158	1. 00400	0. 02698	3. 8629	3. 9687	1. 00	6. 00
	老年	418	3. 9397	1. 00684	0. 04925	3. 8429	4. 0365	1. 00	6. 00
	总数	4319	3. 8817	0. 99461	0. 01513	3. 8520	3. 9114	1. 00	6. 00
政治沟通	青年	2513	3. 2278	0. 58783	0. 01173	3. 2048	3. 2508	1. 00	5. 00
	中年	1382	3. 2357	0. 61971	0. 01667	3. 2030	3. 2684	1. 00	5. 00
	老年	421	3. 2489	0. 62212	0. 03032	3. 1893	3. 3085	1. 00	5. 00
	总数	4316	3. 2324	0. 60149	0. 00916	3. 2144	3. 2503	1. 00	5. 00
程序公平	青年	2514	3. 0817	0. 75910	0. 01514	3. 0521	3. 1114	1. 00	5. 00
	中年	1382	3. 1763	0. 74378	0. 02001	3. 1371	3. 2156	1. 00	5. 00
	老年	420	3. 2036	0. 77784	0. 03795	3. 1290	3. 2782	1. 00	5. 00
	总数	4316	3. 1239	0. 75758	0. 01153	3. 1013	3. 1465	1. 00	5. 00
结果公平	青年	2508	3. 2219	0. 76355	0. 01525	3. 1920	3. 2518	1. 00	5. 00
	中年	1382	3. 2235	0. 78764	0. 02119	3. 1819	3. 2650	1. 00	5. 00
	老年	418	3. 1970	0. 83800	0. 04099	3. 1164	3. 2775	1. 00	5. 00
	总数	4308	3. 2200	0. 77867	0. 01186	3. 1967	3. 2432	1. 00	5. 00

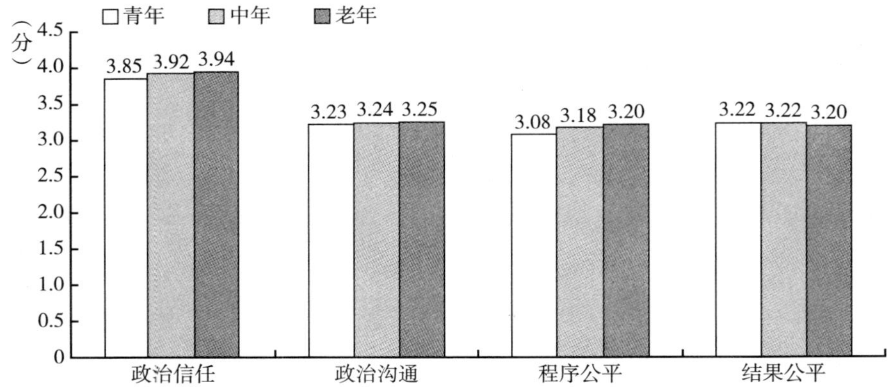

图 4　不同年龄被试对政治信任、政治沟通等打分的比较

对不同年龄被试的政治信任等打分的差异性进行方差分析（见表11、表12），可以发现在“程序公平”方面，不同年龄被试的打分差异显著，$F=9.561$，$p<0.001$，青年被试（$M=3.08$，$SD=0.76$）的打分显著低于中年被试（$M=3.18$，$SD=0.74$）和老年被试（$M=3.20$，$SD=0.78$），中年被试与老年被试之间的打分差异不显著；在“政治信任”（$F=2.556$，$p=0.078$）、“政治沟通”（$F=0.255$，$p=0.775$）、“结果公平”（$F=0.204$，$p=0.816$）方面，不同年龄被试的打分差异均未达到显著水平。

表11　不同年龄被试对政治信任、政治沟通等打分的方差分析结果

项目		平方和	*df*	均方	*F*	显著性
政治信任	组间	5.054	2	2.527	2.556	0.078
	组内	4266.528	4316	0.989		
	总数	4271.581	4318			
政治沟通	组间	0.184	2	0.092	0.255	0.775
	组内	1560.927	4313	0.362		
	总数	1561.112	4315			
程序公平	组间	10.931	2	5.465	9.561	0.000
	组内	2465.557	4313	0.572		
	总数	2476.488	4315			
结果公平	组间	0.247	2	0.124	0.204	0.816
	组内	2611.175	4305	0.607		
	总数	2611.423	4307			

表12　不同年龄被试对政治信任、政治沟通等打分的多重比较

因变量	(I)年龄段	(J)年龄段	均值差(I－J)	标准误	显著性	95%置信区间	
						下限	上限
政治信任	青年	中年	－0.06255	0.03327	0.060	－0.1278	0.0027
		老年	－0.08645	0.05251	0.100	－0.1894	0.0165
	中年	青年	0.06255	0.03327	0.060	－0.0027	0.1278
		老年	－0.02390	0.05549	0.667	－0.1327	0.0849
	老年	青年	0.08645	0.05251	0.100	－0.0165	0.1894
		中年	0.02390	0.05549	0.667	－0.0849	0.1327

续表

因变量	(I)年龄段	(J)年龄段	均值差(I-J)	标准误	显著性	95%置信区间	
						下限	上限
政治沟通	青年	中年	-0.00797	0.02015	0.692	-0.0475	0.0315
		老年	-0.02116	0.03168	0.504	-0.0833	0.0410
	中年	青年	0.00797	0.02015	0.692	-0.0315	0.0475
		老年	-0.01319	0.03349	0.694	-0.0788	0.0525
	老年	青年	0.02116	0.03168	0.504	-0.0410	0.0833
		中年	0.01319	0.03349	0.694	-0.0525	0.0788
程序公平	青年	中年	-0.09457*	0.02532	0.000	-0.1442	-0.0449
		老年	-0.12183*	0.03986	0.002	-0.2000	-0.0437
	中年	青年	0.09457*	0.02532	0.000	0.0449	0.1442
		老年	-0.02726	0.04213	0.518	-0.1098	0.0553
	老年	青年	0.12183*	0.03986	0.002	0.0437	0.2000
		中年	0.02726	0.04213	0.518	-0.0553	0.1098
结果公平	青年	中年	-0.00158	0.02609	0.952	-0.0527	0.0496
		老年	0.02492	0.04114	0.545	-0.0557	0.1056
	中年	青年	0.00158	0.02609	0.952	-0.0496	0.0527
		老年	0.02650	0.04347	0.542	-0.0587	0.1117
	老年	青年	-0.02492	0.04114	0.545	-0.1056	0.0557
		中年	-0.02650	0.04347	0.542	-0.1117	0.0587

* 均值差的显著性水平为0.05。

从问卷调查的情况看，在乡镇人大代表选举参与中存在明显的年龄差异，主要表现是青年被试的客观参与水平明显低于中年和老年被试，主观层面的选举参与满意度明显低于老年被试、选举参与效能感则明显低于中年被试，并且对乡镇人大代表选举工作的综合评价也明显低于中年和老年被试。中年被试与老年被试的乡镇人大代表选举参与，则没有表现出明显的差异性。

B.16
不同学历公民的乡镇人大代表选举参与比较

田 华 史卫民

“中国公民的乡镇人大代表选举参与”问卷调查采用三类学历对应三个公民群体：初中及以下为低学历，高中（含中专）为中等学历，大专及以上（含本科、研究生）为高学历。调查中有1名被试的学历信息缺失，在4326份有效数据中，初中及以下学历被试2756人，占63.71%；高中学历被试1116人，占25.80%；大专及以上学历被试454人，占10.49%。根据问卷调查的数据，可以比较不同学历被试的乡镇人大代表选举参与状况。

一 不同学历被试的乡镇人大代表选举参与客观状况

调查结果显示，初中及以下学历被试的乡镇人大代表选举参与客观状况的总体得分在0～8.50分之间，均值为3.34，标准差为1.72。具体到乡镇人大代表选举参与客观状况的五个维度，初中及以下学历被试的“选举重要性认知”得分在0～1.00分之间，均值为0.27，标准差为0.37；“权利与途径认知”得分在0～1.00分之间，均值为0.40，标准差为0.35；“选举内容认知”得分在0～2.50分之间，均值为0.86，标准差为0.47；“选举程序认知”得分在0～1.50分之间，均值为0.77，标准差为0.42；“选举参与”得分在0～4.00分之间，均值为1.04，标准差为1.36。

高中学历被试的乡镇人大代表选举参与客观状况的总体得分在0～9.00分之间，均值为3.50，标准差为1.76。具体到乡镇人大代表选举参与客观状况的五个维度，高中学历被试的“选举重要性认知”得分在0～1.00分之间，均值为0.26，标准差为0.37；“权利与途径认知”得分在0～1.00分之间，均值为

0.44，标准差为0.35；“选举内容认知”得分在0~2.50分之间，均值为0.89，标准差为0.47；“选举程序认知”得分在0~1.50分之间，均值为0.76，标准差为0.42；“选举参与”得分在0~4.00分之间，均值为1.16，标准差为1.40。

大专及以上学历被试的乡镇人大代表选举参与客观状况的总体得分在1.00~9.00分之间，均值为3.62，标准差为1.70。具体到乡镇人大代表选举参与客观状况的五个维度，大专及以上学历被试的“选举重要性认知”得分在0~1.00分之间，均值为0.26，标准差为0.35；“权利与途径认知”得分在0~1.00分之间，均值为0.50，标准差为0.35；“选举内容认知”得分在0~2.50分之间，均值为0.92，标准差为0.49；“选举程序认知”得分在0~1.50分之间，均值为0.82，标准差为0.42；“选举参与”得分在0~4.00分之间，均值为1.10，标准差为1.36（见表1和图1）。

表1　不同学历被试的乡镇人大代表选举参与客观状况得分的描述统计结果

项目		*N*	均值	标准差	标准误	均值的95%置信区间		极小值	极大值
						下限	上限		
客观状况总分	初中	2638	3.3361	1.72006	0.03349	3.2704	3.4017	0.00	8.50
	高中	1076	3.4977	1.75506	0.05350	3.3927	3.6027	0.00	9.00
	大专	435	3.6161	1.70415	0.08171	3.4555	3.7767	1.00	9.00
	总数	4149	3.4073	1.73000	0.02686	3.3547	3.4600	0.00	9.00
选举重要性认知	初中	2753	0.2744	0.36984	0.00705	0.2606	0.2882	0.00	1.00
	高中	1116	0.2594	0.36574	0.01095	0.2379	0.2809	0.00	1.00
	大专	453	0.2572	0.34816	0.01636	0.2250	0.2893	0.00	1.00
	总数	4322	0.2687	0.36656	0.00558	0.2578	0.2797	0.00	1.00
权利与途径认知	初中	2729	0.4047	0.35574	0.00681	0.3914	0.4181	0.00	1.00
	高中	1106	0.4367	0.34897	0.01049	0.4161	0.4573	0.00	1.00
	大专	452	0.4967	0.35471	0.01668	0.4639	0.5295	0.00	1.00
	总数	4287	0.4227	0.35499	0.00542	0.4120	0.4333	0.00	1.00
选举内容认知	初中	2695	0.8583	0.46832	0.00902	0.8406	0.8759	0.00	2.50
	高中	1101	0.8851	0.46828	0.01411	0.8574	0.9128	0.00	2.50
	大专	443	0.9221	0.48522	0.02305	0.8768	0.9674	0.00	2.50
	总数	4239	0.8719	0.47044	0.00723	0.8577	0.8861	0.00	2.50
选举程序认知	初中	2738	0.7670	0.42261	0.00808	0.7511	0.7828	0.00	1.50
	高中	1110	0.7631	0.42113	0.01264	0.7383	0.7879	0.00	1.50
	大专	452	0.8186	0.42412	0.01995	0.7794	0.8578	0.00	1.50
	总数	4300	0.7714	0.42261	0.00644	0.7588	0.7840	0.00	1.50

续表

项目		N	均值	标准差	标准误	均值的 95% 置信区间		极小值	极大值
						下限	上限		
选举参与	初中	2729	1.0418	1.36310	0.02609	0.9906	1.0929	0.00	4.00
	高中	1105	1.1588	1.39791	0.04205	1.0763	1.2413	0.00	4.00
	大专	450	1.1044	1.35969	0.06410	0.9785	1.2304	0.00	4.00
	总数	4284	1.0785	1.37243	0.02097	1.0374	1.1197	0.00	4.00

注：表中初中表示初中及以下学历，大专表示大专及以上学历。以下各图表同。

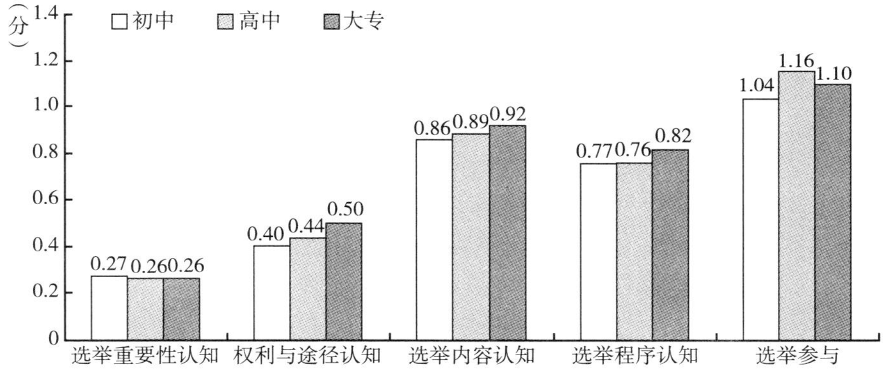

图 1　不同学历被试的乡镇人大代表选举参与客观状况五个一级指标得分比较

对不同学历被试的乡镇人大代表选举参与客观状况的差异进行检验（见表 2、表 3），方差分析的结果显示，不同学历被试的选举参与客观状况总分之间差异显著，$F = 6.893$，$p < 0.05$，初中及以下学历被试（$M = 3.34$，$SD = 1.72$）的得分显著低于高中学历被试（$M = 3.50$，$SD = 1.76$）和大专及以上学历被试（$M = 3.62$，$SD = 1.70$），高中学历被试与大专及以上学历被试之间的得分差异不显著。在“权利与途径认知”上，不同学历被试的得分差异显著，$F = 14.262$，$p < 0.001$，大专及以上学历被试（$M = 0.50$，$SD = 0.35$）的得分显著高于高中学历被试（$M = 0.44$，$SD = 0.35$）和初中及以下学历被试（$M = 0.40$，$SD = 0.36$），高中学历被试的得分显著高于初中及以下学历被试。在“选举内容认知”上，不同学历被试的得分差异显著，$F = 4.097$，$p < 0.05$，大专及以上学历被试（$M = 0.92$，$SD = 0.49$）的得分显著高于初中及以下学历

被试（$M=0.86$，$SD=0.47$），与高中学历被试（$M=0.89$，$SD=0.47$）之间的得分差异不显著，高中学历被试与初中及以下学历被试之间的得分差异不显著。在“选举程序认知”上，不同学历被试的得分差异显著，$F=3.186$，$p<0.05$，大专及以上学历被试（$M=0.82$，$SD=0.42$）的得分显著高于高中学历被试（$M=0.76$，$SD=0.42$）和初中及以下学历被试（$M=0.77$，$SD=0.42$），高中学历被试与初中及以下学历被试之间的得分差异不显著。在“选举重要性认知”（$F=0.918$，$p=0.399$）和“选举参与”（$F=2.953$，$p=0.052$）上，不同学历被试的得分差异未达到显著水平。

表 2　不同学历被试的乡镇人大代表选举参与客观状况得分的方差分析结果

项目		平方和	*df*	均方	*F*	显著性
客观状况总分	组间	41.144	2	20.572	6.893	0.001
	组内	12373.473	4146	2.984		
	总数	12414.617	4148			
选举重要性认知	组间	0.247	2	0.123	0.918	0.399
	组内	580.360	4319	0.134		
	总数	580.607	4321			
权利与途径认知	组间	3.573	2	1.786	14.262	0.000
	组内	536.544	4284	0.125		
	总数	540.116	4286			
选举内容认知	组间	1.811	2	0.906	4.097	0.017
	组内	936.133	4236	0.221		
	总数	937.944	4238			
选举程序认知	组间	1.137	2	0.568	3.186	0.041
	组内	766.645	4297	0.178		
	总数	767.782	4299			
选举参与	组间	11.113	2	5.557	2.953	0.052
	组内	8056.205	4281	1.882		
	总数	8067.319	4283			

表 3　不同学历被试的乡镇人大代表选举参与客观状况得分的多重比较

因变量	(I)学历	(J)学历	均值差(I-J)	标准误	显著性	95%置信区间	
						下限	上限
客观状况总分	初中	高中	-0.16163*	0.06249	0.010	-0.2841	-0.0391
		大专	-0.28004*	0.08940	0.002	-0.4553	-0.1048
	高中	初中	0.16163*	0.06249	0.010	0.0391	0.2841
		大专	-0.11842	0.09816	0.228	-0.3109	0.0740
	大专	初中	0.28004*	0.08940	0.002	0.1048	0.4553
		高中	0.11842	0.09816	0.228	-0.0740	0.3109
选举重要性认知	初中	高中	0.01502	0.01301	0.248	-0.0105	0.0405
		大专	0.01725	0.01859	0.353	-0.0192	0.0537
	高中	初中	-0.01502	0.01301	0.248	-0.0405	0.0105
		大专	0.00223	0.02042	0.913	-0.0378	0.0423
	大专	初中	-0.01725	0.01859	0.353	-0.0537	0.0192
		高中	-0.00223	0.02042	0.913	-0.0423	0.0378
权利与途径认知	初中	高中	-0.03198*	0.01261	0.011	-0.0567	-0.0073
		大专	-0.09195*	0.01797	0.000	-0.1272	-0.0567
	高中	初中	0.03198*	0.01261	0.011	0.0073	0.0567
		大专	-0.05997*	0.01976	0.002	-0.0987	-0.0212
	大专	初中	0.09195*	0.01797	0.000	0.0567	0.1272
		高中	0.05997*	0.01976	0.002	0.0212	0.0987
选举内容认知	初中	高中	-0.02685	0.01681	0.110	-0.0598	0.0061
		大专	-0.06387*	0.02410	0.008	-0.1111	-0.0166
	高中	初中	0.02685	0.01681	0.110	-0.0061	0.0598
		大专	-0.03702	0.02645	0.162	-0.0889	0.0148
	大专	初中	0.06387*	0.02410	0.008	0.0166	0.1111
		高中	0.03702	0.02645	0.162	-0.0148	0.0889
选举程序认知	初中	高中	0.00392	0.01503	0.794	-0.0255	0.0334
		大专	-0.05160*	0.02144	0.016	-0.0936	-0.0096
	高中	初中	-0.00392	0.01503	0.794	-0.0334	0.0255
		大专	-0.05552*	0.02357	0.019	-0.1017	-0.0093
	大专	初中	0.05160*	0.02144	0.016	0.0096	0.0936
		高中	0.05552*	0.02357	0.019	0.0093	0.1017
选举参与	初中	高中	-0.11705*	0.04891	0.017	-0.2129	-0.0212
		大专	-0.06267	0.06980	0.369	-0.1995	0.0742
	高中	初中	0.11705*	0.04891	0.017	0.0212	0.2129
		大专	0.05438	0.07671	0.478	-0.0960	0.2048
	大专	初中	0.06267	0.06980	0.369	-0.0742	0.1995
		高中	-0.05438	0.07671	0.478	-0.2048	0.0960

* 均值差的显著性水平为0.05。

二　不同学历被试的乡镇人大代表选举参与主观状况

调查结果显示，初中及以下学历被试的“选举参与满意度”得分在1.00～5.00分之间，均值为2.87，标准差为0.55；“选举参与意愿”得分在1.00～5.00分之间，均值为3.17，标准差为0.60；“选举参与效能”得分在1.00～5.00分之间，均值为3.06，标准差为0.52。

高中学历被试的“选举参与满意度”得分在1.00～4.75分之间，均值为2.85，标准差为0.53；“选举参与意愿”得分在1.33～5.00分之间，均值为3.23，标准差为0.63；“选举参与效能”得分在1.33～5.00分之间，均值为3.09，标准差为0.57。

大专及以上学历被试的“选举参与满意度”得分在1.25～4.50分之间，均值为2.85，标准差为0.51；“选举参与意愿”得分在1.67～5.00分之间，均值为3.33，标准差为0.64；“选举参与效能”得分在1.00～5.00分之间，均值为3.09，标准差为0.62（见表4和图2）。

表4　不同学历被试的乡镇人大代表选举参与主观状况得分的描述统计结果

项目		N	均值	标准差	标准误	均值的95%置信区间		极小值	极大值
						下限	上限		
选举参与满意度	初中	2746	2.8652	0.55401	0.01057	2.8444	2.8859	1.00	5.00
	高中	1109	2.8467	0.53388	0.01603	2.8153	2.8782	1.00	4.75
	大专	452	2.8545	0.50879	0.02393	2.8075	2.9016	1.25	4.50
	总数	4307	2.8593	0.54423	0.00829	2.8430	2.8756	1.00	5.00
选举参与意愿	初中	2751	3.1718	0.60091	0.01146	3.1494	3.1943	1.00	5.00
	高中	1115	3.2332	0.62531	0.01873	3.1964	3.2699	1.33	5.00
	大专	452	3.3296	0.64084	0.03014	3.2704	3.3889	1.67	5.00
	总数	4318	3.2042	0.61348	0.00934	3.1859	3.2225	1.00	5.00
选举参与效能	初中	2752	3.0614	0.52444	0.01000	3.0418	3.0810	1.00	5.00
	高中	1115	3.0897	0.56858	0.01703	3.0563	3.1231	1.33	5.00
	大专	453	3.0920	0.61976	0.02912	3.0348	3.1492	1.00	5.00
	总数	4320	3.0719	0.54677	0.00832	3.0556	3.0882	1.00	5.00

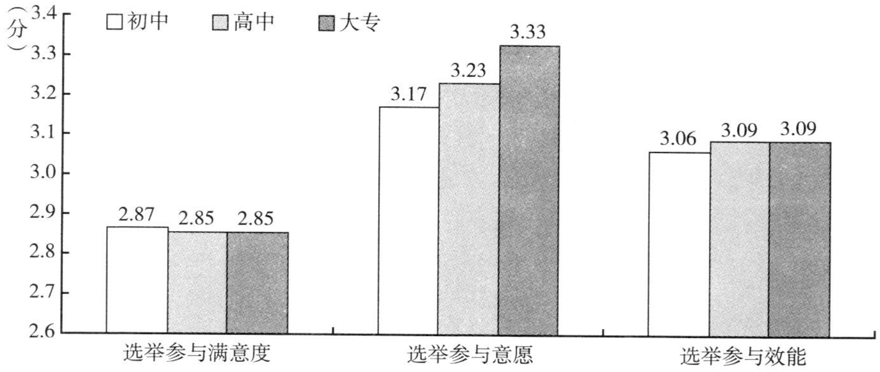

图 2　不同学历被试的乡镇人大代表选举参与主观状况得分比较

对不同学历被试的乡镇人大代表选举参与主观状况各指标的差异性进行方差分析（见表 5、表 6），可以发现不同学历被试之间的“选举参与满意度”（$F=0.474$，$p=0.623$）和“选举参与效能”（$F=1.402$，$p=0.246$）得分差异不显著；只是在“选举参与意愿”上，不同学历被试的得分差异显著，$F=14.618$，$p<0.001$，大专及以上学历被试（$M=3.33$，$SD=0.64$）的得分显著高于高中学历被试（$M=3.23$，$SD=0.63$）和初中及以下学历被试（$M=3.17$，$SD=0.60$），高中学历被试的得分显著高于初中及以下学历被试。

表 5　不同学历被试的乡镇人大代表选举参与主观状况得分的方差分析结果

项目		平方和	*df*	均方	*F*	显著性
选举参与满意度	组间	0.281	2	0.140	0.474	0.623
	组内	1275.079	4304	0.296		
	总数	1275.360	4306			
选举参与意愿	组间	10.935	2	5.467	14.618	0.000
	组内	1613.821	4315	0.374		
	总数	1624.756	4317			
选举参与效能	组间	0.838	2	0.419	1.402	0.246
	组内	1290.376	4317	0.299		
	总数	1291.214	4319			

表 6　不同学历被试的乡镇人大代表选举参与主观状况得分的多重比较

因变量	(I)学历	(J)学历	均值差(I－J)	标准误	显著性	95%置信区间	
						下限	上限
选举参与满意度	初中	高中	0.01846	0.01937	0.341	－0.0195	0.0564
		大专	0.01063	0.02763	0.700	－0.0435	0.0648
	高中	初中	－0.01846	0.01937	0.341	－0.0564	0.0195
		大专	－0.00783	0.03037	0.797	－0.0674	0.0517
	大专	初中	－0.01063	0.02763	0.700	－0.0648	0.0435
		高中	0.00783	0.03037	0.797	－0.0517	0.0674
选举参与意愿	初中	高中	－0.06137*	0.02171	0.005	－0.1039	－0.0188
		大专	－0.15783*	0.03104	0.000	－0.2187	－0.0970
	高中	初中	0.06137*	0.02171	0.005	0.0188	0.1039
		大专	－0.09646*	0.03410	0.005	－0.1633	－0.0296
	大专	初中	0.15783*	0.03104	0.000	0.0970	0.2187
		高中	0.09646*	0.03410	0.005	0.0296	0.1633
选举参与效能	初中	高中	－0.02828	0.01941	0.145	－0.0663	0.0098
		大专	－0.03057	0.02772	0.270	－0.0849	0.0238
	高中	初中	0.02828	0.01941	0.145	－0.0098	0.0663
		大专	－0.00229	0.03046	0.940	－0.0620	0.0574
	大专	初中	0.03057	0.02772	0.270	－0.0238	0.0849
		高中	0.00229	0.03046	0.940	－0.0574	0.0620

* 均值差的显著性水平为0.05。

三　不同学历被试对乡镇人大代表选举工作的评价

“中国公民的乡镇人大代表选举参与”问卷调查请被试根据最近一次乡镇人大代表选举情况，为选举工作的满意度打分。调查结果显示，初中及以下学历被试对选举工作满意度的综合打分在1.00～5.00分之间，均值为3.15，标准差为0.69；高中学历被试对选举工作满意度的综合打分在1.00～5.00分之间，均值为3.17，标准差为0.75；大专及以上学历被试对选举工作满意度的综合打分在1.00～5.00分之间，均值为3.14，标准差为0.83（见表7和图3）。

表 7　不同学历被试的乡镇人大代表选举工作满意度打分的描述统计结果

项目		N	均值	标准差	标准误	均值的 95% 置信区间		极小值	极大值
						下限	上限		
综合打分	初中	2750	3.1459	0.68875	0.01313	3.1202	3.1717	1.00	5.00
	高中	1110	3.1717	0.74604	0.02239	3.1277	3.2156	1.00	5.00
	大专	453	3.1432	0.82791	0.03890	3.0667	3.2196	1.00	5.00
	总数	4313	3.1523	0.71941	0.01095	3.1308	3.1737	1.00	5.00
选举组织工作的有效性	初中	2755	3.1205	0.95847	0.01826	3.0847	3.1563	1.00	5.00
	高中	1116	3.1774	0.96433	0.02887	3.1208	3.2341	1.00	5.00
	大专	454	3.1564	1.05049	0.04930	3.0595	3.2533	1.00	5.00
	总数	4325	3.1390	0.97012	0.01475	3.1100	3.1679	1.00	5.00
选举程序的规范性	初中	2755	3.1666	0.92346	0.01759	3.1321	3.2011	1.00	5.00
	高中	1113	3.1779	0.95434	0.02861	3.1218	3.2340	1.00	5.00
	大专	454	3.2379	1.03398	0.04853	3.1425	3.3333	1.00	5.00
	总数	4322	3.1770	0.94363	0.01435	3.1489	3.2051	1.00	5.00
选举的公正性	初中	2755	3.0886	1.00442	0.01914	3.0510	3.1261	1.00	5.00
	高中	1115	3.0897	1.02615	0.03073	3.0294	3.1500	1.00	5.00
	大专	454	3.0110	1.06203	0.04984	2.9131	3.1090	1.00	5.00
	总数	4324	3.0807	1.01627	0.01545	3.0504	3.1110	1.00	5.00
选举信息的透明性	初中	2755	3.0592	1.01323	0.01930	3.0213	3.0970	1.00	5.00
	高中	1116	3.0869	1.06074	0.03175	3.0246	3.1492	1.00	5.00
	大专	454	3.1233	1.10696	0.05195	3.0213	3.2254	1.00	5.00
	总数	4325	3.0731	1.03577	0.01575	3.0422	3.1039	1.00	5.00
选举的竞争性	初中	2754	3.1325	0.96179	0.01833	3.0966	3.1685	1.00	5.00
	高中	1116	3.1667	0.99280	0.02972	3.1084	3.2250	1.00	5.00
	大专	453	3.1192	1.10265	0.05181	3.0174	3.2210	1.00	5.00
	总数	4323	3.1399	0.98535	0.01499	3.1106	3.1693	1.00	5.00
选举纠纷处理的及时性	初中	2756	3.1978	0.92969	0.01771	3.1630	3.2325	1.00	5.00
	高中	1114	3.2110	0.97195	0.02912	3.1538	3.2681	1.00	5.00
	大专	454	3.1432	1.00736	0.04728	3.0503	3.2361	1.00	5.00
	总数	4324	3.1954	0.94907	0.01443	3.1671	3.2237	1.00	5.00
民众参与选举的积极性	初中	2756	3.2558	0.97382	0.01855	3.2194	3.2922	1.00	5.00
	高中	1116	3.2966	0.99633	0.02982	3.2381	3.3551	1.00	5.00
	大专	454	3.2159	1.06815	0.05013	3.1173	3.3144	1.00	5.00
	总数	4326	3.2621	0.98998	0.01505	3.2326	3.2916	1.00	5.00

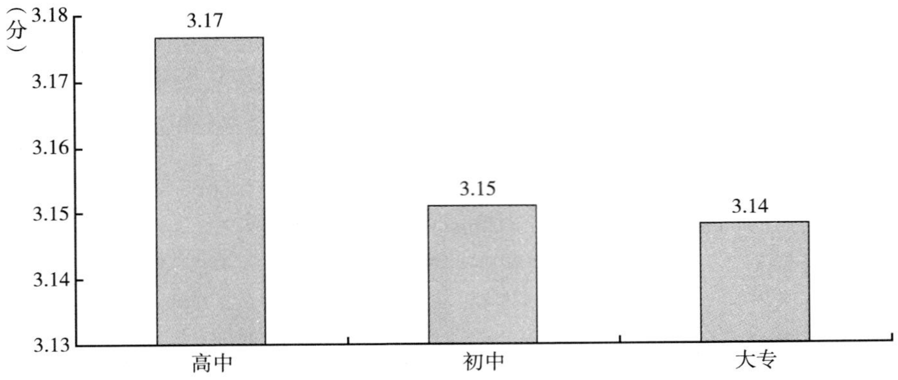

图3　不同学历被试的乡镇人大代表选举工作满意度综合打分比较

对不同学历被试的乡镇人大代表选举工作满意度打分的差异性进行方差分析（见表8、表9），可以发现不同学历被试无论是对乡镇人大代表选举工作的满意度综合打分，还是对于各项具体选举工作的打分，其差异性均未达到显著水平。

表8　不同学历被试的乡镇人大代表选举工作满意度打分的方差分析结果

项目		平方和	*df*	均方	*F*	显著性
综合打分	组间	0.567	2	0.283	0.547	0.578
	组内	2231.133	4310	0.518		
	总数	2231.700	4312			
选举组织工作的有效性	组间	2.727	2	1.363	1.449	0.235
	组内	4066.759	4322	0.941		
	总数	4069.485	4324			
选举程序的规范性	组间	1.982	2	0.991	1.113	0.329
	组内	3845.612	4319	0.890		
	总数	3847.594	4321			
选举的公正性	组间	2.465	2	1.233	1.194	0.303
	组内	4462.366	4321	1.033		
	总数	4464.831	4323			
选举信息的透明性	组间	1.894	2	0.947	0.883	0.414
	组内	4637.018	4322	1.073		
	总数	4638.912	4324			

续表

项目		平方和	df	均方	F	显著性
选举的竞争性	组间	1. 143	2	0. 571	0. 588	0. 555
	组内	4195. 188	4320	0. 971		
	总数	4196. 331	4322			
选举纠纷处理的及时性	组间	1. 523	2	0. 762	0. 845	0. 429
	组内	3892. 346	4321	0. 901		
	总数	3893. 869	4323			
民众参与选举的积极性	组间	2. 408	2	1. 204	1. 229	0. 293
	组内	4236. 330	4323	0. 980		
	总数	4238. 738	4325			

表 9　不同学历被试的乡镇人大代表选举工作满意度打分的多重比较

因变量	(I)学历	(J)学历	均值差(I－J)	标准误	显著性	95%置信区间	
						下限	上限
综合打分	初中	高中	－0. 02576	0. 02559	0. 314	－0. 0759	0. 0244
		大专	0. 00275	0. 03648	0. 940	－0. 0688	0. 0743
	高中	初中	0. 02576	0. 02559	0. 314	－0. 0244	0. 0759
		大专	0. 02851	0. 04011	0. 477	－0. 0501	0. 1072
	大专	初中	－0. 00275	0. 03648	0. 940	－0. 0743	0. 0688
		高中	－0. 02851	0. 04011	0. 477	－0. 1072	0. 0501
选举组织工作的有效性	初中	高中	－0. 05691	0. 03442	0. 098	－0. 1244	0. 0106
		大专	－0. 03588	0. 04913	0. 465	－0. 1322	0. 0604
	高中	初中	0. 05691	0. 03442	0. 098	－0. 0106	0. 1244
		大专	0. 02103	0. 05400	0. 697	－0. 0848	0. 1269
	大专	初中	0. 03588	0. 04913	0. 465	－0. 0604	0. 1322
		高中	－0. 02103	0. 05400	0. 697	－0. 1269	0. 0848
选举程序的规范性	初中	高中	－0. 01129	0. 03351	0. 736	－0. 0770	0. 0544
		大专	－0. 07128	0. 04780	0. 136	－0. 1650	0. 0224
	高中	初中	0. 01129	0. 03351	0. 736	－0. 0544	0. 0770
		大专	－0. 05999	0. 05255	0. 254	－0. 1630	0. 0430
	大专	初中	0. 07128	0. 04780	0. 136	－0. 0224	0. 1650
		高中	0. 05999	0. 05255	0. 254	－0. 0430	0. 1630
选举的公正性	初中	高中	－0. 00112	0. 03607	0. 975	－0. 0718	0. 0696
		大专	0. 07755	0. 05147	0. 132	－0. 0234	0. 1785
	高中	初中	0. 00112	0. 03607	0. 975	－0. 0696	0. 0718
		大专	0. 07867	0. 05658	0. 164	－0. 0322	0. 1896
	大专	初中	－0. 07755	0. 05147	0. 132	－0. 1785	0. 0234
		高中	－0. 07867	0. 05658	0. 164	－0. 1896	0. 0322

续表

因变量	(I)学历	(J)学历	均值差(I-J)	标准误	显著性	95%置信区间	
						下限	上限
选举信息的透明性	初中	高中	-0.02775	0.03675	0.450	-0.0998	0.0443
		大专	-0.06418	0.05247	0.221	-0.1670	0.0387
	高中	初中	0.02775	0.03675	0.450	-0.0443	0.0998
		大专	-0.03643	0.05766	0.528	-0.1495	0.0766
	大专	初中	0.06418	0.05247	0.221	-0.0387	0.1670
		高中	0.03643	0.05766	0.528	-0.0766	0.1495
选举的竞争性	初中	高中	-0.03413	0.03497	0.329	-0.1027	0.0344
		大专	0.01333	0.04996	0.790	-0.0846	0.1113
	高中	初中	0.03413	0.03497	0.329	-0.0344	0.1027
		大专	0.04746	0.05490	0.387	-0.0602	0.1551
	大专	初中	-0.01333	0.04996	0.790	-0.1113	0.0846
		高中	-0.04746	0.05490	0.387	-0.1551	0.0602
选举纠纷处理的及时性	初中	高中	-0.01320	0.03370	0.695	-0.0793	0.0529
		大专	0.05458	0.04807	0.256	-0.0397	0.1488
	高中	初中	0.01320	0.03370	0.695	-0.0529	0.0793
		大专	0.06778	0.05285	0.200	-0.0358	0.1714
	大专	初中	-0.05458	0.04807	0.256	-0.1488	0.0397
		高中	-0.06778	0.05285	0.200	-0.1714	0.0358
民众参与选举的积极性	初中	高中	-0.04079	0.03512	0.246	-0.1096	0.0281
		大专	0.03995	0.05014	0.426	-0.0584	0.1382
	高中	初中	0.04079	0.03512	0.246	-0.0281	0.1096
		大专	0.08074	0.05511	0.143	-0.0273	0.1888
	大专	初中	-0.03995	0.05014	0.426	-0.1382	0.0584
		高中	-0.08074	0.05511	0.143	-0.1888	0.0273

*均值差的显著性水平为0.05。

四　不同学历被试对政治信任和政治沟通等的评价

“中国公民的乡镇人大代表选举参与”问卷调查还涉及被试对政治信任、政治沟通、程序公平和结果公平的看法，可以比较不同学历被试在相关看法上是否有重大差别。

在“政治信任”方面，初中及以下学历被试的打分在1.00~6.00分之间，均值为3.86，标准差为0.98；高中学历被试的打分在1.00~6.00分之间，均值为3.91，标准差为1.01；大专及以上学历被试的打分在1.00～6.00分之间，均值为3.96，标准差为1.07。

在“政治沟通”方面，初中及以下学历被试的打分在1.00～5.00分之间，均值为3.21，标准差为0.59；高中学历被试的打分在1.00～5.00分之间，均值为3.26，标准差为0.61；大专及以上学历被试的打分在1.00～5.00分之间，均值为3.27，标准差为0.64。

在“程序公平”方面，初中及以下学历被试的打分在1.00～5.00分之间，均值为3.15，标准差为0.72；高中学历被试的打分在1.00～5.00分之间，均值为3.09，标准差为0.81；大专及以上学历被试的打分在1.00～5.00分之间，均值为3.07，标准差为0.86。

在“结果公平”方面，初中及以下学历被试的打分在1.00～5.00分之间，均值为3.21，标准差为0.75；高中学历被试的打分在1.00～5.00分之间，均值为3.23，标准差为0.82；大专及以上学历被试的打分在1.00～5.00分之间，均值为3.28，标准差为0.84（见表10和图4）。

表10　不同学历被试对政治信任、政治沟通等打分的描述统计结果

项目		*N*	均值	标准差	标准误	均值的95%置信区间		极小值	极大值
						下限	上限		
政治信任	初中	2754	3.8598	0.97673	0.01861	3.8233	3.8963	1.00	6.00
	高中	1112	3.9063	1.00510	0.03014	3.8472	3.9654	1.00	6.00
	大专	453	3.9576	1.06910	0.05023	3.8589	4.0563	1.00	6.00
	总数	4319	3.8820	0.99442	0.01513	3.8523	3.9117	1.00	6.00
政治沟通	初中	2748	3.2149	0.59042	0.01126	3.1928	3.2370	1.00	5.00
	高中	1114	3.2614	0.61075	0.01830	3.2255	3.2973	1.00	5.00
	大专	454	3.2687	0.64012	0.03004	3.2097	3.3278	1.00	5.00
	总数	4316	3.2326	0.60142	0.00915	3.2146	3.2505	1.00	5.00
程序公平	初中	2747	3.1459	0.71820	0.01370	3.1190	3.1728	1.00	5.00
	高中	1116	3.0932	0.80511	0.02410	3.0459	3.1405	1.00	5.00
	大专	453	3.0666	0.85878	0.04035	2.9873	3.1459	1.00	5.00
	总数	4316	3.1240	0.75757	0.01153	3.1014	3.1466	1.00	5.00
结果公平	初中	2740	3.2066	0.75057	0.01434	3.1785	3.2347	1.00	5.00
	高中	1116	3.2316	0.81859	0.02450	3.1836	3.2797	1.00	5.00
	大专	452	3.2758	0.84139	0.03958	3.1980	3.3536	1.00	5.00
	总数	4308	3.2203	0.77868	0.01186	3.1971	3.2436	1.00	5.00

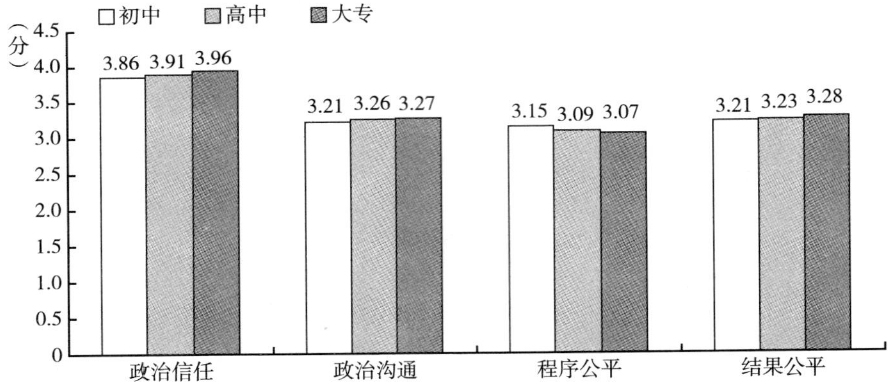

图 4　不同学历被试对政治信任、政治沟通等打分的比较

对不同学历被试的政治信任等打分的差异性进行方差分析（见表 11、表 12），可以发现在“政治沟通”方面，不同学历被试的打分差异显著，$F = 3.287$，$p < 0.05$，初中及以下学历被试（$M = 3.21$，$SD = 0.59$）的打分显著低于高中学历被试（$M = 3.26$，$SD = 0.61$），与大专及以上学历被试（$M = 3.27$，$SD = 0.64$）之间的打分差异不显著，大专及以上学历被试与高中学历被试之间的打分差异不显著。在“程序公平”方面，不同学历被试的打分差异显著，

表 11　不同学历被试对政治信任、政治沟通等打分的方差分析结果

项目		平方和	*df*	均方	*F*	显著性
政治信任	组间	4. 608	2	2. 304	2. 331	0. 097
	组内	4265. 344	4316	0. 988		
	总数	4269. 952	4318			
政治沟通	组间	2. 375	2	1. 188	3. 287	0. 037
	组内	1558. 364	4313	0. 361		
	总数	1560. 740	4315			
程序公平	组间	3. 872	2	1. 936	3. 377	0. 034
	组内	2472. 533	4313	0. 573		
	总数	2476. 405	4315			
结果公平	组间	2. 053	2	1. 026	1. 693	0. 184
	组内	2609. 460	4305	0. 606		
	总数	2611. 512	4307			

$F=3.377$，$p<0.05$，初中及以下学历被试（$M=3.15$，$SD=0.72$）的打分显著高于高中学历被试（$M=3.09$，$SD=0.81$）和大专及以上学历被试（$M=3.07$，$SD=0.86$），高中学历被试与大专及以上学历被试之间的打分差异不显著。在“政治信任”（$F=2.331$，$p=0.097$）和“结果公平”（$F=1.693$，$p=0.184$）方面，不同学历被试之间的打分差异均不显著。

表 12 不同学历被试对政治信任、政治沟通等打分的多重比较

因变量	(I)学历	(J)学历	均值差(I－J)	标准误	显著性	95%置信区间	
						下限	上限
政治信任	初中	高中	－0.04653	0.03532	0.188	－0.1158	0.0227
		大专	－0.09785	0.05040	0.052	－0.1967	0.0010
	高中	初中	0.04653	0.03532	0.188	－0.0227	0.1158
		大专	－0.05132	0.05541	0.354	－0.1600	0.0573
	大专	初中	0.09785	0.05040	0.052	－0.0010	0.1967
		高中	0.05132	0.05541	0.354	－0.0573	0.1600
政治沟通	初中	高中	－0.04648*	0.02135	0.030	－0.0883	－0.0046
		大专	－0.05380	0.03045	0.077	－0.1135	0.0059
	高中	初中	0.04648*	0.02135	0.030	0.0046	0.0883
		大专	－0.00732	0.03347	0.827	－0.0729	0.0583
	大专	初中	0.05380	0.03045	0.077	－0.0059	0.1135
		高中	0.00732	0.03347	0.827	－0.0583	0.0729
程序公平	初中	高中	0.05273*	0.02688	0.050	0.0000	0.1054
		大专	0.07932*	0.03840	0.039	0.0040	0.1546
	高中	初中	－0.05273*	0.02688	0.050	－0.1054	0.0000
		大专	0.02660	0.04218	0.528	－0.0561	0.1093
	大专	初中	－0.07932*	0.03840	0.039	－0.1546	－0.0040
		高中	－0.02660	0.04218	0.528	－0.1093	0.0561
结果公平	初中	高中	－0.02506	0.02765	0.365	－0.0793	0.0291
		大专	－0.06924	0.03953	0.080	－0.1467	0.0082
	高中	初中	0.02506	0.02765	0.365	－0.0291	0.0793
		大专	－0.04418	0.04341	0.309	－0.1293	0.0409
	大专	初中	0.06924	0.03953	0.080	－0.0082	0.1467
		高中	0.04418	0.04341	0.309	－0.0409	0.1293

从问卷调查的情况看，在乡镇人大代表选举参与中存在一定的差异，主要表现为初中及以下学历被试的选举参与客观状况水平总体低于高中学历和大专及以上学历被试，并且在主观层面的参与意愿上，表现出学历越高参与意愿越强的特征；但是学历水平的高低，并没有影响对选举工作的评价，不同学历被试在选举工作评价方面并没有显示出明显的差异性。

B.17

不同政治面貌公民的乡镇人大代表选举参与比较

史卫民　田小红

“中国公民的乡镇人大代表选举参与”问卷调查涉及的4327名被试中，有1名被试的政治面貌信息缺失，在4326份有效数据中，中共党员被试（中共党员被试在本章的表格中均标注为“党员”）336人，占7.77%；共青团员被试（共青团员被试在本章的表格中均标注为“团员”）535人，占12.37%；民主党派和群众被试3455人，占79.86%（民主党派被试由于人数过少，不具有代表性，所以与群众被试合为一类，在本章的表格中均标注为“群众”）。根据问卷调查的数据，可以比较不同政治面貌被试的乡镇人大代表选举参与状况。

一　不同政治面貌被试的乡镇人大代表选举参与客观状况

调查结果显示，中共党员被试的乡镇人大代表选举参与客观状况的总体得分在0.50～9.00分之间，均值为4.51，标准差为2.05。具体到乡镇人大代表选举参与客观状况的五个维度，中共党员被试的“选举重要性认知”得分在0～1.00分之间，均值为0.50，标准差为0.42；“权利与途径认知”得分在0～1.00分之间，均值为0.45，标准差为0.34；“选举内容认知”得分在0～2.50分之间，均值为1.08，标准差为0.53；“选举程序认知”得分在0～1.50分之间，均值为0.77，标准差为0.44；“选举参与”得分在0～4.00分之间，均值为1.71，标准差为1.54。

共青团员被试的乡镇人大代表选举参与客观状况的总体得分在0.50～

8.50 分之间，均值为 3.30，标准差为 1.64。具体到乡镇人大代表选举参与客观状况的五个维度，共青团员被试的“选举重要性认知”得分在 0～1.00 分之间，均值为 0.20，标准差为 0.33；“权利与途径认知”得分在 0～1.00 分之间，均值为 0.47，标准差为 0.37；“选举内容认知”得分在 0～2.50 分之间，均值为 0.88，标准差为 0.46；“选举程序认知”得分在 0～1.50 分之间，均值为 0.81，标准差为 0.40；“选举参与”得分在 0～4.00 分之间，均值为 0.94，标准差为 1.30。

群众被试的乡镇人大代表选举参与客观状况的总体得分在 0～8.50 分之间，均值为 3.32，标准差为 1.67。具体到乡镇人大代表选举参与客观状况的五个维度，群众被试的“选举重要性认知”得分在 0～1.00 分之间，均值为 0.26，标准差为 0.36；“权利与途径认知”得分在 0～1.00 分之间，均值为 0.41，标准差为 0.35；“选举内容认知”得分在 0～2.50 分之间，均值为 0.85，标准差为 0.46；“选举程序认知”得分在 0～1.50 分之间，均值为 0.77，标准差为 0.42；“选举参与”得分在 0～4.00 分之间，均值为 1.04，标准差为 1.35（见表 1 和图 1）。

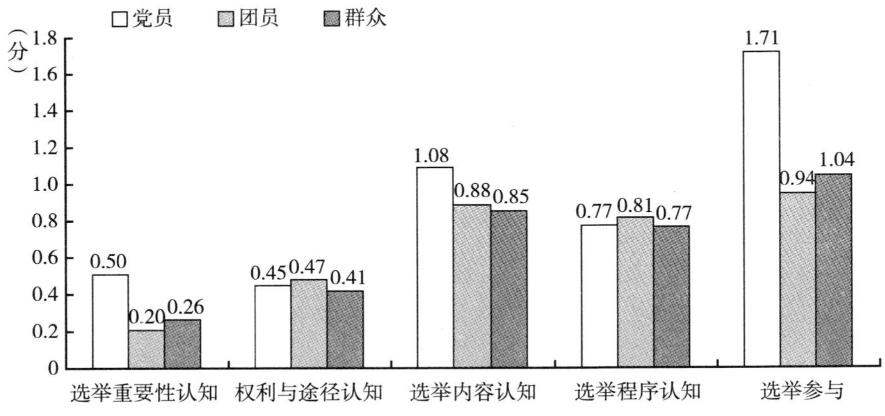

图 1　不同政治面貌被试的乡镇人大代表选举参与客观状况五个一级指标得分比较

表1 不同政治面貌被试的乡镇人大代表选举参与客观状况得分的描述统计结果

项目		N	均值	标准差	标准误	均值的95%置信区间		极小值	极大值
						下限	上限		
客观状况总分	党员	322	4.5062	2.05037	0.11426	4.2814	4.7310	0.50	9.00
	团员	505	3.2980	1.64141	0.07304	3.1545	3.4415	0.50	8.50
	群众	3321	3.3177	1.67232	0.02902	3.2608	3.3746	0.00	8.50
	总数	4148	3.4075	1.73016	0.02686	3.3549	3.4602	0.00	9.00
选举重要性认知	党员	336	0.5015	0.41877	0.02285	0.4565	0.5464	0.00	1.00
	团员	535	0.1981	0.32814	0.01419	0.1703	0.2260	0.00	1.00
	群众	3451	0.2570	0.35834	0.00610	0.2451	0.2690	0.00	1.00
	总数	4322	0.2687	0.36656	0.00558	0.2578	0.2797	0.00	1.00
权利与途径认知	党员	330	0.4485	0.34485	0.01898	0.4111	0.4858	0.00	1.00
	团员	531	0.4699	0.36862	0.01600	0.4384	0.5013	0.00	1.00
	群众	3426	0.4127	0.35305	0.00603	0.4009	0.4246	0.00	1.00
	总数	4287	0.4226	0.35488	0.00542	0.4119	0.4332	0.00	1.00
选举内容认知	党员	331	1.0846	0.52551	0.02888	1.0278	1.1414	0.00	2.50
	团员	523	0.8824	0.46324	0.02026	0.8426	0.9222	0.00	2.00
	群众	3384	0.8496	0.46067	0.00792	0.8341	0.8651	0.00	2.50
	总数	4238	0.8720	0.47046	0.00723	0.8578	0.8862	0.00	2.50
选举程序认知	党员	334	0.7695	0.44435	0.02431	0.7216	0.8173	0.00	1.50
	团员	529	0.8091	0.39819	0.01731	0.7751	0.8431	0.00	1.50
	群众	3437	0.7658	0.42391	0.00723	0.7516	0.7800	0.00	1.50
	总数	4300	0.7714	0.42261	0.00644	0.7588	0.7840	0.00	1.50
选举参与	党员	333	1.7102	1.54089	0.08444	1.5441	1.8763	0.00	4.00
	团员	526	0.9401	1.30082	0.05672	0.8287	1.0515	0.00	4.00
	群众	3425	1.0391	1.35033	0.02307	0.9939	1.0844	0.00	4.00
	总数	4284	1.0791	1.37250	0.02097	1.0380	1.1202	0.00	4.00

对不同政治面貌被试的乡镇人大代表选举参与客观状况的差异进行检验（见表2、表3），方差分析的结果显示，不同政治面貌被试的选举参与客观状况总分之间差异显著，$F = 72.853$，$p < 0.001$，中共党员被试（$M = 4.51$，$SD = 2.05$）的得分显著高于共青团员被试（$M = 3.30$，$SD = 1.64$）和群众被试（$M = 3.32$，$SD = 1.67$），群众被试与共青团员被试之间的得分差异不显著。具体到乡镇人大代表选举参与客观状况的五个维度，在“选举重要性认知”上，不同政治面貌被试的得分差异显著，$F = 82.410$，$p < 0.001$，中共党员被试

（$M=0.50$，$SD=0.42$）的得分显著高于共青团员被试（$M=0.20$，$SD=0.33$）和群众被试（$M=0.26$，$SD=0.36$），群众被试的得分显著高于共青团员被试。在“权利与途径认知”上，不同政治面貌被试的得分差异显著，$F=6.933$，$p<0.05$，中共党员被试（$M=0.45$，$SD=0.34$）与共青团员被试（$M=0.47$，$SD=0.37$）、群众（$M=0.41$，$SD=0.35$）被试之间的得分差异不显著，群众被试的得分显著低于共青团员被试。在“选举内容认知”上，不同政治面貌被试的得分差异显著，$F=38.429$，$p<0.001$，中共党员被试（$M=1.08$，$SD=0.53$）的得分显著高于共青团员被试（$M=0.88$，$SD=0.46$）和群众被试（$M=0.85$，$SD=0.46$），群众被试与共青团员被试之间的得分差异不显著。在“选举参与”上，不同政治面貌被试的得分差异显著，$F=40.072$，$p<0.001$，中共党员被试（$M=1.71$，$SD=1.54$）的得分显著高于共青团员被试（$M=0.94$，$SD=1.30$）和群众被试（$M=1.04$，$SD=1.35$），群众被试与共青团员被试之间的得分差异不显著。在“选举程序认知”（$F=2.411$，$p=0.090$）上，不同政治面貌被试的得分差异不显著。

表 2　不同政治面貌被试的乡镇人大代表选举参与客观状况得分的方差分析结果

项目		平方和	*df*	均方	*F*	显著性
客观状况总分	组间	421.556	2	210.778	72.853	0.000
	组内	11992.238	4145	2.893		
	总数	12413.794	4147			
选举重要性认知	组间	21.342	2	10.671	82.410	0.000
	组内	559.264	4319	0.129		
	总数	580.607	4321			
权利与途径认知	组间	1.742	2	0.871	6.933	0.001
	组内	538.047	4284	0.126		
	总数	539.789	4286			
选举内容认知	组间	16.716	2	8.358	38.429	0.000
	组内	921.089	4235	0.217		
	总数	937.805	4237			
选举程序认知	组间	0.86	2	0.43	2.411	0.090
	组内	766.921	4297	0.178		
	总数	767.782	4299			
选举参与	组间	148.268	2	74.134	40.072	0.000
	组内	7919.906	4281	1.85		
	总数	8068.174	4283			

表3　不同政治面貌被试的乡镇人大代表选举参与客观状况得分的多重比较

因变量	(I)政治面貌	(J)政治面貌	均值差(I-J)	标准误	显著性	95%置信区间	
						下限	上限
客观状况总分	党员	团员	1.20819*	0.1213	0.000	0.9704	1.446
		群众	1.18854*	0.09928	0.000	0.9939	1.3832
	团员	党员	-1.20819*	0.1213	0.000	-1.446	-0.9704
		群众	-0.01966	0.08124	0.809	-0.1789	0.1396
	群众	党员	-1.18854*	0.09928	0.000	-1.3832	-0.9939
		团员	0.01966	0.08124	0.809	-0.1396	0.1789
选举重要性认知	党员	团员	0.30336*	0.02505	0.000	0.2542	0.3525
		群众	0.24446*	0.02056	0.000	0.2041	0.2848
	团员	党员	-0.30336*	0.02505	0.000	-0.3525	-0.2542
		群众	-0.05890*	0.01672	0.000	-0.0917	-0.0261
	群众	党员	-0.24446*	0.02056	0.000	-0.2848	-0.2041
		团员	0.05890*	0.01672	0.000	0.0261	0.0917
权利与途径认知	党员	团员	-0.02138	0.02484	0.389	-0.0701	0.0273
		群众	0.03576	0.02043	0.08	-0.0043	0.0758
	团员	党员	0.02138	0.02484	0.389	-0.0273	0.0701
		群众	0.05714*	0.01653	0.001	0.0247	0.0895
	群众	党员	-0.03576	0.02043	0.08	-0.0758	0.0043
		团员	-0.05714*	0.01653	0.001	-0.0895	-0.0247
选举内容认知	党员	团员	0.20218*	0.03276	0.000	0.138	0.2664
		群众	0.23501*	0.02686	0.000	0.1824	0.2877
	团员	党员	-0.20218*	0.03276	0.000	-0.2664	-0.138
		群众	0.03282	0.02191	0.134	-0.0101	0.0758
	群众	党员	-0.23501*	0.02686	0.000	-0.2877	-0.1824
		团员	-0.03282	0.02191	0.134	-0.0758	0.0101
选举程序认知	党员	团员	-0.03961	0.02953	0.18	-0.0975	0.0183
		群众	0.00368	0.02421	0.879	-0.0438	0.0511
	团员	党员	0.03961	0.02953	0.18	-0.0183	0.0975
		群众	0.04329*	0.01973	0.028	0.0046	0.082
	群众	党员	-0.00368	0.02421	0.879	-0.0511	0.0438
		团员	-0.04329*	0.01973	0.028	-0.082	-0.0046
选举参与	党员	团员	0.77010*	0.09525	0.000	0.5834	0.9568
		群众	0.67109*	0.07808	0.000	0.518	0.8242
	团员	党员	-0.77010*	0.09525	0.000	-0.9568	-0.5834
		群众	-0.09901	0.0637	0.12	-0.2239	0.0259
	群众	党员	-0.67109*	0.07808	0.000	-0.8242	-0.518
		团员	0.09901	0.0637	0.12	-0.0259	0.2239

二　不同政治面貌被试的乡镇人大代表选举参与主观状况

调查结果显示，中共党员被试的“选举参与满意度”得分在1.00～4.50分之间，均值为2.93，标准差为0.54；“选举参与意愿”得分在1.33～5.00分之间，均值为3.35，标准差为0.64；“选举参与效能”得分在1.67～5.00分之间，均值为3.15，标准差为0.58。

共青团员被试的“选举参与满意度”得分在1.00～4.50分之间，均值为2.84，标准差为0.54；“选举参与意愿”得分在1.67～5.00分之间，均值为3.30，标准差为0.66；“选举参与效能”得分在1.33～5.00分之间，均值为3.09，标准差为0.58。

群众被试的“选举参与满意度”得分在1.00～5.00分之间，均值为2.86，标准差为0.55；“选举参与意愿”得分在1.00～5.00分之间，均值为3.18，标准差为0.60；“选举参与效能”得分在1.00～5.00分之间，均值为3.06，标准差为0.54（见表4和图2）。

表4　不同政治面貌被试的乡镇人大代表选举参与主观状况得分的描述统计结果

项目		N	均值	标准差	标准误	均值的95%置信区间		极小值	极大值
						下限	上限		
选举参与满意度	党员	336	2.9293	0.54124	0.02953	2.8712	2.9874	1.00	4.50
	团员	531	2.8395	0.53795	0.02334	2.7936	2.8853	1.00	4.50
	群众	3440	2.8557	0.5451	0.00929	2.8374	2.8739	1.00	5.00
	总数	4307	2.8594	0.5442	0.00829	2.8432	2.8757	1.00	5.00
选举参与意愿	党员	334	3.3453	0.64208	0.03513	3.2762	3.4144	1.33	5.00
	团员	534	3.2959	0.66373	0.02872	3.2395	3.3523	1.67	5.00
	群众	3450	3.1762	0.59927	0.01020	3.1562	3.1962	1.00	5.00
	总数	4318	3.2041	0.61345	0.00934	3.1858	3.2224	1.00	5.00
选举参与效能	党员	336	3.1508	0.57627	0.03144	3.0890	3.2126	1.67	5.00
	团员	534	3.0886	0.58081	0.02513	3.0393	3.1380	1.33	5.00
	群众	3450	3.0618	0.5379	0.00916	3.0439	3.0798	1.00	5.00
	总数	4320	3.0721	0.54685	0.00832	3.0558	3.0884	1.00	5.00

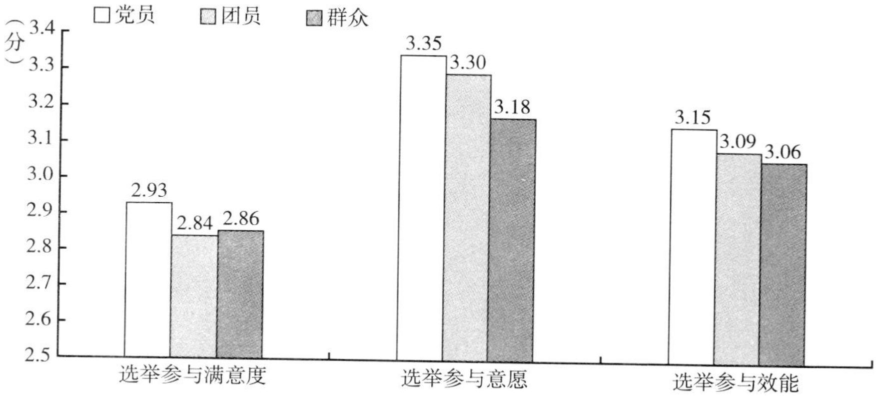

图 2　不同政治面貌被试的乡镇人大代表选举参与主观状况得分比较

对不同政治面貌被试的乡镇人大代表选举参与主观状况各指标的差异性进行方差分析（见表 5、表 6），可以发现不同政治面貌被试的“选举参与满意度”得分差异显著，$F = 3.214$，$p < 0.05$，中共党员被试（$M = 2.93$，$SD = 0.54$）的得分显著高于共青团员被试（$M = 2.84$，$SD = 0.54$）和群众被试（$M = 2.86$，$SD = 0.55$），共青团员被试与群众被试之间的得分差异不显著；在“选举参与意愿”上，不同政治面貌被试的得分差异显著，$F = 18.535$，$p < 0.001$，群众被试（$M = 3.18$，$SD = 0.60$）的得分显著低于共青团员被试（$M = 3.30$，$SD = 0.66$）和中共党员被试（$M = 3.35$，$SD = 0.64$），共青团员被试与中共党员被试之间的得分差异不显著；在“选举参与效能”上，不同政治面貌被试的得分差异显著，$F = 4.338$，$p < 0.05$，群众被试（$M = 3.06$，$SD = 0.54$）的得分显著低于中共党员被试（$M = 3.15$，$SD = 0.57$），与共青团员被试（$M = 3.09$，$SD = 0.58$）之间的得分差异不显著，中共党员被试与共青团员被试之间的得分差异不显著。

表 5　不同政治面貌被试的乡镇人大代表选举参与主观状况得分的方差分析结果

项目		平方和	df	均方	F	显著性
选举参与满意度	组间	1.902	2	0.951	3.214	0.040
	组内	1273.349	4304	0.296		
	总数	1275.251	4306			

续表

项目		平方和	df	均方	F	显著性
选举参与意愿	组间	13.838	2	6.919	18.535	0.000
	组内	1610.721	4315	0.373		
	总数	1624.558	4317			
选举参与效能	组间	2.590	2	1.295	4.338	0.013
	组内	1288.973	4317	0.299		
	总数	1291.563	4319			

表6　不同政治面貌被试的乡镇人大代表选举参与主观状况得分的多重比较

因变量	(I)政治面貌	(J)政治面貌	均值差(I-J)	标准误	显著性	95%置信区间	
						下限	上限
选举参与满意度	党员	团员	0.08986*	0.03792	0.018	0.0155	0.1642
		群众	0.07365*	0.03109	0.018	0.0127	0.1346
	团员	团员	-0.08986*	0.03792	0.018	-0.1642	-0.0155
		群众	-0.01621	0.02536	0.523	-0.0659	0.0335
	群众	团员	-0.07365*	0.03109	0.018	-0.1346	-0.0127
		群众	0.01621	0.02536	0.523	-0.0335	0.0659
选举参与意愿	党员	团员	0.04943	0.04262	0.246	-0.0341	0.1330
		群众	0.16908*	0.03501	0.000	0.1004	0.2377
	团员	党员	-0.04943	0.04262	0.246	-0.1330	0.0341
		群众	0.11965*	0.02841	0.000	0.0639	0.1754
	群众	党员	-0.16908*	0.03501	0.000	-0.2377	-0.1004
		团员	-0.11965*	0.02841	0.000	-0.1754	-0.0639
选举参与效能	党员	团员	0.06215	0.03805	0.102	-0.0124	0.1368
		群众	0.08896*	0.03123	0.004	0.0277	0.1502
	团员	党员	-0.06215	0.03805	0.102	-0.1368	0.0124
		群众	0.02680	0.02541	0.292	-0.0230	0.0766
	群众	党员	-0.08896*	0.03123	0.004	-0.1502	-0.0277
		团员	-0.02680	0.02541	0.292	-0.0766	0.0230

*均值差的显著性水平为0.05。

三　不同政治面貌被试对乡镇人大代表选举工作的评价

“中国公民的乡镇人大代表选举参与”问卷调查请被试根据最近一次乡镇人大代表选举情况，为选举工作的满意度打分。调查结果显示，中共党员被试对选举工作满意度的综合打分在 1.00 ~ 5.00 分之间，均值为 3.34，标准差为 0.84；共青团员被试对选举工作满意度的综合打分在 1.00 ~ 5.00 分之间，均值为 3.17，标准差为 0.79；群众被试对选举工作满意度的综合打分在 1.00 ~ 5.00 分之间，均值为 3.13，标准差为 0.69（见表 7 和图 3）。

表 7　不同政治面貌被试的乡镇人大代表选举工作满意度打分的描述统计结果

项目		N	均值	标准差	标准误	均值的 95% 置信区间		极小值	极大值
						下限	上限		
综合打分	党员	334	3.3447	0.84472	0.04622	3.2538	3.4357	1.00	5.00
	团员	533	3.1670	0.78581	0.03404	3.1001	3.2338	1.00	5.00
	群众	3446	3.1316	0.69215	0.01179	3.1085	3.1547	1.00	5.00
	总数	4313	3.1525	0.71921	0.01095	3.1310	3.1739	1.00	5.00
选举组织工作的有效性	党员	336	3.4018	1.04061	0.05677	3.2901	3.5135	1.00	5.00
	团员	535	3.1570	1.01377	0.04383	3.0709	3.2431	1.00	5.00
	群众	3454	3.1103	0.95284	0.01621	3.0785	3.1421	1.00	5.00
	总数	4325	3.1387	0.97051	0.01476	3.1098	3.1677	1.00	5.00
选举程序的规范性	党员	336	3.4077	1.00616	0.05489	3.2998	3.5157	1.00	5.00
	团员	535	3.1907	0.97588	0.04219	3.1078	3.2735	1.00	5.00
	群众	3451	3.1521	0.92988	0.01583	3.1211	3.1832	1.00	5.00
	总数	4322	3.1768	0.94404	0.01436	3.1486	3.2049	1.00	5.00
选举的公正性	党员	336	3.2798	1.10859	0.06048	3.1608	3.3987	1.00	5.00
	团员	534	3.0712	1.04253	0.04511	2.9825	3.1598	1.00	5.00
	群众	3454	3.0628	1.00092	0.01703	3.0294	3.0962	1.00	5.00
	总数	4324	3.0807	1.01627	0.01545	3.0504	3.1110	1.00	5.00
选举信息的透明性	党员	336	3.2232	1.05131	0.05735	3.1104	3.3360	1.00	5.00
	团员	534	3.1236	1.09736	0.04749	3.0303	3.2169	1.00	5.00
	群众	3455	3.0509	1.02305	0.01740	3.0168	3.0851	1.00	5.00
	总数	4325	3.0733	1.03565	0.01575	3.0424	3.1042	1.00	5.00
选举的竞争性	党员	335	3.2716	1.07542	0.05876	3.1561	3.3872	1.00	5.00
	团员	535	3.1944	1.04378	0.04513	3.1057	3.2830	1.00	5.00
	群众	3453	3.1190	0.96552	0.01643	3.0868	3.1512	1.00	5.00
	总数	4323	3.1402	0.98520	0.01498	3.1108	3.1696	1.00	5.00
选举纠纷处理的及时性	党员	335	3.4119	1.01065	0.05522	3.3033	3.5206	1.00	5.00
	团员	535	3.1570	1.01562	0.04391	3.0708	3.2433	1.00	5.00
	群众	3454	3.1812	0.93001	0.01582	3.1502	3.2123	1.00	5.00
	总数	4324	3.1961	0.94929	0.01444	3.1678	3.2244	1.00	5.00
民众参与选举的积极性	党员	336	3.4107	1.03854	0.05666	3.2993	3.5222	1.00	5.00
	团员	535	3.2785	1.07186	0.04634	3.1875	3.3695	1.00	5.00
	群众	3455	3.2460	0.97105	0.01652	3.2136	3.2784	1.00	5.00
	总数	4326	3.2628	0.99014	0.01505	3.2333	3.2923	1.00	5.00

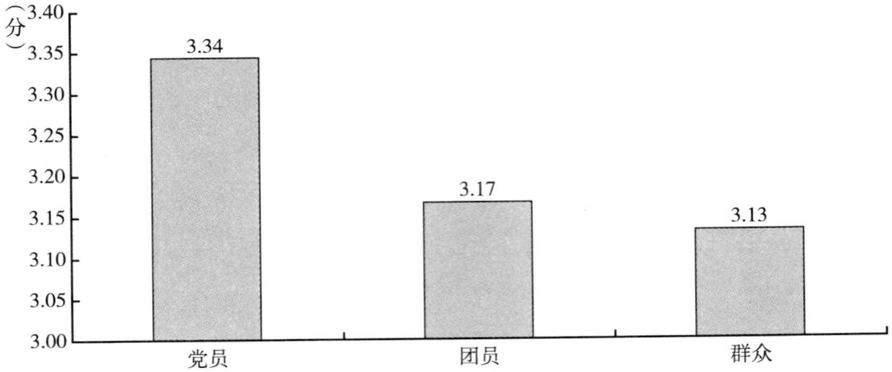

图3　不同政治面貌被试的乡镇人大代表选举工作满意度综合打分比较

对不同政治面貌被试的乡镇人大代表选举工作满意度打分的差异性进行方差分析（见表8、表9），可以发现不同政治面貌被试的乡镇人大代表选举工作满意度综合打分差异显著，$F=13.576$，$p<0.001$，中共党员被试（$M=3.34$，$SD=0.84$）的打分显著高于共青团员被试（$M=3.17$，$SD=0.79$）和群众被试（$M=3.13$，$SD=0.69$），共青团员被试与群众被试之间的打分差异不显著。对各项具体选举工作的评价也有一定的差异性，在“选举组织工作的有效性”方面，不同政治面貌被试的打分差异显著，$F=14.002$，$p<0.001$，中共党员被试（$M=3.40$,$SD=1.04$）的打分显著高于共青团员被试（$M=3.16$，$SD=1.01$）和群众被试（$M=3.11$，$SD=0.95$），共青团员被试与群众被试之间的得分差异不显著；在“选举程序的规范性”方面，不同政治面貌被试的打分差异显著，$F=11.344$，$p<0.001$，中共党员被试（$M=3.41$，$SD=1.01$）的打分显著高于共青团员被试（$M=3.19$，$SD=0.98$）和群众被试（$M=3.15$，$SD=0.93$），共青团员被试与群众被试之间的打分差异不显著；在“选举的公正性”方面，不同政治面貌被试的打分差异显著，$F=7.023$，$p<0.05$，中共党员被试（$M=3.28$，$SD=1.11$）的打分显著高于共青团员被试（$M=3.07$，$SD=1.04$）和群众被试（$M=3.06$，$SD=1.00$），共青团员被试与群众被试之间的打分差异不显著；在“选举信息的透明性”方面，不同政治面貌被试的打分差异显著，$F=4.964$，$p<0.05$，中共党员被试（$M=3.22$，$SD=1.05$）的打分显著高于群众被试（$M=3.05$，$SD=1.02$），与共青团员被试（$M=3.12$，$SD=1.10$）之间的打分差异不显著，共青团员被试与群众被试之间的打分差异不显著；在“选举的竞争

性”方面，不同政治面貌被试的打分差异显著，$F=4.596$，$p<0.05$，中共党员被试（$M=3.27$，$SD=1.08$）的打分显著高于群众被试（$M=3.12$，$SD=0.97$），与共青团员被试（$M=3.19$，$SD=1.04$）之间的打分差异不显著，共青团员被试与群众被试之间的打分差异不显著；在“选举纠纷处理的及时性”方面，不同政治面貌被试的打分差异显著，$F=9.574$，$p<0.001$，中共党员被试（$M=3.41$，$SD=1.01$）的打分显著高于共青团员被试（$M=3.16$，$SD=1.02$）和群众被试（$M=3.18$，$SD=0.93$），共青团员被试与群众被试之间的打分差异不显著；在“民众参与选举的积极性”方面，不同政治面貌被试的打分差异显著，$F=4.319$，$p<0.05$，中共党员被试（$M=3.41$，$SD=1.04$）的打分显著高于群众被试（$M=3.25$，$SD=0.97$），与共青团员被试（$M=3.28$，$SD=1.07$）之间的打分差异不显著，共青团员被试与群众被试之间的打分差异不显著。

表8 不同政治面貌被试的乡镇人大代表选举工作满意度打分的方差分析结果

项目		平方和	*df*	均方	*F*	显著性
综合打分	组间	13.963	2	6.981	13.576	0.000
	组内	2216.496	4310	0.514		
	总数	2230.459	4312			
选举组织工作的有效性	组间	26.220	2	13.110	14.002	0.000
	组内	4046.543	4322	0.936		
	总数	4072.763	4324			
选举程序的规范性	组间	20.123	2	10.061	11.344	0.000
	组内	3830.825	4319	0.887		
	总数	3850.948	4321			
选举的公正性	组间	14.466	2	7.233	7.023	0.001
	组内	4450.365	4321	1.030		
	总数	4464.831	4323			
选举信息的透明性	组间	10.629	2	5.315	4.964	0.007
	组内	4627.136	4322	1.071		
	总数	4637.766	4324			
选举的竞争性	组间	8.907	2	4.453	4.596	0.010
	组内	4186.144	4320	0.969		
	总数	4195.051	4322			
选举纠纷处理的及时性	组间	17.187	2	8.593	9.574	0.000
	组内	3878.508	4321	0.898		
	总数	3895.695	4323			
民众参与选举的积极性	组间	8.456	2	4.228	4.319	0.013
	组内	4231.707	4323	0.979		
	总数	4240.163	4325			

表 9　不同政治面貌被试的乡镇人大代表选举工作满意度打分的多重比较

因变量	(I)政治面貌	(J)政治面貌	均值差(I-J)	标准误	显著性	95%置信区间	
						下限	上限
综合打分	党员	团员	0.17776*	0.05005	0.000	0.0796	0.2759
		群众	0.21316*	0.04110	0.000	0.1326	0.2937
	团员	党员	-0.17776*	0.05005	0.000	-0.2759	-0.0796
		群众	0.03540	0.03338	0.289	-0.0300	0.1008
	群众	党员	-0.21316*	0.04110	0.000	-0.2937	-0.1326
		团员	-0.03540	0.03338	0.289	-0.1008	0.0300
选举组织工作的有效性	党员	团员	0.24478*	0.06735	0.000	0.1127	0.3768
		群众	0.29148*	0.05530	0.000	0.1831	0.3999
	团员	党员	-0.24478*	0.06735	0.000	-0.3768	-0.1127
		群众	0.04670	0.04496	0.299	-0.0414	0.1348
	群众	党员	-0.29148*	0.05530	0.000	-0.3999	-0.1831
		团员	-0.04670	0.04496	0.299	-0.1348	0.0414
选举程序的规范性	党员	团员	0.21708*	0.06556	0.001	0.0886	0.3456
		群众	0.25561*	0.05382	0.000	0.1501	0.3611
	团员	党员	-0.21708*	0.06556	0.001	-0.3456	-0.0886
		群众	0.03852	0.04376	0.379	-0.0473	0.1243
	群众	党员	-0.25561*	0.05382	0.000	-0.3611	-0.1501
		团员	-0.03852	0.04376	0.379	-0.1243	0.0473
选举的公正性	党员	团员	0.20860*	0.07067	0.003	0.0701	0.3471
		群众	0.21694*	0.05800	0.000	0.1032	0.3306
	团员	党员	-0.20860*	0.07067	0.003	-0.3471	-0.0701
		群众	0.00834	0.04719	0.860	-0.0842	0.1009
	群众	党员	-0.21694*	0.05800	0.000	-0.3306	-0.1032
		团员	-0.00834	0.04719	0.860	-0.1009	0.0842
选举信息的透明性	党员	团员	0.09962	0.07205	0.167	-0.0416	0.2409
		群众	0.17227*	0.05913	0.004	0.0564	0.2882
	团员	党员	-0.09962	0.07205	0.167	-0.2409	0.0416
		群众	0.07265	0.04811	0.131	-0.0217	0.1670
	群众	党员	-0.17227*	0.05913	0.004	-0.2882	-0.0564
		团员	-0.07265	0.04811	0.131	-0.1670	0.0217
选举的竞争性	党员	团员	0.07725	0.06858	0.260	-0.0572	0.2117
		群众	0.15261*	0.05633	0.007	0.0422	0.2631
	团员	党员	-0.07725	0.06858	0.260	-0.2117	0.0572
		群众	0.07537	0.04574	0.099	-0.0143	0.1650
	群众	党员	-0.15261*	0.05633	0.007	-0.2631	-0.0422
		团员	-0.07537	0.04574	0.099	-0.1650	0.0143

续表

因变量	(I)政治面貌	(J)政治面貌	均值差(I-J)	标准误	显著性	95%置信区间	
						下限	上限
选举纠纷处理的及时性	党员	团员	0.25493*	0.06601	0.000	0.1255	0.3843
		群众	0.23070*	0.05421	0.000	0.1244	0.3370
	团员	党员	-0.25493*	0.06601	0.000	-0.3843	-0.1255
		群众	-0.02423	0.04402	0.582	-0.1105	0.0621
	群众	党员	-0.23070*	0.05421	0.000	-0.3370	-0.1244
		团员	0.02423	0.04402	0.582	-0.0621	0.1105
民众参与选举的积极性	党员	团员	0.13221	0.06887	0.055	-0.0028	0.2672
		群众	0.16469*	0.05654	0.004	0.0538	0.2755
	团员	党员	-0.13221	0.06887	0.055	-0.2672	0.0028
		群众	0.03248	0.04597	0.480	-0.0576	0.1226
	群众	党员	-0.16469*	0.05654	0.004	-0.2755	-0.0538
		团员	-0.03248	0.04597	0.480	-0.1226	0.0576

*均值差的显著性水平为0.05。

四　不同政治面貌被试对政治信任和政治沟通等的评价

“中国公民的乡镇人大代表选举参与”问卷调查还涉及被试对政治信任、政治沟通、程序公平和结果公平的看法，可以比较不同政治面貌被试在相关看法上是否有重大差别。

在“政治信任”方面，中共党员被试的打分在1.00～6.00分之间，均值为4.19，标准差为1.07；共青团员被试的打分在1.00～6.00分之间，均值为3.94，标准差为1.04；群众被试的打分在1.00～6.00分之间，均值为3.84，标准差为0.97。

在“政治沟通”方面，中共党员被试的打分在1.00～5.00分之间，均值为3.37，标准差为0.67；共青团员被试的打分在1.00～4.80分之间，均值为3.27，标准差为0.64；群众被试的打分在1.00～5.00分之间，均值为3.21，标准差为0.59。

在“程序公平”方面，中共党员被试的打分在1.00～5.00分之间，均值为

3.18，标准差为0.89；共青团员被试的打分在1.00～5.00分之间，均值为3.12，标准差为0.83；群众被试的打分在1.00～5.00分之间，均值为3.12，标准差为0.73。

在“结果公平”方面，中共党员被试的打分在1.00～5.00分之间，均值为3.34，标准差为0.87；共青团员被试的打分在1.00～5.00分之间，均值为3.35，标准差为0.82；群众被试的打分在1.00～5.00分之间，均值为3.19，标准差为0.76（见表10和图4）。

表10　不同政治面貌被试对政治信任、政治沟通等打分的描述统计结果

项目		N	均值	标准差	标准误	均值的95%置信区间		极小值	极大值
						下限	上限		
政治信任	党员	335	4.1922	1.07171	0.05855	4.0771	4.3074	1.00	6.00
	团员	535	3.9443	1.03683	0.04483	3.8562	4.0324	1.00	6.00
	群众	3449	3.8420	0.97442	0.01659	3.8095	3.8745	1.00	6.00
	总数	4319	3.8818	0.99459	0.01513	3.8522	3.9115	1.00	6.00
政治沟通	党员	336	3.3708	0.66807	0.03645	3.2991	3.4425	1.00	5.00
	团员	535	3.2714	0.63969	0.02766	3.2171	3.3257	1.00	5.00
	群众	3445	3.2128	0.58646	0.00999	3.1932	3.2324	1.00	5.00
	总数	4316	3.2324	0.60149	0.00916	3.2144	3.2503	1.00	5.00
程序公平	党员	335	3.1821	0.89000	0.04863	3.0864	3.2777	1.00	5.00
	团员	534	3.1236	0.83181	0.03600	3.0529	3.1943	1.00	5.00
	群众	3447	3.1183	0.73110	0.01245	3.0939	3.1427	1.00	5.00
	总数	4316	3.1239	0.75758	0.01153	3.1013	3.1465	1.00	5.00
结果公平	党员	335	3.3408	0.86710	0.04737	3.2476	3.4340	1.00	5.00
	团员	533	3.3455	0.81886	0.03547	3.2759	3.4152	1.00	5.00
	群众	3440	3.1891	0.76023	0.01296	3.1636	3.2145	1.00	5.00
	总数	4308	3.2202	0.77875	0.01186	3.1969	3.2435	1.00	5.00

对不同政治面貌被试的政治信任等打分的差异性进行方差分析（见表11、表12），可以发现在“政治信任”方面，不同政治面貌被试的打分差异显著，$F=20.319$，$p<0.001$，中共党员被试（$M=4.19$，$SD=1.07$）的打分显著高于共青团员被试（$M=3.94$，$SD=1.04$）和群众被试（$M=3.84$，$SD=0.97$），共青团员被试的打分显著高于群众被试。在“政治沟通”方面，不同政治面貌被试的打分差异显著，$F=11.907$，$p<0.001$，中共党员被试（$M=3.37$，$SD=0.67$）的打分显著高于共青团员被试（$M=3.27$，$SD=0.64$）和群众被

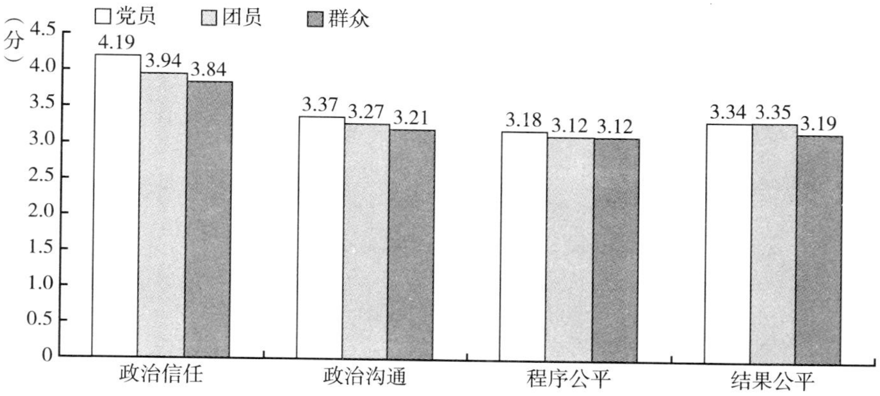

图 4　不同政治面貌被试对政治信任、政治沟通等打分的比较

试（$M=3.21$，$SD=0.59$），共青团员被试的打分显著高于群众被试。在“结果公平”方面，不同政治面貌被试的打分差异显著，$F=13.752$，$p<0.001$，群众被试（$M=3.19$，$SD=0.76$）的打分显著低于共青团员被试（$M=3.35$，$SD=0.82$）和中共党员被试（$M=3.34$，$SD=0.87$），共青团员被试与中共党员被试之间的打分差异不显著。在“程序公平”（$F=1.084$，$p=0.338$）方面，不同政治面貌被试之间的打分差异均未达到显著水平。

表 11　不同政治面貌被试对政治信任、政治沟通等打分的方差分析结果

项目		平方和	*df*	均方	*F*	显著性
政治信任	组间	39.842	2	19.921	20.319	0.000
	组内	4231.521	4316	0.980		
	总数	4271.363	4318			
政治沟通	组间	8.572	2	4.286	11.907	0.000
	组内	1552.540	4313	0.360		
	总数	1561.112	4315			
程序公平	组间	1.244	2	0.622	1.084	0.338
	组内	2475.244	4313	0.574		
	总数	2476.488	4315			
结果公平	组间	16.582	2	8.291	13.752	0.000
	组内	2595.401	4305	0.603		
	总数	2611.983	4307			

表 12　不同政治面貌被试对政治信任、政治沟通等打分的多重比较

因变量	(I)政治面貌	(J)政治面貌	均值差(I-J)	标准误	显著性	95%置信区间	
						下限	上限
政治信任	党员	团员	0.24794*	0.06899	0.000	0.1127	0.3832
		群众	0.35026*	0.05666	0.000	0.2392	0.4613
	团员	党员	-0.24794*	0.06899	0.000	-0.3832	-0.1127
		群众	0.10232*	0.04601	0.026	0.0121	0.1925
	群众	党员	-0.35026*	0.05666	0.000	-0.4613	-0.2392
		团员	-0.10232*	0.04601	0.026	-0.1925	-0.0121
政治沟通	党员	团员	0.09943*	0.04176	0.017	0.0176	0.1813
		群众	0.15800*	0.03429	0.000	0.0908	0.2252
	团员	党员	-0.09943*	0.04176	0.017	-0.1813	-0.0176
		群众	0.05857*	0.02788	0.036	0.0039	0.1132
	群众	党员	-0.15800*	0.03429	0.000	-0.2252	-0.0908
		团员	-0.05857*	0.02788	0.036	-0.1132	-0.0039
程序公平	党员	团员	0.05849	0.05280	0.268	-0.0450	0.1620
		群众	0.06382	0.04335	0.141	-0.0212	0.1488
	团员	党员	-0.05849	0.05280	0.268	-0.1620	0.0450
		群众	0.00533	0.03523	0.880	-0.0637	0.0744
	群众	党员	-0.06382	0.04335	0.141	-0.1488	0.0212
		团员	-0.00533	0.03523	0.880	-0.0744	0.0637
结果公平	党员	团员	-0.00473	0.05414	0.930	-0.1109	0.1014
		群众	0.15175*	0.04444	0.001	0.0646	0.2389
	团员	党员	0.00473	0.05414	0.930	-0.1014	0.1109
		群众	0.15648*	0.03614	0.000	0.0856	0.2273
	群众	党员	-0.15175*	0.04444	0.001	-0.2389	-0.0646
		团员	-0.15648*	0.03614	0.000	-0.2273	-0.0856

* 均值差的显著性水平为0.05。

从问卷调查的情况看，不同政治面貌被试在乡镇人大代表选举参与中存在较明显的差异，中共党员被试不仅在客观层面表现出明显高于共青团员和群众被试的参与水平，在主观层面上也表现出较高的参与满意度，并且对乡镇人大代表选举工作的评价，以及对政治信任和政治沟通的认可程度，都明显高于共青团员和群众被试。共青团员被试和群众被试的选举参与客观状况水平接近，对选举工作的评价也没有表现出明显的差异，但是在主观层面上，群众被试的选举参与意愿明显低于共青团员被试，并且对政治信任、政治沟通和结果公平的认可程度都明显低于共青团员被试。

B.18

不同户籍公民的乡镇人大代表选举参与比较

史卫民　李国强

在“中国公民的乡镇人大代表选举参与”问卷调查中，有 3 名被试的户籍信息缺失，在有户籍信息的 4324 份数据中，城镇户口被试 752 人，占 17.39%；农村户口被试 3572 人，占 82.61%。根据问卷调查的数据，可以比较不同户籍被试的乡镇人大代表选举参与状况。

一　不同户籍被试的乡镇人大代表选举参与客观状况

调查结果显示，城镇户口被试的乡镇人大代表选举参与客观状况的总体得分在 0.50～8.50 分之间，均值为 3.59，标准差为 1.69。具体到乡镇人大代表选举参与客观状况的五个维度，城镇户口被试的“选举重要性认知”得分在 0～1.00分之间，均值为 0.28，标准差为 0.37；“权利与途径认知”得分在 0～1.00分之间，均值为 0.45，标准差为 0.35；“选举内容认知”得分在 0～2.50 分之间，均值为 0.91，标准差为 0.47；“选举程序认知”得分在 0～1.50 分之间，均值为 0.80，标准差为 0.41；“选举参与”得分在 0～4.00 分之间，均值为 1.14，标准差为 1.37。

农村户口被试的乡镇人大代表选举参与客观状况的总体得分在 0～9.00 分之间，均值为 3.37，标准差为 1.74。具体到乡镇人大代表选举参与客观状况的五个维度，农村户口被试的“选举重要性认知”得分在 0～1.00 分之间，均值为 0.27，标准差为 0.37；“权利与途径认知”得分在 0～1.00 分之间，均值为 0.42，标准差为 0.36；“选举内容认知”得分在 0～2.50 分之间，均值为 0.86，标准差为 0.47；“选举程序认知”得分在 0～1.50 分之间，均值为

0.76，标准差为0.42；“选举参与”得分在0～4.00分之间，均值为1.06，标准差为1.37（见表1和图1）。

表1 不同户籍被试的乡镇人大代表选举客观状况得分的描述统计结果

项目		N	均值	标准差	标准误	均值的95%置信区间		极小值	极大值
						下限	上限		
客观状况总分	城镇	705	3.5851	1.69176	0.06372	3.4600	3.7102	0.50	8.50
	农村	3442	3.3701	1.73590	0.02959	3.3121	3.4281	0.00	9.00
	总数	4147	3.4067	1.73016	0.02687	3.3540	3.4594	0.00	9.00
选举重要性认知	城镇	752	0.2766	0.37028	0.01350	0.2501	0.3031	0.00	1.00
	农村	3568	0.2672	0.36585	0.00612	0.2552	0.2792	0.00	1.00
	总数	4320	0.2689	0.36660	0.00558	0.2579	0.2798	0.00	1.00
权利与途径认知	城镇	740	0.4500	0.35120	0.01291	0.4247	0.4753	0.00	1.00
	农村	3545	0.4171	0.35559	0.00597	0.4054	0.4288	0.00	1.00
	总数	4285	0.4228	0.35501	0.00542	0.4121	0.4334	0.00	1.00
选举内容认知	城镇	730	0.9137	0.46931	0.01737	0.8796	0.9478	0.00	2.50
	农村	3507	0.8628	0.47002	0.00794	0.8473	0.8784	0.00	2.50
	总数	4237	0.8716	0.47023	0.00722	0.8574	0.8858	0.00	2.50
选举程序认知	城镇	745	0.8034	0.41061	0.01504	0.7738	0.8329	0.00	1.50
	农村	3553	0.7644	0.42491	0.00713	0.7504	0.7784	0.00	1.50
	总数	4298	0.7712	0.42268	0.00645	0.7585	0.7838	0.00	1.50
选举参与	城镇	743	1.1447	1.37321	0.05038	1.0458	1.2436	0.00	4.00
	农村	3539	1.0648	1.37231	0.02307	1.0196	1.1101	0.00	4.00
	总数	4282	1.0787	1.37264	0.02098	1.0376	1.1198	0.00	4.00

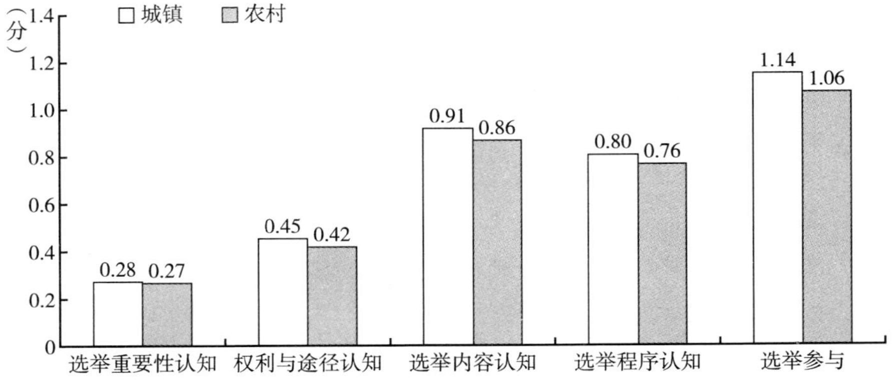

图1 不同户籍被试的乡镇人大代表选举参与客观状况五个一级指标得分比较

对不同户籍被试的乡镇人大代表选举参与客观状况各指标的差异性进行方差分析（见表2），可以发现不同户籍被试的客观状况总分差异显著，$F = 9.051$，$p < 0.05$，城镇户口被试（$M = 3.59$，$SD = 1.69$）的得分显著高于农村户口被试（$M = 3.37$，$SD = 1.74$）；在“权利与途径认知”方面，不同户籍被试的得分差异显著，$F = 5.274$，$p < 0.05$，城镇户口被试（$M = 0.45$，$SD = 0.35$）的得分显著高于农村户口被试（$M = 0.42$，$SD = 0.36$）；在“选举内容认知”方面，不同户籍被试的得分差异显著，$F = 7.077$，$p < 0.05$，城镇户口被试（$M = 0.91$，$SD = 0.47$）的得分显著高于农村户口被试（$M = 0.86$，$SD = 0.47$）；在“选举程序认知”方面，不同户籍被试的得分差异显著，$F = 5.230$，$p < 0.05$，城镇户口被试（$M = 0.80$，$SD = 0.41$）的得分显著高于农村户口被试（$M = 0.76$，$SD = 0.42$）；在“选举重要性认知”（$F = 0.405$，$p = 0.525$）和“选举参与”（$F = 2.078$，$p = 0.150$）等方面，不同户籍被试的得分差异未达到显著性水平。

表2　不同户籍被试的乡镇人大代表选举参与客观状况得分的方差分析结果

项目		平方和	*df*	均方	*F*	显著性
客观状况总分	组间	27.042	1	27.042	9.051	0.003
	组内	12383.843	4145	2.988		
	总数	12410.885	4146			
选举重要性认知	组间	0.054	1	0.054	0.405	0.525
	组内	580.408	4318	0.134		
	总数	580.462	4319			
权利与途径认知	组间	0.664	1	0.664	5.274	0.022
	组内	539.267	4283	0.126		
	总数	539.932	4284			
选举内容认知	组间	1.563	1	1.563	7.077	0.008
	组内	935.092	4235	0.221		
	总数	936.654	4236			
选举程序认知	组间	0.933	1	0.933	5.230	0.022
	组内	766.765	4296	0.178		
	总数	767.698	4297			
选举参与	组间	3.914	1	3.914	2.078	0.150
	组内	8062.064	4280	1.884		
	总数	8065.978	4281			

二　不同户籍被试的乡镇人大代表选举参与主观状况

调查结果显示，城镇户口被试的“选举参与满意度”的得分在1.25～4.50分之间，均值为2.87，标准差为0.51；“选举参与意愿”的得分在1.33～5.00分之间，均值为3.20，标准差为0.62；“选举参与效能”的得分在1.33～5.00分之间，均值为3.10，标准差为0.55。农村户口被试的“选举参与满意度”的得分在1.00～5.00分之间，均值为2.86，标准差为0.55；“选举参与意愿”的得分在1.00～5.00分之间，均值为3.20，标准差为0.61；“选举参与效能”的得分在1.00～5.00分之间，均值为3.07，标准差为0.55（见表3和图2）。

表3　不同户籍被试的乡镇人大代表选举参与主观状况得分的描述统计结果

项目		N	均值	标准差	标准误	均值的95%置信区间		极小值	极大值
						下限	上限		
选举参与满意度	城镇	749	2.8738	0.50921	0.01861	2.8373	2.9104	1.25	4.50
	农村	3556	2.8563	0.55148	0.00925	2.8382	2.8744	1.00	5.00
	总数	4305	2.8593	0.54435	0.00830	2.8431	2.8756	1.00	5.00
选举参与意愿	城镇	750	3.2000	0.61961	0.02263	3.1556	3.2444	1.33	5.00
	农村	3566	3.2046	0.61215	0.01025	3.1845	3.2247	1.00	5.00
	总数	4316	3.2038	0.61339	0.00934	3.1855	3.2221	1.00	5.00
选举参与效能	城镇	751	3.0959	0.55322	0.02019	3.0562	3.1355	1.33	5.00
	农村	3567	3.0668	0.54548	0.00913	3.0489	3.0847	1.00	5.00
	总数	4318	3.0719	0.54688	0.00832	3.0556	3.0882	1.00	5.00

对不同户籍被试的乡镇人大代表选举参与主观状况各指标的差异性进行方差分析（见表4），可以发现在“选举参与满意度”（$F=0.642$，$p=0.423$）、“选举参与意愿”（$F=0.035$，$p=0.851$）和“选举参与效能”（$F=1.752$，$p=0.186$）三个方面，不同户籍被试之间的得分差异均未达到显著水平。

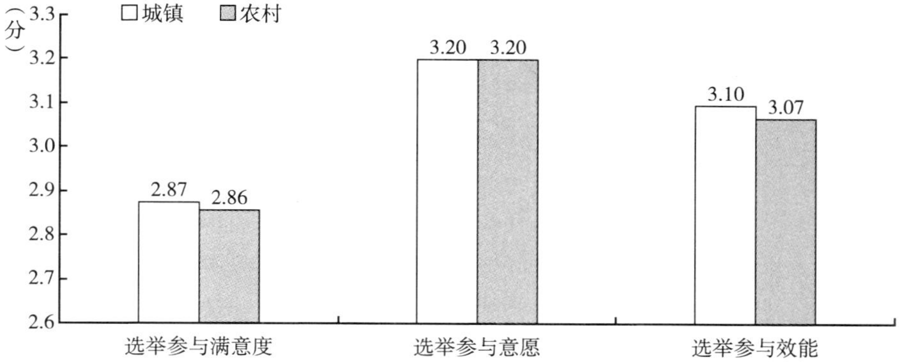

图 2　不同户籍被试的乡镇人大代表选举参与主观状况得分比较

表 4　不同户籍被试的乡镇人大代表选举参与主观状况得分的方差分析结果

项目		平方和	*df*	均方	*F*	显著性
选举参与满意度	组间	0. 190	1	0. 190	0. 642	0. 423
	组内	1275. 146	4303	0. 296		
	总数	1275. 336	4304			
选举参与意愿	组间	0. 013	1	0. 013	0. 035	0. 851
	组内	1623. 475	4314	0. 376		
	总数	1623. 488	4315			
选举参与效能	组间	0. 524	1	0. 524	1. 752	0. 186
	组内	1290. 617	4316	0. 299		
	总数	1291. 141	4317			

三　不同户籍被试对乡镇人大代表选举工作的评价

“中国公民的乡镇人大代表选举参与”问卷调查请被试根据最近一次乡镇人大代表选举情况，为选举工作的满意度打分。调查结果显示，城镇户口被试对选举工作满意度的综合打分在 1. 00 ~ 5. 00 分之间，均值为 3. 14，标准差为 0. 76；农村户口被试对选举工作满意度的综合打分在 1. 00 ~ 5. 00 分之间，均值为 3. 16，标准差为 0. 71（见表 5 和图 3）。

表 5　不同户籍被试的乡镇人大代表选举工作满意度打分的描述统计结果

项目		N	均值	标准差	标准误	均值的 95% 置信区间		极小值	极大值
						下限	上限		
综合打分	城镇	748	3.1369	0.76448	0.02795	3.0821	3.1918	1.00	5.00
	农村	3563	3.1550	0.70974	0.01189	3.1317	3.1783	1.00	5.00
	总数	4311	3.1519	0.71948	0.01096	3.1304	3.1734	1.00	5.00
选举组织工作的有效性	城镇	752	3.1250	1.01929	0.03717	3.0520	3.1980	1.00	5.00
	农村	3571	3.1411	0.96040	0.01607	3.1096	3.1726	1.00	5.00
	总数	4323	3.1383	0.97080	0.01477	3.1094	3.1673	1.00	5.00
选举程序的规范性	城镇	751	3.2144	0.98420	0.03591	3.1439	3.2849	1.00	5.00
	农村	3569	3.1681	0.93558	0.01566	3.1374	3.1988	1.00	5.00
	总数	4320	3.1762	0.94426	0.01437	3.1480	3.2043	1.00	5.00
选举的公正性	城镇	752	3.0705	1.03421	0.03771	2.9964	3.1445	1.00	5.00
	农村	3570	3.0829	1.01287	0.01695	3.0497	3.1161	1.00	5.00
	总数	4322	3.0807	1.01651	0.01546	3.0504	3.1111	1.00	5.00
选举信息的透明性	城镇	752	3.0213	1.07363	0.03915	2.9444	3.0981	1.00	5.00
	农村	3571	3.0826	1.02662	0.01718	3.0489	3.1163	1.00	5.00
	总数	4323	3.0719	1.03509	0.01574	3.0411	3.1028	1.00	5.00
选举的竞争性	城镇	750	3.1000	0.99364	0.03628	3.0288	3.1712	1.00	5.00
	农村	3571	3.1487	0.98363	0.01646	3.1164	3.1810	1.00	5.00
	总数	4321	3.1402	0.98543	0.01499	3.1109	3.1696	1.00	5.00
选举纠纷处理的及时性	城镇	751	3.2117	0.97251	0.03549	3.1421	3.2814	1.00	5.00
	农村	3571	3.1921	0.94472	0.01581	3.1611	3.2231	1.00	5.00
	总数	4322	3.1955	0.94952	0.01444	3.1672	3.2238	1.00	5.00
民众参与选举的积极性	城镇	752	3.2181	1.02968	0.03755	3.1444	3.2918	1.00	5.00
	农村	3572	3.2707	0.98109	0.01642	3.2385	3.3029	1.00	5.00
	总数	4324	3.2616	0.98979	0.01505	3.2321	3.2911	1.00	5.00

对不同户籍被试的乡镇人大代表选举工作满意度打分的差异性进行方差分析（见表6），可以发现无论是对乡镇人大代表选举工作的综合打分，还是具体选举工作的打分，不同户籍被试之间的打分差异均未达到显著水平。

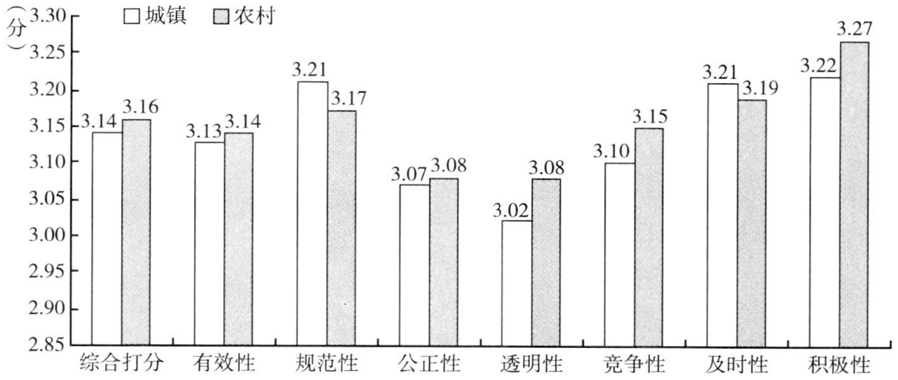

图 3　不同户籍被试的乡镇人大代表选举工作满意度打分比较

表 6　不同户籍被试的乡镇人大代表选举工作满意度打分方差分析结果

项目		平方和	*df*	均方	*F*	显著性
综合打分	组间	0. 202	1	0. 202	0. 390	0. 532
	组内	2230. 876	4309	0. 518		
	总数	2231. 078	4310			
选举组织工作的有效性	组间	0. 162	1	0. 162	0. 172	0. 679
	组内	4073. 117	4321	0. 943		
	总数	4073. 279	4322			
选举程序的规范性	组间	1. 328	1	1. 328	1. 490	0. 222
	组内	3849. 616	4318	0. 892		
	总数	3850. 944	4319			
选举的公正性	组间	0. 096	1	0. 096	0. 093	0. 761
	组内	4464. 722	4320	1. 034		
	总数	4464. 818	4321			
选举信息的透明性	组间	2. 337	1	2. 337	2. 182	0. 140
	组内	4628. 290	4321	1. 071		
	总数	4630. 626	4322			
选举的竞争性	组间	1. 470	1	1. 470	1. 514	0. 219
	组内	4193. 541	4319	0. 971		
	总数	4195. 011	4320			
选举纠纷处理的及时性	组间	0. 239	1	0. 239	0. 265	0. 607
	组内	3895. 554	4320	0. 902		
	总数	3895. 793	4321			
民众参与选举的积极性	组间	1. 721	1	1. 721	1. 757	0. 185
	组内	4233. 451	4322	0. 980		
	总数	4235. 172	4323			

四　不同户籍被试对政治信任和政治沟通等的评价

“中国公民的乡镇人大代表选举参与”问卷调查还涉及被试对政治信任、政治沟通、程序公平和结果公平的看法，可以比较不同户籍被试在相关看法上是否有重大差别。

城镇户口被试对政治信任的打分在1.00~6.00分之间，均值为3.90，标准差为1.01；农村户口被试对政治信任的打分在1.00~6.00分之间，均值为3.88，标准差为0.99。

城镇户口被试对政治沟通的打分在1.00~5.00分之间，均值为3.24，标准差为0.63；农村户口被试对政治沟通的打分在1.00~5.00分之间，均值为3.23，标准差为0.60。

城镇户口被试对程序公平的打分在1.00~5.00分之间，均值为3.05，标准差为0.84；农村户口被试对程序公平的打分在1.00~5.00分之间，均值为3.14，标准差为0.74。

城镇户口被试对结果公平的打分在1.00~5.00分之间，均值为3.18，标准差为0.86；农村户口被试对结果公平的打分在1.00~5.00分之间，均值为3.23，标准差为0.76（见表7和图4）。

表7　不同户籍被试对政治信任、政治沟通等打分的描述统计结果

项目		N	均值	标准差	标准误	均值的95%置信区间		极小值	极大值
						下限	上限		
政治信任	城镇	750	3.9013	1.01401	0.03703	3.8286	3.9740	1.00	6.00
	农村	3567	3.8770	0.99035	0.01658	3.8445	3.9095	1.00	6.00
	总数	4317	3.8812	0.99443	0.01514	3.8515	3.9109	1.00	6.00
政治沟通	城镇	751	3.2383	0.62892	0.02295	3.1933	3.2834	1.00	5.00
	农村	3563	3.2310	0.59550	0.00998	3.2114	3.2505	1.00	5.00
	总数	4314	3.2323	0.60138	0.00916	3.2143	3.2502	1.00	5.00
程序公平	城镇	750	3.0467	0.83560	0.03051	2.9868	3.1066	1.00	5.00
	农村	3564	3.1398	0.73886	0.01238	3.1155	3.1640	1.00	5.00
	总数	4314	3.1236	0.75729	0.01153	3.1010	3.1462	1.00	5.00
结果公平	城镇	749	3.1756	0.85840	0.03137	3.1140	3.2371	1.00	5.00
	农村	3557	3.2292	0.76077	0.01276	3.2042	3.2542	1.00	5.00
	总数	4306	3.2199	0.77879	0.01187	3.1966	3.2432	1.00	5.00

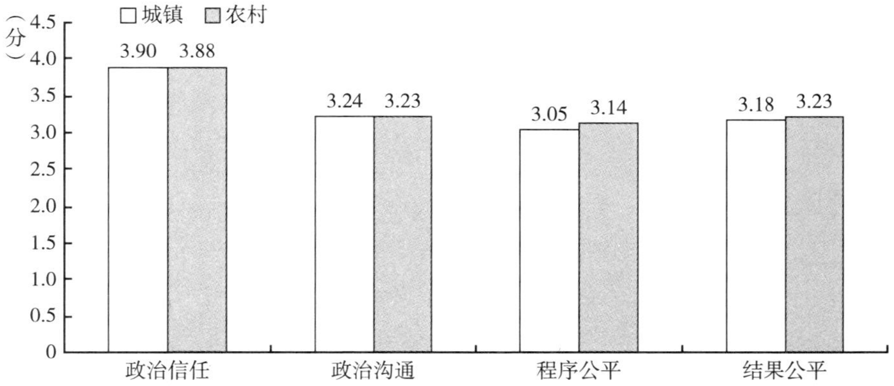

图 4　不同户籍被试对政治信任、政治沟通等打分的比较

对不同户籍被试的政治信任等打分的差异性进行方差分析（见表 8），可以发现在“程序公平”方面，不同户籍被试的打分差异显著，$F=9.385$，$p<0.05$，城镇户口被试（$M=3.05$，$SD=0.84$）的打分显著低于农村户口被试（$M=3.14$，$SD=0.74$）；在“政治信任”（$F=0.372$，$p=0.542$）、“政治沟通”（$F=0.093$，$p=0.769$）和“结果公平”（$F=2.938$，$p=0.087$）三个方面，不同户籍被试的打分差异均未达到显著水平。

表 8　不同户籍被试对政治信任、政治沟通等打分的方差分析结果

项目		平方和	*df*	均方	*F*	显著性
政治信任	组间	0.367	1	0.367	0.372	0.542
	组内	4267.679	4315	0.989		
	总数	4268.046	4316			
政治沟通	组间	0.034	1	0.034	0.093	0.760
	组内	1559.795	4312	0.362		
	总数	1559.828	4313			
程序公平	组间	5.372	1	5.372	9.385	0.002
	组内	2468.095	4312	0.572		
	总数	2473.467	4313			
结果公平	组间	1.781	1	1.781	2.938	0.087
	组内	2609.273	4304	0.606		
	总数	2611.054	4305			

从问卷调查的情况看，在乡镇人大代表选举参与中存在一定的户籍差异，主要表现是城镇户口被试的选举参与客观状况水平总体高于农村户口被试，但是在主观层面和对选举工作的评价等方面，都没有表现出明显的户籍差异，只是对于程序公平的认可程度，农村户口被试明显高于城镇户口被试。

B.19 不同收入公民的乡镇人大代表选举参与比较

史卫民　涂　锋

在“中国公民的乡镇人大代表选举参与”问卷调查中，项目组参考2013年全国城镇居民人均收入水平（26955元，月均2246元），将被试的月均收入分为三大类：第一类是1500元及以下，对应“低收入”；第二类是1501～3500元，对应“中等收入”；第三类是3501元及以上，对应“高收入”。在4327份有效数据中，低收入（1500元及以下）被试2306人，占53.29%；中等收入（1501～3500元）被试1633人，占37.74%；高收入（3501元及以上）被试388人，占8.97%。根据问卷调查的数据，可以比较不同收入被试的乡镇人大代表选举参与状况。

一　不同收入被试的乡镇人大代表选举参与客观状况

调查结果显示，低收入被试的乡镇人大代表选举参与客观状况的总体得分在0～8.50分之间，均值为3.36，标准差为1.72。具体到乡镇人大代表选举参与客观状况的五个维度，低收入被试的“选举重要性认知”得分在0～1.00分之间，均值为0.28，标准差为0.37；“权利与途径认知”得分在0～1.00分之间，均值为0.41，标准差为0.35；“选举内容认知”得分在0～2.50分之间，均值为0.84，标准差为0.47；“选举程序认知”得分在0～1.50分之间，均值为0.76，标准差为0.42；“选举参与”得分在0～4.00分之间，均值为1.06，标准差为1.35。

中等收入被试的乡镇人大代表选举参与客观状况的总体得分在0～9.00分

之间，均值为3.43，标准差为1.74。具体到乡镇人大代表选举参与客观状况的五个维度，中等收入被试的“选举重要性认知”得分在0～1.00分之间，均值为0.25，标准差为0.36；“权利与途径认知”得分在0～1.00分之间，均值为0.44，标准差为0.36；“选举内容认知”得分在0～2.50分之间，均值为0.90，标准差为0.46；“选举程序认知”得分在0～1.50分之间，均值为0.79，标准差为0.43；“选举参与”得分在0～4.00分之间，均值为1.06，标准差为1.39。

高收入被试的乡镇人大代表选举参与客观状况的总体得分在1.00～8.50分之间，均值为3.62，标准差为1.74。具体到乡镇人大代表选举参与客观状况的五个维度，高收入被试的“选举重要性认知”得分在0～1.00分之间，均值为0.27，标准差为0.36；“权利与途径认知”得分在0～1.00分之间，均值为0.44，标准差为0.36；“选举内容认知”得分在0～2.50分之间，均值为0.93，标准差为0.48；“选举程序认知”得分在0～1.50分之间，均值为0.73，标准差为0.41；“选举参与”得分在0～4.00分之间，均值为1.26，标准差为1.42（见表1和图1）。

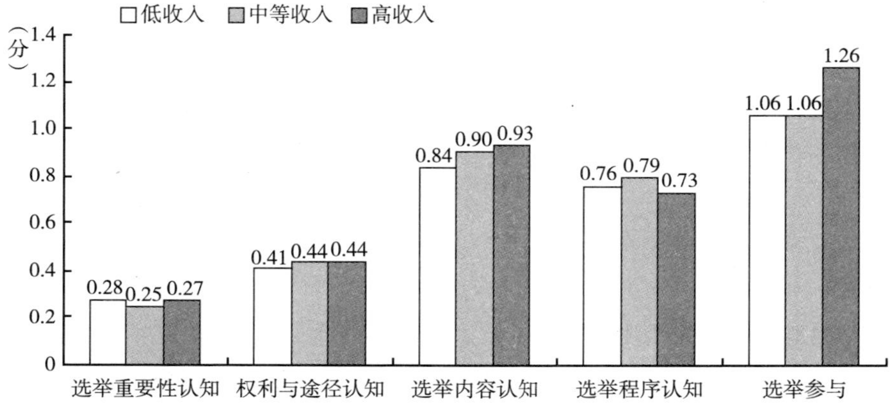

图1　不同收入被试的乡镇人大代表选举参与客观状况五个一级指标得分比较

表1　不同收入被试的乡镇人大代表选举参与客观状况得分的描述统计结果

项目		*N*	均值	标准差	标准误	均值的95%置信区间		极小值	极大值
						下限	上限		
客观状况总分	低收入	2213	3.3568	1.71771	0.03651	3.2852	3.4284	0.00	8.50
	中等收入	1559	3.4288	1.74232	0.04413	3.3422	3.5154	0.00	9.00
	高收入	377	3.6154	1.73798	0.08951	3.4394	3.7914	1.00	8.50
	总数	4149	3.4073	1.73000	0.02686	3.3547	3.4600	0.00	9.00
选举重要性认知	低收入	2303	0.2820	0.37405	0.00779	0.2667	0.2973	0.00	1.00
	中等收入	1632	0.2488	0.35711	0.00884	0.2314	0.2661	0.00	1.00
	高收入	388	0.2745	0.35770	0.01816	0.2388	0.3102	0.00	1.00
	总数	4323	0.2688	0.36654	0.00557	0.2579	0.2797	0.00	1.00
权利与途径认知	低收入	2290	0.4055	0.35396	0.00740	0.3910	0.4200	0.00	1.00
	中等收入	1613	0.4436	0.35519	0.00884	0.4262	0.4609	0.00	1.00
	高收入	385	0.4377	0.35540	0.01811	0.4020	0.4733	0.00	1.00
	总数	4288	0.4227	0.35495	0.00542	0.4121	0.4333	0.00	1.00
选举内容认知	低收入	2258	0.8448	0.47083	0.00991	0.8253	0.8642	0.00	2.50
	中等收入	1598	0.8955	0.46212	0.01156	0.8728	0.9182	0.00	2.50
	高收入	383	0.9334	0.49222	0.02515	0.8840	0.9829	0.00	2.50
	总数	4239	0.8719	0.47044	0.00723	0.8577	0.8861	0.00	2.50
选举程序认知	低收入	2294	0.7622	0.41533	0.00867	0.7452	0.7792	0.00	1.50
	中等收入	1621	0.7943	0.43471	0.01080	0.7731	0.8154	0.00	1.50
	高收入	386	0.7293	0.40918	0.02083	0.6883	0.7702	0.00	1.50
	总数	4301	0.7713	0.42258	0.00644	0.7587	0.7840	0.00	1.50
选举参与	低收入	2280	1.0629	1.34996	0.02827	1.0075	1.1184	0.00	4.00
	中等收入	1620	1.0577	1.38984	0.03453	0.9900	1.1254	0.00	4.00
	高收入	385	1.2623	1.42019	0.07238	1.1200	1.4046	0.00	4.00
	总数	4285	1.0789	1.37244	0.02097	1.0378	1.1200	0.00	4.00

对不同收入被试的乡镇人大代表选举参与客观状况的差异进行检验（见表2、表3），方差分析的结果显示，不同收入被试的选举参与客观状况总分之间差异显著，$F=3.797$，$p<0.05$，高收入被试（$M=3.62$，$SD=1.74$）的得分显著高于低收入被试（$M=3.36$，$SD=1.72$），与中等收入被试（$M=3.43$，$SD=1.74$）之间的得分差异不显著，中等收入被试和低收入被试之间的得分差异不显著。具体到乡镇人大代表选举参与客观状况的五个维度，在“选举重要性认知”上，不同收入被试的得分差异显著，$F=3.987$，$p<0.05$，低收

入被试（$M = 0.28$，$SD = 0.38$）的得分显著高于中等收入被试（$M = 0.25$，$SD = 0.36$），与高收入被试（$M = 0.27$，$SD = 0.36$）之间的得分差异不显著，中等收入被试与高收入被试之间的得分差异不显著；在“选举内容认知”上，不同收入被试的得分差异显著，$F = 9.073$，$p < 0.001$，低收入被试（$M = 0.84$，$SD = 0.47$）的得分显著低于中等收入被试（$M = 0.90$，$SD = 0.46$）与高收入被试（$M = 0.93$，$SD = 0.49$），中等收入被试与高收入被试之间的得分差异不显著；在“选举程序认知”上，不同收入被试的得分差异显著，$F = 4.842$，$p < 0.05$，中等收入被试（$M = 0.79$，$SD = 0.43$）的得分显著低于低收入被试（$M = 0.76$，$SD = 0.42$）和高收入被试（$M = 0.73$，$SD = 0.41$），低收入被试与高收入被试之间的得分差异不显著；在“选举参与”上，不同收入被试的得分差异显著，$F = 3.791$，$p < 0.05$，高收入被试（$M = 1.26$，$SD = 1.42$）的得分显著高于中等收入被试（$M = 1.06$，$SD = 1.39$）和低收入被试（$M = 1.06$，$SD = 1.35$），低收入被试与中等收入被试之间的得分差异不显著。

表 2　不同收入被试的乡镇人大代表选举参与客观状况得分的方差分析结果

项目		平方和	*df*	均方	*F*	显著性
客观状况总分	组间	22.698	2	11.349	3.797	0.023
	组内	12391.919	4146	2.989		
	总数	12414.617	4148			
选举重要性认知	组间	1.070	2	0.535	3.987	0.019
	组内	579.591	4320	0.134		
	总数	580.660	4322			
权利与途径认知	组间	1.470	2	0.735	5.849	0.003
	组内	538.652	4285	0.126		
	总数	540.122	4287			
选举内容认知	组间	4.001	2	2.000	9.073	0.000
	组内	933.943	4236	0.220		
	总数	937.944	4238			
选举程序认知	组间	1.726	2	0.863	4.842	0.008
	组内	766.129	4298	0.178		
	总数	767.855	4300			
选举参与	组间	14.263	2	7.131	3.791	0.023
	组内	8055.076	4282	1.881		
	总数	8069.339	4284			

表 3　不同收入被试的乡镇人大代表选举参与客观状况得分的多重比较

因变量	(I)收入	(J)收入	均值差(I－J)	标准误	显著性	95%置信区间	
						下限	上限
客观状况总分	低收入	中等收入	－0.07204	0.05716	0.208	－0.1841	0.0400
		高收入	－0.25863 *	0.09633	0.007	－0.4475	－0.0698
	中等收入	低收入	0.07204	0.05716	0.208	－0.0400	0.1841
		高收入	－0.18658	0.09922	0.060	－0.3811	0.0079
	高收入	低收入	0.25863 *	0.09633	0.007	0.0698	0.4475
		中等收入	0.18658	0.09922	0.060	－0.0079	0.3811
选举重要性认知	低收入	中等收入	0.03325 *	0.01185	0.005	0.0100	0.0565
		高收入	0.00754	0.02010	0.708	－0.0319	0.0469
	中等收入	低收入	－0.03325 *	0.01185	0.005	－0.0565	－0.0100
		高收入	－0.02571	0.02069	0.214	－0.0663	0.0148
	高收入	低收入	－0.00754	0.02010	0.708	－0.0469	0.0319
		中等收入	0.02571	0.02069	0.214	－0.0148	0.0663
权利与途径认知	低收入	中等收入	－0.03812 *	0.01153	0.001	－0.0607	－0.0155
		高收入	－0.03220	0.01953	0.099	－0.0705	0.0061
	中等收入	低收入	0.03812 *	0.01153	0.001	0.0155	0.0607
		高收入	0.00592	0.02011	0.768	－0.0335	0.0453
	高收入	低收入	0.03220	0.01953	0.099	－0.0061	0.0705
		中等收入	－0.00592	0.02011	0.768	－0.0453	0.0335
选举内容认知	低收入	中等收入	－0.05072 *	0.01535	0.001	－0.0808	－0.0206
		高收入	－0.08865 *	0.02595	0.001	－0.1395	－0.0378
	中等收入	低收入	0.05072 *	0.01535	0.001	0.0206	0.0808
		高收入	－0.03793	0.02671	0.156	－0.0903	0.0144
	高收入	低收入	0.08865 *	0.02595	0.001	0.0378	0.1395
		中等收入	0.03793	0.02671	0.156	－0.0144	0.0903
选举程序认知	低收入	中等收入	－0.03206 *	0.01370	0.019	－0.0589	－0.0052
		高收入	0.03293	0.02323	0.156	－0.0126	0.0785
	中等收入	低收入	0.03206 *	0.01370	0.019	0.0052	0.0589
		高收入	0.06499 *	0.02391	0.007	0.0181	0.1119
	高收入	低收入	－0.03293	0.02323	0.156	－0.0785	0.0126
		中等收入	－0.06499 *	0.02391	0.007	－0.1119	－0.0181
选举参与	低收入	中等收入	0.00522	0.04457	0.907	－0.0822	0.0926
		高收入	－0.19940 *	0.07557	0.008	－0.3476	－0.0512
	中等收入	低收入	－0.00522	0.04457	0.907	－0.0926	0.0822
		高收入	－0.20462 *	0.07776	0.009	－0.3571	－0.0522
	高收入	低收入	0.19940 *	0.07557	0.008	0.0512	0.3476
		中等收入	0.20462 *	0.07776	0.009	0.0522	0.3571

* 均值差的显著性水平为0.05。

二　不同收入被试的乡镇人大代表选举参与主观状况

调查结果显示，低收入被试的“选举参与满意度”得分在1.00～5.00分之间，均值为2.87，标准差为0.56；“选举参与意愿”得分在1.00～5.00分之间，均值为3.22，标准差为0.62；“选举参与效能”得分在1.00～5.00分之间，均值为3.08，标准差为0.54。

中等收入被试的“选举参与满意度”得分在1.00～4.75分之间，均值为2.84，标准差为0.51；“选举参与意愿”得分在1.33～5.00分之间，均值为3.18，标准差为0.61；“选举参与效能”得分在1.33～5.00分之间，均值为3.05，标准差为0.54。

高收入被试的“选举参与满意度”得分在1.00～5.00分之间，均值为2.86，标准差为0.56；“选举参与意愿”得分在1.67～5.00分之间，均值为3.22，标准差为0.60；“选举参与效能”得分在1.00～5.00分之间，均值为3.08，标准差为0.59（见表4和图2）。

表4　不同收入被试的乡镇人大代表选举参与主观状况得分的描述统计结果

项目		N	均值	标准差	标准误	均值的95%置信区间		极小值	极大值
						下限	上限		
选举参与满意度	低收入	2296	2.8729	0.56205	0.01173	2.8499	2.8959	1.00	5.00
	中等收入	1624	2.8388	0.51300	0.01273	2.8139	2.8638	1.00	4.75
	高收入	388	2.8647	0.56180	0.02852	2.8086	2.9208	1.00	5.00
	总数	4308	2.8593	0.54417	0.00829	2.8431	2.8756	1.00	5.00
选举参与意愿	低收入	2302	3.2179	0.61971	0.01292	3.1926	3.2433	1.00	5.00
	中等收入	1630	3.1810	0.60715	0.01504	3.1515	3.2105	1.33	5.00
	高收入	387	3.2205	0.60048	0.03052	3.1605	3.2805	1.67	5.00
	总数	4319	3.2042	0.61342	0.00933	3.1859	3.2225	1.00	5.00
选举参与效能	低收入	2303	3.0835	0.54237	0.01130	3.0614	3.1057	1.00	5.00
	中等收入	1630	3.0534	0.54290	0.01345	3.0270	3.0797	1.33	5.00
	高收入	388	3.0825	0.58703	0.02980	3.0239	3.1411	1.00	5.00
	总数	4321	3.0721	0.54679	0.00832	3.0557	3.0884	1.00	5.00

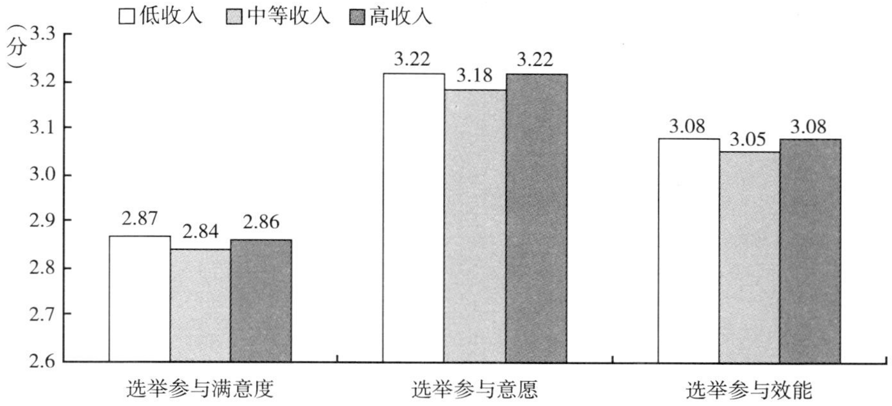

图2　不同收入被试的乡镇人大代表选举参与主观状况得分比较

对不同收入被试的乡镇人大代表选举参与主观状况各指标的差异性进行方差分析（见表5、表6），可以发现不同收入被试之间的“选举参与满意度”（$F=1.890$，$p=0.151$）、“选举参与意愿”（$F=1.881$，$p=0.153$）和“选举参与效能”（$F=1.528$，$p=0.217$）的得分差异均未达到显著水平。

表5　不同收入被试的乡镇人大代表选举参与主观状况得分的方差分析结果

项目		平方和	df	均方	F	显著性
选举参与满意度	组间	1.119	2	0.559	1.890	0.151
	组内	1274.261	4305	0.296		
	总数	1275.380	4307			
选举参与意愿	组间	1.415	2	0.708	1.881	0.153
	组内	1623.357	4316	0.376		
	总数	1624.772	4318			
选举参与效能	组间	0.913	2	0.457	1.528	0.217
	组内	1290.655	4318	0.299		
	总数	1291.568	4320			

表6　不同收入被试的乡镇人大代表选举参与主观状况得分的多重比较

因变量	(I)收入	(J)收入	均值差(I-J)	标准误	显著性	95%置信区间	
						下限	上限
选举参与满意度	低收入	中等收入	0.03411	0.01764	0.053	-0.0005	0.0687
		高收入	0.00824	0.02986	0.783	-0.0503	0.0668
	中等收入	低收入	-0.03411	0.01764	0.053	-0.0687	0.0005
		高收入	-0.02587	0.03074	0.400	-0.0861	0.0344
	高收入	低收入	-0.00824	0.02986	0.783	-0.0668	0.0503
		中等收入	0.02587	0.03074	0.400	-0.0344	0.0861
选举参与意愿	低收入	中等收入	0.03694	0.01985	0.063	-0.0020	0.0759
		高收入	-0.00257	0.03369	0.939	-0.0686	0.0635
	中等收入	低收入	-0.03694	0.01985	0.063	-0.0759	0.0020
		高收入	-0.03952	0.03468	0.255	-0.1075	0.0285
	高收入	低收入	0.00257	0.03369	0.939	-0.0635	0.0686
		中等收入	0.03952	0.03468	0.255	-0.0285	0.1075
选举参与效能	低收入	中等收入	0.03014	0.01770	0.089	-0.0046	0.0648
		高收入	0.00104	0.03000	0.972	-0.0578	0.0599
	中等收入	低收入	-0.03014	0.01770	0.089	-0.0648	0.0046
		高收入	-0.02910	0.03088	0.346	-0.0896	0.0314
	高收入	低收入	-0.00104	0.03000	0.972	-0.0599	0.0578
		中等收入	0.02910	0.03088	0.346	-0.0314	0.0896

三　不同收入被试对乡镇人大代表选举工作的评价

“中国公民的乡镇人大代表选举参与”问卷调查请被试根据最近一次乡镇人大代表选举情况，为选举工作的满意度打分。调查结果显示，低收入被试对选举工作满意度的综合打分在1.00～5.00分之间，均值为3.17，标准差为0.71；中等收入被试对选举工作满意度的综合打分在1.00～5.00分之间，均值为3.15，标准差为0.68；高收入被试对选举工作满意度的综合打分在1.00～5.00分之间，均值为3.06，标准差为0.92（见表7和图3）。

表 7　不同收入被试的乡镇人大代表选举工作满意度打分的描述统计结果

项目		N	均值	标准差	标准误	均值的 95% 置信区间		极小值	极大值
						下限	上限		
综合打分	低收入	2300	3. 1694	0. 70527	0. 01471	3. 1405	3. 1982	1. 00	5. 00
	中等收入	1626	3. 1490	0. 68314	0. 01694	3. 1158	3. 1822	1. 00	5. 00
	高收入	388	3. 0637	0. 91804	0. 04661	2. 9721	3. 1553	1. 00	5. 00
	总数	4314	3. 1522	0. 71934	0. 01095	3. 1307	3. 1737	1. 00	5. 00
选举组织工作的有效性	低收入	2306	3. 1210	0. 98431	0. 02050	3. 0808	3. 1612	1. 00	5. 00
	中等收入	1632	3. 1893	0. 90995	0. 02252	3. 1452	3. 2335	1. 00	5. 00
	高收入	388	3. 0284	1. 11449	0. 05658	2. 9171	3. 1396	1. 00	5. 00
	总数	4326	3. 1385	0. 97056	0. 01476	3. 1095	3. 1674	1. 00	5. 00
选举程序的规范性	低收入	2304	3. 1806	0. 93257	0. 01943	3. 1425	3. 2187	1. 00	5. 00
	中等收入	1631	3. 1919	0. 92442	0. 02289	3. 1470	3. 2368	1. 00	5. 00
	高收入	388	3. 0876	1. 08194	0. 05493	2. 9796	3. 1956	1. 00	5. 00
	总数	4323	3. 1765	0. 94410	0. 01436	3. 1483	3. 2046	1. 00	5. 00
选举的公正性	低收入	2304	3. 1215	1. 00368	0. 02091	3. 0805	3. 1625	1. 00	5. 00
	中等收入	1633	3. 0374	0. 99654	0. 02466	2. 9890	3. 0857	1. 00	5. 00
	高收入	388	3. 0180	1. 15568	0. 05867	2. 9027	3. 1334	1. 00	5. 00
	总数	4325	3. 0805	1. 01629	0. 01545	3. 0502	3. 1108	1. 00	5. 00
选举信息的透明性	低收入	2305	3. 1093	1. 00140	0. 02086	3. 0684	3. 1502	1. 00	5. 00
	中等收入	1633	3. 0410	1. 04561	0. 02587	2. 9903	3. 0918	1. 00	5. 00
	高收入	388	2. 9923	1. 17794	0. 05980	2. 8747	3. 1098	1. 00	5. 00
	总数	4326	3. 0730	1. 03566	0. 01575	3. 0422	3. 1039	1. 00	5. 00
选举的竞争性	低收入	2305	3. 1735	0. 97952	0. 02040	3. 1335	3. 2135	1. 00	5. 00
	中等收入	1631	3. 1097	0. 97117	0. 02405	3. 0626	3. 1569	1. 00	5. 00
	高收入	388	3. 0670	1. 06901	0. 05427	2. 9603	3. 1737	1. 00	5. 00
	总数	4324	3. 1399	0. 98524	0. 01498	3. 1105	3. 1693	1. 00	5. 00
选举纠纷处理的及时性	低收入	2306	3. 1990	0. 94849	0. 01975	3. 1603	3. 2378	1. 00	5. 00
	中等收入	1631	3. 2152	0. 91459	0. 02265	3. 1708	3. 2596	1. 00	5. 00
	高收入	388	3. 0954	1. 08486	0. 05508	2. 9871	3. 2036	1. 00	5. 00
	总数	4325	3. 1958	0. 94936	0. 01444	3. 1675	3. 2241	1. 00	5. 00
民众参与选举的积极性	低收入	2306	3. 2827	0. 97332	0. 02027	3. 2430	3. 3225	1. 00	5. 00
	中等收入	1633	3. 2590	0. 97122	0. 02403	3. 2119	3. 3062	1. 00	5. 00
	高收入	388	3. 1572	1. 15180	0. 05847	3. 0423	3. 2722	1. 00	5. 00
	总数	4327	3. 2625	0. 99022	0. 01505	3. 2330	3. 2921	1. 00	5. 00

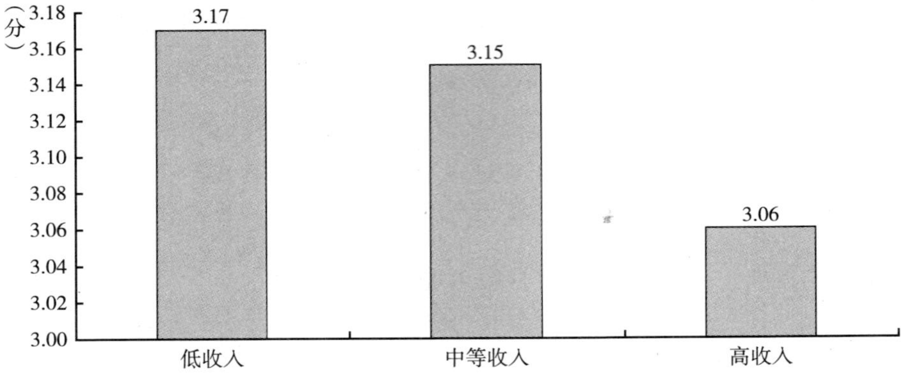

图3　不同收入被试的乡镇人大代表选举工作满意度综合打分比较

对不同收入被试的乡镇人大代表选举工作满意度打分的差异性进行方差分析（见表8、表9），分析结果显示，不同收入被试的乡镇人大代表选举工作满意度综合打分差异显著，$F=3.613$，$p<0.05$，高收入被试（$M=3.06$，$SD=0.92$）的打分显著低于中等收入被试（$M=3.15$，$SD=0.68$）和低收入被试（$M=3.17$，$SD=0.71$），中等收入被试与低收入被试之间的打分差异不显著。对于各项具体选举工作的评价也有一定的差异性，在“选举组织工作的有效性”方面，不同收入被试的打分差异显著，$F=5.123$，$p<0.05$，中等收入被试（$M=3.19$，$SD=0.91$）的打分显著高于低收入被试（$M=3.12$，$SD=0.98$）和高收入被试（$M=3.03$，$SD=1.11$），低收入被试与高收入被试之间的打分差异不显著；在“选举的公正性”方面，不同收入被试的打分差异显著，$F=4.088$，$P<0.05$，中等收入被试（$M=3.04$，$SD=1.00$）的打分显著高于低收入被试（$M=3.12$，$SD=1.00$），与高收入被试（$M=3.02$，$SD=1.16$）之间的打分差异不显著，高收入被试和低收入被试之间的打分差异不显著；在“选举信息的透明性”方面，不同收入被试的打分差异显著，$F=3.379$，$p<0.05$，低收入被试（$M=3.11$，$SD=1.00$）的打分显著高于中等收入被试（$M=3.04$，$SD=1.05$）和高收入被试（$M=2.99$，$SD=1.18$），中等收入被试与高收入被试之间的打分差异不显著；在“选举的竞争性”方面，不同收入被试的打分差异显著，$F=3.172$，$p<0.05$，低收入被试（$M=3.17$，$SD=0.98$）的打分显著高于中等收入被试（$M=3.11$，$SD=0.97$）和高收入

被试（$M=3.07$，$SD=1.07$），中等收入被试与高收入被试之间的打分差异不显著；在“选举程序的规范性”（$F=1.958$，$p=0.141$）、“选举纠纷处理的及时性”（$F=2.527$，$p=0.080$）、“民众参与选举的积极性”（$F=2.687$，$p=0.068$）方面，不同收入被试的打分差异均未达到显著水平。

表8　不同收入被试的乡镇人大代表选举工作满意度打分的方差分析结果

项目		平方和	*df*	均方	*F*	显著性
综合打分	组间	3.734	2	1.867	3.613	0.027
	组内	2228.053	4311	0.517		
	总数	2231.787	4313			
选举组织工作的有效性	组间	9.633	2	4.816	5.123	0.006
	组内	4064.427	4323	0.940		
	总数	4074.059	4325			
选举程序的规范性	组间	3.489	2	1.745	1.958	0.141
	组内	3848.843	4320	0.891		
	总数	3852.332	4322			
选举的公正性	组间	8.432	2	4.216	4.088	0.017
	组内	4457.567	4322	1.031		
	总数	4465.999	4324			
选举信息的透明性	组间	7.240	2	3.620	3.379	0.034
	组内	4631.677	4323	1.071		
	总数	4638.917	4325			
选举的竞争性	组间	6.152	2	3.076	3.172	0.042
	组内	4190.198	4321	0.970		
	总数	4196.350	4323			
选举纠纷处理的及时性	组间	4.553	2	2.276	2.527	0.080
	组内	3892.572	4322	0.901		
	总数	3897.125	4324			
民众参与选举的积极性	组间	5.265	2	2.633	2.687	0.068
	组内	4236.492	4324	0.980		
	总数	4241.757	4326			

表 9 不同收入被试的乡镇人大代表选举工作满意度打分的多重比较

因变量	(I)收入段	(J)收入段	均值差(I-J)	标准误	显著性	95%置信区间	
						下限	上限
综合打分	低收入	中等收入	-0.06835*	0.03137	0.029	-0.1298	-0.0069
		高收入	0.09264	0.05321	0.082	-0.0117	0.1969
	中等收入	低收入	0.06835*	0.03137	0.029	0.0069	0.1298
		高收入	0.16099*	0.05477	0.003	0.0536	0.2684
	高收入	低收入	-0.09264	0.05321	0.082	-0.1969	0.0117
		中收入	-0.16099*	0.05477	0.003	-0.2684	-0.0536
选举组织工作的有效性	低收入	中等收入	-0.01135	0.03054	0.710	-0.0712	0.0485
		高收入	0.09293	0.05180	0.073	-0.0086	0.1945
	中等收入	低收入	0.01135	0.03054	0.710	-0.0485	0.0712
		高收入	0.10428	0.05331	0.051	-0.0002	0.2088
	高收入	低收入	-0.09293	0.05180	0.073	-0.1945	0.0086
		中等收入	-0.10428	0.05331	0.051	-0.2088	0.0002
选举程序的规范性	低收入	中等收入	0.08417*	0.03285	0.010	0.0198	0.1486
		高收入	0.10349	0.05573	0.063	-0.0058	0.2127
	中等收入	低收入	-0.08417*	0.03285	0.010	-0.1486	-0.0198
		高收入	0.01931	0.05736	0.736	-0.0931	0.1318
	高收入	低收入	-0.10349	0.05573	0.063	-0.2127	0.0058
		中等收入	-0.01931	0.05736	0.736	-0.1318	0.0931
选举的公正性	低收入	中等收入	0.06830*	0.03348	0.041	0.0027	0.1339
		高收入	0.11706*	0.05680	0.039	0.0057	0.2284
	中等收入	低收入	-0.06830*	0.03348	0.041	-0.1339	-0.0027
		高收入	0.04876	0.05846	0.404	-0.0658	0.1634
	高收入	低收入	-0.11706*	0.05680	0.039	-0.2284	-0.0057
		中等收入	-0.04876	0.05846	0.404	-0.1634	0.0658
选举信息的透明性	低收入	中等收入	0.06379*	0.03186	0.045	0.0013	0.1263
		高收入	0.10653*	0.05404	0.049	0.0006	0.2125
	中等收入	低收入	-0.06379*	0.03186	0.045	-0.1263	-0.0013
		高收入	0.04274	0.05562	0.442	-0.0663	0.1518
	高收入	低收入	-0.10653*	0.05404	0.049	-0.2125	-0.0006
		中等收入	-0.04274	0.05562	0.442	-0.1518	0.0663
选举的竞争性	低收入	中等收入	-0.01616	0.03070	0.599	-0.0764	0.0440
		高收入	0.10369*	0.05207	0.047	0.0016	0.2058
	中等收入	低收入	0.01616	0.03070	0.599	-0.0440	0.0764
		高收入	0.11984*	0.05360	0.025	0.0148	0.2249
	高收入	低收入	-0.10369*	0.05207	0.047	-0.2058	-0.0016
		中等收入	-0.11984*	0.05360	0.025	-0.2249	-0.0148

续表

因变量	(I)收入段	(J)收入段	均值差(I－J)	标准误	显著性	95%置信区间	
						下限	上限
选举纠纷处理的及时性	低收入	中等收入	0.02371	0.03201	0.459	－0.0391	0.0865
		高收入	0.12552*	0.05431	0.021	0.0190	0.2320
	中等收入	低收入	－0.02371	0.03201	0.459	－0.0865	0.0391
		高收入	0.10182	0.05590	0.069	－0.0078	0.2114
	高收入	低收入	－0.12552*	0.05431	0.021	－0.2320	－0.0190
		中等收入	－0.10182	0.05590	0.069	－0.2114	0.0078
民众参与选举的积极性	低收入	中等收入	0.02371	0.03201	0.459	－0.0391	0.0865
		高收入	0.12552*	0.05431	0.021	0.0190	0.2320
	中等收入	低收入	－0.02371	0.03201	0.459	－0.0865	0.0391
		高收入	0.10182	0.05590	0.069	－0.0078	0.2114
	高收入	低收入	－0.12552*	0.05431	0.021	－0.2320	－0.0190
		中等收入	－0.10182	0.05590	0.069	－0.2114	0.0078

*均值差的显著性水平为0.05。

四　不同收入被试对政治信任和政治沟通等的评价

“中国公民的乡镇人大代表选举参与”问卷调查还涉及被试对政治信任、政治沟通、程序公平和结果公平的看法，可以比较不同收入被试在相关看法上是否有重大差别。

在“政治信任”方面，低收入被试的打分在1.00～6.00分之间，均值为3.93，标准差为0.98；中等收入被试的打分在1.00～6.00分之间，均值为3.86，标准差为0.98；高收入被试的打分在1.00～6.00分之间，均值为3.70，标准差为1.15。

在“政治沟通”方面，低收入被试的打分在1.00～5.00分之间，均值为3.23，标准差为0.61；中等收入被试的打分在1.00～5.00分之间，均值为3.25，标准差为0.57；高收入被试的打分在1.00～5.00分之间，均值为3.21，标准差为0.68。

在“程序公平”方面，低收入被试的打分在1.00～5.00分之间，均值为3.18，标准差为0.73；中等收入被试的打分在1.00～5.00分之间，均值为

3.10，标准差为0.74；高收入被试的打分在1.00~5.00分之间，均值为2.94，标准差为0.94。

在“结果公平”方面，低收入被试的打分在1.00~5.00分之间，均值为3.22，标准差为0.77；中等收入被试的打分在1.00~5.00分之间，均值为3.24，标准差为0.76；高收入被试的打分在1.00~5.00分之间，均值为3.15，标准差为0.91（见表10和图4）。

表10　不同收入被试对政治信任、政治沟通等打分的描述统计结果

项目		N	均值	标准差	标准误	均值的95%置信区间		极小值	极大值
						下限	上限		
政治信任	低收入	2303	3.9295	0.97572	0.02033	3.8896	3.9694	1.00	6.00
	中等收入	1631	3.8565	0.97720	0.02420	3.8091	3.9040	1.00	6.00
	高收入	386	3.7031	1.14517	0.05829	3.5885	3.8177	1.00	6.00
	总数	4320	3.8817	0.99450	0.01513	3.8520	3.9114	1.00	6.00
政治沟通	低收入	2297	3.2268	0.61208	0.01277	3.2018	3.2519	1.00	5.00
	中等收入	1632	3.2462	0.56638	0.01402	3.2187	3.2737	1.00	5.00
	高收入	388	3.2077	0.67655	0.03435	3.1402	3.2753	1.00	5.00
	总数	4317	3.2324	0.60142	0.00915	3.2145	3.2504	1.00	5.00
程序公平	低收入	2303	3.1757	0.72710	0.01515	3.1460	3.2054	1.00	5.00
	中等收入	1626	3.0955	0.74329	0.01843	3.0594	3.1317	1.00	5.00
	高收入	388	2.9351	0.93786	0.04761	2.8415	3.0287	1.00	5.00
	总数	4317	3.1239	0.75749	0.01153	3.1013	3.1465	1.00	5.00
结果公平	低收入	2297	3.2192	0.76651	0.01599	3.1878	3.2506	1.00	5.00
	中等收入	1626	3.2379	0.76236	0.01891	3.2008	3.2750	1.00	5.00
	高收入	386	3.1511	0.90631	0.04613	3.0604	3.2418	1.00	5.00
	总数	4309	3.2202	0.77867	0.01186	3.1969	3.2434	1.00	5.00

对不同收入被试的政治信任等打分的差异性进行方差分析（见表11、表12），可以发现在“政治信任”方面，不同收入被试的打分差异显著，$F=9.441$，$p<0.001$，低收入被试（$M=3.93$，$SD=0.98$）的打分显著高于中等收入被试（$M=3.86$，$SD=0.98$）和高收入被试（$M=3.70$，$SD=1.15$），中等收入被试的打分显著高于高收入被试。在“程序公平”方面，不同收入被

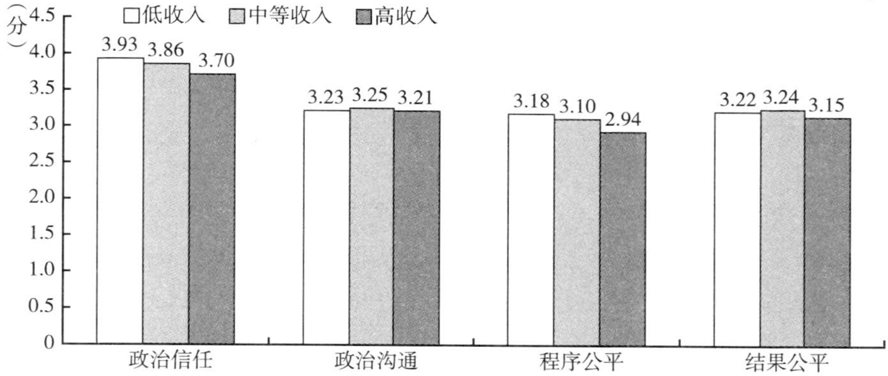

图 4　不同收入被试对政治信任、政治沟通等打分的比较

试的打分差异显著，$F = 18.727$，$p < 0.001$，低收入被试（$M = 3.18$，$SD = 0.73$）的打分显著高于中等收入被试（$M = 3.10$，$SD = 0.74$）和高收入被试（$M = 2.94$，$SD = 0.94$），中等收入被试的打分显著高于高收入被试。在“政治沟通”（$F = 0.855$，$p = 0.425$）、“结果公平”（$F = 1.942$，$p = 0.144$）方面，不同收入被试之间的打分差异未达到显著水平。

表 11　不同收入被试对政治信任、政治沟通等打分的方差分析结果

项目		平方和	df	均方	F	显著性
政治信任	组间	18.603	2	9.302	9.441	0.000
	组内	4252.992	4317	0.985		
	总数	4271.595	4319			
政治沟通	组间	0.619	2	0.309	0.855	0.425
	组内	1560.521	4314	0.362		
	总数	1561.140	4316			
程序公平	组间	21.316	2	10.658	18.727	0.000
	组内	2455.173	4314	0.569		
	总数	2476.489	4316			
结果公平	组间	2.354	2	1.177	1.942	0.144
	组内	2609.677	4306	0.606		
	总数	2612.031	4308			

表 12　不同收入被试对政治信任、政治沟通等打分的多重比较

因变量	(I)收入段	(J)收入段	均值差(I-J)	标准误	显著性	95%置信区间	
						下限	上限
政治信任	低收入	中等收入	0.07295*	0.03212	0.023	0.0100	0.1359
		高收入	0.22637*	0.05459	0.000	0.1194	0.3334
	中等收入	低收入	-0.07295*	0.03212	0.023	-0.1359	-0.0100
		高收入	0.15342*	0.05618	0.006	0.0433	0.2636
	高收入	低收入	-0.22637*	0.05459	0.000	-0.3334	-0.1194
		中等收入	-0.15342*	0.05618	0.006	-0.2636	-0.0433
政治沟通	低收入	中等收入	-0.01938	0.01947	0.320	-0.0576	0.0188
		高收入	0.01909	0.03301	0.563	-0.0456	0.0838
	中等收入	低收入	0.01938	0.01947	0.320	-0.0188	0.0576
		高收入	0.03847	0.03397	0.258	-0.0281	0.1051
	高收入	低收入	-0.01909	0.03301	0.563	-0.0838	0.0456
		中等收入	-0.03847	0.03397	0.258	-0.1051	0.0281
程序公平	低收入	中等收入	0.08018*	0.02444	0.001	0.0323	0.1281
		高收入	0.24058*	0.04140	0.000	0.1594	0.3217
	中等收入	低收入	-0.08018*	0.02444	0.001	-0.1281	-0.0323
		高收入	0.16039*	0.04262	0.000	0.0768	0.2440
	高收入	低收入	-0.24058*	0.04140	0.000	-0.3217	-0.1594
		中等收入	-0.16039*	0.04262	0.000	-0.2440	-0.0768
结果公平	低收入	中等收入	-0.01871	0.02523	0.458	-0.0682	0.0308
		高收入	0.06808	0.04282	0.112	-0.0159	0.1520
	中等收入	低收入	0.01871	0.02523	0.458	-0.0308	0.0682
		高收入	0.08678*	0.04408	0.049	0.0004	0.1732
	高收入	低收入	-0.06808	0.04282	0.112	-0.1520	0.0159
		中等收入	-0.08678*	0.04408	0.049	-0.1732	-0.0004

* 均值差的显著性水平为 0.05。

从问卷调查的情况看，公民收入水平的高低，对乡镇人大代表选举参与可能有一定的影响，在客观层面低收入被试的参与水平显著低于中等收入和高收入被试，但是在主观层面不同收入的被试没有显示出明显的差异。高收入被试对乡镇人大代表选举工作的综合满意度明显低于中等收入和低收入被试，中等收入被试对“选举组织工作的有效性”评价最高，低收入被试对“选举信息透明性”和“选举的竞争性”评价最高；低收入被试对政治信任和程序公平的认可程度，也明显高于中等收入和高收入被试。

B.20 不同职业公民的乡镇人大代表选举参与比较

史卫民　田　华

在“中国公民的乡镇人大代表选举参与”问卷调查中，项目组将被试的职业分为务农人员、私营企业主（含个体户）、务工人员、专业技术人员、公务员、其他职业六类。调查中有2名被试的职业信息缺失，在4325份有效数据中，务农人员2030人，占46.94%；私营企业主611人，占14.13%；务工人员648人，占14.98%；专业技术人员152人，占3.51%；公务员33人，占0.76%；其他职业851人，占19.68%。根据问卷调查的数据，可以比较不同职业被试的乡镇人大代表选举参与状况。

一　不同职业被试的乡镇人大代表选举参与客观状况

在乡镇人大代表选举参与客观状况的总体得分方面，务农人员被试的得分在0~9.00分之间，均值为3.42，标准差为1.77；私营企业主被试的得分在0~8.50分之间，均值为3.45，标准差为1.73；专业技术人员被试的得分在0~8.50分之间，均值为3.80，标准差为1.84；公务员被试的得分在1.50~8.50分之间，均值为5.02，标准差为1.86；务工人员被试的得分在0~8.50分之间，均值为3.45，标准差为1.67；其他职业被试的得分在0.50~9.00之间，均值为3.17，标准差为1.60。对不同职业被试的乡镇人大代表选举参与客观状况总分的差异性进行方差分析（见表1、表2、表3和图1），显示不同职业被试的得分差异显著，$F = 10.105$，$p < 0.001$，公务员被试的得分显著高于另外五种职业被试，其他职业被试的得分显著低于另外五种职业被试，专业技术人员被试的得分显著高于务农人员、私营企业主、务工人

员被试，务农人员、私营企业主和务工人员三种被试相互之间的得分差异均不显著。

表 1　不同职业被试的乡镇人大代表选举客观状况总分的差异比较

项目		*N*	均值	标准差	标准误	均值的 95% 置信区间		极小值	极大值
						下限	上限		
客观状况总分	务农人员	1934	3. 4248	1. 76999	0. 04025	3. 3458	3. 5037	0. 00	9. 00
	私营企业主	597	3. 4539	1. 72573	0. 07063	3. 3152	3. 5926	0. 00	8. 50
	技术人员	144	3. 7951	1. 84297	0. 15358	3. 4916	4. 0987	0. 00	8. 50
	公务员	30	5. 0167	1. 86383	0. 34029	4. 3207	5. 7126	1. 50	8. 50
	务工人员	625	3. 4504	1. 67369	0. 06695	3. 3189	3. 5819	0. 00	8. 50
	其他职业	817	3. 1671	1. 60153	0. 05603	3. 0571	3. 2771	0. 50	9. 00
	总数	4147	3. 4064	1. 72994	0. 02686	3. 3538	3. 4591	0. 00	9. 00

表 2　不同职业被试的乡镇人大代表选举客观状况总分的方差分析结果

项目		平方和	*df*	均方	*F*	显著性
客观状况总分	组间	149. 556	5	29. 911	10. 105	0. 000
	组内	12258. 142	4141	2. 960		
	总数	12407. 698	4146			

表 3　不同职业被试的乡镇人大代表选举客观状况总分的多重比较

因变量	(I)职业	(J)职业	均值差(I－J)	标准误	显著性	95% 置信区间	
						下限	上限
客观状况总分	务农人员	私营企业主	－0. 02917	0. 08055	0. 717	－0. 1871	0. 1288
		技术人员	－0. 37037*	0. 14862	0. 013	－0. 6617	－0. 0790
		公务员	－1. 59190*	0. 31655	0. 000	－2. 2125	－0. 9713
		务工人员	－0. 02563	0. 07916	0. 746	－0. 1808	0. 1296
		其他职业	0. 25769*	0. 07179	0. 000	0. 1169	0. 3984
	私营企业主	务农人员	0. 02917	0. 08055	0. 717	－0. 1288	0. 1871
		技术人员	－0. 34120*	0. 15974	0. 033	－0. 6544	－0. 0280
		公务员	－1. 56273*	0. 32192	0. 000	－2. 1939	－0. 9316
		务工人员	0. 00354	0. 09846	0. 971	－0. 1895	0. 1966
		其他职业	0. 28686*	0. 09264	0. 002	0. 1052	0. 4685
	技术人员	务农人员	0. 37037*	0. 14862	0. 013	0. 0790	0. 6617
		私营企业主	0. 34120*	0. 15974	0. 033	0. 0280	0. 6544
		公务员	－1. 22153*	0. 34530	0. 000	－1. 8985	－0. 5446
		务工人员	0. 34474*	0. 15904	0. 030	0. 0329	0. 6565
		其他职业	0. 62806*	0. 15550	0. 000	0. 3232	0. 9329

续表

因变量	(I)职业	(J)职业	均值差(I-J)	标准误	显著性	95%置信区间	
						下限	上限
客观状况总分	公务员	务农人员	1.59190*	0.31655	0.000	0.9713	2.2125
		私营企业主	1.56273*	0.32192	0.000	0.9316	2.1939
		技术人员	1.22153*	0.34530	0.000	0.5446	1.8985
		务工人员	1.56627*	0.32157	0.000	0.9358	2.1967
		其他职业	1.84959*	0.31984	0.000	1.2225	2.4766
	务工人员	务农人员	0.02563	0.07916	0.746	-0.1296	0.1808
		私营企业主	-0.00354	0.09846	0.971	-0.1966	0.1895
		技术人员	-0.34474*	0.15904	0.030	-0.6565	-0.0329
		公务员	-1.56627*	0.32157	0.000	-2.1967	-0.9358
		其他职业	0.28333*	0.09143	0.002	0.1041	0.4626
	其他职业	务农人员	-0.25769*	0.07179	0.000	-0.3984	-0.1169
		私营企业主	-0.28686*	0.09264	0.002	-0.4685	-0.1052
		技术人员	-0.62806*	0.15550	0.000	-0.9329	-0.3232
		公务员	-1.84959*	0.31984	0.000	-2.4766	-1.2225
		务工人员	-0.28333*	0.09143	0.002	-0.4626	-0.1041

* 均值差的显著性水平为0.05。

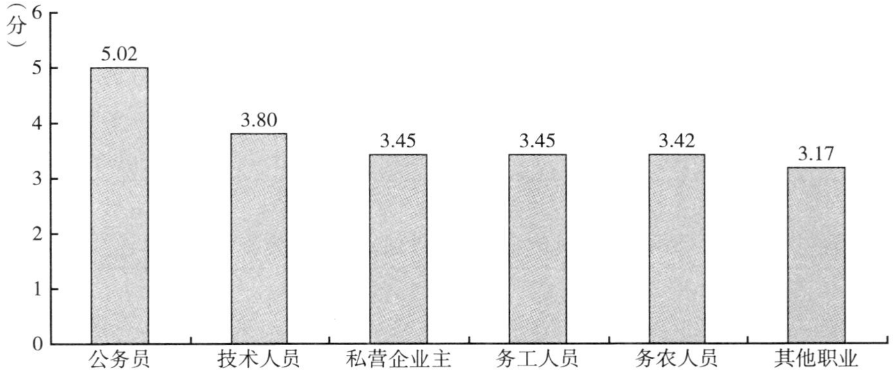

图1　不同职业被试的乡镇人大代表选举客观状况总分比较

在“选举重要性认知”方面，务农人员被试的得分在0～1.00分之间，均值为0.29，标准差为0.38；私营企业主被试的得分在0～1.00分之间，均值为0.28，标准差为0.37；专业技术人员被试的得分在0～1.00分之间，均值为0.29，标准差为0.37；公务员被试的得分在0～1.00分之间，均值为0.44，标准差为0.43；务工人员被试的得分在0～1.00分之间，均值为0.26，标准差为0.36；其他职业被试的得分在0～1.00分之间，均值为0.21，标准差为0.33。对不同职业被试的选举重要性认知得分的差异性进行方差分析（见表4、表5、表6和图2），显示不同职业被试的得分差异显著，$F=8.538$，$p<0.001$，公务员被试的得分显著高于另外五种职业被试，其他职业被试的得分显著低于另外五种职业被试，务农人员被试的得分显著高于务工人员被试，与专业技术人员、私营企业主被试之间的得分差异不显著，专业技术人员、私营企业主和务工人员三种被试相互之间的得分差异均不显著。

表4　不同职业被试的选举重要性认知得分的差异比较

项目		N	均值	标准差	标准误	均值的95%置信区间		极小值	极大值
						下限	上限		
选举重要性认知	务农人员	2028	0.2931	0.37757	0.00838	0.2767	0.3096	0.00	1.00
	私营企业主	610	0.2754	0.37080	0.01501	0.2459	0.3049	0.00	1.00
	技术人员	152	0.2829	0.36698	0.02977	0.2241	0.3417	0.00	1.00
	公务员	33	0.4394	0.42862	0.07461	0.2874	0.5914	0.00	1.00
	务工人员	648	0.2562	0.36027	0.01415	0.2284	0.2840	0.00	1.00
	其他职业	850	0.2059	0.32913	0.01129	0.1837	0.2280	0.00	1.00
	总数	4321	0.2687	0.36659	0.00558	0.2578	0.2796	0.00	1.00

表5　不同职业被试的选举重要性认知得分的方差分析结果

项目		平方和	df	均方	F	显著性
选举重要性认知	组间	5.687	5	1.137	8.538	0.000
	组内	574.866	4315	0.133		
	总数	580.553	4320			

表 6　不同职业被试的选举重要性认知得分的多重比较

因变量	(I)职业	(J)职业	均值差(I－J)	标准误	显著性	95%置信区间	
						下限	上限
选举重要性认知	务农人员	私营企业主	0.01774	0.01686	0.293	－0.0153	0.0508
		技术人员	0.01025	0.03069	0.738	－0.0499	0.0704
		公务员	－0.14625*	0.06405	0.022	－0.2718	－0.0207
		务工人员	0.03697*	0.01647	0.025	0.0047	0.0693
		其他职业	0.08726*	0.01491	0.000	0.0580	0.1165
	私营企业主	务农人员	－0.01774	0.01686	0.293	－0.0508	0.0153
		技术人员	－0.00748	0.03309	0.821	－0.0724	0.0574
		公务员	－0.16398*	0.06523	0.012	－0.2919	－0.0361
		务工人员	0.01924	0.02059	0.350	－0.0211	0.0596
		其他职业	0.06953*	0.01937	0.000	0.0316	0.1075
	技术人员	务农人员	－0.01025	0.03069	0.738	－0.0704	0.0499
		私营企业主	0.00748	0.03309	0.821	－0.0574	0.0724
		公务员	－0.15650*	0.07010	0.026	－0.2939	－0.0191
		务工人员	0.02672	0.03289	0.417	－0.0378	0.0912
		其他职业	0.07701*	0.03214	0.017	0.0140	0.1400
	公务员	务农人员	0.14625*	0.06405	0.022	0.0207	0.2718
		私营企业主	0.16398*	0.06523	0.012	0.0361	0.2919
		技术人员	0.15650*	0.07010	0.026	0.0191	0.2939
		务工人员	0.18322*	0.06514	0.005	0.0555	0.3109
		其他职业	0.23351*	0.06476	0.000	0.1065	0.3605
	务工人员	务农人员	－0.03697*	0.01647	0.025	－0.0693	－0.0047
		私营企业主	－0.01924	0.02059	0.350	－0.0596	0.0211
		技术人员	－0.02672	0.03289	0.417	－0.0912	0.0378
		公务员	－0.18322*	0.06514	0.005	－0.3109	－0.0555
		其他职业	0.05029*	0.01903	0.008	0.0130	0.0876
	其他职业	务农人员	－0.08726*	0.01491	0.000	－0.1165	－0.0580
		私营企业主	－0.06953*	0.01937	0.000	－0.1075	－0.0316
		技术人员	－0.07701*	0.03214	0.017	－0.1400	－0.0140
		公务员	－0.23351*	0.06476	0.000	－0.3605	－0.1065
		务工人员	－0.05029*	0.01903	0.008	－0.0876	－0.0130

* 均值差的显著性水平为 0.05。

在“权利与途径认知”方面，务农人员被试的得分在 0～1.00 分之间，均值为 0.41，标准差为 0.36；私营企业主被试的得分在 0～1.00 分之间，均

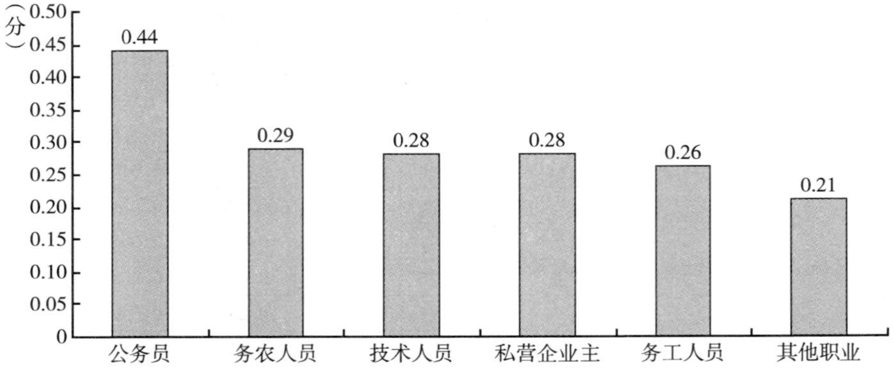

图2　不同职业被试的选举重要性认知的得分比较

值为0.43，标准差为0.34；专业技术人员被试的得分在0～1.00分之间，均值为0.42，标准差为0.36；公务员被试的得分在0～1.00分之间，均值为0.50，标准差为0.36；务工人员被试的得分在0～1.00分之间，均值为0.43，标准差为0.36；其他职业被试的得分在0～1.00分之间，均值为0.45，标准差为0.36。对不同职业被试的权利与途径认知得分的差异性进行方差分析（见表7、表8、表9和图3），显示不同职业被试的得分差异显著，$F=2.298$，$p<0.05$，务农人员被试的得分显著低于其他职业被试，与私营企业主、专业技术人员、公务员、务工人员被试之间的得分差异不显著；私营企业主、专业技术人员、公务员、务工人员、其他职业五种被试相互之间的得分差异均不显著。

表7　不同职业被试的权利与途径认知得分的差异比较

项目		N	均值	标准差	标准误	均值的95%置信区间		极小值	极大值
						下限	上限		
权利与途径认知	务农人员	2007	0.4053	0.35724	0.00797	0.3897	0.4210	0.00	1.00
	私营企业主	608	0.4326	0.33651	0.01365	0.4058	0.4594	0.00	1.00
	技术人员	151	0.4238	0.35939	0.02925	0.3661	0.4816	0.00	1.00
	公务员	32	0.5000	0.35921	0.06350	0.3705	0.6295	0.00	1.00
	务工人员	644	0.4293	0.35719	0.01408	0.4017	0.4570	0.00	1.00
	其他职业	844	0.4485	0.35794	0.01232	0.4243	0.4726	0.00	1.00
	总数	4286	0.4227	0.35487	0.00542	0.4120	0.4333	0.00	1.00

表 8　不同职业被试的权利与途径认知得分的方差分析结果

项目		平方和	*df*	均方	*F*	显著性
权利与途径认知	组间	1.445	5	0.289	2.298	0.043
	组内	538.166	4280	0.126		
	总数	539.610	4285			

表 9　不同职业被试的权利与途径认知得分的多重比较

因变量	(I)职业	(J)职业	均值差(I－J)	标准误	显著性	95%置信区间	
						下限	上限
权利与途径认知	务农人员	私营企业主	－0.02723	0.01642	0.097	－0.0594	0.0049
		技术人员	－0.01851	0.02992	0.536	－0.0772	0.0402
		公务员	－0.09467	0.06318	0.134	－0.2185	0.0292
		务工人员	－0.02402	0.01606	0.135	－0.0555	0.0075
		其他职业	－0.04313*	0.01455	0.003	－0.0716	－0.0146
	私营企业主	务农人员	0.02723	0.01642	0.097	－0.0049	0.0594
		技术人员	0.00872	0.03224	0.787	－0.0545	0.0719
		公务员	－0.06743	0.06431	0.294	－0.1935	0.0587
		务工人员	0.00322	0.02005	0.873	－0.0361	0.0425
		其他职业	－0.01589	0.01886	0.399	－0.0529	0.0211
	技术人员	务农人员	0.01851	0.02992	0.536	－0.0402	0.0772
		私营企业主	－0.00872	0.03224	0.787	－0.0719	0.0545
		公务员	－0.07616	0.06901	0.270	－0.2115	0.0591
		务工人员	－0.00551	0.03206	0.864	－0.0684	0.0574
		其他职业	－0.02462	0.03133	0.432	－0.0860	0.0368
	公务员	务农人员	0.09467	0.06318	0.134	－0.0292	0.2185
		私营企业主	0.06743	0.06431	0.294	－0.0587	0.1935
		技术人员	0.07616	0.06901	0.270	－0.0591	0.2115
		务工人员	0.07065	0.06422	0.271	－0.0553	0.1966
		其他职业	0.05154	0.06386	0.420	－0.0737	0.1767
	务工人员	务农人员	0.02402	0.01606	0.135	－0.0075	0.0555
		私营企业主	－0.00322	0.02005	0.873	－0.0425	0.0361
		技术人员	0.00551	0.03206	0.864	－0.0574	0.0684
		公务员	－0.07065	0.06422	0.271	－0.1966	0.0553
		其他职业	－0.01911	0.01855	0.303	－0.0555	0.0173
	其他职业	务农人员	0.04313*	0.01455	0.003	0.0146	0.0716
		私营企业主	0.01589	0.01886	0.399	－0.0211	0.0529
		技术人员	0.02462	0.03133	0.432	－0.0368	0.0860
		公务员	－0.05154	0.06386	0.420	－0.1767	0.0737
		务工人员	0.01911	0.01855	0.303	－0.0173	0.0555

*均值差的显著性水平为 0.05。

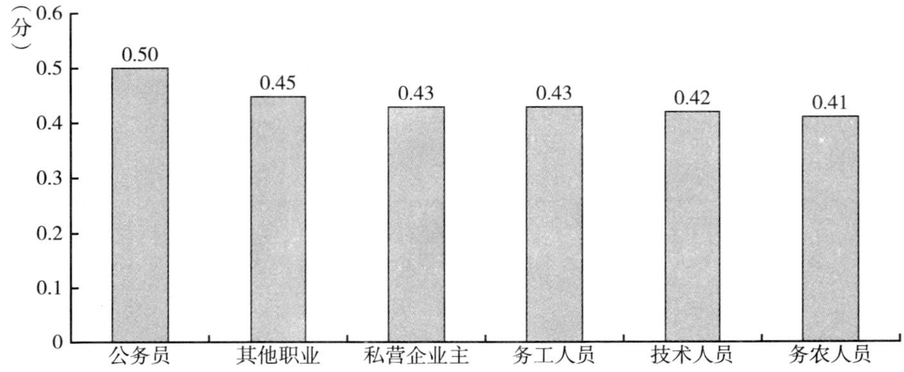

图 3　不同职业被试的权利与途径认知的得分比较

在“选举内容认知”方面，务农人员被试的得分在 0 ~ 2. 50 分之间，均值为 0. 86，标准差为 0. 47；私营企业主被试的得分在 0 ~ 2. 50 分之间，均值为 0. 93，标准差为 0. 50；专业技术人员被试的得分在 0 ~ 2. 50 分之间，均值为 0. 96，标准差为 0. 48；公务员被试的得分在 0 ~ 2. 50 分之间，均值为 1. 14，标准差为 0. 51；务工人员被试的得分在 0 ~ 2. 50 分之间，均值为 0. 86，标准差为 0. 45；其他职业被试的得分在 0 ~ 2. 50 分之间，均值为 0. 84，标准差为 0. 46。对不同职业被试的选举内容认知得分的差异性进行方差分析（见表 10、表 11、表 12 和图 4），显示不同职业被试的得分之间差异显著，$F = 6.190$，$p < 0.001$，公务员被试的得分显著高于务农人员、私营企业主、务工人员、其他职业被试，与专业技术人员被试之间的得分差异不显著；专业技术人员被试的得分显著高于务农人员、务工人员、其他职业被试，与私营企业主被试之间的得分差异不显著；私营企业主被试的得分显著高于务农人员、务工人员、其他职业被试；务农人员、务工人员、其他职业三种被试相互之间的得分差异均不显著。

表 10　不同职业被试的选举内容认知得分的差异比较

项目		N	均值	标准差	标准误	均值的 95% 置信区间		极小值	极大值
						下限	上限		
选举内容认知	务农人员	1986	0. 8605	0. 46967	0. 01054	0. 8399	0. 8812	0. 00	2. 50
	私营企业主	602	0. 9311	0. 49606	0. 02022	0. 8914	0. 9708	0. 00	2. 50
	技术人员	149	0. 9631	0. 47610	0. 03900	0. 8860	1. 0402	0. 00	2. 50
	公务员	32	1. 1406	0. 51171	0. 09046	0. 9561	1. 3251	0. 00	2. 00

续表

项目		N	均值	标准差	标准误	均值的95%置信区间		极小值	极大值
						下限	上限		
选举内容认知	务工人员	634	0.8557	0.44712	0.01776	0.8208	0.8905	0.00	2.50
	其他职业	834	0.8423	0.46098	0.01596	0.8110	0.8737	0.00	2.50
	总数	4237	0.8720	0.47052	0.00723	0.8578	0.8861	0.00	2.50

表11　不同职业被试的选举内容认知得分的方差分析结果

项目		平方和	df	均方	F	显著性
选举内容认知	组间	6.810	5	1.362	6.190	0.000
	组内	930.979	4231	0.220		
	总数	937.789	4236			

表12　不同职业被试的选举内容认知得分的多重比较

因变量	(I)职业	(J)职业	均值差(I-J)	标准误	显著性	95%置信区间	
						下限	上限
选举内容认知	务农人员	私营企业主	-0.07054*	0.02182	0.001	-0.1133	-0.0278
		技术人员	-0.10256*	0.03984	0.010	-0.1807	-0.0244
		公务员	-0.28010*	0.08359	0.001	-0.4440	-0.1162
		务工人员	0.00485	0.02140	0.821	-0.0371	0.0468
		其他职业	0.01820	0.01936	0.347	-0.0197	0.0561
	私营企业主	务农人员	0.07054*	0.02182	0.001	0.0278	0.1133
		技术人员	-0.03202	0.04292	0.456	-0.1162	0.0521
		公务员	-0.20956*	0.08510	0.014	-0.3764	-0.0427
		务工人员	0.07538*	0.02669	0.005	0.0231	0.1277
		其他职业	0.08874*	0.02509	0.000	0.0396	0.1379
	技术人员	务农人员	0.10256*	0.03984	0.010	0.0244	0.1807
		私营企业主	0.03202	0.04292	0.456	-0.0521	0.1162
		公务员	-0.17754	0.09139	0.052	-0.3567	0.0016
		务工人员	0.10741*	0.04271	0.012	0.0237	0.1911
		其他职业	0.12076*	0.04172	0.004	0.0390	0.2026
	公务员	务农人员	0.28010*	0.08359	0.001	0.1162	0.4440
		私营企业主	0.20956*	0.08510	0.014	0.0427	0.3764
		技术人员	0.17754	0.09139	0.052	-0.0016	0.3567
		务工人员	0.28495*	0.08499	0.001	0.1183	0.4516
		其他职业	0.29830*	0.08450	0.000	0.1326	0.4640

续表

因变量	(I)职业	(J)职业	均值差(I-J)	标准误	显著性	95%置信区间	
						下限	上限
选举内容认知	务工人员	务农人员	-0.00485	0.02140	0.821	-0.0468	0.0371
		私营企业主	-0.07538*	0.02669	0.005	-0.1277	-0.0231
		技术人员	-0.10741*	0.04271	0.012	-0.1911	-0.0237
		公务员	-0.28495*	0.08499	0.001	-0.4516	-0.1183
		其他职业	0.01335	0.02472	0.589	-0.0351	0.0618
	其他职业	务农人员	-0.01820	0.01936	0.347	-0.0561	0.0197
		私营企业主	-0.08874*	0.02509	0.000	-0.1379	-0.0396
		技术人员	-0.12076*	0.04172	0.004	-0.2026	-0.0390
		公务员	-0.29830*	0.08450	0.000	-0.4640	-0.1326
		务工人员	-0.01335	0.02472	0.589	-0.0618	0.0351

*均值差的显著性水平为0.05。

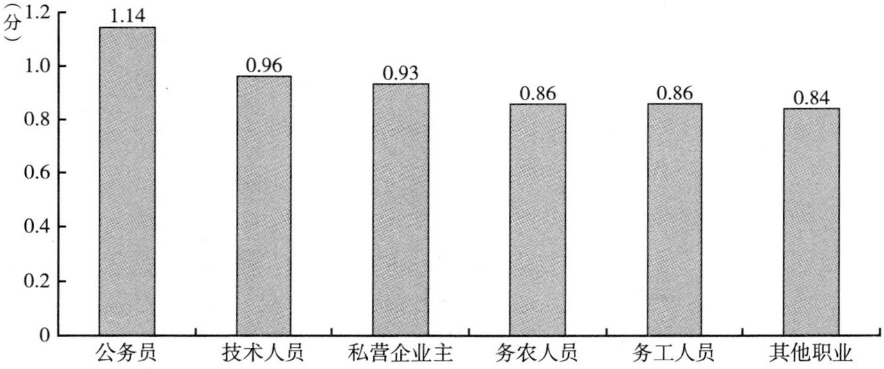

图4 不同职业被试的选举内容认知的得分比较

在“选举程序认知”方面，务农人员被试的得分在0~1.50分之间，均值为0.76，标准差为0.42；私营企业主被试的得分在0~1.50分之间，均值为0.80，标准差为0.44；专业技术人员被试的得分在0~1.50分之间，均值为0.78，标准差为0.42；公务员被试的得分在0~1.50分之间，均值为0.73，标准差为0.42；务工人员被试的得分在0~1.50分之间，均值为0.77，标准差为0.43；其他职业被试的得分在0~1.50分之间，均值为0.78，标准差为

0.42。对不同职业被试的选举程序认知得分的差异性进行方差分析（见表13、表14、表15），显示不同职业被试的得分差异未达到显著水平（$F=0.811$，$p=0.542$）。

表13　不同职业被试的选举程序认知得分的差异比较

项目		N	均值	标准差	标准误	均值的95%置信区间		极小值	极大值
						下限	上限		
选举程序认知	务农人员	2014	0.7604	0.41707	0.00929	0.7422	0.7787	0.00	1.50
	私营企业主	610	0.7959	0.43613	0.01766	0.7612	0.8306	0.00	1.50
	技术人员	150	0.7833	0.41940	0.03424	0.7157	0.8510	0.00	1.50
	公务员	33	0.7273	0.41629	0.07247	0.5797	0.8749	0.00	1.50
	务工人员	646	0.7748	0.43398	0.01707	0.7412	0.8083	0.00	1.50
	其他职业	846	0.7766	0.41819	0.01438	0.7484	0.8048	0.00	1.50
	总数	4299	0.7713	0.42264	0.00645	0.7587	0.7840	0.00	1.50

表14　不同职业被试的选举程序认知得分的方差分析结果

项目		平方和	df	均方	F	显著性
选举程序认知	组间	0.724	5	0.145	0.811	0.542
	组内	767.005	4293	0.179		
	总数	767.729	4298			

表15　不同职业被试的选举程序认知得分的多重比较

因变量	(I)职业	(J)职业	均值差(I-J)	标准误	显著性	95%置信区间	
						下限	上限
选举程序认知	务农人员	私营企业主	-0.03547	0.01953	0.069	-0.0738	0.0028
		技术人员	-0.02291	0.03577	0.522	-0.0930	0.0472
		公务员	0.03315	0.07418	0.655	-0.1123	0.1786
		务工人员	-0.01434	0.01911	0.453	-0.0518	0.0231
		其他职业	-0.01617	0.01732	0.351	-0.0501	0.0178
	私营企业主	务农人员	0.03547	0.01953	0.069	-0.0028	0.0738
		技术人员	0.01257	0.03852	0.744	-0.0630	0.0881
		公务员	0.06863	0.07554	0.364	-0.0795	0.2167
		务工人员	0.02113	0.02386	0.376	-0.0257	0.0679
		其他职业	0.01931	0.02245	0.390	-0.0247	0.0633

续表

因变量	(I)职业	(J)职业	均值差(I-J)	标准误	显著性	95%置信区间	
						下限	上限
选举程序认知	技术人员	务农人员	0.02291	0.03577	0.522	-0.0472	0.0930
		私营企业主	-0.01257	0.03852	0.744	-0.0881	0.0630
		公务员	0.05606	0.08127	0.490	-0.1033	0.2154
		务工人员	0.00857	0.03831	0.823	-0.0665	0.0837
		其他职业	0.00674	0.03745	0.857	-0.0667	0.0802
	公务员	务农人员	-0.03315	0.07418	0.655	-0.1786	0.1123
		私营企业主	-0.06863	0.07554	0.364	-0.2167	0.0795
		技术人员	-0.05606	0.08127	0.490	-0.2154	0.1033
		务工人员	-0.04750	0.07544	0.529	-0.1954	0.1004
		其他职业	-0.04932	0.07500	0.511	-0.1964	0.0977
	务工人员	务农人员	0.01434	0.01911	0.453	-0.0231	0.0518
		私营企业主	-0.02113	0.02386	0.376	-0.0679	0.0257
		技术人员	-0.00857	0.03831	0.823	-0.0837	0.0665
		公务员	0.04750	0.07544	0.529	-0.1004	0.1954
		其他职业	-0.00183	0.02209	0.934	-0.0451	0.0415
	其他职业	务农人员	0.01617	0.01732	0.351	-0.0178	0.0501
		私营企业主	-0.01931	0.02245	0.390	-0.0633	0.0247
		技术人员	-0.00674	0.03745	0.857	-0.0802	0.0667
		公务员	0.04932	0.07500	0.511	-0.0977	0.1964
		务工人员	0.00183	0.02209	0.934	-0.0415	0.0451

* 均值差的显著性水平为0.05。

在“选举参与”方面，务农人员被试的得分在0~4.00分之间，均值为1.11，标准差为1.38；私营企业主被试的得分在0~4.00分之间，均值为1.04，标准差为1.38；专业技术人员被试的得分在0~4.00分之间，均值为1.37，标准差为1.48；公务员被试的得分在0~4.00分之间，均值为2.16，标准差为1.46；务工人员被试的得分在0~4.00分之间，均值为1.13，标准差为1.36；其他职业被试的得分在0~4.00分之间，均值为0.90，标准差为1.30。对不同职业被试的选举参与得分的差异性进行方差分析（见表16、表17、表18和图5），显示不同职业被试的得分差异显著，$F = 8.610$，$p < 0.001$，公务员被试的得分显著高于另外五种职业被试；其他职业被试的得分

显著低于务农人员、专业技术人员、务工人员被试，与私营企业主被试之间的得分差异不显著；专业技术人员被试的得分显著高于务农人员、私营企业主，与务工人员被试之间的得分差异不显著；务农人员、私营企业主、务工人员三种被试相互之间的得分差异均不显著。

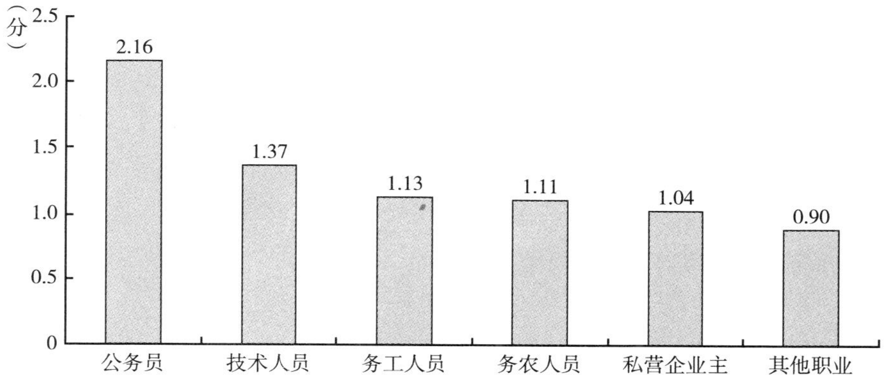

图 5　不同职业被试的选举参与的得分比较

表 16　不同职业被试的选举参与得分的差异比较

项目		*N*	均值	标准差	标准误	均值的 95% 置信区间		极小值	极大值
						下限	上限		
选举参与	务农人员	2009	1.1068	1.38285	0.03085	1.0463	1.1673	0.00	4.00
	私营企业主	609	1.0411	1.37528	0.05573	0.9316	1.1505	0.00	4.00
	技术人员	149	1.3691	1.47776	0.12106	1.1299	1.6084	0.00	4.00
	公务员	32	2.1563	1.45601	0.25739	1.6313	2.6812	0.00	4.00
	务工人员	642	1.1332	1.36273	0.05378	1.0276	1.2388	0.00	4.00
	其他职业	842	0.9020	1.29674	0.04469	0.8143	0.9897	0.00	4.00
	总数	4283	1.0781	1.37228	0.02097	1.0370	1.1192	0.00	4.00

表 17　不同职业被试的选举参与得分的方差分析结果

项目		平方和	*df*	均方	*F*	显著性
选举参与	组间	80.357	5	16.071	8.610	0.000
	组内	7983.268	4277	1.867		
	总数	8063.626	4282			

表 18　不同职业被试的选举参与得分的多重比较

因变量	(I)职业	(J)职业	均值差(I－J)	标准误	显著性	95%置信区间	
						下限	上限
选举参与	务农人员	私营企业主	0.06572	0.06320	0.298	－0.0582	0.1896
		技术人员	－0.26236*	0.11600	0.024	－0.4898	－0.0349
		公务员	－1.04948*	0.24343	0.000	－1.5267	－0.5722
		务工人员	－0.02641	0.06194	0.670	－0.1478	0.0950
		其他职业	0.20475*	0.05609	0.000	0.0948	0.3147
	私营企业主	务农人员	－0.06572	0.06320	0.298	－0.1896	0.0582
		技术人员	－0.32808*	0.12487	0.009	－0.5729	－0.0833
		公务员	－1.11520*	0.24778	0.000	－1.6010	－0.6294
		务工人员	－0.09213	0.07728	0.233	－0.2436	0.0594
		其他职业	0.13903	0.07268	0.056	－0.0035	0.2815
	技术人员	务农人员	0.26236*	0.11600	0.024	0.0349	0.4898
		私营企业主	0.32808*	0.12487	0.009	0.0833	0.5729
		公务员	－0.78712*	0.26619	0.003	－1.3090	－0.2653
		务工人员	0.23595	0.12424	0.058	－0.0076	0.4795
		其他职业	0.46711*	0.12143	0.000	0.2291	0.7052
	公务员	务农人员	1.04948*	0.24343	0.000	0.5722	1.5267
		私营企业主	1.11520*	0.24778	0.000	0.6294	1.6010
		技术人员	0.78712*	0.26619	0.003	0.2653	1.3090
		务工人员	1.02307*	0.24746	0.000	0.5379	1.5082
		其他职业	1.25423*	0.24606	0.000	0.7718	1.7366
	务工人员	务农人员	0.02641	0.06194	0.670	－0.0950	0.1478
		私营企业主	0.09213	0.07728	0.233	－0.0594	0.2436
		技术人员	－0.23595	0.12424	0.058	－0.4795	0.0076
		公务员	－1.02307*	0.24746	0.000	－1.5082	－0.5379
		其他职业	0.23116*	0.07158	0.001	0.0908	0.3715
	其他职业	务农人员	－0.20475*	0.05609	0.000	－0.3147	－0.0948
		私营企业主	－0.13903	0.07268	0.056	－0.2815	0.0035
		技术人员	－0.46711*	0.12143	0.000	－0.7052	－0.2291
		公务员	－1.25423*	0.24606	0.000	－1.7366	－0.7718
		务工人员	－0.23116*	0.07158	0.001	－0.3715	－0.0908

*均值差的显著性水平为0.05。

二 不同职业被试的乡镇人大代表选举参与主观状况

在“选举参与满意度”方面，务农人员被试的得分在1.00～5.00分之间，均值为2.86，标准差为0.58；私营企业主被试的得分在1.25～4.75分之间，均值为2.87，标准差为0.52；专业技术人员被试的得分在1.50～4.00分之间，均值为2.87，标准差为0.49；公务员被试的得分在1.75～4.00分之间，均值为2.98，标准差为0.45；务工人员被试的得分在1.00～4.25分之间，均值为2.85，标准差为0.49；其他职业被试的得分在1.00～5.00分之间，均值为2.84，标准差为0.53。对不同职业被试的选举参与满意度得分的差异性进行方差分析（见表19、表20、表21），显示不同职业被试的得分差异未达到显著水平（$F=0.639$，$p=0.670$）。

表19 不同职业被试的选举参与满意度得分的差异比较

项目		*N*	均值	标准差	标准误	均值的95%置信区间		极小值	极大值
						下限	上限		
选举参与满意度	务农人员	2022	2.8628	0.57735	0.01284	2.8376	2.8879	1.00	5.00
	私营企业主	608	2.8729	0.51800	0.02101	2.8317	2.9142	1.25	4.75
	技术人员	151	2.8742	0.48723	0.03965	2.7958	2.9525	1.50	4.00
	公务员	33	2.9773	0.44793	0.07797	2.8184	3.1361	1.75	4.00
	务工人员	644	2.8482	0.49429	0.01948	2.8100	2.8865	1.00	4.25
	其他职业	848	2.8426	0.53062	0.01822	2.8068	2.8783	1.00	5.00
	总数	4306	2.8593	0.54423	0.00829	2.8431	2.8756	1.00	5.00

表20 不同职业被试的选举参与满意度得分的方差分析结果

项目		平方和	*df*	均方	*F*	显著性
选举参与满意度	组间	0.947	5	0.189	0.639	0.670
	组内	1274.152	4300	0.296		
	总数	1275.098	4305			

表 21　不同职业被试的选举参与满意度得分的多重比较

因变量	(I)职业	(J)职业	均值差(I-J)	标准误	显著性	95% 置信区间	
						下限	上限
选举参与满意度	务农人员	私营企业主	-0.01018	0.02518	0.686	-0.0595	0.0392
		技术人员	-0.01141	0.04592	0.804	-0.1014	0.0786
		公务员	-0.11451	0.09553	0.231	-0.3018	0.0728
		务工人员	0.01455	0.02463	0.555	-0.0337	0.0628
		其他职业	0.02019	0.02227	0.365	-0.0235	0.0639
	私营企业主	务农人员	0.01018	0.02518	0.686	-0.0392	0.0595
		技术人员	-0.00123	0.04949	0.980	-0.0983	0.0958
		公务员	-0.10433	0.09730	0.284	-0.2951	0.0864
		务工人员	0.02473	0.03078	0.422	-0.0356	0.0851
		其他职业	0.03037	0.02893	0.294	-0.0263	0.0871
	技术人员	务农人员	0.01141	0.04592	0.804	-0.0786	0.1014
		私营企业主	0.00123	0.04949	0.980	-0.0958	0.0983
		公务员	-0.10310	0.10460	0.324	-0.3082	0.1020
		务工人员	0.02596	0.04922	0.598	-0.0705	0.1225
		其他职业	0.03160	0.04808	0.511	-0.0627	0.1259
	公务员	务农人员	0.11451	0.09553	0.231	-0.0728	0.3018
		私营企业主	0.10433	0.09730	0.284	-0.0864	0.2951
		技术人员	0.10310	0.10460	0.324	-0.1020	0.3082
		务工人员	0.12906	0.09716	0.184	-0.0614	0.3195
		其他职业	0.13470	0.09658	0.163	-0.0547	0.3241
	务工人员	务农人员	-0.01455	0.02463	0.555	-0.0628	0.0337
		私营企业主	-0.02473	0.03078	0.422	-0.0851	0.0356
		技术人员	-0.02596	0.04922	0.598	-0.1225	0.0705
		公务员	-0.12906	0.09716	0.184	-0.3195	0.0614
		其他职业	0.00564	0.02845	0.843	-0.0501	0.0614
	其他职业	务农人员	-0.02019	0.02227	0.365	-0.0639	0.0235
		私营企业主	-0.03037	0.02893	0.294	-0.0871	0.0263
		技术人员	-0.03160	0.04808	0.511	-0.1259	0.0627
		公务员	-0.13470	0.09658	0.163	-0.3241	0.0547
		务工人员	-0.00564	0.02845	0.843	-0.0614	0.0501

* 均值差的显著性水平为 0.05。

在“选举参与意愿”方面，务农人员被试的得分在1.00～5.00分之间，均值为3.21，标准差为0.61；私营企业主被试的得分在1.33～5.00分之间，均值为3.19，标准差为0.60；专业技术人员被试的得分在1.67～4.67分之间，均值为3.24，标准差为0.64；公务员被试的得分在2.33～4.67分之间，均值为3.34，标准差为0.53；务工人员被试的得分在1.33～5.00分之间，均值为3.12，标准差为0.60；其他职业被试的得分在1.33～5.00分之间，均值为3.25，标准差为0.63。对不同职业被试的选举参与意愿得分的差异性进行方差分析（见表22、表23、表24和图6），显示不同职业被试的得分差异显著，$F=4.080$，$p<0.05$，务工人员被试的得分显著低于务农人员、专业技术人员、公务员、其他职业被试，与私营企业主被试之间的得分差异不显著；私营企业主被试的得分显著低于其他职业被试，与务农人员、专业技术人员、公务员被试之间的得分差异不显著；务农人员、专业技术人员、公务员、其他职业四种被试相互之间的得分差异均不显著。

表22　不同职业被试的选举参与意愿得分的差异比较

项目		N	均值	标准差	标准误	均值的95%置信区间		极小值	极大值
						下限	上限		
选举参与意愿	务农人员	2027	3.2098	0.61465	0.01365	3.1831	3.2366	1.00	5.00
	私营企业主	609	3.1877	0.59998	0.02431	3.1400	3.2355	1.33	5.00
	技术人员	151	3.2384	0.63523	0.05169	3.1363	3.3406	1.67	4.67
	公务员	33	3.3434	0.53023	0.09230	3.1554	3.5314	2.33	4.67
	务工人员	648	3.1209	0.59763	0.02348	3.0748	3.1670	1.33	5.00
	其他职业	849	3.2540	0.62570	0.02147	3.2119	3.2962	1.33	5.00
	总数	4317	3.2041	0.61351	0.00934	3.1858	3.2224	1.00	5.00

表23　不同职业被试的选举参与意愿得分的方差分析结果

项目		平方和	df	均方	F	显著性
选举参与意愿	组间	7.651	5	1.530	4.080	0.001
	组内	1616.890	4311	0.375		
	总数	1624.542	4316			

表 24　不同职业被试的选举参与意愿得分的多重比较

因变量	(I)职业	(J)职业	均值差(I－J)	标准误	显著性	95%置信区间	
						下限	上限
选举参与满意度	务农人员	私营企业主	0.02209	0.02830	0.435	－0.0334	0.0776
		技术人员	－0.02858	0.05166	0.580	－0.1299	0.0727
		公务员	－0.13360	0.10747	0.214	－0.3443	0.0771
		务工人员	0.08895 *	0.02764	0.001	0.0348	0.1431
		其他职业	－0.04419	0.02504	0.078	－0.0933	0.0049
	私营企业主	务农人员	－0.02209	0.02830	0.435	－0.0776	0.0334
		技术人员	－0.05067	0.05568	0.363	－0.1598	0.0585
		公务员	－0.15569	0.10946	0.155	－0.3703	0.0589
		务工人员	0.06685	0.03456	0.053	－0.0009	0.1346
		其他职业	－0.06628 *	0.03252	0.042	－0.1300	－0.0025
	技术人员	务农人员	0.02858	0.05166	0.580	－0.0727	0.1299
		私营企业主	0.05067	0.05568	0.363	－0.0585	0.1598
		公务员	－0.10502	0.11768	0.372	－0.3357	0.1257
		务工人员	0.11753 *	0.05534	0.034	0.0090	0.2260
		其他职业	－0.01561	0.05409	0.773	－0.1217	0.0904
	公务员	务农人员	0.13360	0.10747	0.214	－0.0771	0.3443
		私营企业主	0.15569	0.10946	0.155	－0.0589	0.3703
		技术人员	0.10502	0.11768	0.372	－0.1257	0.3357
		务工人员	0.22255 *	0.10929	0.042	0.0083	0.4368
		其他职业	0.08941	0.10866	0.411	－0.1236	0.3024
	务工人员	务农人员	－0.08895 *	0.02764	0.001	－0.1431	－0.0348
		私营企业主	－0.06685	0.03456	0.053	－0.1346	0.0009
		技术人员	－0.11753 *	0.05534	0.034	－0.2260	－0.0090
		公务员	－0.22255 *	0.10929	0.042	－0.4368	－0.0083
		其他职业	－0.13314 *	0.03195	0.000	－0.1958	－0.0705
	其他职业	务农人员	0.04419	0.02504	0.078	－0.0049	0.0933
		私营企业主	0.06628 *	0.03252	0.042	0.0025	0.1300
		技术人员	0.01561	0.05409	0.773	－0.0904	0.1217
		公务员	－0.08941	0.10866	0.411	－0.3024	0.1236
		务工人员	0.13314 *	0.03195	0.000	0.0705	0.1958

* 均值差的显著性水平为0.05。

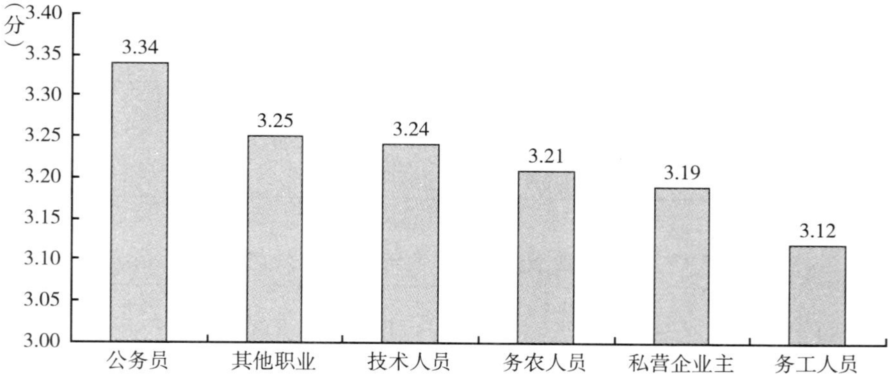

图6　不同职业被试的选举参与意愿的得分比较

在“选举参与效能”方面，务农人员被试的得分在1.00～5.00分之间，均值为3.08，标准差为0.54；私营企业主被试的得分在1.33～4.67分之间，均值为3.08，标准差为0.55；专业技术人员被试的得分在1.00～4.67分之间，均值为3.05，标准差为0.58；公务员被试的得分在1.33～4.00分之间，均值为3.08，标准差为0.60；务工人员被试的得分在1.00～4.67分之间，均值为3.06，标准差为0.50；其他职业被试的得分在1.00～5.00分之间，均值为3.06，标准差为0.58。对不同职业被试的选举参与效能得分的差异性进行方差分析（见表25、表26、表27），显示不同职业被试的得分差异未达到显著水平（$F=0.198$，$p=0.963$）。

表25　不同职业被试的选举参与效能得分的差异比较

项目		N	均值	标准差	标准误	均值的95%置信区间		极小值	极大值
						下限	上限		
选举参与效能	务农人员	2028	3.0777	0.54167	0.01203	3.0542	3.1013	1.00	5.00
	私营企业主	611	3.0802	0.54916	0.02222	3.0366	3.1238	1.33	4.67
	技术人员	150	3.0489	0.57849	0.04723	2.9556	3.1422	1.00	4.67
	公务员	33	3.0808	0.59530	0.10363	2.8697	3.2919	1.33	4.00
	务工人员	647	3.0623	0.50324	0.01978	3.0235	3.1012	1.00	4.67
	其他职业	850	3.0647	0.58164	0.01995	3.0255	3.1039	1.00	5.00
	总数	4319	3.0722	0.54680	0.00832	3.0559	3.0886	1.00	5.00

表 26　不同职业被试的选举参与效能得分的方差分析结果

项目		平方和	*df*	均方	*F*	显著性
选举参与效能	组间	0. 296	5	0. 059	0. 198	0. 963
	组内	1290. 721	4313	0. 299		
	总数	1291. 017	4318			

表 27　不同职业被试的选举参与效能得分的多重比较

因变量	(I)职业	(J)职业	均值差(I-J)	标准误	显著性	95%置信区间	
						下限	上限
选举参与效能	务农人员	私营企业主	-0. 00245	0. 02525	0. 923	-0. 0519	0. 0470
		技术人员	0. 02886	0. 04629	0. 533	-0. 0619	0. 1196
		公务员	-0. 00306	0. 09600	0. 975	-0. 1913	0. 1851
		务工人员	0. 01541	0. 02470	0. 533	-0. 0330	0. 0638
		其他职业	0. 01304	0. 02235	0. 560	-0. 0308	0. 0569
	私营企业主	务农人员	0. 00245	0. 02525	0. 923	-0. 0470	0. 0519
		技术人员	0. 03131	0. 04985	0. 530	-0. 0664	0. 1290
		公务员	-0. 00061	0. 09777	0. 995	-0. 1923	0. 1911
		务工人员	0. 01786	0. 03086	0. 563	-0. 0426	0. 0784
		其他职业	0. 01549	0. 02901	0. 593	-0. 0414	0. 0724
	技术人员	务农人员	-0. 02886	0. 04629	0. 533	-0. 1196	0. 0619
		私营企业主	-0. 03131	0. 04985	0. 530	-0. 1290	0. 0664
		公务员	-0. 03192	0. 10518	0. 762	-0. 2381	0. 1743
		务工人员	-0. 01345	0. 04957	0. 786	-0. 1106	0. 0837
		其他职业	-0. 01582	0. 04845	0. 744	-0. 1108	0. 0792
	公务员	务农人员	0. 00306	0. 09600	0. 975	-0. 1851	0. 1913
		私营企业主	0. 00061	0. 09777	0. 995	-0. 1911	0. 1923
		技术人员	0. 03192	0. 10518	0. 762	-0. 1743	0. 2381
		务工人员	0. 01847	0. 09763	0. 850	-0. 1729	0. 2099
		其他职业	0. 01610	0. 09706	0. 868	-0. 1742	0. 2064
	务工人员	务农人员	-0. 01541	0. 02470	0. 533	-0. 0638	0. 0330
		私营企业主	-0. 01786	0. 03086	0. 563	-0. 0784	0. 0426
		技术人员	0. 01345	0. 04957	0. 786	-0. 0837	0. 1106
		公务员	-0. 01847	0. 09763	0. 850	-0. 2099	0. 1729
		其他职业	-0. 00237	0. 02854	0. 934	-0. 0583	0. 0536
	其他职业	务农人员	-0. 01304	0. 02235	0. 560	-0. 0569	0. 0308
		私营企业主	-0. 01549	0. 02901	0. 593	-0. 0724	0. 0414
		技术人员	0. 01582	0. 04845	0. 744	-0. 0792	0. 1108
		公务员	-0. 01610	0. 09706	0. 868	-0. 2064	0. 1742
		务工人员	0. 00237	0. 02854	0. 934	-0. 0536	0. 0583

* 均值差的显著性水平为 0. 05。

三　不同职业被试对乡镇人大代表选举工作的评价

“中国公民的乡镇人大代表选举参与”问卷调查请被试根据最近一次乡镇人大代表选举情况，为选举工作的满意度打分。在选举工作满意度综合打分方面，务农人员被试的打分在1.00～5.00分之间，均值为3.18，标准差为0.68；私营企业主被试的打分在1.00～5.00分之间，均值为3.11，标准差为0.70；专业技术人员被试的打分在1.00～5.00分之间，均值为3.07，标准差为0.81；公务员被试的打分在1.57～5.00分之间，均值为3.42，标准差为0.75；务工人员被试的打分在1.00～5.00分之间，均值为3.16，标准差为0.70；其他职业被试的打分在1.00～5.00分之间，均值为3.12，标准差为0.81。对不同职业被试的选举工作满意度综合打分的差异性进行方差分析（见表28、表29、表30和图7），显示不同职业被试的打分差异显著，$F=2.361$，$p<0.05$，公务员被试的打分显著高于专业技术人员、私营企业主、务工人员、其他职业被试，与务农人员被试之间的打分差异不显著；务农人员、私营企业主、专业技术人员、务工人员、其他职业五种职业被试相互之间的打分差异都未达到显著水平。

表28　不同职业被试对乡镇人大代表选举工作综合打分的差异比较

项目		N	均值	标准差	标准误	均值的95%置信区间		极小值	极大值
						下限	上限		
选举工作综合打分	务农人员	2026	3.1768	0.68082	0.01513	3.1471	3.2064	1.00	5.00
	私营企业主	611	3.1125	0.70153	0.02838	3.0567	3.1682	1.00	5.00
	技术人员	151	3.0747	0.80877	0.06582	2.9447	3.2048	1.00	5.00
	公务员	32	3.4196	0.75413	0.13331	3.1477	3.6915	1.57	5.00
	务工人员	647	3.1572	0.70410	0.02768	3.1029	3.2116	1.00	5.00
	其他职业	845	3.1234	0.80688	0.02776	3.0689	3.1779	1.00	5.00
	总数	4312	3.1525	0.71929	0.01095	3.1310	3.1740	1.00	5.00

表29　不同职业被试对乡镇人大代表选举工作综合打分的方差分析结果

项目		平方和	df	均方	F	显著性
选举工作综合打分	组间	6.099	5	1.220	2.361	0.038
	组内	2224.337	4306	0.517		
	总数	2230.436	4311			

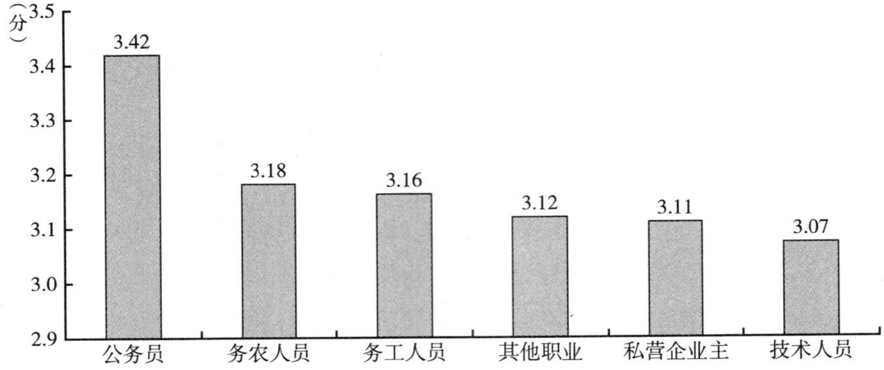

图7　不同职业被试对乡镇人大代表选举工作综合打分的比较

表30　不同职业被试对乡镇人大代表选举工作综合打分的多重比较

因变量	(I)职业	(J)职业	均值差(I-J)	标准误	显著性	95%置信区间	
						下限	上限
选举工作综合打分	务农人员	私营企业主	0.06431	0.03317	0.053	-0.0007	0.1293
		技术人员	0.10203	0.06063	0.092	-0.0168	0.2209
		公务员	-0.24287	0.12805	0.058	-0.4939	0.0082
		务工人员	0.01956	0.03246	0.547	-0.0441	0.0832
		其他职业	0.05336	0.02943	0.070	-0.0043	0.1111
	私营企业主	务农人员	-0.06431	0.03317	0.053	-0.1293	0.0007
		技术人员	0.03772	0.06532	0.564	-0.0903	0.1658
		公务员	-0.30718*	0.13034	0.018	-0.5627	-0.0516
		务工人员	-0.04475	0.04054	0.270	-0.1242	0.0347
		其他职业	-0.01095	0.03817	0.774	-0.0858	0.0639
	技术人员	务农人员	-0.10203	0.06063	0.092	-0.2209	0.0168
		私营企业主	-0.03772	0.06532	0.564	-0.1658	0.0903
		公务员	-0.34490*	0.13987	0.014	-0.6191	-0.0707
		务工人员	-0.08247	0.06496	0.204	-0.2098	0.0449
		其他职业	-0.04868	0.06350	0.443	-0.1732	0.0758
	公务员	务农人员	0.24287	0.12805	0.058	-0.0082	0.4939
		私营企业主	0.30718*	0.13034	0.018	0.0516	0.5627
		技术人员	0.34490*	0.13987	0.014	0.0707	0.6191
		务工人员	0.26243*	0.13016	0.044	0.0073	0.5176
		其他职业	0.29623*	0.12944	0.022	0.0425	0.5500

续表

因变量	(I)职业	(J)职业	均值差(I-J)	标准误	显著性	95%置信区间	
						下限	上限
选举工作综合打分	务工人员	务农人员	-0.01956	0.03246	0.547	-0.0832	0.0441
		私营企业主	0.04475	0.04054	0.270	-0.0347	0.1242
		技术人员	0.08247	0.06496	0.204	-0.0449	0.2098
		公务员	-0.26243*	0.13016	0.044	-0.5176	-0.0073
		其他职业	0.03379	0.03755	0.368	-0.0398	0.1074
	其他职业	务农人员	-0.05336	0.02943	0.070	-0.1111	0.0043
		私营企业主	0.01095	0.03817	0.774	-0.0639	0.0858
		技术人员	0.04868	0.06350	0.443	-0.0758	0.1732
		公务员	-0.29623*	0.12944	0.022	-0.5500	-0.0425
		务工人员	-0.03379	0.03755	0.368	-0.1074	0.0398

*均值差的显著性水平为0.05。

四　不同职业被试对政治信任和政治沟通等的评价

“中国公民的乡镇人大代表选举参与”问卷调查还涉及被试对政治信任、政治沟通、程序公平和结果公平的看法，可以比较不同职业被试在相关看法上是否有重大差别。

在“政治信任”方面，务农人员被试的打分在1.00~6.00分之间，均值为3.91，标准差为0.98；私营企业主被试的打分在1.00~6.00分之间，均值为3.93，标准差为0.91；专业技术人员被试的打分在1.00~6.00分之间，均值为3.79，标准差为1.14；公务员被试的打分在2.20~6.00分之间，均值为4.08，标准差为0.90；务工人员被试的打分在1.00~6.00分之间，均值为3.78，标准差为1.00；其他职业被试的打分在1.00~6.00分之间，均值为3.87，标准差为1.06。对不同职业被试的政治信任打分的差异性进行方差分析（见表31、表32、表33和图8），显示不同职业被试的打分差异显著，$F=2.389$，$p<0.05$，务工人员被试的打分显著低于务农人员、私营企业主被试，与专业技术人员、公务员、其他职业被试之间的打分差异不显著；务农人员、私营企业主、专业技术人员、公务员、其他职业五种职业被试相互之间的打分差异都未达到显著水平。

表 31 不同职业被试的政治信任打分的差异比较

项目		N	均值	标准差	标准误	均值的 95% 置信区间		极小值	极大值
						下限	上限		
政治信任	务农人员	2027	3. 9074	0. 97758	0. 02171	3. 8649	3. 9500	1. 00	6. 00
	私营企业主	610	3. 9311	0. 91245	0. 03694	3. 8586	4. 0037	1. 00	6. 00
	技术人员	151	3. 7947	1. 13770	0. 09259	3. 6118	3. 9776	1. 00	6. 00
	公务员	33	4. 0788	0. 89574	0. 15593	3. 7612	4. 3964	2. 20	6. 00
	务工人员	647	3. 7821	0. 99897	0. 03927	3. 7050	3. 8592	1. 00	6. 00
	其他职业	850	3. 8699	1. 05859	0. 03631	3. 7986	3. 9411	1. 00	6. 00
	总数	4318	3. 8820	0. 99465	0. 01514	3. 8523	3. 9117	1. 00	6. 00

表 32 不同职业被试的政治信任打分的方差分析结果

项目		平方和	*df*	均方	*F*	显著性
政治信任	组间	11. 801	5	2. 360	2. 389	0. 036
	组内	4259. 098	4312	0. 988		
	总数	4270. 898	4317			

表 33 不同职业被试的政治信任打分的多重比较

因变量	(I) 职业	(J) 职业	均值差 (I－J)	标准误	显著性	95% 置信区间	
						下限	上限
政治信任	务农人员	私营企业主	－0. 02370	0. 04590	0. 606	－0. 1137	0. 0663
		技术人员	0. 11275	0. 08384	0. 179	－0. 0516	0. 2771
		公务员	－0. 17134	0. 17441	0. 326	－0. 5133	0. 1706
		务工人员	0. 12538 *	0. 04488	0. 005	0. 0374	0. 2134
		其他职业	0. 03757	0. 04061	0. 355	－0. 0421	0. 1172
	私营企业主	务农人员	0. 02370	0. 04590	0. 606	－0. 0663	0. 1137
		技术人员	0. 13645	0. 09034	0. 131	－0. 0407	0. 3135
		公务员	－0. 14764	0. 17762	0. 406	－0. 4959	0. 2006
		务工人员	0. 14908 *	0. 05609	0. 008	0. 0391	0. 2590
		其他职业	0. 06127	0. 05274	0. 245	－0. 0421	0. 1647
	技术人员	务农人员	－0. 11275	0. 08384	0. 179	－0. 2771	0. 0516
		私营企业主	－0. 13645	0. 09034	0. 131	－0. 3135	0. 0407
		公务员	－0. 28409	0. 19098	0. 137	－0. 6585	0. 0903
		务工人员	0. 01263	0. 08982	0. 888	－0. 1635	0. 1887
		其他职业	－0. 07518	0. 08777	0. 392	－0. 2473	0. 0969

续表

因变量	(I)职业	(J)职业	均值差(I-J)	标准误	显著性	95%置信区间	
						下限	上限
政治信任	公务员	务农人员	0.17134	0.17441	0.326	-0.1706	0.5133
		私营企业主	0.14764	0.17762	0.406	-0.2006	0.4959
		技术人员	0.28409	0.19098	0.137	-0.0903	0.6585
		务工人员	0.29672	0.17736	0.094	-0.0510	0.6444
		其他职业	0.20891	0.17633	0.236	-0.1368	0.5546
	务工人员	务农人员	-0.12538*	0.04488	0.005	-0.2134	-0.0374
		私营企业主	-0.14908*	0.05609	0.008	-0.2590	-0.0391
		技术人员	-0.01263	0.08982	0.888	-0.1887	0.1635
		公务员	-0.29672	0.17736	0.094	-0.6444	0.0510
		其他职业	-0.08781	0.05185	0.090	-0.1895	0.0138
	其他职业	务农人员	-0.03757	0.04061	0.355	-0.1172	0.0421
		私营企业主	-0.06127	0.05274	0.245	-0.1647	0.0421
		技术人员	0.07518	0.08777	0.392	-0.0969	0.2473
		公务员	-0.20891	0.17633	0.236	-0.5546	0.1368
		务工人员	0.08781	0.05185	0.090	-0.0138	0.1895

* 均值差的显著性水平为0.05。

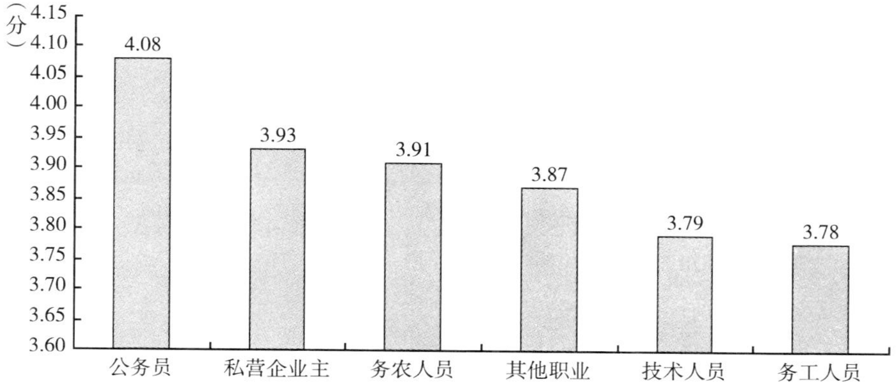

图8　不同职业被试的政治信任打分比较

在“政治沟通”方面，务农人员被试的打分在1.00～5.00分之间，均值为3.22，标准差为0.59；私营企业主被试的打分在1.00～5.00分之间，均值为3.25，标准差为0.57；专业技术人员被试的打分在1.00～5.00分之间，均值为3.22，标准差为0.66；公务员被试的打分在2.40～5.00分之间，均值为3.26，标准差为0.59；务工人员被试的打分在1.00～5.00分之间，均值为3.25，标准差为0.59；其他职业被试的打分在1.00～5.00分之间，均值为3.23，标准差为0.64。对不同职业被试的政治信任打分的差异性进行方差分析（见表34、表35、表36），显示不同职业被试的打分差异未达到显著水平（$F=0.487$，$p=0.786$）。

表34　不同职业被试的政治沟通打分的差异比较

项目		N	均值	标准差	标准误	均值的95%置信区间		极小值	极大值
						下限	上限		
政治沟通	务农人员	2023	3.2205	0.59283	0.01318	3.1946	3.2463	1.00	5.00
	私营企业主	610	3.2515	0.56700	0.02296	3.2064	3.2966	1.00	5.00
	技术人员	151	3.2199	0.66323	0.05397	3.1132	3.3265	1.00	5.00
	公务员	33	3.2606	0.59052	0.10280	3.0512	3.4700	2.40	5.00
	务工人员	647	3.2547	0.58509	0.02300	3.2095	3.2999	1.00	5.00
	其他职业	851	3.2320	0.64638	0.02216	3.1885	3.2755	1.00	5.00
	总数	4315	3.2325	0.60148	0.00916	3.2146	3.2505	1.00	5.00

表35　不同职业被试的政治沟通打分的方差分析结果

项目		平方和	df	均方	F	显著性
政治沟通	组间	0.882	5	0.176	0.487	0.786
	组内	1559.829	4309	0.362		
	总数	1560.712	4314			

表 36 不同职业被试的政治沟通打分的多重比较

因变量	(I)职业	(J)职业	均值差(I－J)	标准误	显著性	95%置信区间	
						下限	上限
政治沟通	务农人员	私营企业主	－0. 03101	0. 02779	0. 265	－0. 0855	0. 0235
		技术人员	0. 00060	0. 05076	0. 991	－0. 0989	0. 1001
		公务员	－0. 04014	0. 10559	0. 704	－0. 2471	0. 1669
		务工人员	－0. 03425	0. 02717	0. 208	－0. 0875	0. 0190
		其他职业	－0. 01150	0. 02458	0. 640	－0. 0597	0. 0367
	私营企业主	务农人员	0. 03101	0. 02779	0. 265	－0. 0235	0. 0855
		技术人员	0. 03161	0. 05469	0. 563	－0. 0756	0. 1388
		公务员	－0. 00913	0. 10753	0. 932	－0. 2199	0. 2017
		务工人员	－0. 00324	0. 03395	0. 924	－0. 0698	0. 0633
		其他职业	0. 01951	0. 03192	0. 541	－0. 0431	0. 0821
	技术人员	务农人员	－0. 00060	0. 05076	0. 991	－0. 1001	0. 0989
		私营企业主	－0. 03161	0. 05469	0. 563	－0. 1388	0. 0756
		公务员	－0. 04074	0. 11561	0. 725	－0. 2674	0. 1859
		务工人员	－0. 03485	0. 05438	0. 522	－0. 1415	0. 0718
		其他职业	－0. 01209	0. 05313	0. 820	－0. 1163	0. 0921
	公务员	务农人员	0. 04014	0. 10559	0. 704	－0. 1669	0. 2471
		私营企业主	0. 00913	0. 10753	0. 932	－0. 2017	0. 2199
		技术人员	0. 04074	0. 11561	0. 725	－0. 1859	0. 2674
		务工人员	0. 00589	0. 10737	0. 956	－0. 2046	0. 2164
		其他职业	0. 02864	0. 10675	0. 788	－0. 1806	0. 2379
	务工人员	务农人员	0. 03425	0. 02717	0. 208	－0. 0190	0. 0875
		私营企业主	0. 00324	0. 03395	0. 924	－0. 0633	0. 0698
		技术人员	0. 03485	0. 05438	0. 522	－0. 0718	0. 1415
		公务员	－0. 00589	0. 10737	0. 956	－0. 2164	0. 2046
		其他职业	0. 02275	0. 03138	0. 469	－0. 0388	0. 0843
	其他职业	务农人员	0. 01150	0. 02458	0. 640	－0. 0367	0. 0597
		私营企业主	－0. 01951	0. 03192	0. 541	－0. 0821	0. 0431
		技术人员	0. 01209	0. 05313	0. 820	－0. 0921	0. 1163
		公务员	－0. 02864	0. 10675	0. 788	－0. 2379	0. 1806
		务工人员	－0. 02275	0. 03138	0. 469	－0. 0843	0. 0388

* 均值差的显著性水平为 0. 05。

在“程序公平”方面，务农人员被试的打分在1.00～5.00分之间，均值为3.20，标准差为0.69；私营企业主被试的打分在1.00～5.00分之间，均值为3.07，标准差为0.75；专业技术人员被试的打分在1.00～5.00分之间，均值为2.98，标准差为0.85；公务员被试的打分在1.17～5.00分之间，均值为3.07，标准差为0.85；务工人员被试的打分在1.00～5.00分之间，均值为3.05，标准差为0.77；其他职业被试的打分在1.00～5.00分之间，均值为3.07，标准差为0.85。对不同职业被试的程序公平打分的差异性进行方差分析（见表37、表38、表39和图9），显示不同职业被试的打分差异显著，$F=7.432$，$p<0.001$，务农人员被试的打分显著高于私营企业主、专业技术人员、务工人员、其他职业被试，与公务员被试之间的打分差异不显著；私营企业主、专业技术人员、公务员、务工人员、其他职业五种被试相互之间的打分差异均不显著。

表37　不同职业被试的程序公平打分的差异比较

项目		N	均值	标准差	标准误	均值的95%置信区间		极小值	极大值
						下限	上限		
程序公平	务农人员	2026	3.1964	0.69477	0.01544	3.1662	3.2267	1.00	5.00
	私营企业主	608	3.0715	0.75302	0.03054	3.0116	3.1315	1.00	5.00
	技术人员	151	2.9801	0.85460	0.06955	2.8427	3.1175	1.00	5.00
	公务员	33	3.0707	0.85394	0.14865	2.7679	3.3735	1.17	5.00
	务工人员	647	3.0518	0.77290	0.03039	2.9921	3.1114	1.00	5.00
	其他职业	850	3.0724	0.85047	0.02917	3.0151	3.1296	1.00	5.00
	总数	4315	3.1242	0.75755	0.01153	3.1016	3.1468	1.00	5.00

表38　不同职业被试的程序公平打分的方差分析结果

项目		平方和	df	均方	F	显著性
程序公平	组间	21.167	5	4.233	7.432	0.000
	组内	2454.543	4309	0.570		
	总数	2475.711	4314			

表 39 不同职业被试的程序公平打分的多重比较

因变量	(I)职业	(J)职业	均值差(I-J)	标准误	显著性	95%置信区间	
						下限	上限
程序公平	务农人员	私营企业主	0.12490*	0.03490	0.000	0.0565	0.1933
		技术人员	0.21631*	0.06367	0.001	0.0915	0.3411
		公务员	0.12574	0.13245	0.343	-0.1339	0.3854
		务工人员	0.14467*	0.03408	0.000	0.0779	0.2115
		其他职业	0.12409*	0.03084	0.000	0.0636	0.1846
	私营企业主	务农人员	-0.12490*	0.03490	0.000	-0.1933	-0.0565
		技术人员	0.09141	0.06862	0.183	-0.0431	0.2260
		公务员	0.00084	0.13490	0.995	-0.2636	0.2653
		务工人员	0.01977	0.04263	0.643	-0.0638	0.1033
		其他职业	-0.00081	0.04009	0.984	-0.0794	0.0778
	技术人员	务农人员	-0.21631*	0.06367	0.001	-0.3411	-0.0915
		私营企业主	-0.09141	0.06862	0.183	-0.2260	0.0431
		公务员	-0.09057	0.14503	0.532	-0.3749	0.1938
		务工人员	-0.07164	0.06821	0.294	-0.2054	0.0621
		其他职业	-0.09222	0.06665	0.167	-0.2229	0.0385
	公务员	务农人员	-0.12574	0.13245	0.343	-0.3854	0.1339
		私营企业主	-0.00084	0.13490	0.995	-0.2653	0.2636
		技术人员	0.09057	0.14503	0.532	-0.1938	0.3749
		务工人员	0.01893	0.13469	0.888	-0.2451	0.2830
		其他职业	-0.00165	0.13391	0.990	-0.2642	0.2609
	务工人员	务农人员	-0.14467*	0.03408	0.000	-0.2115	-0.0779
		私营企业主	-0.01977	0.04263	0.643	-0.1033	0.0638
		技术人员	0.07164	0.06821	0.294	-0.0621	0.2054
		公务员	-0.01893	0.13469	0.888	-0.2830	0.2451
		其他职业	-0.02058	0.03938	0.601	-0.0978	0.0566
	其他职业	务农人员	-0.12409*	0.03084	0.000	-0.1846	-0.0636
		私营企业主	0.00081	0.04009	0.984	-0.0778	0.0794
		技术人员	0.09222	0.06665	0.167	-0.0385	0.2229
		公务员	0.00165	0.13391	0.990	-0.2609	0.2642
		务工人员	0.02058	0.03938	0.601	-0.0566	0.0978

*均值差的显著性水平为 0.05。

在“结果公平”方面，务农人员被试的打分在 1.00～5.00 分之间，均值为 3.22，标准差为 0.74；私营企业主被试的打分在 1.00～5.00 分之间，均值为

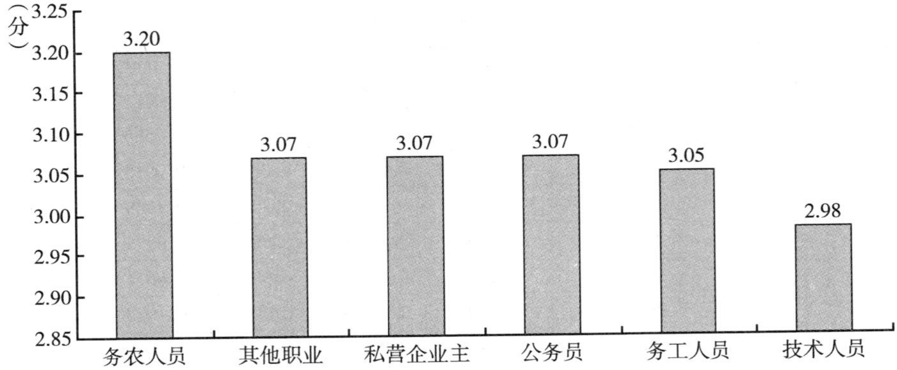

图 9　不同职业被试的程序公平打分比较

3.34，标准差为 0.68；专业技术人员被试的打分在 1.00 ~ 5.00 分之间，均值为 3.13，标准差为 0.81；公务员被试的打分在 1.00 ~ 5.00 分之间，均值为 3.21，标准差为 0.86；务工人员被试的打分在 1.00 ~ 5.00 分之间，均值为 3.13，标准差为 0.85；其他职业被试的打分在 1.00 ~ 5.00 分之间，均值为 3.22，标准差为 0.85。对不同职业被试的结果公平打分的差异性进行方差分析（见表 40、表 41、表 42 和图 10），显示不同职业被试的打分差异显著，$F = 4.968$，$p < 0.001$，公务员被试与另外五种职业被试之间的打分差异均不显著；私营企业主被试的打分显著高于务农人员、专业技术人员、务工人员、其他职业被试；务工人员被试的打分显著低于务农人员、其他职业被试，与专业技术人员被试之间的打分差异不显著；务农人员、专业技术人员、其他职业三种被试相互之间的打分差异均不显著。

表 40　不同职业被试的结果公平打分的差异比较

项目		N	均值	标准差	标准误	均值的 95% 置信区间		极小值	极大值
						下限	上限		
结果公平	务农人员	2019	3.2217	0.74277	0.01653	3.1893	3.2541	1.00	5.00
	私营企业主	609	3.3377	0.68015	0.02756	3.2836	3.3918	1.00	5.00
	技术人员	151	3.1291	0.80535	0.06554	2.9996	3.2586	1.00	5.00
	公务员	33	3.2121	0.86429	0.15045	2.9057	3.5186	1.00	5.00
	务工人员	645	3.1295	0.84983	0.03346	3.0637	3.1952	1.00	5.00
	其他职业	850	3.2180	0.84994	0.02915	3.1608	3.2753	1.00	5.00
	总数	4307	3.2203	0.77843	0.01186	3.1970	3.2435	1.00	5.00

表 41　不同职业被试的结果公平打分的方差分析结果

项目		平方和	*df*	均方	*F*	显著性
结果公平	组间	14.984	5	2.997	4.968	0.000
	组内	2594.228	4301	0.603		
	总数	2609.212	4306			

表 42　不同职业被试的结果公平打分的多重比较

因变量	(I)职业	(J)职业	均值差(I－J)	标准误	显著性	95%置信区间	
						下限	上限
结果公平	务农人员	私营企业主	－0.11599*	0.03591	0.001	－0.1864	－0.0456
		技术人员	0.09259	0.06552	0.158	－0.0359	0.2210
		公务员	0.00961	0.13630	0.944	－0.2576	0.2768
		务工人员	0.09227*	0.03513	0.009	0.0234	0.1611
		其他职业	0.00369	0.03175	0.908	－0.0586	0.0659
	私营企业主	务农人员	0.11599*	0.03591	0.001	0.0456	0.1864
		技术人员	0.20857*	0.07060	0.003	0.0702	0.3470
		公务员	0.12559	0.13881	0.366	－0.1465	0.3977
		务工人员	0.20825*	0.04388	0.000	0.1222	0.2943
		其他职业	0.11967*	0.04123	0.004	0.0388	0.2005
	技术人员	务农人员	－0.09259	0.06552	0.158	－0.2210	0.0359
		私营企业主	－0.20857*	0.07060	0.003	－0.3470	－0.0702
		公务员	－0.08298	0.14924	0.578	－0.3756	0.2096
		务工人员	－0.00032	0.07021	0.996	－0.1380	0.1373
		其他职业	－0.08890	0.06859	0.195	－0.2234	0.0456
	公务员	务农人员	－0.00961	0.13630	0.944	－0.2768	0.2576
		私营企业主	－0.12559	0.13881	0.366	－0.3977	0.1465
		技术人员	0.08298	0.14924	0.578	－0.2096	0.3756
		务工人员	0.08266	0.13861	0.551	－0.1891	0.3544
		其他职业	－0.00592	0.13779	0.966	－0.2761	0.2642
	务工人员	务农人员	－0.09227*	0.03513	0.009	－0.1611	－0.0234
		私营企业主	－0.20825*	0.04388	0.000	－0.2943	－0.1222
		技术人员	0.00032	0.07021	0.996	－0.1373	0.1380
		公务员	－0.08266	0.13861	0.551	－0.3544	0.1891
		其他职业	－0.08858*	0.04056	0.029	－0.1681	－0.0091
	其他职业	务农人员	－0.00369	0.03175	0.908	－0.0659	0.0586
		私营企业主	－0.11967*	0.04123	0.004	－0.2005	－0.0388
		技术人员	0.08890	0.06859	0.195	－0.0456	0.2234
		公务员	0.00592	0.13779	0.966	－0.2642	0.2761
		务工人员	0.08858*	0.04056	0.029	0.0091	0.1681

* 均值差的显著性水平为 0.05。

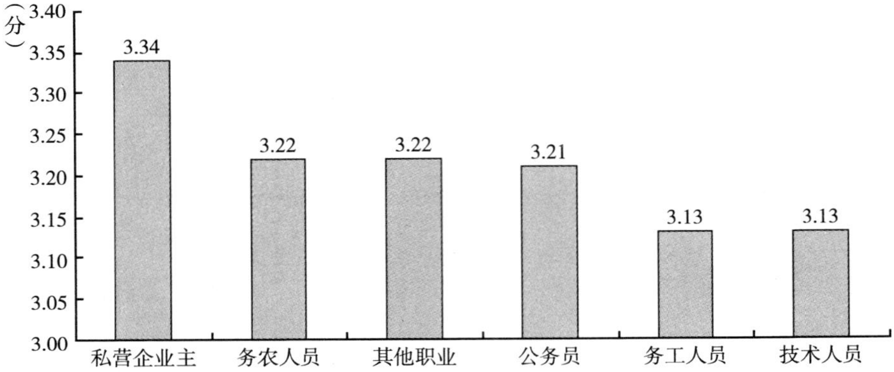

图 10　不同职业被试的结果公平打分比较

从问卷调查的情况看，在乡镇人大代表选举参与中，存在一定的职业性差异，主要表现为公务员被试的选举参与客观状况水平最高，并且对选举工作的综合满意度最高；务农人员、私营企业主、务工人员的参与水平接近，选举参与客观水平最低的是其他职业被试。

B.21

不同区域公民的乡镇人大代表选举参与比较

田 华　史卫民

在“中国公民的乡镇人大代表选举参与”问卷调查中，项目组将全国分为五大区域：“都会区”包括北京、天津、上海、重庆4个直辖市；“东部沿海地区”包括河北、山东、江苏、浙江、福建、广东、海南7个省份；“西部地区”包括内蒙古、广西、西藏、宁夏、新疆5个自治区和云南、贵州、四川、陕西、甘肃、青海6个省份；“中部地区”包括山西、河南、湖北、湖南、江西、安徽6个省份；“东北地区”包括辽宁、吉林、黑龙江3个省份。调查涉及的五大区域4327名被试，都会区（北京市和天津市）864人，占19.97%；东北地区（黑龙江省）440人，占10.17%；东部沿海地区（浙江省和山东省）853人，占19.71%；中部地区（湖北省和安徽省）860人，占19.88%；西部地区（陕西省、甘肃省和广西壮族自治区）1310人，占30.27%。根据问卷调查的数据，可以比较不同区域被试的乡镇人大代表选举参与状况。

一　不同区域被试的乡镇人大代表选举参与客观状况

在乡镇人大代表选举参与客观状况的总体得分方面，都会区被试的得分在0.50~9.00分之间，均值为3.84，标准差为1.69；东北地区被试的得分在0.50~6.50分之间，均值为2.34，标准差为0.92；东部沿海地区被试的得分在0~8.50分之间，均值为3.48，标准差为1.75；中部地区被试的得分在0~9.00分之间，均值为3.42，标准差为1.78；西部地区被试的得分在0.50~8.50分之间，均值为3.42，标准差为1.77。对不同区域被试的乡镇人大代表选举参与客观状况总分的差异性进行方差分析（见表1、表2、表3和图1），显示不同区域被试的得分差异显著，$F = 56.823$，$p < 0.001$，都会区被试的得分显著高于另外四个区域被试；东北地区被试的得分显著低于另外四个区域被试；东部沿海、中部、西部三个区域被试相互之间的得分差异均不显著。

表1　不同区域被试的乡镇人大代表选举客观状况总分的差异比较

项目		N	均值	标准差	标准误	均值的95%置信区间		极小值	极大值
						下限	上限		
客观状况总分	都会区	819	3.8443	1.69474	0.05922	3.7281	3.9606	0.50	9.00
	东北地区	427	2.3431	0.91734	0.04439	2.2558	2.4303	0.50	6.50
	东部地区	840	3.4845	1.74671	0.06027	3.3662	3.6028	0.00	8.50
	中部地区	1255	3.4227	1.77940	0.05023	3.3242	3.5213	0.00	9.00
	西部地区	808	3.4226	1.77093	0.06230	3.3004	3.5449	0.50	8.50
	总数	4149	3.4073	1.73000	0.02686	3.3547	3.4600	0.00	9.00

表2　不同区域被试的乡镇人大代表选举客观状况总分的方差分析结果

项目		平方和	df	均方	F	显著性
客观状况总分	组间	645.512	4	161.378	56.823	0.000
	组内	11769.105	4144	2.840		
	总数	12414.617	4148			

表3　不同区域被试的乡镇人大代表选举客观状况总分的多重比较

因变量	(I)区域	(J)区域	均值差(I-J)	标准误	显著性	95%置信区间	
						下限	上限
客观状况总分	都会区	东北地区	1.50123*	0.10059	0.000	1.3040	1.6984
		东部地区	0.35980*	0.08276	0.000	0.1976	0.5220
		中部地区	0.42161*	0.07570	0.000	0.2732	0.5700
		西部地区	0.42167*	0.08356	0.000	0.2578	0.5855
	东北地区	都会区	-1.50123*	0.10059	0.000	-1.6984	-1.3040
		东部地区	-1.14143*	0.10016	0.000	-1.3378	-0.9451
		中部地区	-1.07962*	0.09441	0.000	-1.2647	-0.8945
		西部地区	-1.07956*	0.10083	0.000	-1.2772	-0.8819
	东部地区	都会区	-0.35980*	0.08276	0.000	-0.5220	-0.1976
		东北地区	1.14143*	0.10016	0.000	0.9451	1.3378
		中部地区	0.06181	0.07513	0.411	-0.0855	0.2091
		西部地区	0.06188	0.08304	0.456	-0.1009	0.2247

续表

因变量	(I)区域	(J)区域	均值差(I-J)	标准误	显著性	95%置信区间	
						下限	上限
客观状况总分	中部地区	都会区	-0.42161*	0.07570	0.000	-0.5700	-0.2732
		东北地区	1.07962*	0.09441	0.000	0.8945	1.2647
		东部地区	-0.06181	0.07513	0.411	-0.2091	0.0855
		西部地区	0.00006	0.07601	0.999	-0.1490	0.1491
	西部地区	都会区	-0.42167*	0.08356	0.000	-0.5855	-0.2578
		东北地区	1.07956*	0.10083	0.000	0.8819	1.2772
		东部地区	-0.06188	0.08304	0.456	-0.2247	0.1009
		中部地区	-0.00006	0.07601	0.999	-0.1491	0.1490

* 均值差的显著性水平为0.05。

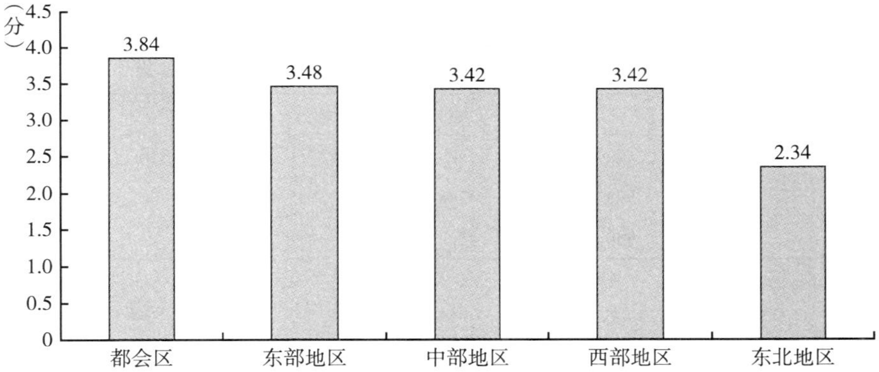

图1　不同区域被试的乡镇人大代表选举客观状况总分比较

在“选举重要性认知”方面，都会区被试的得分在0~1.00分之间，均值为0.29，标准差为0.39；东北地区被试的得分在0~1.00分之间，均值为0.17，标准差为0.29；东部沿海地区被试的得分在0~1.00分之间，均值为0.30，标准差为0.38；中部地区被试的得分在0~1.00分之间，均值为0.29，标准差为0.37；西部地区被试的得分在0~1.00分之间，均值为0.23，标准差为0.35。对不同区域被试的选举重要性认知得分的差异性进行方差分析（见表4、表5、表6和图2），显示不同区域被试的得分差异显著，$F=$

13.336，$p<0.001$，东北地区被试的得分显著低于另四个区域被试；西部地区被试的得分显著低于都会区、东部沿海地区、中部地区被试；都会、东部沿海、中部三个区域被试相互之间的得分差异均未达到显著水平。

表 4　不同区域被试的选举重要性认知得分的差异比较

项目		N	均值	标准差	标准误	均值的 95% 置信区间		极小值	极大值
						下限	上限		
选举重要性认知	都会区	863	0.2926	0.38591	0.01314	0.2668	0.3184	0.00	1.00
	东北地区	440	0.1716	0.29147	0.01390	0.1443	0.1989	0.00	1.00
	东部地区	852	0.2993	0.38430	0.01317	0.2735	0.3251	0.00	1.00
	中部地区	1308	0.2894	0.37030	0.01024	0.2693	0.3095	0.00	1.00
	西部地区	860	0.2331	0.34628	0.01181	0.2100	0.2563	0.00	1.00
	总数	4323	0.2688	0.36654	0.00557	0.2579	0.2797	0.00	1.00

表 5　不同区域被试的选举重要性认知得分的方差分析结果

项目		平方和	df	均方	F	显著性
选举重要性认知	组间	7.086	4	1.771	13.336	0.000
	组内	573.575	4318	0.133		
	总数	580.660	4322			

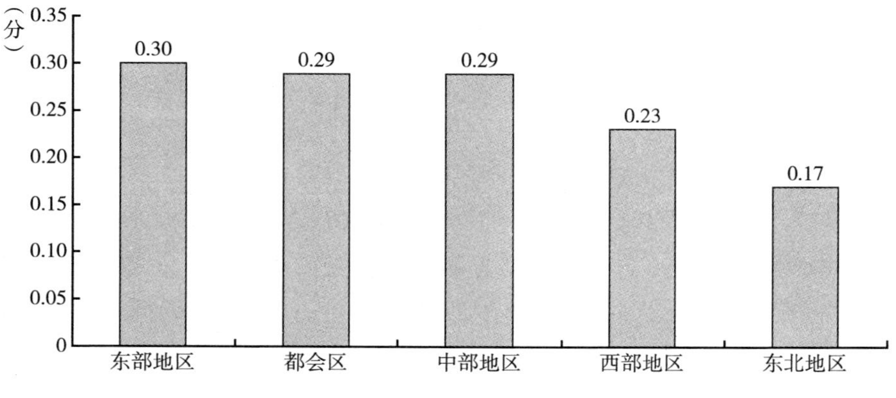

图 2　不同区域被试的选举重要性认知的得分比较

表 6　不同区域被试选举重要性认知得分的多重比较

因变量	(I)区域	(J)区域	均值差(I-J)	标准误	显著性	95%置信区间	
						下限	上限
选举重要性认知	都会区	东北地区	0.12099*	0.02135	0.000	0.0791	0.1628
		东部地区	-0.00671	0.01760	0.703	-0.0412	0.0278
		中部地区	0.00321	0.01598	0.841	-0.0281	0.0345
		西部地区	0.05944*	0.01756	0.001	0.0250	0.0939
	东北地区	都会区	-0.12099*	0.02135	0.000	-0.1628	-0.0791
		东部地区	-0.12770*	0.02140	0.000	-0.1697	-0.0858
		中部地区	-0.11778*	0.02009	0.000	-0.1572	-0.0784
		西部地区	-0.06155*	0.02136	0.004	-0.1034	-0.0197
	东部地区	都会区	0.00671	0.01760	0.703	-0.0278	0.0412
		东北地区	0.12770*	0.02140	0.000	0.0858	0.1697
		中部地区	0.00992	0.01605	0.536	-0.0215	0.0414
		西部地区	0.06616*	0.01762	0.000	0.0316	0.1007
	中部地区	都会区	-0.00321	0.01598	0.841	-0.0345	0.0281
		东北地区	0.11778*	0.02009	0.000	0.0784	0.1572
		东部地区	-0.00992	0.01605	0.536	-0.0414	0.0215
		西部地区	0.05623*	0.01600	0.000	0.0249	0.0876
	西部地区	都会区	-0.05944*	0.01756	0.001	-0.0939	-0.0250
		东北地区	0.06155*	0.02136	0.004	0.0197	0.1034
		东部地区	-0.06616*	0.01762	0.000	-0.1007	-0.0316
		中部地区	-0.05623*	0.01600	0.000	-0.0876	-0.0249

*均值差的显著性水平为0.05。

在“权利与途径认知”方面，都会区被试的得分在0~1.00分之间，均值为0.43，标准差为0.34；东北地区被试的得分在0~1.00分之间，均值为0.41，标准差为0.37；东部沿海地区被试的得分在0~1.00分之间，均值为0.44，标准差为0.37；中部地区被试的得分在0~1.00分之间，均值为0.42，标准差为0.36；西部地区被试的得分在0~1.00分之间，均值为0.42，标准差为0.34。对不同区域被试选权利与途径认知得分的差异性进行方差分析（见表7、表8、表9），显示不同区域被试的得分差异未达到显著水平（$F=0.811$，$p=0.518$）。

表7　不同区域被试的权利与途径认知得分的差异比较

项目		N	均值	标准差	标准误	均值的95%置信区间		极小值	极大值
						下限	上限		
权利与途径认知	都会区	845	0.4302	0.33968	0.01169	0.4072	0.4531	0.00	1.00
	东北地区	436	0.4060	0.37184	0.01781	0.3710	0.4410	0.00	1.00
	东部地区	851	0.4371	0.36523	0.01252	0.4126	0.4617	0.00	1.00
	中部地区	1303	0.4183	0.36086	0.01000	0.3987	0.4379	0.00	1.00
	西部地区	853	0.4162	0.34132	0.01169	0.3932	0.4391	0.00	1.00
	总数	4288	0.4227	0.35495	0.00542	0.4121	0.4333	0.00	1.00

表8　不同区域被试的权利与途径认知得分的方差分析结果

项目		平方和	df	均方	F	显著性
权利与途径认知	组间	0.409	4	0.102	0.811	0.518
	组内	539.714	4283	0.126		
	总数	540.122	4287			

表9　不同区域被试的权利与途径认知得分的多重比较

因变量	(I)区域	(J)区域	均值差(I-J)	标准误	显著性	95%置信区间	
						下限	上限
权利与途径认知	都会区	东北地区	0.02421	0.02093	0.247	-0.0168	0.0653
		东部地区	-0.00696	0.01724	0.687	-0.0408	0.0268
		中部地区	0.01191	0.01568	0.447	-0.0188	0.0427
		西部地区	0.01400	0.01723	0.417	-0.0198	0.0478
	东北地区	都会区	-0.02421	0.02093	0.247	-0.0653	0.0168
		东部地区	-0.03117	0.02091	0.136	-0.0722	0.0098
		中部地区	-0.01230	0.01964	0.531	-0.0508	0.0262
		西部地区	-0.01021	0.02090	0.625	-0.0512	0.0308
	东部地区	都会区	0.00696	0.01724	0.687	-0.0268	0.0408
		东北地区	0.03117	0.02091	0.136	-0.0098	0.0722
		中部地区	0.01887	0.01565	0.228	-0.0118	0.0495
		西部地区	0.02095	0.01720	0.223	-0.0128	0.0547

续表

因变量	(I)区域	(J)区域	均值差(I-J)	标准误	显著性	95%置信区间	
						下限	上限
权利与途径认知	中部地区	都会区	-0.01191	0.01568	0.447	-0.0427	0.0188
		东北地区	0.01230	0.01964	0.531	-0.0262	0.0508
		东部地区	-0.01887	0.01565	0.228	-0.0495	0.0118
		西部地区	0.00209	0.01563	0.894	-0.0286	0.0327
	西部地区	都会区	-0.01400	0.01723	0.417	-0.0478	0.0198
		东北地区	0.01021	0.02090	0.625	-0.0308	0.0512
		东部地区	-0.02095	0.01720	0.223	-0.0547	0.0128
		中部地区	-0.00209	0.01563	0.894	-0.0327	0.0286

* 均值差的显著性水平为0.05。

在“选举内容认知”方面，都会区被试的得分在0~2.50分之间，均值为0.88，标准差为0.47；东北地区被试的得分在0~2.00分之间，均值为0.81，标准差为0.46；东部沿海地区被试的得分在0~2.50分之间，均值为0.90，标准差为0.46；中部地区被试的得分在0~2.50分之间，均值为0.83，标准差为0.46；西部地区被试的得分在0~2.50分之间，均值为0.93，标准差为0.48。对不同区域被试的选举内容认知得分的差异性进行方差分析（见表10、表11、表12和图3），显示不同区域被试的得分差异显著，$F=7.527$，$p<0.001$，西部地区被试的得分显著高于都会区、东北地区、中部地区被试，与东部沿海地区被试之间的得分差异不显著；东北地区被试的得分显著低于都会区、东部沿海地区被试，与中部地区被试之间的得分差异不显著；中部地区被试的得分显著低于都会区、东部沿海地区被试；都会区被试与东部沿海地区被试之间的得分差异不显著。

表10　不同区域被试的选举内容认知得分的差异比较

项目		*N*	均值	标准差	标准误	均值的95%置信区间		极小值	极大值
						下限	上限		
选举内容认知	都会区	846	0.8771	0.47383	0.01629	0.8451	0.9090	0.00	2.50
	东北地区	432	0.8148	0.46498	0.02237	0.7708	0.8588	0.00	2.00
	东部地区	845	0.9036	0.46487	0.01599	0.8722	0.9349	0.00	2.50
	中部地区	1283	0.8324	0.46439	0.01296	0.8070	0.8579	0.00	2.50
	西部地区	833	0.9250	0.47732	0.01654	0.8925	0.9574	0.00	2.50
	总数	4239	0.8719	0.47044	0.00723	0.8577	0.8861	0.00	2.50

表 11 不同区域被试的选举内容认知得分的方差分析结果

项目		平方和	*df*	均方	*F*	显著性
选举内容认知	组间	6.622	4	1.656	7.527	0.000
	组内	931.321	4234	0.220		
	总数	937.944	4238			

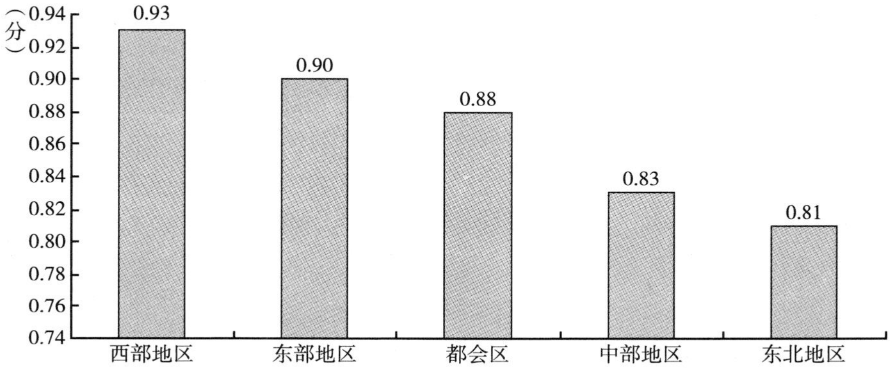

图 3 不同区域被试的选举内容认知的得分比较

表 12 不同区域被试的选举内容认知得分的多重比较

因变量	(I)区域	(J)区域	均值差(I-J)	标准误	显著性	95%置信区间	
						下限	上限
选举内容认知	都会区	东北地区	0.06225*	0.02773	0.025	0.0079	0.1166
		东部地区	-0.02648	0.02281	0.246	-0.0712	0.0182
		中部地区	0.04464*	0.02077	0.032	0.0039	0.0854
		西部地区	-0.04790*	0.02289	0.036	-0.0928	-0.0030
	东北地区	都会区	-0.06225*	0.02773	0.025	-0.1166	-0.0079
		东部地区	-0.08874*	0.02774	0.001	-0.1431	-0.0344
		中部地区	-0.01761	0.02609	0.500	-0.0688	0.0335
		西部地区	-0.11016*	0.02781	0.000	-0.1647	-0.0556
	东部地区	都会区	0.02648	0.02281	0.246	-0.0182	0.0712
		东北地区	0.08874*	0.02774	0.001	0.0344	0.1431
		中部地区	0.07113*	0.02078	0.001	0.0304	0.1119
		西部地区	-0.02142	0.02290	0.350	-0.0663	0.0235

续表

因变量	(I)区域	(J)区域	均值差(I－J)	标准误	显著性	95%置信区间	
						下限	上限
选举内容认知	中部地区	都会区	－0.04464*	0.02077	0.032	－0.0854	－0.0039
		东北地区	0.01761	0.02609	0.500	－0.0335	0.0688
		东部地区	－0.07113*	0.02078	0.001	－0.1119	－0.0304
		西部地区	－0.09255*	0.02087	0.000	－0.1335	－0.0516
	西部地区	都会区	0.04790*	0.02289	0.036	0.0030	0.0928
		东北地区	0.11016*	0.02781	0.000	0.0556	0.1647
		东部地区	0.02142	0.02290	0.350	－0.0235	0.0663
		中部地区	0.09255*	0.02087	0.000	0.0516	0.1335

*均值差的显著性水平为0.05。

在“选举程序认知”方面，都会区被试的得分在0～1.50分之间，均值为0.76，标准差为0.42；东北地区被试的得分在0～1.50分之间，均值为0.78，标准差为0.37；东部沿海地区被试的得分在0～1.50分之间，均值为0.81，标准差为0.43；中部地区被试的得分在0～1.50分之间，均值为0.78，标准差为0.44；西部地区被试的得分在0～1.50分之间，均值为0.73，标准差为0.42。对不同区域被试的选举程序认知得分的差异性进行方差分析（见表13、表14、表15和图4），显示不同区域被试的得分差异显著，$F=4.872$，$p<0.001$，西部地区被试的得分显著低于东北地区、东部沿海地区、中部地区被试，与都会区被试之间的得分差异不显著；东部沿海地区被试的得分显著高于都会区、中部地区被试，与东北地区被试之间的得分差异不显著；都会区、东北地区、中部地区三个区域被试相互之间的得分差异均未达到显著水平。

表13　不同区域被试的选举程序认知得分的差异比较

项目		N	均值	标准差	标准误	均值的95%置信区间		极小值	极大值
						下限	上限		
选举程序认知	都会区	859	0.7555	0.41625	0.01420	0.7277	0.7834	0.00	1.50
	东北地区	439	0.7836	0.36994	0.01766	0.7489	0.8183	0.00	1.50
	东部地区	853	0.8148	0.42822	0.01466	0.7860	0.8435	0.00	1.50
	中部地区	1298	0.7770	0.44138	0.01225	0.7529	0.8010	0.00	1.50
	西部地区	852	0.7289	0.41543	0.01423	0.7009	0.7568	0.00	1.50
	总数	4301	0.7713	0.42258	0.00644	0.7587	0.7840	0.00	1.50

表 14　不同区域被试的选举程序认知得分的方差分析结果

项目		平方和	*df*	均方	*F*	显著性
选举程序认知	组间	3.467	4	0.867	4.872	0.001
	组内	764.388	4296	0.178		
	总数	767.855	4300			

表 15　不同区域被试的选举程序认知得分的多重比较

因变量	(I)区域	(J)区域	均值差(I-J)	标准误	显著性	95%置信区间	
						下限	上限
选举程序认知	都会区	东北地区	-0.02807	0.02475	0.257	-0.0766	0.0204
		东部地区	-0.05924*	0.02039	0.004	-0.0992	-0.0193
		中部地区	-0.02143	0.01855	0.248	-0.0578	0.0149
		西部地区	0.02666	0.02040	0.191	-0.0133	0.0666
	东北地区	都 会 区	0.02807	0.02475	0.257	-0.0204	0.0766
		东部地区	-0.03117	0.02478	0.208	-0.0797	0.0174
		中部地区	0.00663	0.02329	0.776	-0.0390	0.0523
		西部地区	0.05473*	0.02478	0.027	0.0061	0.1033
	东部地区	都 会 区	0.05924*	0.02039	0.004	0.0193	0.0992
		东北地区	0.03117	0.02478	0.208	-0.0174	0.0797
		中部地区	0.03781*	0.01859	0.042	0.0014	0.0743
		西部地区	0.08590*	0.02043	0.000	0.0458	0.1260
	中部地区	都 会 区	0.02143	0.01855	0.248	-0.0149	0.0578
		东北地区	-0.00663	0.02329	0.776	-0.0523	0.0390
		东部地区	-0.03781*	0.01859	0.042	-0.0743	-0.0014
		西部地区	0.04809*	0.01860	0.010	0.0116	0.0846
	西部地区	都 会 区	-0.02666	0.02040	0.191	-0.0666	0.0133
		东北地区	-0.05473*	0.02478	0.027	-0.1033	-0.0061
		东部地区	-0.08590*	0.02043	0.000	-0.1260	-0.0458
		中部地区	-0.04809*	0.01860	0.010	-0.0846	-0.0116

* 均值差的显著性水平为 0.05。

在“选举参与”方面，都会区被试的得分在 0～4.00 分之间，均值为 1.49，标准差为 1.36；东北地区被试的得分在 0～3.50 分之间，均值为 0.16，

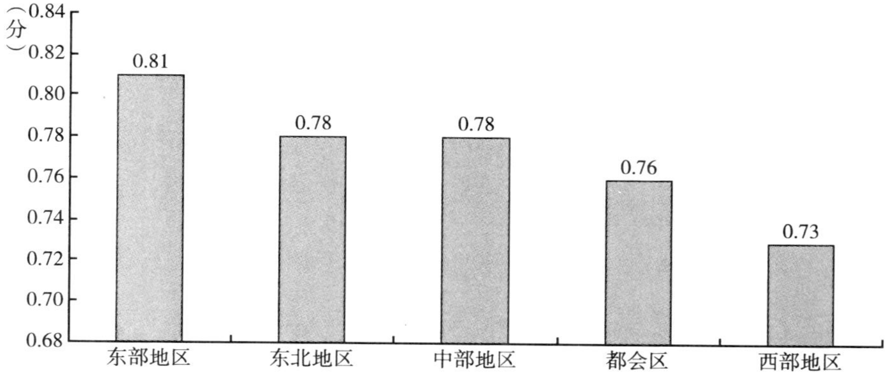

图4　不同区域被试的选举程序认知得分比较

标准差为0.59；东部沿海地区被试的得分在0～4.00分之间，均值为1.04，标准差为1.37；中部地区被试的得分在0～4.00分之间，均值为1.11，标准差为1.39；西部地区被试的得分在0～4.00分之间，均值为1.13，标准差为1.43。对不同区域被试的选举参与得分的差异性进行方差分析（见表16、表17、表18和图5），显示不同区域被试的得分差异显著，$F = 73.236$，$p < 0.001$，都会区被试的得分显著高于另外四个区域被试；东北地区被试的得分显著低于另外四个区域被试；东部沿海、中部、西部三个区域被试相互之间的得分差异均未达到显著水平。

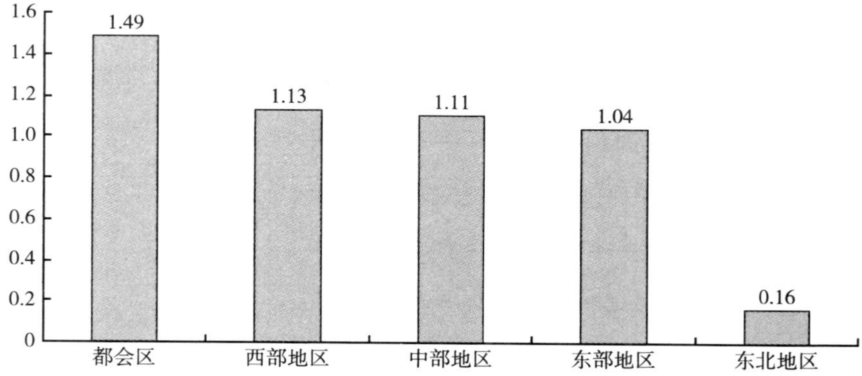

图5　不同区域被试的选举参与得分比较

表 16　不同区域被试的选举参与得分的差异比较

项目		N	均值	标准差	标准误	均值的 95% 置信区间		极小值	极大值
						下限	上限		
选举参与	都会区	857	1.4860	1.36111	0.04649	1.3947	1.5773	0.00	4.00
	东北地区	439	0.1606	0.58604	0.02797	0.1056	0.2156	0.00	3.50
	东部地区	850	1.0418	1.36883	0.04695	0.9496	1.1339	0.00	4.00
	中部地区	1298	1.1140	1.38908	0.03856	1.0384	1.1897	0.00	4.00
	西部地区	841	1.1266	1.43210	0.04938	1.0297	1.2236	0.00	4.00
	总数	4285	1.0789	1.37244	0.02097	1.0378	1.1200	0.00	4.00

表 17　不同区域被试的选举参与得分的方差分析结果

项目		平方和	*df*	均方	*F*	显著性
选举参与	组间	516.923	4	129.231	73.236	0.000
	组内	7552.416	4280	1.765		
	总数	8069.339	4284			

表 18　不同区域被试的选举参与得分的多重比较

因变量	(I)区域	(J)区域	均值差(I－J)	标准误	显著性	95% 置信区间	
						下限	上限
选举参与	都会区	东北地区	1.32541*	0.07797	0.000	1.1726	1.4783
		东部地区	0.44423*	0.06430	0.000	0.3182	0.5703
		中部地区	0.37198*	0.05847	0.000	0.2573	0.4866
		西部地区	0.35936*	0.06448	0.000	0.2330	0.4858
	东北地区	都会区	－1.32541*	0.07797	0.000	－1.4783	－1.1726
		东部地区	－0.88117*	0.07807	0.000	－1.0342	－0.7281
		中部地区	－0.95343*	0.07334	0.000	－1.0972	－0.8096
		西部地区	－0.96604*	0.07822	0.000	－1.1194	－0.8127
	东部地区	都会区	－0.44423*	0.06430	0.000	－0.5703	－0.3182
		东北地区	0.88117*	0.07807	0.000	0.7281	1.0342
		中部地区	－0.07226	0.05861	0.218	－0.1872	0.0427
		西部地区	－0.08487	0.06461	0.189	－0.2115	0.0418
	中部地区	都会区	－0.37198*	0.05847	0.000	－0.4866	－0.2573
		东北地区	0.95343*	0.07334	0.000	0.8096	1.0972
		东部地区	0.07226	0.05861	0.218	－0.0427	0.1872
		西部地区	－0.01261	0.05880	0.830	－0.1279	0.1027

续表

因变量	(I)区域	(J)区域	均值差(I-J)	标准误	显著性	95%置信区间	
						下限	上限
选举参与	西部地区	都会区	-0.35936*	0.06448	0.000	-0.4858	-0.2330
		东北地区	0.96604*	0.07822	0.000	0.8127	1.1194
		东部地区	0.08487	0.06461	0.189	-0.0418	0.2115
		中部地区	0.01261	0.05880	0.830	-0.1027	0.1279

*均值差的显著性水平为0.05。

二　不同区域被试的乡镇人大代表选举参与主观状况

在“选举参与满意度”方面，都会区被试的得分在1.25～4.25分之间，均值为2.89，标准差为0.43；东北地区被试的得分在1.00～4.75分之间，均值为2.71，标准差为0.85；东部沿海地区被试的得分在1.00～4.50分之间，均值为2.84，标准差为0.51；中部地区被试的得分在1.00～5.00分之间，均值为2.85，标准差为0.56；西部地区被试的得分在1.25～4.50分之间，均值为2.93，标准差为0.43。对不同区域被试的选举参与满意度得分的差异性进行方差分析（见表19、表20、表21和图6），显示不同区域被试的得分差异显著，$F=13.508$，$p<0.001$，东北地区被试的得分显著低于另外四个区域被试；西部地区被试的得分显著高于东部沿海地区和中部地区被试，与都会区被试之间的得分差异不显著；都会区、东部沿海地区、中部地区三个区域被试相互之间的得分差异均未达到显著水平。

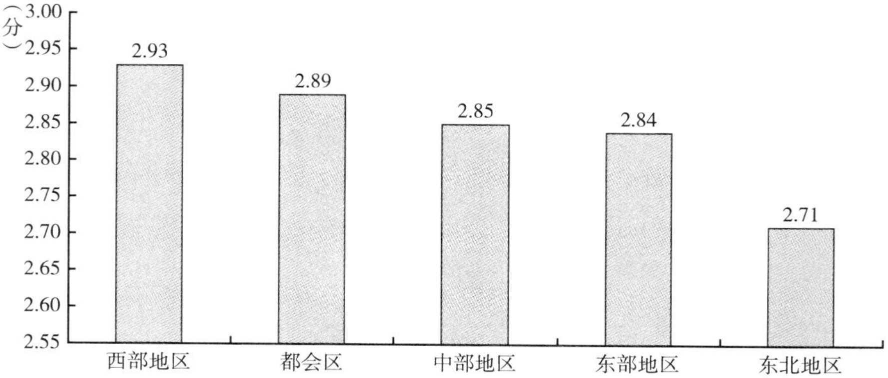

图6　不同区域被试的选举参与满意度得分比较

表 19　不同区域被试的选举参与满意度得分的差异比较

项目		N	均值	标准差	标准误	均值的 95% 置信区间		极小值	极大值
						下限	上限		
选举参与满意度	都会区	856	2.8911	0.42650	0.01458	2.8625	2.9197	1.25	4.25
	东北地区	440	2.7091	0.84541	0.04030	2.6299	2.7883	1.00	4.75
	东部地区	847	2.8409	0.51370	0.01765	2.8063	2.8756	1.00	4.50
	中部地区	1308	2.8526	0.56122	0.01552	2.8222	2.8831	1.00	5.00
	西部地区	857	2.9332	0.42603	0.01455	2.9046	2.9618	1.25	4.50
	总　　数	4308	2.8593	0.54417	0.00829	2.8431	2.8756	1.00	5.00

表 20　不同区域被试的选举参与满意度得分的方差分析结果

项目		平方和	df	均方	F	显著性
选举参与满意度	组间	15.816	4	3.954	13.508	0.000
	组内	1259.564	4303	0.293		
	总数	1275.380	4307			

表 21　不同区域被试的选举参与满意度得分的多重比较

因变量	(I)区域	(J)区域	均值差(I-J)	标准误	显著性	95% 置信区间	
						下限	上限
选举参与满意度	都会区	东北地区	0.18197*	0.03174	0.000	0.1198	0.2442
		东部地区	0.05015	0.02622	0.056	-0.0013	0.1016
		中部地区	0.03843	0.02379	0.106	-0.0082	0.0851
		西部地区	-0.04213	0.02614	0.107	-0.0934	0.0091
	东北地区	都会区	-0.18197*	0.03174	0.000	-0.2442	-0.1198
		东部地区	-0.13182*	0.03179	0.000	-0.1942	-0.0695
		中部地区	-0.14355*	0.02982	0.000	-0.2020	-0.0851
		西部地区	-0.22411*	0.03173	0.000	-0.2863	-0.1619
	东部地区	都会区	-0.05015	0.02622	0.056	-0.1016	0.0013
		东北地区	0.13182*	0.03179	0.000	0.0695	0.1942
		中部地区	-0.01173	0.02386	0.623	-0.0585	0.0351
		西部地区	-0.09229*	0.02621	0.000	-0.1437	-0.0409
	中部地区	都会区	-0.03843	0.02379	0.106	-0.0851	0.0082
		东北地区	0.14355*	0.02982	0.000	0.0851	0.2020
		东部地区	0.01173	0.02386	0.623	-0.0351	0.0585
		西部地区	-0.08056*	0.02378	0.001	-0.1272	-0.0339

续表

因变量	(I)区域	(J)区域	均值差(I-J)	标准误	显著性	95%置信区间	
						下限	上限
选举参与满意度	西部地区	都会区	0.04213	0.02614	0.107	-0.0091	0.0934
		东北地区	0.22411*	0.03173	0.000	0.1619	0.2863
		东部地区	0.09229*	0.02621	0.000	0.0409	0.1437
		中部地区	0.08056*	0.02378	0.001	0.0339	0.1272

*均值差的显著性水平为0.05。

在“选举参与意愿”方面，都会区被试的得分在1.33~5.00分之间，均值为3.16，标准差为0.55；东北地区被试的得分在1.67~4.67分之间，均值为3.00，标准差为0.57；东部沿海地区被试的得分在1.00~5.00分之间，均值为3.20，标准差为0.63；中部地区被试的得分在1.00~5.00分之间，均值为3.32，标准差为0.66；西部地区被试的得分在1.33~5.00分之间，均值为3.18，标准差为0.56。对不同区域被试的选举参与意愿得分的差异性进行方差分析（见表22、表23、表24和图7），显示不同区域被试的得分差异显著，$F=26.806$，$p<0.001$，东北地区被试的得分显著低于另外四个区域被试；中部地区被试的得分显著高于另外四个区域被试；都会区、东部沿海地区、西部地区三个区域被试相互之间的得分差异均未达到显著水平。

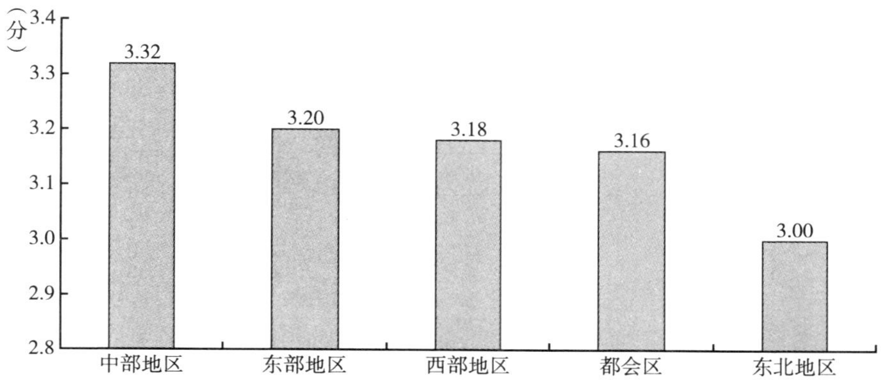

图7　不同区域被试的选举参与意愿得分比较

表 22　不同区域被试的选举参与意愿得分的差异比较

项目		N	均值	标准差	标准误	均值的 95% 置信区间		极小值	极大值
						下限	上限		
选举参与意愿	都 会 区	861	3.1591	0.54994	0.01874	3.1223	3.1959	1.33	5.00
	东北地区	440	2.9970	0.57006	0.02718	2.9436	3.0504	1.67	4.67
	东部地区	851	3.1990	0.63005	0.02160	3.1566	3.2414	1.00	5.00
	中部地区	1308	3.3224	0.66421	0.01837	3.2863	3.3584	1.00	5.00
	西部地区	859	3.1808	0.55949	0.01909	3.1434	3.2183	1.33	5.00
	总　　数	4319	3.2042	0.61342	0.00933	3.1859	3.2225	1.00	5.00

表 23　不同区域被试的选举参与意愿得分的方差分析结果

项目		平方和	*df*	均方	*F*	显著性
选举参与意愿	组间	39.404	4	9.851	26.806	0.000
	组内	1585.368	4314	0.367		
	总数	1624.772	4318			

表 24　不同区域被试的选举参与意愿得分的多重比较

因变量	(I) 区域	(J) 区域	均值差 (I－J)	标准误	显著性	95% 置信区间	
						下限	上限
选举参与意愿	都会区	东北地区	0.16215*	0.03553	0.000	0.0925	0.2318
		东部地区	－0.03986	0.02930	0.174	－0.0973	0.0176
		中部地区	－0.16326*	0.02660	0.000	－0.2154	－0.1111
		西部地区	－0.02171	0.02923	0.458	－0.0790	0.0356
	东北地区	都 会 区	－0.16215*	0.03553	0.000	－0.2318	－0.0925
		东部地区	－0.20201*	0.03560	0.000	－0.2718	－0.1322
		中部地区	－0.32541*	0.03341	0.000	－0.3909	－0.2599
		西部地区	－0.18386*	0.03554	0.000	－0.2535	－0.1142
	东部地区	都 会 区	0.03986	0.02930	0.174	－0.0176	0.0973
		东北地区	0.20201*	0.03560	0.000	0.1322	0.2718
		中部地区	－0.12339*	0.02670	0.000	－0.1757	－0.0711
		西部地区	0.01815	0.02932	0.536	－0.0393	0.0756

续表

因变量	(I)区域	(J)区域	均值差(I－J)	标准误	显著性	95%置信区间	
						下限	上限
选举参与意愿	中部地区	都会区	0.16326*	0.02660	0.000	0.1111	0.2154
		东北地区	0.32541*	0.03341	0.000	0.2599	0.3909
		东部地区	0.12339*	0.02670	0.000	0.0711	0.1757
		西部地区	0.14154*	0.02662	0.000	0.0894	0.1937
	西部地区	都会区	0.02171	0.02923	0.458	－0.0356	0.0790
		东北地区	0.18386*	0.03554	0.000	0.1142	0.2535
		东部地区	－0.01815	0.02932	0.536	－0.0756	0.0393
		中部地区	－0.14154*	0.02662	0.000	－0.1937	－0.0894

*均值差的显著性水平为0.05。

在“选举参与效能”方面，都会区被试的得分在1.00～5.00分之间，均值为3.06，标准差为0.50；东北地区被试的得分在1.67～4.67分之间，均值为2.99，标准差为0.47；东部沿海地区被试的得分在1.00～5.00分之间，均值为3.03，标准差为0.53；中部地区被试的得分在1.00～5.00分之间，均值为3.12，标准差为0.61；西部地区被试的得分在1.33～5.00分之间，均值为3.10，标准差为0.53。对不同区域被试的选举参与效能得分的差异性进行方差分析（见表25、表26、表27和图8），显示不同区域被试的得分差异显著，$F=6.501$，$p<0.001$，东北地区被试的得分显著低于都会区、中部地区、西部地区被试，与东部沿海地区被试之间的得分差异不显著；中部地区被试的得分显著高于都会区、东部沿海地区被试，与西部地区被试之间的得分差异不显著；东部沿海地区被试的得分显著低于西部地区被试，与都会区被试之间的得分差异不显著；都会区被试与西部地区被试之间的得分差异不显著。

表25　不同区域被试选举参与效能得分的差异比较

项目		N	均值	标准差	标准误	均值的95%置信区间		极小值	极大值
						下限	上限		
选举参与效能	都会区	861	3.0596	0.49734	0.01695	3.0264	3.0929	1.00	5.00
	东北地区	440	2.9871	0.47257	0.02253	2.9428	3.0314	1.67	4.67
	东部地区	852	3.0336	0.52727	0.01806	2.9982	3.0691	1.00	5.00
	中部地区	1310	3.1163	0.61401	0.01696	3.0830	3.1496	1.00	5.00
	西部地区	858	3.0987	0.53247	0.01818	3.0630	3.1344	1.33	5.00
	总数	4321	3.0721	0.54679	0.00832	3.0557	3.0884	1.00	5.00

表 26　不同区域被试的选举参与效能得分的方差分析结果

项目		平方和	*df*	均方	*F*	显著性
选举参与效能	组间	7.735	4	1.934	6.501	0.000
	组内	1283.833	4316	0.297		
	总数	1291.568	4320			

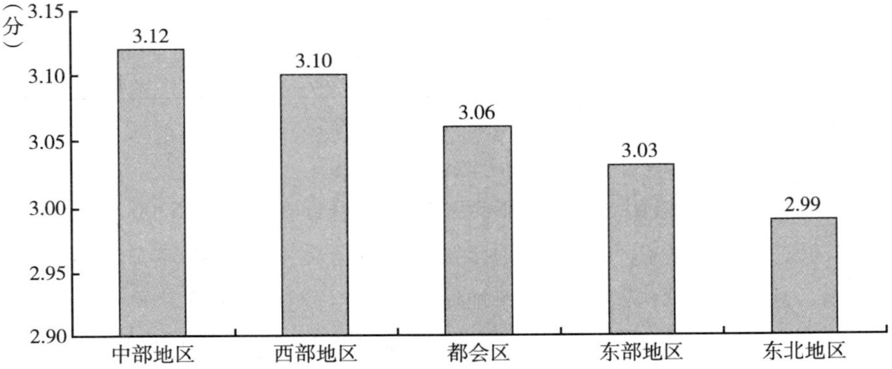

图 8　不同区域被试的选举参与效能得分比较

表 27　不同区域被试的选举参与效能得分的多重比较

因变量	(I)区域	(J)区域	均值差(I-J)	标准误	显著性	95%置信区间	
						下限	上限
选举参与效能	都会区	东北地区	0.07250*	0.03196	0.023	0.0098	0.1352
		东部地区	0.02597	0.02636	0.324	-0.0257	0.0776
		中部地区	-0.05666*	0.02393	0.018	-0.1036	-0.0098
		西部地区	-0.03906	0.02631	0.138	-0.0906	0.0125
	东北地区	都会区	-0.07250*	0.03196	0.023	-0.1352	-0.0098
		东部地区	-0.04653	0.03202	0.146	-0.1093	0.0162
		中部地区	-0.12916*	0.03005	0.000	-0.1881	-0.0702
		西部地区	-0.11156*	0.03198	0.000	-0.1743	-0.0489
	东部地区	都会区	-0.02597	0.02636	0.324	-0.0776	0.0257
		东北地区	0.04653	0.03202	0.146	-0.0162	0.1093
		中部地区	-0.08264*	0.02400	0.001	-0.1297	-0.0356
		西部地区	-0.06503*	0.02638	0.014	-0.1167	-0.0133

续表

因变量	(I)区域	(J)区域	均值差(I-J)	标准误	显著性	95%置信区间	
						下限	上限
选举参与效能	中部地区	都会区	0.05666*	0.02393	0.018	0.0098	0.1036
		东北地区	0.12916*	0.03005	0.000	0.0702	0.1881
		东部地区	0.08264*	0.02400	0.001	0.0356	0.1297
		西部地区	0.01761	0.02395	0.462	-0.0294	0.0646
	西部地区	都会区	0.03906	0.02631	0.138	-0.0125	0.0906
		东北地区	0.11156*	0.03198	0.000	0.0489	0.1743
		东部地区	0.06503*	0.02638	0.014	0.0133	0.1167
		中部地区	-0.01761	0.02395	0.462	-0.0646	0.0294

* 均值差的显著性水平为0.05。

三　不同区域被试对乡镇人大代表选举工作的评价

“中国公民的乡镇人大代表选举参与”问卷调查请被试根据最近一次乡镇人大代表选举情况，为选举工作的满意度打分。在选举工作满意度综合打分方面，都会区被试的打分在1.00～5.00分之间，均值为3.16，标准差为0.71；东北地区被试的打分在1.00～5.00分之间，均值为3.02，标准差为0.47；东部沿海地区被试的打分在1.00～5.00分之间，均值为3.23，标准差为0.76；中部地区被试的打分在1.00～5.00分之间，均值为3.19，标准差为0.75；西部地区被试的打分在1.00～5.00分之间，均值为3.07，标准差为0.73。对不同区域被试的选举工作满意度综合打分的差异性进行方差分析（见表28、表29、表30和图9），显示不同区域被试的打分差异显著，$F=9.579$，$p<0.001$，东北地区和西部地区被试的打分显著低于都会区、东部沿海地区、中部地区被试，东北地区被试与西部地区被试之间的打分差异不显著；都会区被试的打分显著低于东部沿海地区被试，与中部地区被试之间的打分差异不显著；东部沿海地区被试与中部地区被试之间的打分差异不显著。

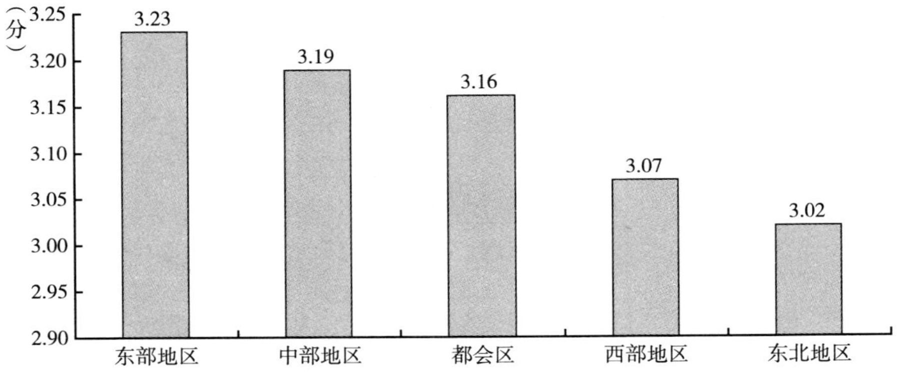

图 9　不同区域被试对乡镇人大代表选举工作综合打分的比较

表 28　不同区域被试对乡镇人大代表选举工作综合打分的差异比较

项目		*N*	均值	标准差	标准误	均值的 95% 置信区间		极小值	极大值
						下限	上限		
选举工作综合打分	都 会 区	860	3. 1641	0. 71145	0. 02426	3. 1165	3. 2117	1. 00	5. 00
	东北地区	440	3. 0240	0. 46940	0. 02238	2. 9800	3. 0680	1. 00	5. 00
	东部地区	851	3. 2328	0. 76383	0. 02618	3. 1814	3. 2842	1. 00	5. 00
	中部地区	1305	3. 1864	0. 74501	0. 02062	3. 1460	3. 2269	1. 00	5. 00
	西部地区	858	3. 0739	0. 73336	0. 02504	3. 0248	3. 1231	1. 00	5. 00
	总　　数	4314	3. 1522	0. 71934	0. 01095	3. 1307	3. 1737	1. 00	5. 00

表 29　不同区域被试对乡镇人大代表选举工作综合打分的方差分析结果

项目		平方和	*df*	均方	*F*	显著性
选举工作综合打分	组间	19. 669	4	4. 917	9. 579	0. 000
	组内	2212. 118	4309	0. 513		
	总数	2231. 787	4313			

表 30　不同区域被试对乡镇人大代表选举工作综合打分的多重比较

因变量	(I) 区域	(J) 区域	均值差 (I－J)	标准误	显著性	95% 置信区间	
						下限	上限
选举工作综合打分	都会区	东北地区	0. 14009 *	0. 04200	0. 001	0. 0578	0. 2224
		东部地区	－0. 06872 *	0. 03464	0. 047	－0. 1366	－0. 0008
		中部地区	－0. 02231	0. 03147	0. 478	－0. 0840	0. 0394
		西部地区	0. 09019 *	0. 03457	0. 009	0. 0224	0. 1580

续表

因变量	(I)区域	(J)区域	均值差(I-J)	标准误	显著性	95%置信区间	
						下限	上限
选举工作综合打分	东北地区	都会区	-0.14009*	0.04200	0.001	-0.2224	-0.0578
		东部地区	-0.20881*	0.04207	0.000	-0.2913	-0.1263
		中部地区	-0.16240*	0.03950	0.000	-0.2398	-0.0850
		西部地区	-0.04990	0.04201	0.235	-0.1323	0.0325
	东部地区	都会区	0.06872*	0.03464	0.047	0.0008	0.1366
		东北地区	0.20881*	0.04207	0.000	0.1263	0.2913
		中部地区	0.04641	0.03157	0.142	-0.0155	0.1083
		西部地区	0.15891*	0.03466	0.000	0.0909	0.2269
	中部地区	都会区	0.02231	0.03147	0.478	-0.0394	0.0840
		东北地区	0.16240*	0.03950	0.000	0.0850	0.2398
		东部地区	-0.04641	0.03157	0.142	-0.1083	0.0155
		西部地区	0.11250*	0.03149	0.000	0.0508	0.1742
	西部地区	都会区	-0.09019*	0.03457	0.009	-0.1580	-0.0224
		东北地区	0.04990	0.04201	0.235	-0.0325	0.1323
		东部地区	-0.15891*	0.03466	0.000	-0.2269	-0.0909
		中部地区	-0.11250*	0.03149	0.000	-0.1742	-0.0508

* 均值差的显著性水平为0.05。

四　不同区域被试对政治信任和政治沟通等的评价

“中国公民的乡镇人大代表选举参与”问卷调查还涉及被试对政治信任、政治沟通、程序公平和结果公平的看法，可以比较不同区域被试在相关看法上是否有重大差别。

在“政治信任”方面，都会区被试的打分在1.00~6.00分之间，均值为3.70，标准差为1.02；东北地区被试的打分在1.00~6.00分之间，均值为3.83，标准差为0.83；东部沿海地区被试的打分在1.00~6.00分之间，均值为3.88，标准差为0.99；中部地区被试的打分在1.00~6.00分之间，均值为3.98，标准差为1.05；西部地区被试的打分在1.00~6.00分之间，均值为3.94，标准差为0.94。对不同区域被试的政治信任打分的差异性进行方差分析（见表31、表32、表33和图10），显示不同区域被试的打分差异显著，$F=11.399$，$p<0.001$，都会区被试的打分显著低于另外四个区域被试；中部地

区被试的打分显著高于东北地区、东部沿海地区被试，与西部地区被试之间的打分差异不显著；东北、东部沿海、西部三个区域被试相互之间的打分差异均未达到显著水平。

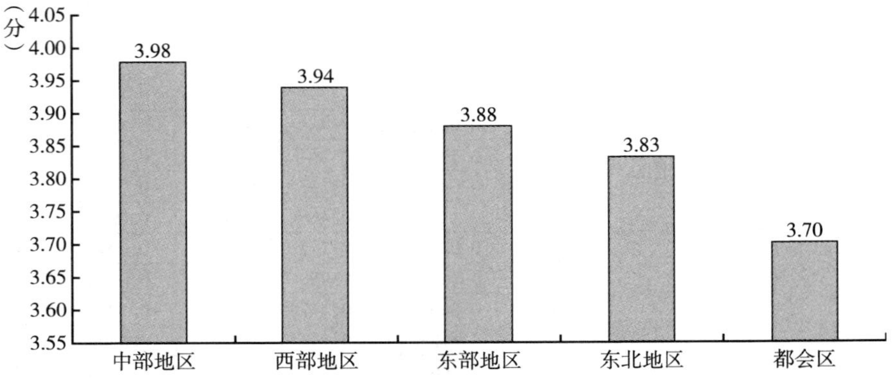

图 10　不同区域被试的政治信任打分比较

表 31　不同区域被试的政治信任打分的差异比较

项目		N	均值	标准差	标准误	均值的 95% 置信区间		极小值	极大值
						下限	上限		
政治信任	都 会 区	862	3. 7023	1. 01824	0. 03468	3. 6343	3. 7704	1. 00	6. 00
	东北地区	440	3. 8250	0. 82689	0. 03942	3. 7475	3. 9025	1. 00	6. 00
	东部地区	853	3. 8842	0. 99222	0. 03397	3. 8175	3. 9509	1. 00	6. 00
	中部地区	1306	3. 9807	1. 04931	0. 02904	3. 9237	4. 0377	1. 00	6. 00
	西部地区	859	3. 9378	0. 94017	0. 03208	3. 8749	4. 0008	1. 00	6. 00
	总　　数	4320	3. 8817	0. 99450	0. 01513	3. 8520	3. 9114	1. 00	6. 00

表 32　不同区域被试的政治信任打分的方差分析结果

项目		平方和	df	均方	F	显著性
政治信任	组间	44. 664	4	11. 166	11. 399	0. 000
	组内	4226. 931	4315	0. 980		
	总数	4271. 595	4319			

表 33　不同区域被试政治信任打分的多重比较

因变量	(I)区域	(J)区域	均值差(I-J)	标准误	显著性	95%置信区间	
						下限	上限
政治信任	都会区	东北地区	-0.12268*	0.05799	0.034	-0.2364	-0.0090
		东部地区	-0.18185*	0.04780	0.000	-0.2756	-0.0881
		中部地区	-0.27838*	0.04343	0.000	-0.3635	-0.1932
		西部地区	-0.23551*	0.04772	0.000	-0.3291	-0.1420
	东北地区	都会区	0.12268*	0.05799	0.034	0.0090	0.2364
		东部地区	-0.05917	0.05809	0.308	-0.1731	0.0547
		中部地区	-0.15570*	0.05456	0.004	-0.2627	-0.0487
		西部地区	-0.11283	0.05802	0.052	-0.2266	0.0009
	东部地区	都会区	0.18185*	0.04780	0.000	0.0881	0.2756
		东北地区	0.05917	0.05809	0.308	-0.0547	0.1731
		中部地区	-0.09653*	0.04357	0.027	-0.1820	-0.0111
		西部地区	-0.05366	0.04784	0.262	-0.1475	0.0401
	中部地区	都会区	0.27838*	0.04343	0.000	0.1932	0.3635
		东北地区	0.15570*	0.05456	0.004	0.0487	0.2627
		东部地区	0.09653*	0.04357	0.027	0.0111	0.1820
		西部地区	0.04287	0.04348	0.324	-0.0424	0.1281
	西部地区	都会区	0.23551*	0.04772	0.000	0.1420	0.3291
		东北地区	0.11283	0.05802	0.052	-0.0009	0.2266
		东部地区	0.05366	0.04784	0.262	-0.0401	0.1475
		中部地区	-0.04287	0.04348	0.324	-0.1281	0.0424

* 均值差的显著性水平为 0.05。

在“政治沟通”方面，都会区被试的打分在 1.00～5.00 分之间，均值为 3.25，标准差为 0.61；东北地区被试的打分在 1.00～5.00 分之间，均值为 3.12，标准差为 0.47；东部沿海地区被试的打分在 1.00～5.00 分之间，均值为 3.27，标准差为 0.56；中部地区被试的打分在 1.00～5.00 分之间，均值为 3.20，标准差为 0.64；西部地区被试的打分在 1.00～5.00 分之间，均值为 3.30，标准差为 0.62。对不同区域被试的政治沟通打分的差异性进行方差分析（见表 34、表 35、表 36 和图 11），显示不同区域被试的打分差异显著，F

=8.371，$p<0.001$，东北地区被试的打分显著低于另外四个区域被试；中部地区被试的打分显著低于东部沿海地区、西部地区被试，与都会区被试之间的得分差异不显著；都会区、东部沿海地区、西部地区三个区域被试相互之间的得分差异均未达到显著水平。

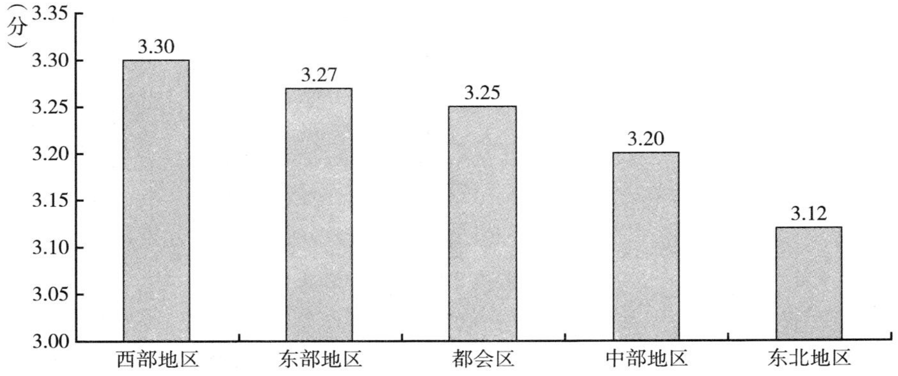

图 11　不同区域被试的政治沟通打分比较

表 34　不同区域被试的政治沟通打分的差异比较

项目		N	均值	标准差	标准误	均值的 95% 置信区间		极小值	极大值
						下限	上限		
政治沟通	都会区	863	3.2450	0.60640	0.02064	3.2044	3.2855	1.00	5.00
	东北地区	437	3.1176	0.46648	0.02231	3.0738	3.1615	1.00	5.00
	东部地区	852	3.2650	0.55634	0.01906	3.2276	3.3024	1.00	5.00
	中部地区	1306	3.1982	0.64474	0.01784	3.1632	3.2332	1.00	5.00
	西部地区	859	3.2980	0.62148	0.02120	3.2564	3.3396	1.00	5.00
	总数	4317	3.2324	0.60142	0.00915	3.2145	3.2504	1.00	5.00

表 35　不同区域被试的政治沟通打分的方差分析结果

项目		平方和	df	均方	F	显著性
政治沟通	组间	12.030	4	3.007	8.371	0.000
	组内	1549.110	4312	0.359		
	总数	1561.140	4316			

表 36 不同区域被试的政治沟通打分的多重比较

因变量	(I)区域	(J)区域	均值差(I－J)	标准误	显著性	95%置信区间	
						下限	上限
政治沟通	都会区	东北地区	0.12734*	0.03519	0.000	0.0583	0.1963
		东部地区	－0.02006	0.02895	0.488	－0.0768	0.0367
		中部地区	0.04680	0.02629	0.075	－0.0048	0.0983
		西部地区	－0.05306	0.02889	0.066	－0.1097	0.0036
	东北地区	都会区	－0.12734*	0.03519	0.000	－0.1963	－0.0583
		东部地区	－0.14740*	0.03527	0.000	－0.2165	－0.0783
		中部地区	－0.08054*	0.03312	0.015	－0.1455	－0.0156
		西部地区	－0.18040*	0.03522	0.000	－0.2494	－0.1114
	东部地区	都会区	0.02006	0.02895	0.488	－0.0367	0.0768
		东北地区	0.14740*	0.03527	0.000	0.0783	0.2165
		中部地区	0.06686*	0.02640	0.011	0.0151	0.1186
		西部地区	－0.03300	0.02898	0.255	－0.0898	0.0238
	中部地区	都会区	－0.04680	0.02629	0.075	－0.0983	0.0048
		东北地区	0.08054*	0.03312	0.015	0.0156	0.1455
		东部地区	－0.06686*	0.02640	0.011	－0.1186	－0.0151
		西部地区	－0.09986*	0.02633	0.000	－0.1515	－0.0482
	西部地区	都会区	0.05306	0.02889	0.066	－0.0036	0.1097
		东北地区	0.18040*	0.03522	0.000	0.1114	0.2494
		东部地区	0.03300	0.02898	0.255	－0.0238	0.0898
		中部地区	0.09986*	0.02633	0.000	0.0482	0.1515

*均值差的显著性水平为0.05。

在“程序公平”方面，都会区被试的打分在1.00～5.00分之间，均值为2.99，标准差为0.76；东北地区被试的打分在1.00～5.00分之间，均值为3.18，标准差为0.58；东部沿海地区被试的打分在1.00～5.00分之间，均值为3.03，标准差为0.81；中部地区被试的打分在1.00～5.00分之间，均值为3.22，标准差为0.77；西部地区被试的打分在1.00～5.00分之间，均值为3.17，标准差为0.73。对不同区域被试的程序公平打分的差异性进行方差分析（见表37、表38、表39和图12），显示不同区域被试的打分差异显著，$F=16.205$，$p<0.001$，都会区、东部沿海地区被试的打分显著低于

东北地区、中部地区、西部地区被试，都会区被试与东部沿海地区被试之间的打分差异不显著；东北、中部、西部三个区域被试相互之间的得分差异均未达到显著水平。

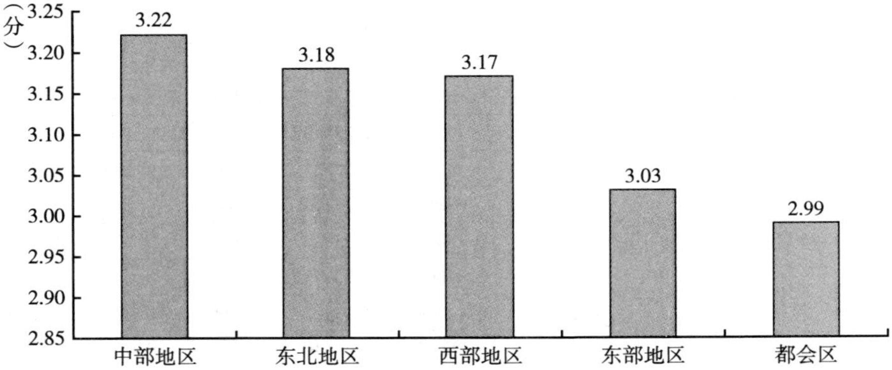

图12　不同区域被试的程序公平打分比较

表37　不同区域被试的程序公平打分的差异比较

项目		N	均值	标准差	标准误	均值的95%置信区间		极小值	极大值
						下限	上限		
程序公平	都会区	862	2.9934	0.76418	0.02603	2.9423	3.0445	1.00	5.00
	东北地区	438	3.1758	0.58493	0.02795	3.1209	3.2307	1.00	5.00
	东部地区	851	3.0337	0.80556	0.02761	2.9795	3.0879	1.00	5.00
	中部地区	1308	3.2190	0.77428	0.02141	3.1770	3.2610	1.00	5.00
	西部地区	858	3.1729	0.72652	0.02480	3.1242	3.2216	1.00	5.00
	总数	4317	3.1239	0.75749	0.01153	3.1013	3.1465	1.00	5.00

表38　不同区域被试的程序公平打分的方差分析结果

项目		平方和	*df*	均方	*F*	显著性
程序公平	组间	36.677	4	9.169	16.205	0.000
	组内	2439.812	4312	0.566		
	总数	2476.489	4316			

表 39　不同区域被试的程序公平打分的多重比较

因变量	(I)区域	(J)区域	均值差(I-J)	标准误	显著性	95%置信区间	
						下限	上限
程序公平	都会区	东北地区	-0.18237*	0.04414	0.000	-0.2689	-0.0958
		东部地区	-0.04026	0.03635	0.268	-0.1115	0.0310
		中部地区	-0.22561*	0.03300	0.000	-0.2903	-0.1609
		西部地区	-0.17946*	0.03627	0.000	-0.2506	-0.1083
	东北地区	都会区	0.18237*	0.04414	0.000	0.0958	0.2689
		东部地区	0.14211*	0.04423	0.001	0.0554	0.2288
		中部地区	-0.04324	0.04153	0.298	-0.1246	0.0382
		西部地区	0.00292	0.04417	0.947	-0.0837	0.0895
	东部地区	都会区	0.04026	0.03635	0.268	-0.0310	0.1115
		东北地区	-0.14211*	0.04423	0.001	-0.2288	-0.0554
		中部地区	-0.18535*	0.03313	0.000	-0.2503	-0.1204
		西部地区	-0.13920*	0.03639	0.000	-0.2105	-0.0679
	中部地区	都会区	0.22561*	0.03300	0.000	0.1609	0.2903
		东北地区	0.04324	0.04153	0.298	-0.0382	0.1246
		东部地区	0.18535*	0.03313	0.000	0.1204	0.2503
		西部地区	0.04615	0.03305	0.163	-0.0186	0.1109
	西部地区	都会区	0.17946*	0.03627	0.000	0.1083	0.2506
		东北地区	-0.00292	0.04417	0.947	-0.0895	0.0837
		东部地区	0.13920*	0.03639	0.000	0.0679	0.2105
		中部地区	-0.04615	0.03305	0.163	-0.1109	0.0186

* 均值差的显著性水平为 0.05。

在“结果公平”方面，都会区被试的打分在 1.00～5.00 分之间，均值为 2.93，标准差为 0.87；东北地区被试的打分在 1.17～5.00 分之间，均值为 3.26，标准差为 0.49；东部沿海地区被试的打分在 1.00～5.00 分之间，均值为 3.14，标准差为 0.87；中部地区被试的打分在 1.00～5.00 分之间，均值为 3.39，标准差为 0.75；西部地区被试的打分在 1.00～5.00 分之间，均值为 3.30，标准差为 0.66。对不同区域被试的结果公平打分的差异性进行方差分析（见表 40、表 41、表 42 和图 13），显示不同区域被试的打分差异显著，$F = 53.307$，$p < 0.001$，中部地区被试的打分显著高于另外四个区域被试；都会区被试的打分显著低于另外四个区域被试；东部沿海地区被试的打分显著低于东北地区、西部地区被试；东北地区被试与西部地区被试之间的打分差异不显著。

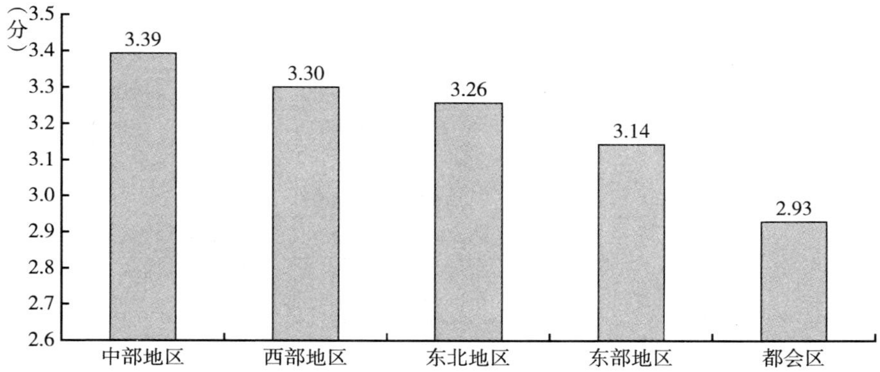

图 13　不同区域被试的结果公平打分比较

表 40　不同区域被试的结果公平打分的差异比较

项目		N	均值	标准差	标准误	均值的 95% 置信区间		极小值	极大值
						下限	上限		
结果公平	都会区	861	2.9303	0.86795	0.02958	2.8723	2.9884	1.00	5.00
	东北地区	436	3.2622	0.48822	0.02338	3.2163	3.3082	1.00	5.00
	东部地区	849	3.1417	0.86580	0.02971	3.0834	3.2001	1.00	5.00
	中部地区	1306	3.3925	0.74737	0.02068	3.3520	3.4331	1.00	5.00
	西部地区	857	3.3049	0.65975	0.02254	3.2607	3.3492	1.00	5.00
	总数	4309	3.2202	0.77867	0.01186	3.1969	3.2434	1.00	5.00

表 41　不同区域被试的结果公平打分的方差分析结果

项目		平方和	*df*	均方	*F*	显著性
结果公平	组间	123.298	4	30.824	53.307	0.000
	组内	2488.734	4304	0.578		
	总数	2612.031	4308			

表 42　不同区域被试的结果公平打分的多重比较

因变量	(I)区域	(J)区域	均值差(I-J)	标准误	显著性	95%置信区间	
						下限	上限
结果公平	都会区	东北地区	-0.33192*	0.04470	0.000	-0.4195	-0.2443
		东部地区	-0.21142*	0.03678	0.000	-0.2835	-0.1393
		中部地区	-0.46223*	0.03338	0.000	-0.5277	-0.3968
		西部地区	-0.37463*	0.03669	0.000	-0.4466	-0.3027
	东北地区	都会区	0.33192*	0.04470	0.000	0.2443	0.4195
		东部地区	0.12050*	0.04480	0.007	0.0327	0.2083
		中部地区	-0.13031*	0.04206	0.002	-0.2128	-0.0479
		西部地区	-0.04271	0.04473	0.340	-0.1304	0.0450
	东部地区	都会区	0.21142*	0.03678	0.000	0.1393	0.2835
		东北地区	-0.12050*	0.04480	0.007	-0.2083	-0.0327
		中部地区	-0.25081*	0.03352	0.000	-0.3165	-0.1851
		西部地区	-0.16320*	0.03682	0.000	-0.2354	-0.0910
	中部地区	都会区	0.46223*	0.03338	0.000	0.3968	0.5277
		东北地区	0.13031*	0.04206	0.002	0.0479	0.2128
		东部地区	0.25081*	0.03352	0.000	0.1851	0.3165
		西部地区	0.08761*	0.03343	0.009	0.0221	0.1531
	西部地区	都会区	0.37463*	0.03669	0.000	0.3027	0.4466
		东北地区	0.04271	0.04473	0.340	-0.0450	0.1304
		东部地区	0.16320*	0.03682	0.000	0.0910	0.2354
		中部地区	-0.08761*	0.03343	0.009	-0.1531	-0.0221

* 均值差的显著性水平为0.05。

从问卷调查的情况看，在乡镇人大代表选举参与中，存在明显的区域性差异。(1) 都会区被试的选举参与客观水平最高，但是对政治信任和结果公平的认可度最低。(2) 东北地区被试的选举参与客观最低，在主观层面的选举参与满意度和选举参与意愿方面也处于最低水平，并且对政治沟通的认可程度最低。(3) 中部地区被试表现出最强的参与意愿和对结果公平的最高认可度。(4) 东部沿海地区和西部地区被试的整体参与水平接近，在乡镇人大代表选举中没有突出的特征。

B.22

不同信息来源公民的乡镇人大代表选举参与比较

史卫民　娄兆锋

在“中国公民的乡镇人大代表选举参与”问卷调查中，区分了被试获取信息的两类主要来源，一类是传统媒介（包括报刊、广播、电视），另一类是新兴媒介（包括互联网，移动信息平台即手机、平板电脑等）。在4327份有效数据中，主要通过传统媒介获取信息的被试3139人，占72.54%；主要通过新兴媒介获取信息的被试1188人，占27.46%。根据问卷调查的数据，可以比较不同信息来源被试的乡镇人大代表选举参与状况。

一　不同信息来源被试的乡镇人大代表选举参与客观状况

调查结果显示，传统媒介被试的乡镇人大代表选举参与客观状况的总体得分在0~8.50分之间，均值为3.44，标准差为1.74。具体到乡镇人大代表选举参与客观状况的五个维度，传统媒介被试的“选举重要性认知”得分在0~1.00分之间，均值为0.29，标准差为0.38；“权利与途径认知”得分在0~1.00分之间，均值为0.42，标准差为0.35；“选举内容认知”得分在0~2.50分之间，均值为0.87，标准差为0.47；“选举程序认知”得分在0~1.50分之间，均值为0.77，标准差为0.42；“选举参与”得分在0~4.00分之间，均值为1.10，标准差为1.37。

新兴媒介被试的乡镇人大代表选举参与客观状况的总体得分在0.50~9.00分之间，均值为3.31，标准差为1.70。具体到乡镇人大代表选举参与客观状况的五个维度，新兴媒介被试的“选举重要性认知”得分在0~1.00分之间，均值为0.22，标准差为0.34；“权利与途径认知”得分在0~1.00分之间，均值为0.44，标准差为0.36；“选举内容认知”得分在0~2.50分之间，均值为0.86，标准差为

0.46；“选举程序认知”得分在0~1.50分之间，均值为0.77，标准差为0.42；“选举参与”得分在0~4.00分之间，均值为1.03，标准差为1.37（见表1和图1）。

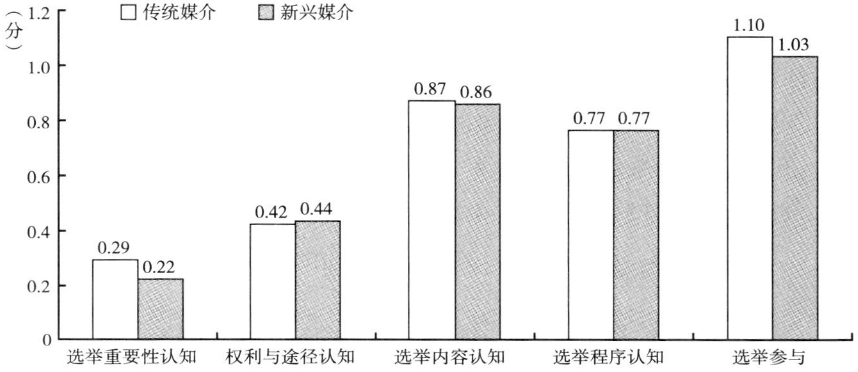

图1 不同信息来源被试的乡镇人大代表选举参与客观状况五个一级指标得分比较

表1 不同信息来源被试的乡镇人大代表选举客观状况得分的描述统计结果

项目		N	均值	标准差	标准误	均值的95%置信区间		极小值	极大值
						下限	上限		
客观状况总分	传统	3004	3.4444	1.74180	0.03178	3.3821	3.5067	0.00	8.50
	新兴	1145	3.3100	1.69557	0.05011	3.2117	3.4084	0.50	9.00
	总数	4149	3.4073	1.73000	0.02686	3.3547	3.4600	0.00	9.00
选举重要性认知	传统	3136	0.2876	0.37572	0.00671	0.2745	0.3008	0.00	1.00
	新兴	1187	0.2190	0.33619	0.00976	0.1999	0.2382	0.00	1.00
	总数	4323	0.2688	0.36654	0.00557	0.2579	0.2797	0.00	1.00
权利与途径认知	传统	3109	0.4170	0.35337	0.00634	0.4046	0.4294	0.00	1.00
	新兴	1179	0.4377	0.35882	0.01045	0.4172	0.4582	0.00	1.00
	总数	4288	0.4227	0.35495	0.00542	0.4121	0.4333	0.00	1.00
选举内容认知	传统	3068	0.8747	0.47279	0.00854	0.8579	0.8914	0.00	2.50
	新兴	1171	0.8646	0.46437	0.01357	0.8380	0.8913	0.00	2.50
	总数	4239	0.8719	0.47044	0.00723	0.8577	0.8861	0.00	2.50
选举程序认知	传统	3120	0.7732	0.42271	0.00757	0.7584	0.7881	0.00	1.50
	新兴	1181	0.7663	0.42236	0.01229	0.7422	0.7904	0.00	1.50
	总数	4301	0.7713	0.42258	0.00644	0.7587	0.7840	0.00	1.50
选举参与	传统	3113	1.0989	1.37335	0.02461	1.0507	1.1472	0.00	4.00
	新兴	1172	1.0256	1.36918	0.03999	0.9471	1.1041	0.00	4.00
	总数	4285	1.0789	1.37244	0.02097	1.0378	1.1200	0.00	4.00

对不同信息来源被试的乡镇人大代表选举参与客观状况各指标的差异性进行方差分析（见表2），可以发现不同信息来源被试的客观状况总分差异显著，$F = 5.006$，$p < 0.05$，传统媒介被试（$M = 3.44$，$SD = 1.74$）的得分显著高于新兴媒介被试（$M = 3.31$，$SD = 1.70$）；在“选举重要性认知”方面，不同信息来源被试的得分差异显著，$F = 30.356$，$p < 0.001$，传统媒介被试（$M = 0.29$，$SD = 0.38$）的得分显著高于新兴媒介被试（$M = 0.22$，$SD = 0.34$）；在“权利与途径认知”（$F = 2.893$，$p = 0.089$）、“选举内容认知”（$F = 0.385$，$p = 0.535$）和“选举程序认知”（$F = 0.231$，$p = 0.631$）、“选举参与”（$F = 2.432$，$p = 0.119$）方面，不同信息来源被试的得分差异未达到显著性。

表2　不同信息来源被试的乡镇人大代表选举参与客观状况得分的方差分析结果

项目		平方和	*df*	均方	*F*	显著性
客观状况总分	组间	14.967	1	14.967	5.006	0.025
	组内	12399.651	4147	2.990		
	总数	12414.617	4148			
选举重要性认知	组间	4.051	1	4.051	30.356	0.000
	组内	576.610	4321	0.133		
	总数	580.660	4322			
权利与途径认知	组间	0.364	1	0.364	2.893	0.089
	组内	539.758	4286	0.126		
	总数	540.122	4287			
选举内容认知	组间	0.085	1	0.085	0.385	0.535
	组内	937.859	4237	0.221		
	总数	937.944	4238			
选举程序认知	组间	0.041	1	0.041	0.231	0.631
	组内	767.814	4299	0.179		
	总数	767.855	4300			
选举参与	组间	4.580	1	4.580	2.432	0.119
	组内	8064.759	4283	1.883		
	总数	8069.339	4284			

二　不同信息来源被试的乡镇人大代表选举参与主观状况

调查结果显示，传统媒介被试的“选举参与满意度”的得分在1.00～5.00分之间，均值为2.86，标准差为0.56；“选举参与意愿”的得分在1.00～5.00分之间，均值为3.20，标准差为0.61；“选举参与效能”的得分在1.00～5.00分之间，均值为3.07，标准差为0.54。新兴媒介被试的“选举参与满意度”的得分在1.00～4.50分之间，均值为2.85，标准差为0.51；“选举参与意愿”的得分在1.00～5.00分之间，均值为3.23，标准差为0.63；“选举参与效能”的得分在1.00～5.00分之间，均值为3.07，标准差为0.57（见表3和图2）。

表3　不同信息来源被试的乡镇人大代表选举参与主观状况得分的描述统计结果

项目		*N*	均值	标准差	标准误	均值的95%置信区间		极小值	极大值
						下限	上限		
选举参与满意度	传统	3127	2.8635	0.55818	0.00998	2.8440	2.8831	1.00	5.00
	新兴	1181	2.8482	0.50525	0.01470	2.8194	2.8771	1.00	4.50
	总数	4308	2.8593	0.54417	0.00829	2.8431	2.8756	1.00	5.00
选举参与意愿	传统	3133	3.1961	0.60767	0.01086	3.1748	3.2174	1.00	5.00
	新兴	1186	3.2257	0.62809	0.01824	3.1899	3.2615	1.33	5.00
	总数	4319	3.2042	0.61342	0.00933	3.1859	3.2225	1.00	5.00
选举参与效能	传统	3134	3.0713	0.53864	0.00962	3.0524	3.0901	1.00	5.00
	新兴	1187	3.0741	0.56797	0.01649	3.0418	3.1065	1.00	5.00
	总数	4321	3.0721	0.54679	0.00832	3.0557	3.0884	1.00	5.00

对不同信息来源被试的乡镇人大代表选举参与主观状况各指标的差异性进行方差分析（见表4），可以发现在“选举参与满意度”（$F=0.678$，$p=0.410$）、“选举参与意愿”（$F=2.004$，$p=0.157$）和“选举参与效能”（$F=0.024$，$p=0.877$）三个方面，不同信息来源被试之间的得分差异均未达到显著水平。

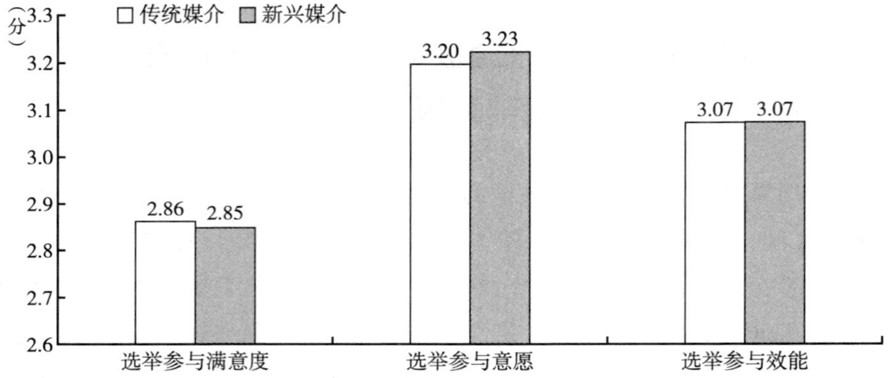

图 2　不同信息来源被试的乡镇人大代表选举参与主观状况得分比较

表 4　不同信息来源被试的乡镇人大代表选举参与主观状况得分的方差分析结果

项目		平方和	*df*	均方	*F*	显著性
选举参与满意度	组间	0.201	1	0.201	0.678	0.410
	组内	1275.179	4306	0.296		
	总数	1275.380	4307			
选举参与意愿	组间	0.754	1	0.754	2.004	0.157
	组内	1624.018	4317	0.376		
	总数	1624.772	4318			
选举参与效能	组间	0.007	1	0.007	0.024	0.877
	组内	1291.561	4319	0.299		
	总数	1291.568	4320			

三　不同信息来源被试对乡镇人大代表选举工作的评价

“中国公民的乡镇人大代表选举参与”问卷调查请被试根据最近一次乡镇人大代表选举情况，为选举工作的满意度打分。调查结果显示，传统媒介被试对选举工作满意度的综合打分在 1.00 ~ 5.00 分之间，均值为 3.16，标准差为 0.71；新兴媒介被试对选举工作满意度的综合打分在 1.00 ~ 5.00 分之间，均值为 3.12，标准差为 0.75（见表 5 和图 3）。

表 5　不同信息来源被试的乡镇人大代表选举工作满意度打分的描述统计结果

项目		N	均值	标准差	标准误	均值的95%置信区间		极小值	极大值
						下限	上限		
综合打分	传统	3131	3.1634	0.70918	0.01267	3.1385	3.1882	1.00	5.00
	新兴	1183	3.1226	0.74507	0.02166	3.0801	3.1651	1.00	5.00
	总数	4314	3.1522	0.71934	0.01095	3.1307	3.1737	1.00	5.00
选举组织工作的有效性	传统	3138	3.1444	0.97164	0.01735	3.1104	3.1784	1.00	5.00
	新兴	1188	3.1229	0.96792	0.02808	3.0678	3.1780	1.00	5.00
	总数	4326	3.1385	0.97056	0.01476	3.1095	3.1674	1.00	5.00
选举程序的规范性	传统	3137	3.1830	0.93182	0.01664	3.1504	3.2156	1.00	5.00
	新兴	1186	3.1594	0.97603	0.02834	3.1038	3.2150	1.00	5.00
	总数	4323	3.1765	0.94410	0.01436	3.1483	3.2046	1.00	5.00
选举的公正性	传统	3138	3.1036	1.01178	0.01806	3.0682	3.1390	1.00	5.00
	新兴	1187	3.0194	1.02603	0.02978	2.9609	3.0778	1.00	5.00
	总数	4325	3.0805	1.01629	0.01545	3.0502	3.1108	1.00	5.00
选举信息的透明性	传统	3138	3.0838	1.02238	0.01825	3.0480	3.1196	1.00	5.00
	新兴	1188	3.0446	1.06986	0.03104	2.9837	3.1055	1.00	5.00
	总数	4326	3.0730	1.03566	0.01575	3.0422	3.1039	1.00	5.00
选举的竞争性	传统	3137	3.1578	0.98083	0.01751	3.1235	3.1921	1.00	5.00
	新兴	1187	3.0927	0.99569	0.02890	3.0360	3.1494	1.00	5.00
	总数	4324	3.1399	0.98524	0.01498	3.1105	3.1693	1.00	5.00
选举纠纷处理的及时性	传统	3138	3.1960	0.94146	0.01681	3.1630	3.2289	1.00	5.00
	新兴	1187	3.1955	0.97033	0.02816	3.1402	3.2507	1.00	5.00
	总数	4325	3.1958	0.94936	0.01444	3.1675	3.2241	1.00	5.00
民众参与选举的积极性	传统	3139	3.2765	0.98004	0.01749	3.2422	3.3108	1.00	5.00
	新兴	1188	3.2256	1.01611	0.02948	3.1678	3.2834	1.00	5.00
	总数	4327	3.2625	0.99022	0.01505	3.2330	3.2921	1.00	5.00

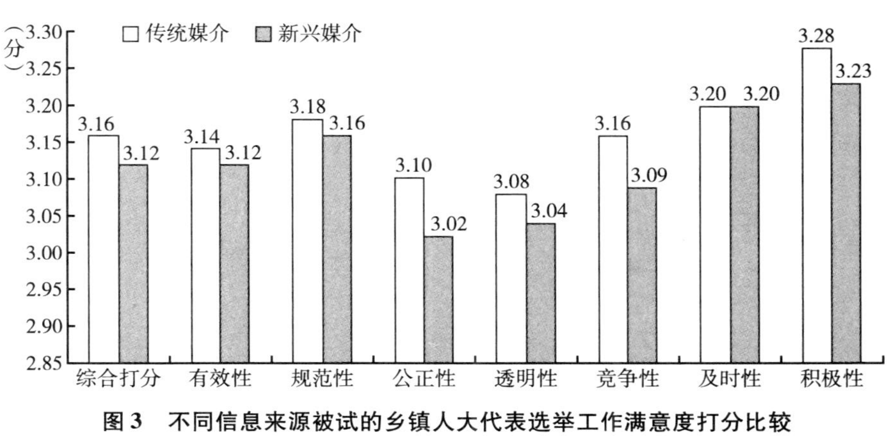

图 3　不同信息来源被试的乡镇人大代表选举工作满意度打分比较

对不同信息来源被试的乡镇人大代表选举工作满意度打分的差异性进行方差分析（见表6），可以发现不同信息来源被试对乡镇人大代表选举工作的综合打分差异不显著（$F=2.766$，$p=0.096$）；对各项具体选举工作的评价，也只是在“选举的公正性”方面，不同信息来源被试的打分差异显著，$F=5.917$，$p<0.05$，传统媒介被试（$M=3.10$，$SD=1.01$）的打分显著高于新兴媒介被试（$M=3.02$，$SD=1.03$）；另外六项工作的打分，不同信息来源被试的打分差异均未达到显著水平。

表6　不同信息来源被试的乡镇人大代表选举工作满意度打分方差分析结果

项目		平方和	*df*	均方	*F*	显著性
综合打分	组间	1.431	1	1.431	2.766	0.096
	组内	2230.356	4312	0.517		
	总数	2231.787	4313			
选举组织工作的有效性	组间	0.397	1	0.397	0.421	0.516
	组内	4073.662	4324	0.942		
	总数	4074.059	4325			
选举程序的规范性	组间	0.480	1	0.480	0.539	0.463
	组内	3851.852	4321	0.891		
	总数	3852.332	4322			
选举的公正性	组间	6.105	1	6.105	5.917	0.015
	组内	4459.894	4323	1.032		
	总数	4459.894	4324			
选举信息的透明性	组间	1.324	1	1.324	1.235	0.267
	组内	4637.593	4324	1.073		
	总数	4638.917	4325			
选举的竞争性	组间	3.652	1	3.652	3.765	0.052
	组内	4192.698	4322	0.970		
	总数	4196.350	4323			
选举纠纷处理的及时性	组间	0.000	1	0.000	0.000	0.987
	组内	3897.125	4323	0.901		
	总数	3897.125	4324			
民众参与选举的积极性	组间	2.236	1	2.236	2.281	0.131
	组内	4239.522	4325	0.980		
	总数	4241.757	4326			

四 不同信息来源被试对政治信任和政治沟通等的评价

“中国公民的乡镇人大代表选举参与”问卷调查还涉及被试对政治信任、政治沟通、程序公平和结果公平的看法，可以比较不同信息来源被试在相关看法上是否有重大差别。

传统媒介被试对政治信任的打分在 1.00～6.00 分之间，均值为 3.88，标准差为 0.99；新兴媒介被试对政治信任的打分在 1.00～6.00 分之间，均值为 3.89，标准差为 1.02。

传统媒介被试对政治沟通的打分在 1.00～5.00 分之间，均值为 3.22，标准差为 0.60；新兴媒介被试对政治沟通的打分在 1.00～5.00 分之间，均值为 3.25，标准差为 0.61。

传统媒介被试对程序公平的打分在 1.00～5.00 分之间，均值为 3.16，标准差为 0.73；新兴媒介被试对程序公平的打分在 1.00～5.00 分之间，均值为 3.03，标准差为 0.81。

传统媒介被试对结果公平的打分在 1.00～5.00 分之间，均值为 3.23，标准差为 0.77；新兴媒介被试对结果公平的打分在 1.00～5.00 分之间，均值为 3.19，标准差为 0.81（见表 7 和图 4）。

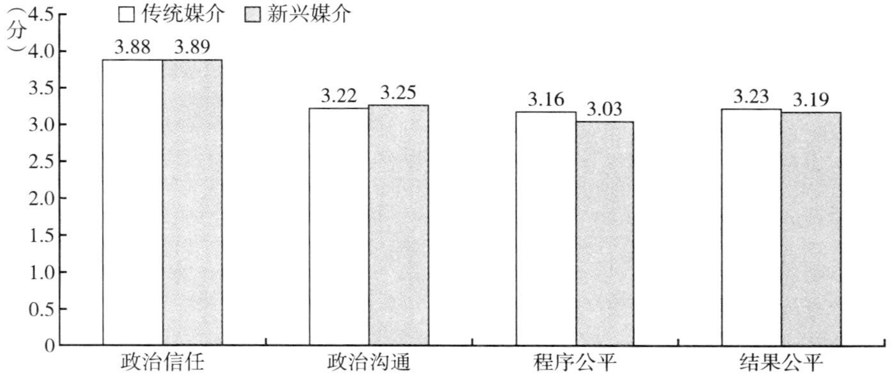

图 4 不同信息来源被试对政治信任、政治沟通等打分的比较

表7　不同信息来源被试对政治信任、政治沟通等打分的描述统计结果

项目		N	均值	标准差	标准误	均值的95%置信区间		极小值	极大值
						下限	上限		
政治信任	传　统	3132	3.8797	0.98653	0.01763	3.8451	3.9143	1.00	6.00
	新　兴	1188	3.8870	1.01560	0.02947	3.8292	3.9448	1.00	6.00
	总　数	4320	3.8817	0.99450	0.01513	3.8520	3.9114	1.00	6.00
政治沟通	传　统	3130	3.2240	0.59934	0.01071	3.2030	3.2450	1.00	5.00
	新　兴	1187	3.2546	0.60658	0.01761	3.2200	3.2891	1.00	5.00
	总　数	4317	3.2324	0.60142	0.00915	3.2145	3.2504	1.00	5.00
程序公平	传　统	3131	3.1599	0.73240	0.01309	3.1342	3.1856	1.00	5.00
	新　兴	1186	3.0288	0.81275	0.02360	2.9825	3.0751	1.00	5.00
	总　数	4317	3.1239	0.75749	0.01153	3.1013	3.1465	1.00	5.00
结果公平	传　统	3123	3.2303	0.76756	0.01373	3.2034	3.2572	1.00	5.00
	新　兴	1186	3.1935	0.80691	0.02343	3.1475	3.2395	1.00	5.00
	总　数	4309	3.2202	0.77867	0.01186	3.1969	3.2434	1.00	5.00

对不同信息来源被试的政治信任等打分的差异性进行方差分析（见表8），可以发现在“程序公平”方面，不同信息来源被试的打分差异显著，$F = 25.913$，$p < 0.001$，传统媒介被试（$M = 3.16$，$SD = 0.73$）的打分显著高于新兴媒介被试（$M = 3.03$，$SD = 0.81$）；在“政治信任”（$F = 0.047$，$p = 0.828$）、“政治沟通”（$F = 2.224$，$p = 0.136$）和“结果公平”（$F = 1.917$，$p = 0.166$）方面，不同信息来源被试的打分差异未达到显著水平。

从问卷调查的情况看，信息来源的不同，对公民的乡镇人大代表选举参与可能有一定的影响。主要依赖传统媒介（报刊、广播、电视）的被试，选举参与的客观状况水平总体高于主要依赖新兴媒介（互联网，移动信息平台即手机、平板电脑等）的被试，并且明显表现出对程序公平的重视；但是在乡镇人大代表选举的主观层面以及对选举工作的评价方面，信息来源的不同并未带来明显的差异。

表 8　不同信息来源被试对政治信任、政治沟通等打分的方差分析结果

项目		平方和	*df*	均方	*F*	显著性
政治信任	组间	0. 046	1	0. 046	0. 047	0. 828
	组内	4271. 549	4318	0. 989		
	总数	4271. 595	4319			
政治沟通	组间	0. 804	1	0. 804	2. 224	0. 136
	组内	1560. 336	4315	0. 362		
	总数	1561. 140	4316			
程序公平	组间	14. 784	1	14. 784	25. 913	0. 000
	组内	2461. 706	4315	0. 570		
	总数	2476. 489	4316			
结果公平	组间	1. 162	1	1. 162	1. 917	0. 166
	组内	2610. 869	4307	0. 606		
	总数	2612. 031	4308			

皮书起源

“皮书”起源于十七、十八世纪的英国，主要指官方或社会组织正式发表的重要文件或报告，多以“白皮书”命名。在中国，“皮书”这一概念被社会广泛接受，并被成功运作、发展成为一种全新的出版型态，则源于中国社会科学院社会科学文献出版社。

皮书定义

皮书是对中国与世界发展状况和热点问题进行年度监测，以专业的角度、专家的视野和实证研究方法，针对某一领域或区域现状与发展态势展开分析和预测，具备权威性、前沿性、原创性、实证性、时效性等特点的连续性公开出版物，由一系列权威研究报告组成。皮书系列是社会科学文献出版社编辑出版的蓝皮书、绿皮书、黄皮书等的统称。

皮书作者

皮书系列的作者以中国社会科学院、著名高校、地方社会科学院的研究人员为主，多为国内一流研究机构的权威专家学者，他们的看法和观点代表了学界对中国与世界的现实和未来最高水平的解读与分析。

皮书荣誉

皮书系列已成为社会科学文献出版社的著名图书品牌和中国社会科学院的知名学术品牌。2011 年，皮书系列正式列入“十二五”国家重点图书出版规划项目；2012~2014 年，重点皮书列入中国社会科学院承担的国家哲学社会科学创新工程项目；2015 年，41 种院外皮书使用“中国社会科学院创新工程学术出版项目”标识。

中国皮书网

www.pishu.cn

发布皮书研创资讯，传播皮书精彩内容
引领皮书出版潮流，打造皮书服务平台

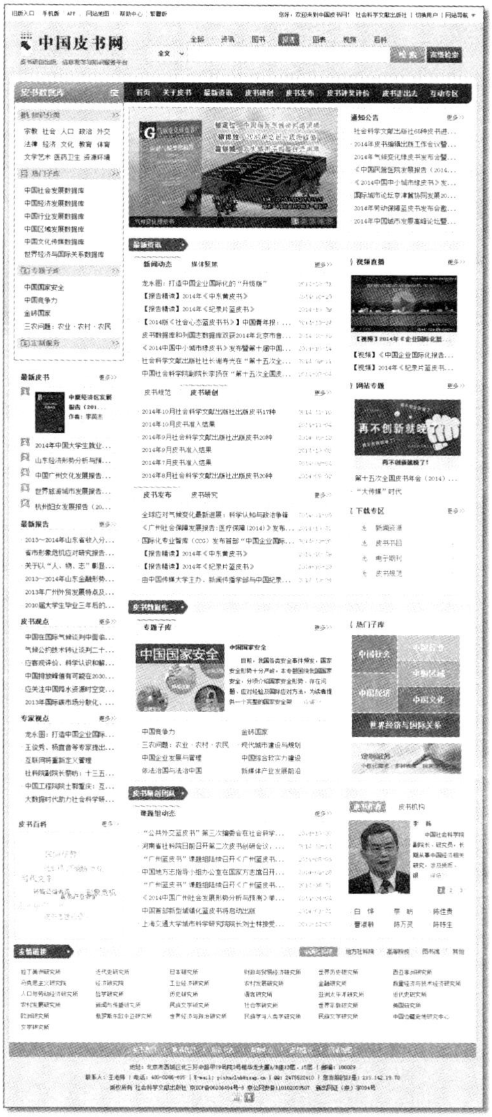

栏目设置：

- □ 资讯：皮书动态、皮书观点、皮书数据、皮书报道、皮书发布、电子期刊
- □ 标准：皮书评价、皮书研究、皮书规范
- □ 服务：最新皮书、皮书书目、重点推荐、在线购书
- □ 链接：皮书数据库、皮书博客、皮书微博、在线书城
- □ 搜索：资讯、图书、研究动态、皮书专家、研创团队

中国皮书网依托皮书系列“权威、前沿、原创”的优质内容资源，通过文字、图片、音频、视频等多种元素，在皮书研创者、使用者之间搭建了一个成果展示、资源共享的互动平台。

自2005年12月正式上线以来，中国皮书网的IP访问量、PV浏览量与日俱增，受到海内外研究者、公务人员、商务人士以及专业读者的广泛关注。

2008年、2011年中国皮书网均在全国新闻出版业网站荣誉评选中获得“最具商业价值网站”称号；2012年，获得“出版业网站百强”称号。

2014年，中国皮书网与皮书数据库实现资源共享，端口合一，将提供更丰富的内容，更全面的服务。

法律声明